※ 当代中国调查报告之一 ※

SOCIAL HARMONY AND
STABILITY IN CONTEMPORARY CHINA

李培林
陈光金
张　翼　／著
李　炜

当代中国
和谐稳定

社会科学文献出版社
SOCIAL SCIENCES ACADEMIC PRESS (CHINA)

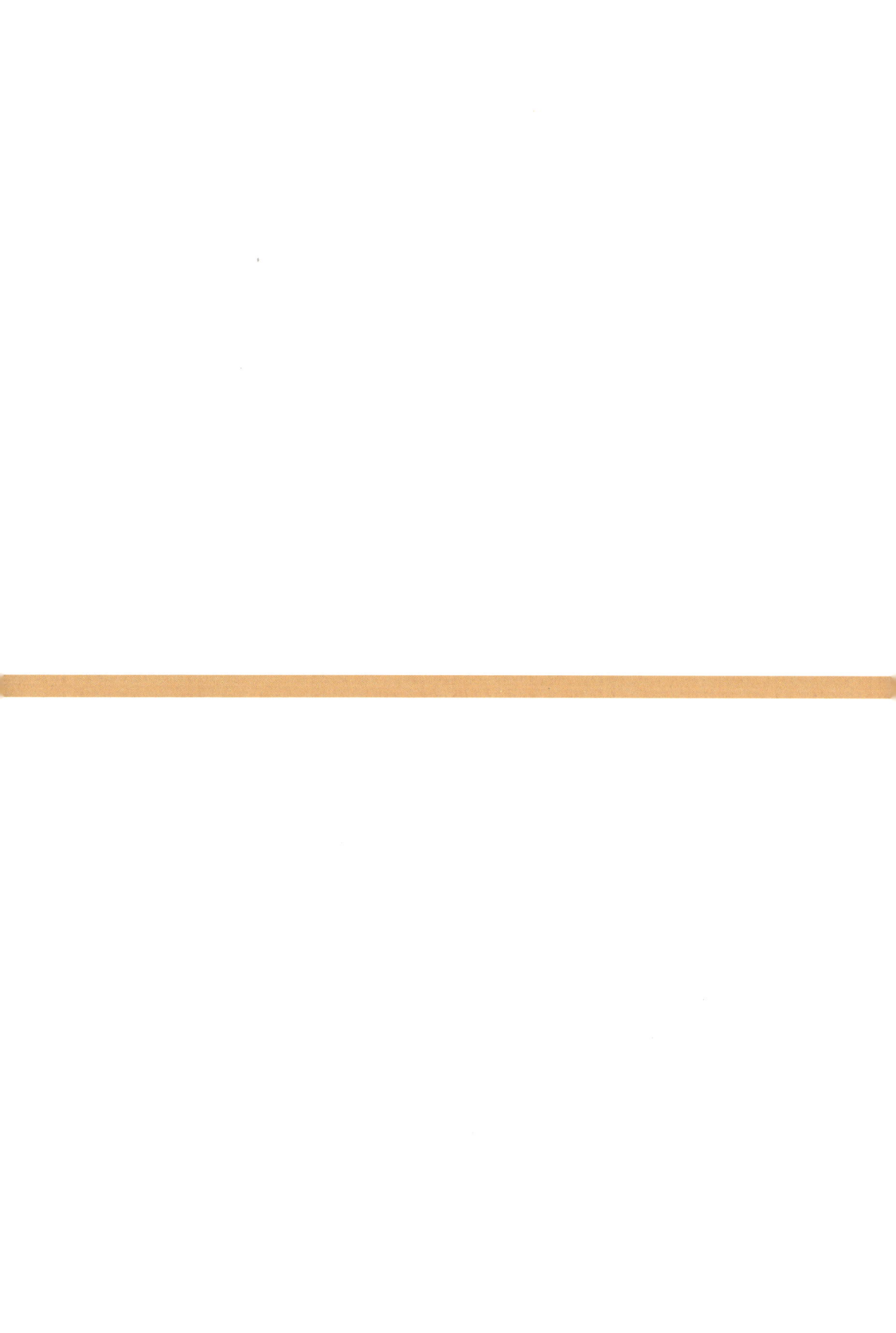

总　序

　　如果把严复 1897 年的《群学肄言》视为中国社会学的发轫，那么中国社会学迄今已经走过了 116 年的历史，但那本曾经振聋发聩的《群学肄言》，其实不过是英国社会学家斯宾塞 1873 年著的 *The Study of Sociology*（《社会学研究》）一书的中译本。中国社会学自诞生以来，就有两个非常鲜明的传统，即注重实际调查和追求经世致用。这两个传统的形成，既有中国历史上文化积淀的因素，也有西学东渐的影响。

　　注重实际调查和追求经世致用，这可能并非中国社会学的传统，而是近代以来在救亡、启蒙、变革的大背景中形成的中国学术转向。梁启超在他 1923 年演讲的《中国近三百年学术史》中，对中国学术开始走向务实的思潮追溯得更远，他认为近 300 年的学术思潮是对过去 600 年的道学传统的反动："这个时代的学术主潮是：厌倦主观的冥想而倾向于客观的考察。无论何方面之学术，都有这样趋势。"

　　过去中国社会学的调查，尽管数量很多，但都是中国一个地区或几个地区的调查，更多的是基于社区研究的村落调查。中国社会学进行全国性的问卷抽样调查，还只是近十几年的事情。这种全国的大规模抽样调查，收到一些非常可贵的结果：第一，用具有全国代表性的数字，对中国 1978 年改革开放以来的巨大社会变迁进行跟踪记录，而这个变迁的规模之大、速度之快、影响之深前所未有，随着时间的推移，这个数据库的价值将以几何速度增加；第二，这种大规模的调查，不但广泛记录了客观的变迁，如阶层、职业、教育、年龄、性别、家庭、收入、消费等方面的结构变动，而且记录了社会态度和社会心态的变化，这是一般统计数据和人口调查难以实现的；第三，过去囿于一地的调查，难以具有代表性，所以只能通过类型比较和建立理想类型来实现对普遍规则的探索，而这种具有全国代表性的大规模调查，为我们以数量分析来揭示一些普遍运行规则和定律提供了可能性。

当然，数据也会欺骗人，也有很大的局限性，特别是基于平均数的分析，往往掩盖了多样性现实的个体差异，需要学者具有丰富的经验基础和深邃的洞察力。

这套《当代中国调查报告》丛书，是基于中国社会科学院社会学研究所全国社会状况综合调查（CSS，CASS）而撰写的，每次调查的主题，也成为研究的主题。基于 2006 年、2008 年和 2011 年的全国调查，已经分别撰写出版了《当代中国和谐稳定》《当代中国民生》《当代中国城市化及其影响》。2013 年的调查即将开始，它以中国梦为主题。十几年后，当我们用 10 本著作记录分析了 20 年的社会巨变时，可能才更能理解这种大规模调查数据的意义，这是我们从来没有过的一种历史发展轨迹的记述。

但愿中国梦伴随中国的巨变，是为序。

李培林

2013 年 5 月于北京

目　录

导　论
和谐社会建设是新的伟大实践

一　中国发展的新阶段、新特征、新问题

中国改革开放 30 年，逐步形成了"中国经验"。在"中国经验"的形成过程中，就产生影响全局的重大理论来说，主要有三个方面：一是社会主义初级阶段理论，二是社会主义市场经济理论，三是社会主义和谐社会理论。这三大理论具有不同的特点，但和谐社会理论的提出，更多地凝聚了传统文化的精华和东方国家的智慧，这是与其他两个理论不太相同的地方。当然，"中国经验"的概念不同于"中国模式"的概念，它是开放的和发展着的，它不排斥其他国家的经验，也不追求普适价值，但它会成为世界发展理念的重要组成部分。

"中国经验"包含着对三种现代性价值的实践探索和深刻反思，这就是"市场经济""民主政治"和"公正社会"。"中国经验"对这三种基本价值的实践探索，实际上也是对这三种价值的重塑过程。

围绕"市场经济""民主政治"和"公正社会"这三种现代性价值，产生了很多思想争论，有些争论甚至非常激烈。比如市场经济是不是一种丛林法则，市场法则对政治生活、社会生活和文化生活的全面渗入产生了什么影响？比如一些国家和地区的"民主化"进程，究竟给其人民的生活带来了什么？比如中国的收入差距不断扩大会对未来社会产生什么影响？等等。这种在利益关系和思想认识上的差异，在改革开放初期，表现为分化的态势，即围绕利益得失和价值认同形成了两种或几种力量，但发展到今天，则表现为更加多样化的态势，这种多样化也可以称为"碎片化"。

这种所谓"碎片化"（fragmentation），在中国表现为这样几个特征：第一，社会流动很快，社会结构尚未定型，很多情况下，阶级阶层内部的差异大于阶级阶层之间的差异；第二，很多我们用客观标准界定的阶级阶层，在社会态度和行为取向上，并没有表现出显著的一致性；第三，尽管各种社会问题在现象上表现为利益关系矛盾，但这些矛盾聚集的焦点，在深层次上反映了价值认识的差异和冲突。在利益关系和价值认同上产生这种"碎片化"的情况，可以说与"四个深刻"变化联系紧密。

首先是"经济体制深刻变革"。经过 30 年的改革开放，中国基本完成从计划经济体制向社会主义市场经济体制的转变。市场经济的深入发展，为经济注入了强大的活力，但体制创新和转变增长方式的任务更加繁重，在能源、资源、环境、技术等方面形成的发展瓶颈日益突出，实现可持续发展遇到的压力增大。

其次是"社会结构深刻变动"。工业化、城市化的快速推进，推动着中国从传统的城乡二元结构向现代社会结构转变。这种社会结构转变的人口规模之大、速度之快和程度之深，在世界现代化历史上是空前的。数以亿计的农民离开土地向非农产业的迅速转移，乡村人口向城市的大量集中，为中国的社会结构转型带来强大动力，极大地改变了人们的生活方式、就业方式和整个社会的面貌。

第三是"利益格局深刻调整"。改革本身就是利益格局的调整过程，城乡、区域和不同社会成员之间出现收入差距不断扩大的情况。在全球化竞争背景下，中国不同产业的比较收益差距扩大，非实体经济的飞速发展使财富积累速度加快，产业集群化的现象使投资向特定区域更加集中，体力劳动的充分供给和竞争过度造成低位劳动工资水平停滞不前，加之腐败和非法收益的存在，这些都成为导致收入差距进一步扩大的影响因素。这究竟是一个阶段性的突出问题，还是一个可能的长期趋势，还需要认真研究。

最后是"思想观念深刻变化"。随着市场经济、民主政治和公民观念的发展，人们的生活方式、就业选择、利益诉求、价值取向、思想观念等出现多样化趋势，不同区域之间、阶层之间、代际的认识差异明显增加，形成社会共识和社会认同的难度加大，不过一些国家政治内乱所造成的经济倒退、社会动荡、生活窘困的后果，也使人们对"现代性"重新反思。

另外，20 世纪 90 年代中后期以来，与改革开放初期相比，中国的经济社会发展出现了一些新特点。利益关系和价值认同的多样化、碎片化态势，以及对"市场经济""民主政治"和"公正社会"等现代性的反思，也都与这些发展阶段的新特点紧密联系。这些新特点大概有以下几个方面。

一是两个转变同步，结构转型反推体制转轨。中国的发展不同于其他国家的典型特点，是两个转变的同步进行，即在经济体制上从计划经济向社会主义市场经济转轨的同时，在社会结构上从农业的乡村的封闭的社会向工业的城市的开放的社会转型。改革开放初期，这种两个转变的同步进行，主要表现为经济体制改革推动社会结构转型，并以社会结构转型的收益补偿体制转轨的成本。但目前，先易后难的渐进式体制改革进入新阶段，结构转型对体制转轨形成了倒逼反推机制，不仅要求改革更加注重利益协调和社会公正，而且要求改革从经济领域向社会领域全面扩展，推进反思的改革本身也成为反思的对象，但停顿和倒退没有出路。

二是三个阶段并存，发展问题产生时空压缩。在全球化的背景下，国际上的中心—半边缘—边缘经济社会格局也影响到中国内陆的区域格局，中国出现三个不同发展阶段的并存，即工业化初期的资本积累阶段、工业化中期的产业升级阶段和工业化后期的结构转型阶段并存。三个阶段的并存，是空间维度的压缩。与此同时，还有时间维度的压缩。中国用了30年的时间，大约走完了发达国家上百年走过的路程。这种时空压缩的特点也带来了需要同时面对不同性质发展问题的现实，出现诸多的两难选择。比如中国既要发展劳动密集型企业，以便通过扩大就业来消化庞大的新增劳动力和农村转移劳动力；也要加快技术创新和产品更新换代，以便通过增加产品附加值来消化不断增加的劳动力成本和减少贸易摩擦；还要不断加大保护环境和节约能源的力度，以便能够可持续发展。这种时空压缩实际表现在各个方面，就像中国文坛中现实主义、批判现实主义和超现实主义的并存。

三是两个焦点问题变化，收入分配过大和公共产品供给不足成为新焦点。从改革开放初期打破"大锅饭"和"平均主义"到现在的收入差距过大，这是一个焦点问题的变化。收入差距扩大以难以控制的趋势发展，引发人们对效率和公平关系的重新反思。我们不能走回头路，因为那是条死路，但向前走向哪里必须要达成新的共识、做出新的抉择。从改革开放初期的商品短缺到现在的公共产品短缺，这是另一个焦点问题的变化。随着商品领域从卖方市场到买方市场的变化，新的短缺不再存在于商品领域，而发生在公共产品和公共服务领域，如教育、医疗、社会保障、环境保护、公共交通等等，这个变化引发对转变政府职能、打破垄断行为、建设社区和发展社会组织的广泛思考。

四是三种机制形成，协调三种机制成为社会治理新课题。改革开放初期，市场经济对于政府来说是一种陌生的事物，在市场经济条件下，政府应当做什么，怎样做，需要一个学习和适应的过程。在这个过程中，政府这只看得见的手，逐步熟悉了市场这只看不见的手。但是，随着市场经济的深入，社会也发生了深刻变化，社会分化成不同的利益群体、不同的社会阶层和具有不同利益诉求的分散的个人。利益关系的协调成为一种新的社会运行机制，一种不同于政府机制和市场机制的新机制。如何处理好政府、市场、社会这三者之间的关系，也需要一个新的学习和适应的过程。

中国发展中出现的新问题、新特点和新态势，对发展战略的选择和社会政策的制定提出了新的要求。构建社会主义和谐社会重大战略思想的提出，正是依据这种新的现实需求和对过去的经验总结。和谐社会理论的内涵和思想体系现在已经比较系统化了，当然其提出来的时间还不算长，还需要随着实践的检验不断丰富和完善。这一战略思想和理论体系带来了一系列的变化。比如发展理念的变化，人们更加审慎地思考发展的目的、发展的道路和发展的方式。在发展目的上更加注重富强、民主、文明、和谐等基本价值的融合，更加注重生活质量的提高；在发展方式上更加注重科学发展、和谐发展；在发展道路上更加明确中国特色社会主义的方向。还比如发展的总体布局的变化，社会建设成为发展的重要一环，被放在更加突出的位置，改善民生成为当前社会建设的核心内容。再比如发展原则的变化，人们对一些重大均衡问题重新思考，包括效率和公平的关系、生产和消费的关系、增长和进步的关系、活力和稳定的关系、分化和整合的关系，等等。

在目前迅速变化的中国，在社会建设和社会管理方面，需要根据新的变化和新的问题，加强和改善社会整合，促进社会和谐和社会团结。这种社会整合包括社会关系、社会制度和社会价值三个层面的重新整合。

在社会关系的整合方面，群体之间的利益关系特别需要整合和协调三种发生重大变化的新型社会关系，即贫富关系、劳资关系和干群关系。各种社会矛盾和社会冲突，甚至各种所谓"无直接利益群体性事件"，往往是围绕这三种社会关系展开的。组织之间关系，要整合政府组织、企业组织和社会组织（NPO）之间的关系，以及比如垄断组织和竞争性组织的关系、官方组织和民间组织的关系，等等。地域之间的关系，要整合城乡之间的关系、地区之间的关系，以及表现为区域关系的宗教和民族关系等等。

在社会制度的整合方面，要注意两个大的变化，一个是社会管理的基础正在发生重大变化，即社会管理从过去以"单位"组织（机关、企业、事业、公社）为基础，转变为目前以"单位"和"社区"为基础，并逐步向主要以"社区"为基础发展，社区、社会组织等各种新型社会纽带，将成为处理国家、社会、个人三者之间关系的重要中介；另一个是社会管理方式的重大变化，即从以身份、档案制度为特征的行政化管理，向以公民制度为特征的社会化管理转变，这涉及户籍、就业、社会保障、医疗、教育、住房等一系列社会体制的改革。

在社会价值的整合方面，需要认识到的是，价值整合是比利益整合更加长期的过程，民主法制、公平正义、诚信友爱、和谐文明等等将逐步在中国成为具有社会认同的共同价值。中国特色社会主义核心价值的形成，将吸收人类文明创造的一切优秀成果，也将重新构造普适价值的共识和内涵，从而为中国的长期稳定发展，也为和谐世界的构建，提供和平、和谐、合作发展的精神支撑。

二 社会主义和谐社会理论的新进展

改革开放以来，历次党的代表大会报告都有重大的理论命题。例如，党的十三大报告是"社会主义初级阶段"理论和党"基本路线"，党的十四大报告是"中国特色社会主义理论"和"社会主义市场经济"，党的十五大报告是"邓小平理论"和党的"基本路线和纲领"，党的十六大报告是"三个代表"重要思想和"全面建设小康社会"。这四次党的代表大会提出和论述的重大理论命题，都对马克思主义中国化的理论建设和中国特色社会主义的实践产生了重大影响。党的十七大报告，全面总结了改革开放以来的发展经验，立足于社会主义初级阶段的基本国情和新世纪新阶段我国发展呈现出的一系列新的阶段性特征，从中国特色社会主义总体布局和全面建设小康社会的全局出发，科学分析了当前我国面临的新形势、新课题和新任务，提出了"中国特色社会主义理论体系"和"深入贯彻落实科学发展观"的重大理论命题。这对于在新世纪新阶段排除各种干扰，坚持中国特色社会主义道路，推进理论创新和实践探索，统一思想认识和明确前进方向，都具有重大意义。

党的十六大报告曾提出"三个坚持"，即坚持党的"基本路线、基本纲领、基本经验",这次党的十七大报告,增加了一个坚持,即"坚持并丰富党的基本理论、基本路线、基本纲领、基本经验"。提出坚持并丰富党的"基本理论",意味着,一方面经过近30年改革开放的实践检验和经验总结,我们已经形成一个比较完整的、系统的和科学的中国特色社会主义理论体系,另一方面这个理论体系是开放的、不断发展着的,要随着实践的探索不断丰富创新。

中国特色社会主义的科学理论体系,从历史发展脉络看,凝聚着党的几代领导集体带领人民不懈探索实践的智慧,包括邓小平理论、"三个代表"重要思想以及科学发展观等重大战略思想;从发展领域的总体布局来看,包括了社会主义市场经济理论、社会主义民主政治理论、社会主义先进文化理论、社会主义和谐社会理论;从不同发展阶段具有很强现实针对性的思想理论来看,主要包括了社会主义初级阶段理论、社会主义市场经济理论以及社会主义和谐社会理论等。

在党的十七大报告中,构建社会主义和谐社会作为深入贯彻落实科学发展观的基本要求,从大社会着眼,将和谐社会建设的执政理念、奋斗目标、基本原则、制度建设、精神支撑、国际战略等各个方面贯穿全文,形成了比较系统的认识;同时从小社会着手,对加快推进以改善民生为重点的社会建设进行了全面的工作部署。

党的十七大报告进一步推进了构建社会主义和谐社会重大战略思想在理论、战略和政策上的建设。在理论进展上,党的十七大报告深刻阐明了科学发展和社会和谐的辩证关系,指出社会发展、社会和谐是发展中国特色社会主义的基本要求;社会和谐是中国特色社会主义的本质属性;深入贯彻落实科学发展观要求我们积极构建社会主义和谐社会;没有科学发展就没有社会和谐,没有社会和谐也难以实现科学发展,要通过发展增加社会物质财富、不断改善人民生活,又要通过发展保障社会公平正义、不断促进社会和谐;实现社会公平正义是中国共产党人的一贯主张,是发展中国特色社会主义的重大任务。在宏观战略部署上,党的十七大报告围绕科学发展、社会和谐,在经济方面提出要促进国民经济又好又快发展,加快转变经济增长方式,统筹城乡发展,加强能源资源节约和生态环境保护;在政治方面提出要发展社会主义民主政治,扩大人民民主,发展基层民主,保障人民享有更多更切实的民主权利,建设服务型政府,完善制约和监督机制,保障人民赋予的权力始终用来为人民谋利益;在文化方面提出要推动社会主义文化大发展大繁荣，建立社会主义核心价值体系，建设和谐文化，建设中华民族共有精神家园；在社会方面提出加快推进以改善民生为重点的社会建设，推进社会体制改革，扩大公共服务，完善社会管理，促进社会公平正义。在社会建设的政策措施上，党的十七大报告在发展教育、扩大就业、深化收入分配制度改革、建立覆盖城乡居民的社会保障体系、建立基本卫生医疗制度、完善社会管理等诸多方面，都做出了具有现实针对性的工作部署。

社会主义和谐社会理论是科学发展观等重大战略思想的重要组成部分，也是中国特色社会主义理论体系的重要内容。这一理论是党的十六大以后逐步形成的，2002 年党的十六大在阐述全面建设小康社会的奋斗目标时，明确提出社会更加和谐的要求；2004 年党的十六届四中全会从加强党的执政能力建设的高度，明确提出构建社会主义和谐社会的任务；2006 年党的十六届六中全会通过了《中共中央关于构建社会主义和谐社会若干重大问题的决定》，形成了构建社会主义和谐社会的思想体系和战略部署。

构建社会主义和谐社会重大思想的提出，是对党的执政规律、社会主义建设规律和人类社会发展规律的新认识。建设社会主义是人类历史上一项全新的事业，我国建设社会主义的探索，既不像马克思主义创始人设想的那样是在资本主义高度发展的基础上建设社会主义，也不同于其他社会主义国家的实践，没有可供参照的发展模式。

中国改革开放 30 年了，这 30 年可以被称为中国高速发展的"辉煌 30 年"。1978 年党的十一届三中全会以后，中国发展的基本路线从"以阶级斗争为纲"转移到"以经济建设为中心"的正确轨道上，从此进入发展的"新时期"。根据这个新时期的阶段性特征，邓小平提出满足温饱、达到小康和基本实现现代化分"三步走"的战略，这是一个从 20 世纪 80 年代初到 21 世纪中叶的现代化路线图。

当前，中国经济社会仍处于快速发展过程中，经济进入新一轮的高速增长周期，社会变革向纵深推进，发展的大局呈现持续增长的良好态势，我们在各方面拥有了更加有利的条件，但国内外的不稳定、不确定、不和谐因素也有所增多，形势的复杂性、多变性增加。在这种情况下，我们要清醒地正视发展面临的新问题、新矛盾，认真研究和深刻认识我国发展出现的新的阶段性特征，全面落实科学发展观和构建社会主义和谐社会的重大战略思想，把中国特色社会主义事业不断推向前进。

中国特色社会主义建设的历史经验表明，什么时候我们能够正确处理人与人、人与社会、人与自然的关系，正确处理各种人民矛盾，社会就比较和谐，人民群众的积极性就能够更加充分地调动起来，经济社会发展就比较顺利；什么时候利益矛盾处理不好，社会严重不和谐，人民群众的积极性就会受到挫伤，经济社会发展就会出现波折。

构建社会主义和谐社会贯穿中国特色社会主义事业全过程，这意味着它不仅贯穿全面建设小康社会的历史时期，也不仅贯穿整个社会主义初级阶段，还将贯穿整个中国特色社会主义现代化建设过程和整个中国特色社会主义道路，需要几代人、十几代人甚至几十代人坚持不懈地努力奋斗。当前，我们要以民生问题为重点，扎扎实实地做好各项工作，在实践的探索中不断加深对和谐社会建设规律的认识，用实践和发展成果来不断丰富、完善和检验社会主义和谐社会理论。

三　社会主义和谐社会理论的体系

构建社会主义和谐社会的思想理论体系，我们现在在执政理念、奋斗目标、总体布局、制度建设、精神支撑、国际战略、社会力量等方面，都已经形成了系统的认识。我们要构建的社会主义和谐社会，就是在中国特色社会主义道路上，中国共产党领导全体人民共同建设、共同享有的和谐社会。

1. 和谐社会建设的指导思想和治国执政理念

构建社会主义和谐社会，要以中国特色社会主义理论体系为指导，全面贯彻落实科学发展观，必须坚持以人为本，立党为公，执政为民，始终把最广大人民的根本利益作为党和国家一切工作的出发点和落脚点，不断满足人民日益增长的物质文化需要，做到发展为了人民、发展依靠人民、发展成果由人民共享，促进人的全面发展。要坚持全面协调可持续发展，把发展作为执政兴国的第一要务，统筹城乡、区域、经济社会、人和自然、国内和国际的发展要求，坚定不移地走科学发展、和谐发展、和平发展的道路。

2. 和谐社会建设的奋斗目标

构建社会主义和谐社会，要按照公平正义、民主法治、诚信友爱、充满活力、安定有序、人与自然和谐相处的总要求，围绕到 2020 年全面建设小康社会的目标及其新要求，建设惠及十几亿人口的全面小康社会，形成全体人民各尽所能、各得其所而又和谐相处的局面，努力建设富强民主文明和谐的社会主义现代化国家。

3. 和谐社会建设的总体布局

构建社会主义和谐社会，必须全面推进社会主义经济建设、政治建设、文化建设、社会建设和党的建设，把和谐社会建设摆在更加重要的地位。要坚持以经济建设为中心，坚持全面协调发展，转变发展观念和增长方式，走新型工业化道路，建设社会主义新农村，建设节约型社会，形成创新型国家。要加强政治建设和党的建设，充分发挥党的领导核心作用，坚持党的领导、人民当家作主和依法治国的统一，坚持执政为民，用民主法制来保证社会公平正义，以党内和谐来促进社会和谐，为和谐社会建设提供坚强有力的政治保证；要建设和谐文化，建设社会主义的核心价值体系，发扬中华民族的优秀文化传统，借鉴和吸收人类文明的一切先进成果，弘扬社会主义荣辱观，最大限度地形成社会共识，形成共建和谐伟业的强大精神支撑。

4. 和谐社会建设必须遵循的原则

构建社会主义和谐社会，必须坚持以人为本、坚持科学发展、坚持改革开放、坚持民主法治、坚持正确处理改革发展稳定的关系、坚持在党的领导下共同建设这六项原则。

5. 和谐社会建设的道路和过程

构建社会主义和谐社会，必须坚持中国特色社会主义道路，把和谐社会建设的要求，贯穿中国特色社会主义事业全过程。这意味着它不仅贯穿全面建设小康社会的历史时期，也不仅贯穿整个社会主义初级阶段，还将贯穿整个中国特色社会主义现代化建设过程和整个中国特色社会主义道路。即便是我国到21世纪中叶基本实现社会主义现代化，要巩固和发展社会主义现代化制度，建设和完善富强民主文明和谐的社会主义现代化国家，还需要几代人、十几代人甚至几十代人坚持不懈地努力奋斗。构建社会主义和谐社会的长期性、艰巨性，是由社会本身的发展规律决定的，目前的社会矛盾解决了，新的社会矛盾还会不断产生。构建社会主义和谐社会，就是一个不断减少不和谐因素，不断增加和谐因素，从而不断提高社会和谐程度的动态历史过程。我们要在实践的探索中不断加深对和谐社会建设规律的认识，用实践和发展成果来检验和谐社会建设的理论。

6. 和谐社会建设的制度创新

坚持社会主义市场经济的改革方向，推进经济体制、政治体制、文化体制、社会体制的改革和创新。继续完善社会主义市场经济体制，同时适应经济基础和社会结构的深刻变化，加强社会主义民主政治建设，创新文化体制，加快城乡管理、就业、收入分配、社会保障、医疗、教育等方面社会体制的改革，建立健全充满活力、富有效率、更加开放的体制机制。

7. 和谐社会建设的核心价值体系和思想道德基础

建设社会主义核心价值体系是奠定和谐社会思想道德基础的根本保证。坚持把社会主义核心价值体系融入国民教育和精神文明建设全过程，贯穿现代化建设各方面。坚持以社会主义核心价值体系引领社会思潮，尊重差异，包容多样，最大限度地形成社会思想共识，形成符合传统美德和时代精神的道德规范和行为规范，增强全社会诚实守信意识，塑造自尊自信、理性平和、积极向上的社会心态，巩固全国各民族人民的大团结，实现中华民族的伟大复兴。

8. 和谐社会建设的国际战略

构建社会主义和谐社会，在国际战略方面要高举和平、发展、合作的旗帜，坚定不移地走和平发展的道路，实施互利共赢的开发战略，维护国家主权、安全和发展利益，积极争取和平稳定的国际环境，更好地利用国内国际两个市场，推动建设持久和平、共同繁荣的和谐世界。

9. 和谐社会建设的领导和社会力量

要在中国共产党的领导下，动员各种社会力量，使用各种方法和各种手段，在各行各业的具体工作中，扎扎实实地全面落实构建社会主义和谐社会的重大战略任务。

构建社会主义和谐社会，关键在党。必须充分发挥党的领导核心作用，为构建社会主义和谐社会提供坚强有力的政治保证。要动员各种社会力量建设和谐社会，在党的领导下全社会共同建设、共同享有。各党派、各团体、各民族、各阶层都要为建设和谐社会做贡献，也要通过各党派、各团体、各民族、各阶层之间的团结和谐，来促进社会和谐。要充分发挥城乡社区、各种社会组织以及其他社会力量在和谐社会建设中的作用。要在全社会形成万众一心、共创和谐伟业的局面。

总之，目前在和谐社会建设的指导思想、治国执政理念、奋斗目标、发展道路、总体布局、制度创新、精神支撑、国际战略、领导和社会力量等方面，都已经形成了比较系统的理论，构成了社会主义和谐社会的思想理论体系。

四 可供借鉴的西方社会建设理论

从社会理论角度看，一个社会是否和谐稳定的问题，实质上是社会整合程度高低和社会运行是否有序的问题。社会整合程度越高，社会运行越是有秩序，社会就越是和谐稳定。当然，社会的整合与秩序在不同历史时期有其不同的基础条件和实现逻辑，并且内在地蕴涵着不同的价值目标取向，包含着广大社会成员对社会运行状况的主观认知和认同程度。正是这些因素，决定着对一个社会的和谐稳定形势进行判断的基本依据与主要方法。迄今为止，社会理论从不同视角对此进行了讨论和研究。

1. 社会团结理论

社会学诞生于 19 世纪中叶。当时，欧洲步入工业社会，剧烈的社会变迁引发激烈的社会冲突，社会的秩序和稳定受到严峻挑战。刚刚诞生不久的社会学对这样的社会问题进行了初步的思考和研究，探讨消解社会冲突促进社会秩序和稳定的路径，社会团结被认为是至关重要的问题。

涂尔干最早注意到社会团结问题。他认为，当时欧洲工业社会存在三大危机。一是经济危机，具体表现为 19 世纪频繁发生的"工商业的危机和破产"。二是社会危机，具体表现为进入 19 世纪以后变得越来越频繁激烈的劳资冲突。涂尔干忧心忡忡地看到，在他所处的那个时代，工业越是朝着专业化的方向发展，劳动和资本的对抗就越激烈，对社会产生严重威胁，工人与雇主之间"永无休止的敌对状态"已经成为"工业社会的显著特征"。三是精神危机，其实质是价值观的危机，也是社会心理适应危机（涂尔干，1989）。这些危机形成的根源是，在从传统社会向工业社会急剧转型的过程中，利益和价值的分化造成了社会冲突和社会失范，传统利益协调方式和价值体系解体，社会矛盾不断加深。解决这一问题的根本出路，是在新的社会组织即职业群体的基础上进行社会重组，形成有机"社会团结"形式，防止"社会排斥"和"社会分裂"（涂尔干，2000）。概括地说，涂尔干的社会团结理论围绕三个方面展开。一是形成社会团结的价值结构。一个国家或总体社会的政治目标和爱国情感、现行意识形态以至宗教和传统伦理道德价值等共同意识，作为集体性的社会实在，都是构筑价值认同的重要因素。二是社会关系的联结方式。在不同社会条件下，社会关系通过不同的纽带联结起来。在现代社会，这种连接纽带就是高度分工形成的广泛合作需要或社会成员的相互依赖。三是由法、规范或习惯等形成的制度安排，为社会创造了一个规范环境。现代社会的分工使每个人的生存和发展都必须同时依赖其他人，这种相互依赖必须依靠各种法律制度来维持，"法律表现为社会团结的主要形式"（涂尔干，2000，2001）。正是在这些因素的影响下，现代社会应当能够形成不是基于支配而是基于共享的新集体良知。他意识到，一个人人都仅仅追求自身利益的社会可能会在短期内失去整合，这种利益"今天把你我联合在一起，明天就可能使你我成为敌人"（涂尔干，2000）。因此，在现代社会，没有规范调节的契约关系会陷入失范状态（涂尔干，2000）。此外，涂尔干还认为，一个分化程度较高的社会是一个有组织的社会，组成它的社会单元各不相同，彼此以各种复杂的模式连接起来。它们的组织是和谐的，这种和谐来自有关个人的自主地位和各项权利的共享理解，来自人们对由不同部分组成的社会的维续所抱有的道德认同。当然，国家在这个过程中处于重要地位，应当发挥重要的协调职能。

滕尼斯与涂尔干同时看到了社会团结的重要性。但与涂尔干不同，在滕尼斯看来，社会实体的内在聚合不仅依靠拥有共同权利的个体成员对团结的体察，还必须诉诸一种特殊的社会实在即社会"纽带"。团结不能仅仅建立在纯粹现代个体的理性行动之上，社会性的相互依赖关系在理论意义上是个体自由的对立面，因为它涉及一种道德义务、道德律令或禁令（Tönnies，1955，1971）。按照这样的思路，滕尼斯将社会相互关系分为两种基本类型，即传统"社区"与现代"社会"。"社区"的团结是一种实在的和有机的生活；而现代"社会"的纽带却是一种"想象的和机械的结构"（Tönnies，1955）。在"社区"这种共同体中，成员间的相互依赖关系非常紧密，以家庭为基本组织形态的社会关系形成一个极其稠密的网络。而现代社会的关系实际上是通过契约和交换确立起来的，因而其团结的基础必定会为范围越来越大的地域流动、城市兴起以及大规模的产业结构所削弱。这意味着，随着现代化进程的展开，个人之间的社会关系反而会变得越来越抽象和疏远，甚至陷入霍布斯式的社会敌对状态，滕尼斯称这种状态为"无限制的经济竞争"（Tönnies，1971）。滕尼斯认为，如果现代"社会"建立在上述前提下，那么财富垄断和阶级分化就必然是不可避免的，因此只有重建社区团结才是现代社会的真正出路。

2. 社会整合理论

所谓社会整合，是指各种社会要素、部分结合为一种统一而协调的整体的过程和结果。涂尔干以及滕尼斯的社会团结理论包含着社会整合的含义，但真正对社会整合问题进行系统论述的是帕森斯的社会均衡学说。

帕森斯的社会整合理论的发展经历了三个阶段。在早期，其理论核心是报偿（声望）、资产和人事分配三者之间的关系问题。所谓人事分配是指，建立掌握资源的职位规则和准则并允许不同地位的人们之间流动的社会系统。教育是人事分配的第一步，随之而来是进入劳动市场，受过良好教育的人在劳动市场中寻找适合他们的位置和报酬。然后，帕森斯通过寻求什么是稳定系统的理想模型的分配序列引出社会整合问题。资源的分配是否合适，是否能够满足人类的要求，人们是否能够获得良好的教育，这些资源的分配过程之间是否协调，都会影响社会的整合。为了实现社会整合，帕森斯特别强调对人们的需求的配置，也就是要在"正常条件"下降低人们对社会和非社会物品的追求和索取的不现实程度，直至参与分配的大多数人的要求不超过他们的可操作的实际获得（Parsons and Shils，1951）。否则，社会就会产生普遍的焦虑感、挫折感和不满意感，进而由此产生以对"不受欢迎的人"进行社会侵犯为特征的社会互动模式和不良整合。帕森斯认为，这种性质的社会侵犯已经成为西方社会互动的一种主要模式，进而产生了西方社会的不良整合，甚至德国法西斯主义形成和得势的原因也在这里（Parsons，1954，1971）。

到了中期，帕森斯又特别强调制度分化、制度包容与价值普遍化。在他看来，制度的充分分化能够促进社会的整合。在一个良性运行的社会中，制度性分化是充分的，这使各种制度变得更加专门化，相互依赖的程度得到提高，因而它们之间的相互联系变得更加紧密。专门化的制度不能自我提供其所需资源，越来越多地依赖于来自其他制度的广泛输入；同时，它们的专门化输出也是其他制度所依赖的。在这种分化的过程中，个人逐步摆脱某些特殊的专门身份特征，而以一种有能力的个人资格成为社会的成员，成为社会学上承担着一定整体性社会义务的公民。这样，先前被排斥在外的社会群体逐步为现代化的发展过程所包容，他们越来越能够获得普遍形成的平等和机会；同时，起着社会控制作用的社会价值也变得越来越具有普遍性，从而为社会一致性提供了来源，但普遍化的社会价值并不规定日常生活的细节，多样性、合理性和变化性仍有其存在的空间（Parsons，1955，1966，1967，1971）。在这样的社会里，存在着一种趋势，即把罪恶变成善良，把社会紧张变成社会稳定的源泉。

在后期，帕森斯进行了更具哲学意味的理论分析。他认为，任何一个社会系统，为了存续下去，都必须解决四个问题，亦即必须实现四项基本功能：适应、目标达成、整合和潜在模式维持，简称为 AGIL 模式。"适应"涉及社会系统与其环境之间的某种关系，对于系统中的每一个成员来说，其行动必须或者适应环境的限制或者使环境适应其需要。这大概相当于一个社会中的经济子系统。"目标达成"指的是一个社会系统必须能够使其任何一个行动参与者实现和达到其目标，大体相当于一个社会的政治子系统。"整合"意味着社会系统的任何一个成员的行动都必须尽可能地遵守规范、相互协调而避免冲突。整合子系统的产出是团结和规范。"潜在模式维持"意指社会系统的每一个成员都必须使其精神状态与维持系统所必需的价值相协调，是一种普遍价值承诺，也是社会价值内化于人们的行动之中的过程，亦即社会化过程（Parsons，1971）。

从上述分析中可以引申出两个深化整合理论的分析概念，即社会整合与系统整合。最早提出这两个概念的是洛克伍德，他试图把功能主义理论与社会冲突论的一些基本问题加以澄清（Lockwood，1964）。当代许多重要学者都曾经论述过这个问题，如吉登斯（1998）、哈贝马斯（1994）、卢曼（Luhmann，1997）等。一般而言，社会整合涉及把个体的人或行动者联系起来融入社会的原则，或者行动者之间的合作/冲突关系；系统整合则指涉一个社会系统的各个部分（制度）之间的关系或把这些不同部分相互关联起来的方式，各个部分（制度）在逻辑上相容或不相容是系统整合或不整合的标志。传统功能主义过于强调社会制度之间的功能关系，而传统冲突理论则认为行动者集团之间的冲突是社会变迁的基础动力。洛克伍德认为，更合理的做法是把这两种整合结合起来考察，因为这两种整合在社会变迁的现实过程中是不可截然分开的，并且是相互影响的。

3. 社会冲突理论

马克思是最早系统论述社会基本矛盾和阶级斗争的社会学大师，对其后的社会理论和社会实践产生了巨大影响。在社会学上，马克思的历史唯物主义理论被认为是社会冲突理论的思想渊源。但是，在 20 世纪上半叶，美国结构功能主义一度在西方社会学中获得话语霸权，加上冷战时期马克思主义在美国受到反共思想压制，社会冲突思想从美国主流社会学退隐。到了 20 世纪 50~60 年代，美国社会学家达伦多夫和科瑟提出了旨在弥补功能论之不足的冲突论，雷克斯进而从分配角度讨论了冲突与整合的关系，他们的努力使冲突论在主流社会学中赢得了一席之地。而在欧洲，社会学一直重视冲突思想，其中，法兰克福学派的当代代表人物哈贝马斯对冲突论的发展做出了突出贡献。这几位冲突论学者都继承了马克思主义矛盾论思想，同时，还因为他们所处时期社会状况的不同，他们所关注冲突的层次、所提出的冲突解决方案都与马克思的思想有所不同。大体上，他们关注范围更广泛的社会冲突，而不限于阶级冲突和可以用经济利益差异解释的冲突，更强调冲突对社会整合的积极功能，并主张以理性沟通方式而非暴力方式解决社会冲突。

　　达伦多夫认为，社会具有两面性，一面是共识，一面是冲突。如果只看到前一面，我们对社会的理解就是失真的，我们就会陷于乌托邦的幻象之中，因此，社会学应该以冲突论来弥补功能论的不足（Dahrendorf，1958，1966）。针对结构功能主义仅仅关心社会平衡和稳定的倾向，达伦多夫提出了似乎完全相反的观点，认为任何社会在任何时候都会发生变化，因此社会变迁是普遍存在的；任何社会随时都会发生冲突，因此社会冲突是普遍存在的；社会的任何一个因素都对社会变化发生作用；任何社会都依赖于其成员的相互限制（Dahrendorf，1968）。那么，社会冲突发生的社会条件是什么？在这个问题上，达伦多夫社会冲突论的焦点是权威与服从的冲突关系。在他看来，任何一个社会在安排社会角色时就已经赋予它们以支配或服从的期望，即占据权威位置者将会控制从属者。这种控制之所以能够实现，是因为被支配者按照社会安排预期到这种控制，而不是因为他们自己在心理上渴望被控制。从根本上说，这两类人的利益是矛盾的，支配者要维持现状，而被支配者则渴望重新分配权威。在一定条件下，他们会形成两个冲突团体，为争夺权威而竞争。消除这一冲突的方法就是对社团权威进行再分配，促使社会系统发生结构性变化，使得社会结构中的统治者与被统治者的相互关系保持在协调一致的统一方向上，这样，社会制度才会趋向稳定。当然，仅有利益差异还不足以引起团体间的冲突，只有当这些团体具备一定的结构、目标、人事和沟通纽带等社会学条件时，它们才能成为真正的冲突团体（Dahrendorf，1959）。

　　科瑟既批判功能论也批判冲突论，认为传统的功能论忽视冲突，而已有的冲突论则片面强调冲突的破坏作用。针对这种状况，他提出了"冲突功能论"。根据这种理论，我们不能轻易将社会中的偏差和异议看成社会系统的病态现象，冲突具有维护社会系统的积极功能。科瑟进而分析了社会冲突的起因和发生机制。关于冲突的起因，科瑟主要考虑了两个因素。一是社会结构本身的各个组成部分的相互关系对于冲突的影响，二是处于不同社会阶层和社会地位的社会行动者对其利益和社会整体结构的不同态度。就前者来说，科瑟认为，任何冲突的原因本来就存在于社会结构之中。任何社会都是由其各个组成部分建构起来的整体，虽然各组成部分间的相互关系包含着和谐与不和谐两方面的因素，但总的来说往往处于不协调和不平衡的状态之中。社会结构的不平衡性就是社会冲突的根源之一。就后者而言，科瑟认为，社会秩序是以该社会成员对现有制度的一定程度的共识为基础的。在一个不平等的社会中，当被统治阶级对资源分配制度的正当性产生怀疑时，社会冲突就可能产生。怀疑的程度越高，冲突的可能性就越大；对稀缺资源的不平等分配进行补偿的渠道越少，冲突产生的可能性也越大；同时，如果被统治的社会群体缺乏内在的组织性，其成员的愤恨情绪就可能得不到合理的协调和调整，他们就越有可能采取暴烈形式发泄自己的愤恨，由此导致的冲突的强度也会越大。基于这样的分析，科瑟把公开表达视为降低冲突发生机会和冲突强度的重要机制。他认为，凡是为人们发表不同意见和公开解决冲突提供机会的社会关系，总是会避免由长期的仇恨积累所产生的各种具有破坏性的危险，并尽可能减少对对立力量进行持续的镇压。这就是说，只要给予人民直接表达他们的不满和不同意见的机会，冲突的强度就会减弱，不至于使其不满积累到爆发剧烈冲突而非予以镇压不可（科瑟，1989）。

雷克斯的社会冲突论被认为是真正独立于功能主义的。雷克斯主要从分配视角来讨论社会冲突问题。他认为，分配先于整合，整合是分配的结果。他所说的分配主要是生活资料的分配。他认为，在资本主义社会，现实的资源分配存在着森严的等级制和巨大的社会不平等，金钱→权力→价值→宗教仪式这一秩序链条整个是为统治阶级利益服务的。因此，社会整合并不能根据社会"系统"的性质来理解，它不会因为不稳定性激发独立控制机制而产生，也不会在参与党派的主观意图之外出现的非正式过程中发生。社会秩序就是某一群体自觉维护其权力的结果，这个群体也就是控制分配的群体。整合主要是统治和利益的问题，价值和规范对整合来说不过是次要因素，并且只是在为其战斗的群体提供内部整合的限度内才具有重要意义。换句话说，所谓规范的现实意义就在于它们有助于解释个人如何使自己的利益服从于群体或阶级的利益。规范不能调和、更不能取消群体之间的冲突。虽然统治阶级总是力求使其统治合法化，但要被统治阶级长期自愿服从其统治是不可能的，因为资源的不足会不可避免地导致不满，最终引发反叛。因此，冲突是每一个社会的中心，秩序则是社会的冲突取向得胜或失败的结果（Rex，1961）。

哈贝马斯是法兰克福社会批判学派和西方新马克思主义的代表，他对主观意味浓厚且过于激进的早期社会批判理论进行了改造，强调必须把研究的注意力从个人的主观意识转向人们相互主观地理解和协调其社会行动的过程，只有理解了社会整合的机制，才能把人们从资本主义的异化中解放出来。哈贝马斯吸收了马克思的解放思想和韦伯的理性思想，形成了在当代西方社会理论中占有重要地位的"沟通行动理论"。在这一理论中，哈贝马斯将社会行动分为四种类型。一是工具性行动，即通过计算并选择手段来实现明确目标的行动，要遵守客观世界的真理。二是规范控制的行动，即导向群体共同价值的行动，要遵守社会世界的规范。三是戏剧式行动，是在公众面前表现自己意图的行动，要遵守主观世界的真诚。四是沟通行动，即行动者相互理解、相互协调的行动，要全面遵守前面三种准则。哈贝马斯认为，现代社会的整合既涉及国家管理的经济层次（工具理性），又涉及知识文化储备层次（沟通理性）。现代社会的特征是不断地进行政治、经济层次的分化，却很难实现文化层次的整合。但是，如果不能解决这个问题，社会就仍然是分裂的，并且会遭遇危机。他提出的解决路径是：发挥沟通理性潜力，促进社会整合（哈贝马斯，1994）。

4. 社会公正理论

关于社会公正或社会正义的思考，在西方思想史上源远流长。早在古希腊时期，毕达哥拉斯、柏拉图和亚里士多德都探讨过城邦公正问题，他们认为，社会公正是社会秩序和社会和谐之源。近代以来，关于公正问题，先后出现了四种主要理论，即古典自由主义、功利主义、平等主义和罗尔斯主义。

古典自由主义的哲学渊源是洛克的天赋权利学说，在经济学上则以亚当·斯密为代表；在当代，哈耶克和诺齐克是新古典自由主义（Neo-liberalism）的代表人物。斯密曾经将道德分成正义和同情心两部分，其中同情心只能起到润滑和装饰的作用，正义则是支撑社会大厦的栋梁，而所谓正义就是个人的自由选择，因为自由选择可以实现社会福利最大化（斯密，1998）。哈耶克则认为，每个人的偏好是不同的，不可能就社会评价达成共识。因而，作为社会评判标准的唯一有价值的东西是由法治所定义的正义，任何其他对社会分配结果进行评判的企图都是非正义的。显然，哈耶克所认同的正义或公正是对个人的道德约束，而不是对社会结果的评判（哈耶克，2000）。当代新古典自由主义经济学家更是将自由选择的意义推向极致（弗里德曼和弗里德曼，1998；Buchanan，1993）。斯密本人尚对某些市场交易（如高利贷）持保留态度，认为国家有义务对它们进行限制，以防止社会资源浪费；而当代新古典自由主义者全然没有了斯密的谨慎，以致认为像执法这样的责任也可以由个人来履行。在政治方面，古典自由主义公正观直接导致诺齐克的最小国家理论和程序正义论（诺齐克，1991）。诺齐克认为，国家的角色就是"守夜人"，其任务只是保证个人自由和权利不受他人侵害。诺齐克特别反对罗尔斯的分配正义论，在他看来，不同资源拥有者所实现的功能存在很大差异，只有根据所投入资源的品质进行差异化分配才是合理的。个人的行为只要合于程序正义，其财产来路正当，他对这种财产的持有就是正义的。相反，对正义持有的任何侵犯都是不正义的。换句话说，一种社会分配是否公平，就在于这种状况是否保证了自由和权利的行使。进而言之，如果一种分配在起点上是公平的，并且经过了一个公平的过程，那么其结果就应该被认为是公平的，即使它可能非常不平等。毫无疑问，强调起点公正和程序公正是有道理的，但因此而完全反对对不平等的分配予以必要的调整，一味地排斥分配正义意义上的社会公正，却是极为片面。古典自由主义和新古典自由主义或许能够起到为现状辩护的作用，但难以促进社会和谐。因为历史证明，起点公平基本上是不可能的，而完全的程序正义也是不现实的，除非我们能够无限回溯地检验财富持有的全部历史链条并清除一切基于程序不正义的分配，否则我们就无法断定现存的不平等结果是合乎诺齐克式正义原则的。诺齐克自己也承认，他所构想的不过是一种乌托邦而已。

功利主义是 19 世纪以来对西方政治、经济和社会理论影响最大的一种学说，边沁、穆尔和西季威克是最重要的功利主义理论家。功利主义认为，评价社会分配好坏的标准只能是社会中个人福利总和的大小；一种好的社会分配必须是提高个人福利总和的分配。用西季威克的话说，如果一个社会的主要制度安排，能够达到所有个人的满足的最大净余额，那么这个社会就是被正确组织的，因而也是公正的（西季威克，1993）。对于早期的功利主义者而言，功利主义不仅仅是一种社会公正标准，而且也是一个道德标准。在一个体现社会公正的社会中，其效用总和为最大；而在一个不公正的社会中，其效用总和明显低于应该达到的水平。作为一种公正理论，功利主义有相当的吸引力，对于强调效率的经济学来说尤其如此。但是，功利主义公正观的内在缺陷是巨大的，这是因为，它往往要以个人效用可以比较和计算这样的靠不住的假设为前提（姚洋，2004）；它也忽略了权利保护和自由等非效用的有关正义的常识性准则——从功利主义观念出发，原则上就没有理由否认可以用一些人的较大得益补偿另一些人的较少损失，甚至可以为了使很多人分享较大利益而剥夺少数人的自由；最后，它还忽视了全社会福利总量和最大满足余额在社会成员中分配的实际不平等及其损害社会稳定和谐的后果。

平等主义是最具道德感召力的社会公正理论，它的影响源远流长。不少人认为，中国社会文化传统的一大特点就是"不患寡，而患不均"，历史上的农民运动也无不打着"均贫富"的旗号。作为一种社会公正理论，平等主义不仅要求收入均等化，还要求权利、财产、机会、教育等方面均等化。个人权利平等的意义不言而喻，因为它是任何民主社会的基石（姚洋，2004）。此外，平等主义公正观还有这样几个方面的道德理由。首先，平等在某些情况下是公平分配的必需。如果超乎个人劳动所得的收入或负担需要在社会中进行分配，那么，唯一公平的分配方式就是均等地分配。其次，某种程度的平等是建立个人自信的必需。对于处于社会最底层的人来说，自信是无法企及的非分之想。第三，不平等妨碍社会成员的相互尊重，而相互尊重无可置疑地是道德的基本信念。第四，平等是表现人类感情的必需。一国人民乃至全人类没有理由不对同类表现出某种认同和同情心，没有理由不向同类中的弱者伸出援救之手，而一个边缘化的贫困阶层的存在不仅关乎贫困者本身，而且也是社会无能的表现（Miller，1982；Hausman，1998）。当然，收入和财富分配上的绝对平均主义是不可能的甚至是有害的，而权利、机会和教育等领域的均等化则是值得追求的。

罗尔斯主义是古典自由主义和平等主义的某种折中，同时也是对功利主义的深刻反思。罗尔斯研究公正问题的年代正是美国民权运动和反战运动如火如荼之际，也是青年学生冲破传统、社会剧烈转型的年代。民权运动和反战运动让罗尔斯看到了忽视社会最低阶层利益的后果，那就是社会动荡，民众与政府对抗，法治丧失。社会底层的不满最容易导致社会动荡，破坏社会秩序，使任何原则的实施都成为泡影；而关注社会底层民众的利益，可以增强他们对自己负责以及自我尊重的能力，从而增进社会的稳定。从这样的认识出发，罗尔斯强调，社会公正是公民衡量一个社会合意的标准，换言之，它是一国公民和平相处的政治底线。一方面，社会公正是一个社会得以维系的先决条件，没有它，社会将在政治上趋于崩溃；另一方面，社会公正也涉及公民对自身所处社会环境的心理感知和判断，从而属于社会意识形态范畴。正义的对象是社会的基本结构，即用来分配公民的基本权利和义务，划分由社会合作产生的利益和负担的主要制度。人们的不同生活前景受到政治体制和一般经济社会条件的限制和影响，也受到人们出生伊始所具有的不平等社会地位和自然禀赋深刻而持久的影响，然而这种不平等却是个人无法自我选择的。因此，正义原则要从全社会的角度通过调节主要社会制度来处理初始不平等，尽量排除社会历史和自然方面的偶然因素对人们生活前景的不公平影响。为此，罗尔斯提出了两个正义原则。他所说的社会正义是这样一种状态：所有的社会基本价值（或者说基本善），包括自由和机会、收入和财富以及自尊的基础，都要平等地分配，除非不平等分配合乎每一个人的利益。与这种社会正义相关的第一个原则是平等自由的原则，即每个人对于与所有人拥有的最广泛平等的基本自由体系相容的类似自由体系，都应有一种平等的权利。第二个原则是机会公正平等原则和差别原则的结合，所谓机会公正平等原则是说，社会应当以机会公正平等为条件，使社会中的各种职务和地位向所有人开放；差别原则的意思是说，一个社会应当这样安排其社会经济不平等，使它们在与正义的储存原则一致的情况下，适合于最少受惠者的最大利益，因为每个社会群体对于社会的合作生产都是不可或缺的，强者能够获得较多收入是依靠与弱者的合作，并且更多地利用了双方共同创造的社会资源。如果没有社会合作，任何人都将一事无成（罗尔斯，1988）。

20 世纪 80 年代以来，罗尔斯的正义理论受到了强劲挑战，挑战者除了以诺齐克为代表的新古典自由主义外，还有秉承功利主义传统的社群主义新思潮。在理论上，社群主义者断定，作为正当的正义（公正）不可能对善具有优先性；反之，我们对善的感知应当具有绝对的优先性。正义优先原则要求权利优先，而善优先原则要求公益优先。在方法论上，社群主义认为，罗尔斯关于理性的个人可以自由选择社会制度的逻辑前提是错误或虚假的，理解人类行为的唯一正确方式是把个人放到其社会、文化和历史背景中去考察。换言之，分析个人首先必须分析其所在的社群和社群关系。因此，用公益政治学替代权利政治学便成为社群主义的实质性主张。基于这样的主张，社群主义认为，良好社会是有着悠久传统和根深蒂固认同的社会，而多数派道德、爱国主义和家庭则是这种社会的重要基础（Sandel，1998）。

5. 社会福利制度和理论

关于扶贫济困、帮老助残的社会风尚和伦理道德的论述，在东方西方社会思想史上都源远流长。在中国，这一思想与先秦儒学关于"礼"和"仁"的论述直接有关，"老有所终""矜寡孤独废疾者，皆有所养""老吾老以及人之老，幼吾幼以及人之幼"，一直被视为中国人的传统美德；而在西方，则与基督教、犹太教有关"爱人如己"的教导以及由自然法派生出的正义和社会平等观念相关。在中世纪欧洲，出现了专门从事救济贫民工作的天主教慈善组织和机构。1601 年，英国颁布了"伊丽莎白济贫法"，1834 年又推出"维多利亚济贫法"，开创了国家以立法形式救济贫民的先河。然而，直到 19 世纪中期以前，西方国家的社会救济通常都由慈善组织完成。当时一些人从自由主义出发，把福利事业与慈善事业联系起来，认为贫困是个人懒惰、禀赋低劣、意志薄弱和低能所致，因此国家并不负有救济和资助贫困者的责任，对他们的救助只能是社会的慈善行为，即由私人或私人组织出于善心对贫困者提供救助的行为，这种救助比政府提供的服务更富灵活性和更能满足贫困者个人的需求。在这种社会观念影响下，私人捐助的慈善机构，作为不具有特定政治目的的非营利组织，在早期社会服务和救济中扮演了重要角色，并在社会福利事业发展中发挥了重要促进作用。

然而，历史的客观发展表明，单纯依靠私人性的慈善救助不能有效缓解和减少社会矛盾和冲突。18 世纪中叶以后，欧洲现代化进程加快，社会分工、专业化、都市化、工业化以及由此引起的社会两极分化，使失业、贫困、伤残与犯罪等社会问题和弊病日趋严重。19 世纪初，欧洲以劳资冲突为表现的社会危机进一步加剧，社会矛盾日益尖锐，社会动荡渐趋激烈。这些社会矛盾无不表明，依靠家庭、私人慈善机构与社会团体已无力解决日益增多的福利需求和社会问题，必须转而以政府为主导调动国家资源来解决涉及整个社会的福利问题。从 19 世纪中后期起，西方国家越来越多地承担起为公民提供基本保障的任务，并在理论上形成了日益完整的社会福利思想体系。

现代社会福利的雏形可以追溯到德国俾斯麦 1883 年制定的《疾病产孕救济法》，以及 1889 年制定的《老年、残疾和死亡救济法》。此后欧洲各国竞相仿效，至 1910 年出现了第一个广泛的社会福利纲领。第二次世界大战结束以后，西方国家开始加快社会保障制度建设，到 20 世纪 70 年代，世界主要发达国家纷纷迈入福利国家行列，许多新兴工业化国家也竞相立法推行社会保障制度。当代的社会福利规划或福利制度通常由政府负责提供最低限度的保障金，同时也鼓励私人雇主、工会、慈善团体以及个人购买保险等办法，为公民提供更多层次的保险。在社会政策上，政府为个人和慈善组织提供补充性的福利措施保留充分空间。目前，各国的社会福利越来越多地是按照公民应该享受的权利而不是根据需要来提供。当然，20世纪70年代爆发世界性经济危机以后，实行福利国家政策的政府日益感到来自巨额福利开支的沉重压力，最终不得不予以削减，并且更多地强调发挥社区和家庭的作用。

现代福利规划和福利保障制度的理论基础，应当追溯到英国社会改革家贝弗里奇的《社会保险和相关服务》报告（1942）。贝弗里奇在报告中历数了英国原有社会服务事业中的种种弊端，提出了向社会中的懒散、无知、疾病、肮脏与贫穷五种顽疾开战的计划，并把实现这一计划的希望建立在政府对全社会实行免费的国家卫生服务、家庭津贴、社会保险、社会援助和政府保障充分就业的社会福利政策之上，其目的在于使国家为其公民抵御从出生到死亡整个生命过程中可能遭遇到的一切偶然事故和不测风险提供社会保障。贝弗里奇报告在提出之时并未能作为法案在议会获得通过，但却得到广大群众的支持和拥护。而现代社会福利理论发展的现实基础，则是发达国家产业工人的增加、工人阶级力量的壮大以及工会以压力群体为手段进行的有组织抗争。工人阶级的斗争迫使资产阶级当政者从社会矛盾中看到某些威胁，从而不得不采取一些妥协的应对措施，以减少反对势力的抨击。

总的来说，福利国家是发达国家政府干预经济生活、通过税收政策进行再分配的一种社会福利形式，它把国家原来仅对少数弱势群体进行救济救助的社会责任变成全体公民都可以享受的经济权利和社会服务，从而把社会福利的性质从消极救助变为积极预防，以化解社会张力，减少社会消极因素，促进社会和谐稳定。最终，公民享受教育、健康和最低生活保障的福利权利或社会权利，被写进联合国《人权宣言》。《人权宣言》第22条规定："每个人，作为社会的一员，有权享受社会保障，并有权享受他的个人尊严和人格的自由发展所必需的经济、社会和文化方面各种权利的实现。"第25条规定："人人有权享受为维持他本人和家庭的健康和福利所需的生活水准，包括食物、衣着、住房、医疗和必要的社会服务等；在遭到失业、疾病、残废、守寡、衰老或在其他不能控制的情况下丧失谋生能力时，有权享受保障。"第26条规定："人人都有受教育的权利，教育应当免费，至少在初级和基本阶段应如此。"从理论上看，《人权宣言》的这些权利规定主要强调了人的基本生存权和发展权，而且这些必须满足"基本需要"的权利规定属于底线公正或底线伦理的范畴，因而不仅仅是一种道德权利，还必须以国家法律的形式规定下来，将其上升为法律权利。

6. 公民社会理论

如果说，上述各种理论主要或者从个人的自由和权利或者从国家的公共干预角度来考察社会整合、秩序以及和谐稳定问题，那么，现代公民社会理论则更多地从公民参与的角度来分析，强调国家与社会的相互影响、相互支撑和相互制衡，从而达成一种组织—权力协调关系。在哲学层面，作为一种政治哲学的规范性概念，公民社会理论倡导一种伦理情境的理想模式，意味着对社会内部合理秩序的和谐设想，是关于社会结构的一种应然设计，涉及相关理念、价值和信仰的综合。在政治学层面，公民社会理论主张公民积极主动参与社会政治生活，争取和维护自身权益，推动共同体的事业。在社会学层面，公民社会理论主要指涉现代社会的组织方式（Seligman，1992）。[①]

公民社会一词最早出现于18世纪，指的是脱离原始野蛮的部落生活状态的文明社会。而现代学理意义上的市民社会出现于18世纪晚期苏格兰和欧洲大陆的启蒙运动。从潘恩到黑格尔，众多政治理论家的工作最终把公民社会概念发展为与国家概念相对独立的范畴，即一个公民依照自己的利益和愿望联合起来的领域。这种新的理论反映了私有产权发展、市场体制建立和中产阶级兴起等经济社会变迁格局，以及以美国独立革命和法国资产阶级革命为标志的资产阶级自由主义要求的普遍增长（卡罗瑟斯，2000）。黑格尔就指出，所谓市民社会，就是私人财产关系的总和。但是黑格尔认为，这种财产关系是由国家法律确立的，因而市民社会是由国家决定的（黑格尔，1961）。

马克思通过批判黑格尔发展了自己的市民社会理论，他认为，资产阶级市民社会的基础就是私人之间的一切物质交往关系，市民社会本身则是政治国家的基础。"政治国家没有家庭的天然基础和市民社会的人为基础就不可能存在。它们是国家的必要条件。"（《马克思恩格斯全集》，1956，卷1：

---

① 在我国学术界，公民社会也叫市民社会，在我国翻译的马克思著作和黑格尔著作中，所使用的也是市民社会概念。作为一个舶来概念，它们的英文对应词都是 Civil Society。因此这里一般使用公民社会一词，但在涉及黑格尔和马克思的相关思想时则使用市民社会一词。

251～252）"这个市民社会是全部历史的真正发源地和舞台，可以看出过去那种轻视现实关系而只看到元首和国家的丰功伟绩的历史观何等荒谬。"（《马克思恩格斯选集》，1972，卷1：41）恩格斯也说："决不是国家制约和决定市民社会，而是市民社会制约和决定国家。"（《马克思恩格斯全集》，1965，卷21：247）总的来说，在马克思看来，所谓市民社会就是指，在生产力发展的一定阶段上，以直接从生产和生活交往中发展起来的社会组织（如同业工会等）为形式，以整个的商业生活和工业生活为内容，体现着人们特定的物质交往关系，独立于并决定着建立其上的政治国家及其附属物的社会生活领域。此后，马克思关于市民社会决定政治国家的思想发展为经济基础决定上层建筑的思想。可以说，马克思的历史唯物主义理论就是在批判黑格尔的市民社会理论的过程中发展起来的。但是，在一个相当长时期里，马克思的市民社会理论被忽视了。其实，"市民社会"并不仅仅见于马克思的早期著作，而是见于其各个时期的著作中，甚至在晚期的《资本论》等著作中，马克思还经常把"市民社会"与"生产关系""经济基础"并列使用（俞可平，1993；王兆良，1998）。

公民社会理论在20世纪的发展经历了两次高潮。第二次世界大战结束以后，西方马克思主义理论家葛兰西"重新启用公民社会这一术语，将其描绘成独立政治活动的特定核心和反对专制统治的一个至关重要的领域"（卡罗瑟斯，2000）。他主张重新理解公民社会，并将其重新界定为制定和传播意识形态特别是统治阶级意识形态的各种私人的、民间的机构，包括教会、学校、新闻舆论机关、文化学术团体、工会、政党等，以此解释为什么在资本主义社会那些客观上处境不利的成员仍主张维护资本主义制度（Bauman，1976）。基于这种认识，葛兰西主张不仅应该推翻资产阶级的政治统治，还要推翻资产阶级的文化统治。葛兰西的这些思想引发了20世纪西方理论界对市民社会讨论的第一次高潮。

1989年"苏东剧变"之后，"市民社会"理论再度流行起来，并且由于这一时期的"市民社会"理论不再局限于描述和分析国家与社会的组织和关系结构状况，而是更加关注公民的基本社会权利和政治参与诉求，因而理论的重心迅速从前述社会学层面向政治学和哲学层面转换。我国理论界对这种转换的反映，突出表现为"公民社会"概念取代"市民社会"概念成为普遍采用的理论术语。公民社会理论在这一研究高潮中不断得到深化。1990年，哈贝马斯发表《公共领域的结构转型》一书，把公民社会划分为相对独立于国家的私人领域和公共领域，私人领域指以市场为核心的经济领域，公共领域指社会文化生活领域。哈贝马斯发现，在现代市场经济国家，公民社会的公共领域不仅受到国家的极大干预，而且受到私人领域的巨大压力和侵蚀，使得人们的自主公共生活越来越萎缩，人们变得孤独、冷漠。他主张重建非商业化的公共领域，让人们在自主的交往中重新发现人的意义与价值。公民自由地结合与组织化，聚合在一起形成公众，以群体的力量处理普遍的利益问题。在这个意义上，哈贝马斯所说的公民社会的公共领域，就是由各种不同程度地自发出现的社会团体、社会组织和社会运动所组成；这些社团、组织和运动关注社会问题在私人生活领域的反响，并将这些反响放大、集中、传达到公共领域。因此，复兴公民社会的关键在于形成一种社团网络，在这种公共领域中对人们普遍感兴趣的问题形成一种解决问题的话语体制，这样，公共领域将成为调节国家与社会、公民关系的缓冲地带（哈贝马斯，1999）。

哈贝马斯的这一理论发展在学术界产生了巨大反响。沿着哈贝马斯的思路，柯亨和阿拉托进而把市场或经济领域从公民社会范畴中独立出去，重新把公民社会界定为介于经济与国家之间的一个社会领域，由家庭这样的私人领域、自愿结社的团体领域、现代社会运动以及大众沟通形式组成（Cohen and Arato，1992）。这样，在社会组织结构理论中国家—市场—社会的三分法开始取代传统的国家—社会两分法，形成了关于第一部门（国家）、第二部门（市场）与第三部门（公民社会组织）的分析框架（秦晖，2002），而且关于第三部门的经验研究空前发展起来。在这个三元结构中，从最终的目标取向来看，国家将以强制追求普遍的公益，市场经济组织以自愿追求个人私益，社会组织则以自愿追求不同程度的公益——表现为社会自我服务以解决福利供给和权利保障方面的市场失灵与国家失灵问题（秦晖，1999）。换句话说，在现代社会的这一"三元"组织结构体系中，三个部门之间是分工合作、良性互动的功能关系，它们在相互依赖的同时相互制衡，各司其职，各尽其责，共同促进一国的政治民主、经济繁荣、人民福利以及社会和谐稳定。国内外许多经验研究为此提供了证明（康晓光，1999；萨拉蒙等，2002；费希尔，2002）。

五　在科学发展观指导下构建和谐社会

科学发展观深刻反映了对发展问题的新认识，反映了我国经济社会发展进入关键时期的新要求。构建社会主义和谐社会，最关键的就是要牢固树立和全面贯彻落实科学发展观，切实把经济社会发展转入以人为本、全面协调和可持续发展的正确轨道，在社会生产力发展的基础上不断改善人民生活，使人民群众共享改革发展的成果。这是社会主义制度的内在要求和本质体现，也是落实科学发展观的具体体现。

在科学发展观指导下构建社会主义和谐社会，必须正确处理好和谐社会建设与经济建设、政治建设、文化建设和党的建设的关系。

1. 加快经济建设，完善市场经济体制，为和谐社会建设提供坚实物质基础

发展是我们党执政兴国的第一要务，只有不断推动经济发展，才能为和谐社会建设提供坚实的物质基础。要进一步转变增长方式，提高增长质量。要进一步改革和完善经济体制，充分发挥市场配置资源的基础性作用，不断解放和发展生产力，使国民经济充满活力、富有效率。要统筹城乡发展，促进城乡二元经济结构的转变，加快社会主义新农村建设步伐。要统筹区域发展，在保持比较发达地区的快速发展势头的同时扶持和加快落后地区的发展，扭转区域差距扩大的趋势。要统筹经济社会发展，大力发展社会事业，解决经济社会发展一条腿长、一条腿短的问题。要统筹人与自然和谐发展，走新型工业化道路，要以提高质量效益为重点，以节约资源、保护环境为目标，以科技进步为支撑，在全社会提倡绿色生产方式和文明消费观念，实现人口适度增长、资源永续利用和生态环境转好。

2. 加强民主法治建设，健全民主政治体制，为和谐社会建设提供可靠政治保证

加快政治建设和民主法治，是构建社会主义和谐社会的制度保障。实地调研表明，广大党员干部和人民群众对加强社会主义民主法治建设的期望很高，对政府尽快转变职能、建设服务型政府的要求强烈。要发展社会主义民主法治，完善民主权利保障制度，巩固人民当家作主的政治地位。要坚持党的领导、人民当家作主和依法治国的有机统一，积极稳妥地推进政治体制改革。要完善法律制度，坚持司法公正，夯实社会和谐的法治基础，维护社会主义法制的统一和尊严，树立社会主义法制权威。只有大力发展社会主义民主与法治，让更多的人在法制轨道上行使自己的民主权利，才能合理地处理利益关系，才能为和谐社会建设创造安定有序的社会环境。

3. 加强文化建设，加快文化体制改革，为和谐社会建设提供强大精神支持

改革开放以来，我国社会的思想观念发生了深刻变化，人们的价值观念、行为取向和道德意识日益多样化和复杂化，世界各种思想文化也在我国社会相互激荡。这些变化对我们建设和谐社会有其积极的一面，激发了人们的思想活力，使人们的文化生活方式丰富多彩，对不同的思想观念和行为方式增加了理解和宽容，但也伴随产生一些消极因素，对我国社会主义主流思想价值形成了尖锐挑战，不利于社会团结和价值整合，不利于和谐社会的建设。应当看到，这些问题的出现，既有深层次的社会经济转变过程的影响，也有思想文化建设不适应我国社会经济文化发展的新形势新要求的原因。必须以科学发展观为指导，加快文化建设，加快文化体制改革，发展先进文化。必须坚持马克思主义在意识形态领域的指导地位，牢牢把握社会主义先进文化的前进方向，弘扬民族优秀文化传统，借鉴人类文明有益成果，遵循社会主义核心价值体系，倡导和谐理念，建设和谐文化，培育和谐精神，进一步形成全社会共同的理想信念和道德规范，打牢全党全国各族人民团结奋斗的思想道德基础。

4. 加强党的建设，在党的领导下共同建设和谐社会

和谐社会是党建设中国特色社会主义的重要目标，是对党的执政理念的丰富和发展，对加强党建设和谐社会的执政能力提出了新的要求。要提高和加强党建设和谐社会的能力，提高党驾驭全局、处理利益关系的能力，使党的理论和路线方针政策顺应时代发展的潮流和我国社会发展进步的要求，反映全国各族人民的利益和愿望。要把和谐社会建设放在全局工作的突出位置，通过加强党的思想建设、组织建设、作风建设和制度建设，坚持和完善民主集中制，扩大党内民主，推进党务公开，严格党内生活，严肃党的纪律，增进党的团结统一，以党内和谐促进社会和谐。构建社会主义和谐社会，重心在基层。要巩固和发展保持共产党员先进性教育活动的成果，加强城乡社区基层党组织建设，推进新经济组织、新社会组织党建工作，发挥基层党组织凝聚人心、推动发展、促进和谐的作用。

六　加快社会体制改革的思路

政府的宏观调控、市场的资源配置和社会的利益关系协调，是现代社会运行的三种基础机制。改革开放近 30 年来，我们的主要任务是发展经济，要解决的突出问题是处理好政府与市场的关系。随着经济体制的深刻变革和社会主义市场经济的深入发展，社会领域也发生了深刻变化，并产生了一些影响社会和谐的突出矛盾和问题。在新的形势下，正确处理政府、市场、社会三者之间的关系成为需要重点解决的问题。加强社会建设，加快社会体制改革，努力协调好各种不同的社会利益关系，已经成为我们构建社会主义和谐社会的突出任务。

第一，加快就业和劳动关系方面的体制改革。坚持扩大就业的积极就业政策，建立统一开放、竞争有序、统筹城乡的劳动力市场，强化政府促进就业的服务职能，健全就业服务体系，积极发展就业容量大的劳动密集型产业、服务业和中小企业，鼓励劳动者自主创业、自谋职业，促进多种形式就业，统筹做好城镇新增劳动力就业、农村富余劳动力转移就业、下岗失业人员再就业和大学生就业等工作。在劳动关系方面，把职工参与和集体协商制度作为协调与构建和谐劳动关系的重要途径，要建立政府、工会、企业三方协调劳动关系的机制，完善解决劳动争议纠纷的法律法规和调解仲裁办法，依法维护劳动者的合法权益，形成劳资两利、合作共赢的社会主义和谐劳动关系。

第二，加快收入分配体制的改革。要把正确处理效率与公平关系的要求贯穿收入分配的全过程。实行按劳分配为主体、多种分配方式并存的分配制度，坚持各种生产要素按贡献参与分配，通过规范收入和财富分配来调节利益关系。着力提高低收入者的收入水平，逐步扩大中等收入者比重，有效调节过高收入，坚决取缔非法收入，促进共同富裕。要理顺收入分配秩序，加强税收对收入分配的调节作用，加大政府的转移支付力度，努力缓解地区之间和部分成员之间收入分配差距扩大的趋势。

第三，加快社会保障体制的改革。完善社会保险、社会救助、社会福利和慈善事业相衔接的社会保障体系，逐步使这一体系覆盖城乡全体居民。完善城镇职工基本养老、基本医疗、失业、工伤、生育保险制度，推进机关事业单位养老保险制度改革，发展企业补充保险和商业保险，认真解决进城务工人员社会保障问题；加强社会福利事业建设，完善优抚保障机制和社会救助体系，重视保护妇女儿童权益，重视保护残疾人权益，支持社会慈善、社会捐赠、群众互助等社会扶助活动。加快农村社会保障体系建设，逐步扩大农村社会保障覆盖面，逐步提高保障水平。

第四，加快城乡管理体制的改革。统筹城乡发展，贯彻工业反哺农业，城市支持农村的方针，逐步改变城乡二元结构，推进户籍、就业、社会保障、住房等领域有利于缩小城乡差距的改革，逐步消除农民进城务工的体制性障碍，在教育、医疗等社会发展领域加大对农村的倾斜，完善土地征用的补偿制度。

第五，加快社会事业体制改革。要进一步动员各种社会力量参与社会事业的发展，进一步明确教育、医疗等非营利机构的法人地位、行为规范、税收规则和监管制度，在提高社会事业机构运行效率、降低运行成本的同时，要坚持社会事业机构的公益性目标。通过建立健全公共财政，加大文教卫生事业公共投入的力度，不断增加城乡教育医疗卫生服务的供给，下大力气逐步解决人民群众上学难上学贵、看病难看病贵的问题。公共投入要适当向广大农村地区倾斜，通过长期努力，逐步实现公共服务供给的均等化。

第六，加快社区和社会组织管理体制改革。要进一步健全和完善基层社区组织，提高社区管理人员的素质和专业水平，发展和健全各种社会组织，增强它们服务社会的功能。要创新社会管理体制，整合社会管理资源，提高社会管理水平，完善基层服务和管理网络。社会组织的发展在我国还是新生事物，在发展的过程中存在这样那样的问题是不奇怪的。要坚持培育发展和管理监督并重，完善培育扶持和依法管理社会组织的政策，发挥各类社会组织提供服务、反映诉求、规范行为的作用。

第七，实行促进社会团结的社会阶层政策。社会主义和谐社会既是充满活力的社会，也是团结和睦的社会。坚持工农基本群众作为国家主人翁的政治地位，发挥工人阶级和广大农民作为推动经济社会发展根本力量的作用，发挥知识分子在知识创新和科教兴国中的特殊作用，发挥私营企业主阶层和其他新兴社会阶层作为社会主义事业建设者的作用，促进社会各阶层的团结。必须最大限度地激发社会活力，促进政党关系、民族关系、宗教关系、阶层关系、海内外同胞关系的和谐，巩固全国各族人民的大团结，巩固海内外中华儿女的大团结。

第八，实行综合治理的社会治安政策。坚持依法治国，加强社会治安综合防控体系建设，推进社会治安综合治理，实行宽严相济的刑事司法政策，依法打击各种犯罪活动，积极推进治安防范工作的社会化和民众参与，规范保安服务业，保护人权，保障人民生命财产，维护正常的社会秩序。

社会建设与社会体制改革工作，关系到改革发展稳定的大局，必须坚定不移地积极推进。

第一章
宏观背景、分析框架和调查方法

　　当前，中国经济社会发展进入了一个新的阶段，出现了一些新的复杂的阶段性特征和社会矛盾、社会问题，对中国社会和谐稳定和未来发展产生显著影响。通过全国性的广泛调查研究，对这些新的阶段性特征和社会矛盾现象进行综合实证研究，对推进中国社会主义和谐社会建设具有十分重要的意义。本章将首先描述我们分析现实问题的宏观背景，然后阐释我们的基本分析框架，最后对本项研究的调查方法和数据进行说明。

一　社会结构变动：宏观背景

　　中国改革开放以来巨大而快速的社会变迁，造成社会结构的深刻变动。这种社会结构的变动，是我们分析现阶段我国发展特征和社会问题的宏观背景。过去，我们对于发展变化的认识，主要集中在经济体制改革。相对于经济体制改革来说，社会结构的变动是更加长期、更加深层、更加广泛的变化。

　　社会结构的变动，包括人口结构、家庭结构、就业结构、职业结构、组织结构、阶级阶层结构、收入分配结构、城乡结构、区域结构等方面的变化。改革开放以来，所有这些结构都发生显著变化，与经济结构一样，这种变化也是一个现代化的过程。这些结构的现代化程度，它们与经济结构变迁相适应的状况，以及它们相互之间的协调性，对我国和谐社会建设具有基础性的意义。

1. 产业结构进入工业化中期

　　1978 年以来，我国经济持续高速增长。国内生产总值（GDP）从 1978

年的 3645.2 亿元增长 2006 年的 211808 亿元。同期，人均 GDP 从 381 元增长到 16084 元。[①]人均 GDP 已经超过 2000 美元，我国总体上已经进入下中等收入国家行列。在国民经济高速发展的同时，人民收入和物质文化生活水平也都有显著上升。1978～2006 年，我国城镇居民家庭人均可支配收入从343.4 元增至 11759 元，农村居民家庭人均纯收入从 133.6 元增至 3587 元。同期，标志人们生活水平的恩格尔系数（即人均食品消费支出占生活消费支出的比重）显著下降，其中，城镇居民家庭恩格尔系数从 57.5% 降至35.8%，农村居民家庭恩格尔系数从 67.7% 降至 43%。我国和谐社会建设具备了一定的物质基础。

伴随着经济的增长，产业结构发生重大变化。1978～2006 年，在 GDP中，第一产业产值比重从 28.1% 下降到 11.8%，第三产业比重从 23.7% 上升到 39.5%，第二产业比重变化不大，维持在 48% 左右（图 1-1）。我国经济总量水平和结构的这种变化表明，我国经济已经进入工业化中期的后半阶段（陈佳贵、黄群慧等，2007）。

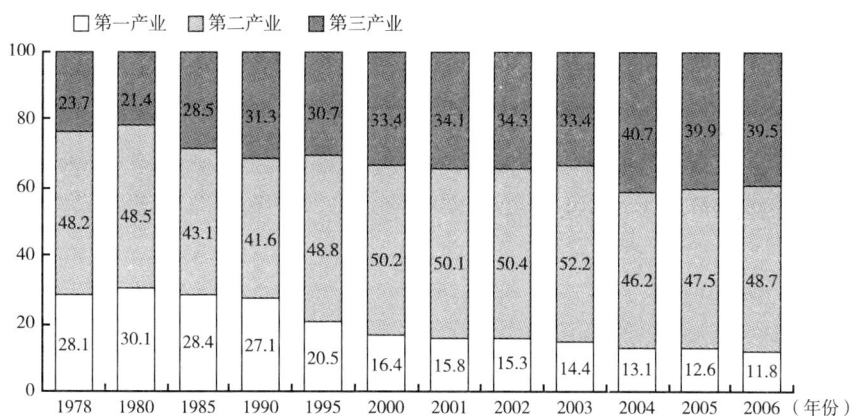

图 1-1　1978～2006 年中国 GDP 的产业构成变化 （%）

资料来源：《中国统计年鉴（2007）》。

2. 所有制结构变化带来劳动关系的调整

中国经济体制改革的一个重要结果是所有制结构的重大变革。从资

---

① 数据来自《中国统计年鉴（2007）》。下文所引数据，凡未注明出处者，均出自《中国统计年鉴》，或者是依据《中国统计年鉴》资料计算出来的。

产的所有权结构上看，如果不考虑土地以及各种自然资源的产权属性，目前中国已大体形成公有制经济与非公有制经济各占半壁江山的格局。据国家工商管理总局统计，2006 年，私营企业注册资本 7.5 万亿元，个体户注册资本 6515.4 亿元，外商投资企业和港澳台商投资企业注册资本突破 1 万亿美元。通常，个体户和私营企业的实有资产额往往大于其注册资金额，因而整个非公有制经济的实有资产总额估计达到几十万亿元。同期，据国有资产管理委员会统计，全国国有和国有控股企业的资产总额为 29 万亿元，加上集体企业资产，公有制企业资产总额也将接近 30 万亿元。

从社会学角度看，这种变化具有深远的社会结构意义，其突出表现是它深刻地影响了中国的劳动关系结构。由于劳动密集型企业更多集中在非公有制经济，所以在中国工业领域，非公有制企业的就业份额估计不会低于 60%。这种结构性变化形成了新的劳动关系。20 世纪 90 年代中期以来，中国劳资矛盾成为一种经常性的社会矛盾。据有关部门估计，目前，不考虑农村家庭劳动者的就业状况，中国非农领域劳动关系的市场化转型已经基本完成（乔健，2006）。劳动关系的这种结构性变化，也意味着社会从业人员的社会角色—地位结构的重大转变。

3. 阶级阶层结构出现流动和分化加快趋势

市场化的推进、所有制结构的重组、劳动关系结构的变革，以及利益关系格局的变动，促进了社会经济地位的分化，并带来社会阶级阶层结构的深刻变化。改革开放前，我国社会阶级阶层结构的构成主要是工人阶级、农民阶级和知识分子这样两个阶级一个阶层。改革开放以后，他们都在改革开放大潮中发生了分化：农民工、个体工商户、私营企业主、各种非公有制企业和民办非企业单位经营管理人员，都从原来所属社会阶级阶层中分化出来；原来的知识分子作为专业技术人员，国家机关、社会团体和各种企业事业单位中的办事人员，则在新的劳动关系下获得相对独立的新社会角色和地位（陆学艺主编，2004）。

如果结合以资源占有为基础的阶级分析和以职业地位为基础的阶层分析这样两个社会学分析维度来考察中国当前的社会阶级阶层结构，大致可以发现十个轮廓较为清晰的社会阶层：国家与社会管理者，经理人员，私营企业主，专业技术人员，办事人员，个体工商户，商业服务业人员，产业工人，农业劳动者，以及无业失业半失业人员。根据 2005 年全国 1% 人口抽样调查，并结合国家工商管理总局等部门的统计数据，2005 年我国社会阶层的城乡结构大致如图 1 - 2 所示。

社会阶层的城乡分布

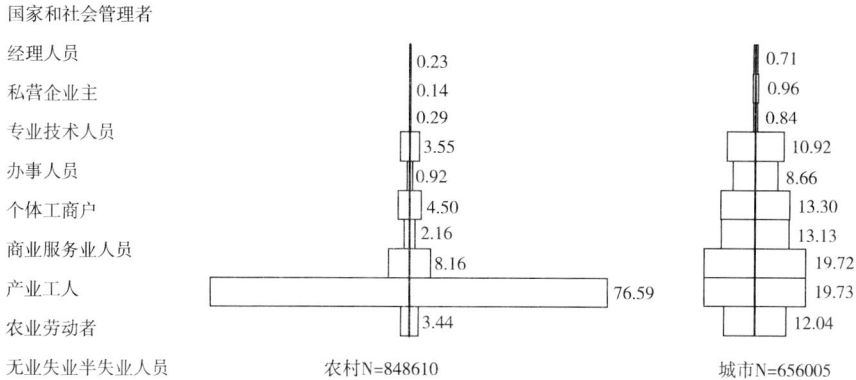

国家和社会管理者
经理人员
私营企业主
专业技术人员
办事人员
个体工商户
商业服务业人员
产业工人
农业劳动者
无业失业半失业人员

图 1 - 2　2005 年中国社会阶层结构（%）

资料来源：国家统计局 2005 年全国 1% 抽样调查数据。

从图 1 - 2 的阶层结构可以获得关于我国社会阶级阶层结构变迁的几个基本判断，一是城乡的阶级阶层结构差异很大；二是农村的阶级阶层结构的形状还是一种金字塔形，结构底层比重过大，中间层规模过小；三是阶级阶层结构变化的过程，就是从农村的"金字塔形"转变为城镇的"橄榄形"。

4. 分配结构和利益格局出现差距扩大趋势

在改革开放过程中，不同社会成员的资源占有不同，起点条件和机会际遇各异，而市场机制在决定利益分配时一般并不考虑这些差异，并且倾向于通过强化差异来获得效率。同时，由于某些关键领域的改革尚未完成，一些非市场因素，如城乡分割的二元社会制度安排、行业垄断、腐败以及再分配制度的不完善不合理等，对利益分配格局都产生了较大影响。正是在这种情况下，我国出现了较为明显的利益分化，不同社会阶层和群体之间的收入分配差距不断扩大。据有关部门和学者的统计分析，衡量收入分配集中程度的基尼系数，在经历改革开放最初几年的下降之后，从 1985 年起便不断攀升，从 1984 年的 0.25 左右提高到 2005 年的 0.47 左右（图 1 - 3）。这表明中国收入分配已经相当不平等，贫富分化较为严重。更严峻的是，这种扩大趋势不易扭转，因为要扭转就意味着对新形成的利益分配格局进行再调整，而这会遇到其他结构性力量的阻碍性影响。

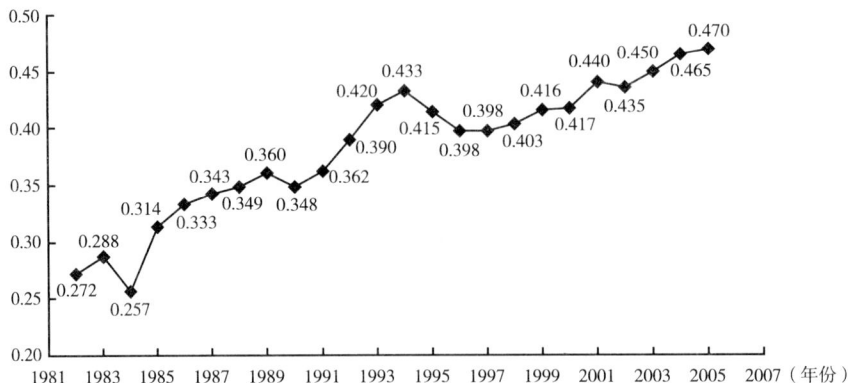

图 1 – 3   1982～2006 年中国收入分配基尼系数变动趋势

资料来源：1982～1999 年的基尼系数采自毕先萍、简新华（2002），2000～2005 年的基尼系数采自国家统计局公布的年度数据，2006 年基尼系数来自本课题组 2006 年全国抽样调查。

第一个也是最重要的一个结构性因素是初次分配结构不平衡。根据国家统计局的数据，在中国 GDP 的初次分配中，1994～2006 年，劳动者报酬所占比重从 51.2% 下降到 40.6%，营业盈余比重则从 23.4% 上升为 30.7%（图 1 – 4）。而在美国这样的发达国家，目前这两个比重分别为 56.3% 和 12.4%（罗奇，2007）。第二个结构性因素是城乡收入差距过大（图 1 – 5）。值得注意的是，图 1 – 5 尚未包括城乡居民福利收入差距，如果计入福利收入，则目前城镇居民收入水平将是农村居民收入水平的 4 倍以上（李实、罗楚亮，2007）。应当注意到，近年来城乡收入差距是在国家减免农民负担和加大三农投入的情况下继续扩大的。

究其原因，一是城乡结构变动与经济结构变动不相适应。如前所述，1983～2006 年，我国经济结构非农化水平与户籍人口城镇化水平的偏差缩小 9.9%；而前者与常住人口城镇化水平的偏差则缩小了 35.2%。可见，在不改变户籍身份的情况下，农村劳动力向非农产业转移未能有效发挥缩小城乡差距的作用，这又主要是因为农业户籍的非农雇工受到各种形式的工资歧视（谢嗣胜、姚先国，2006）。二是就业结构变动滞后于产值结构变动。1978 年农业就业比重与农业产值比重之比为 2.51∶1；到 2006 年，两者之比

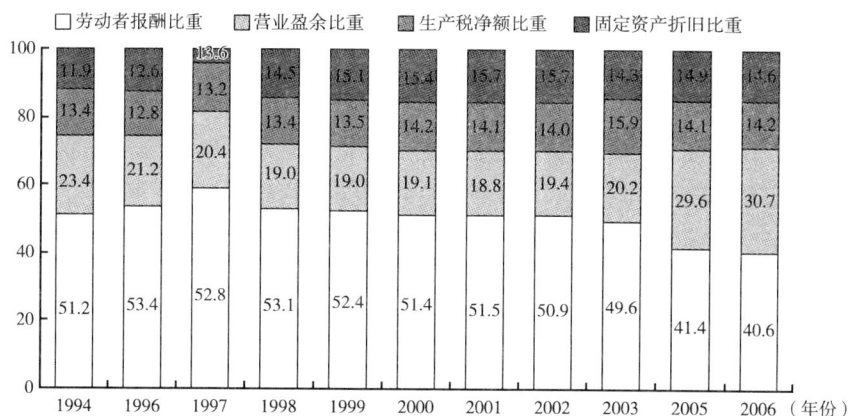

图 1 - 4 1994 ~ 2006 年中国地方 GDP 收入法计算构成变动趋势 (%)

资料来源:《中国统计年鉴 (2007)》。

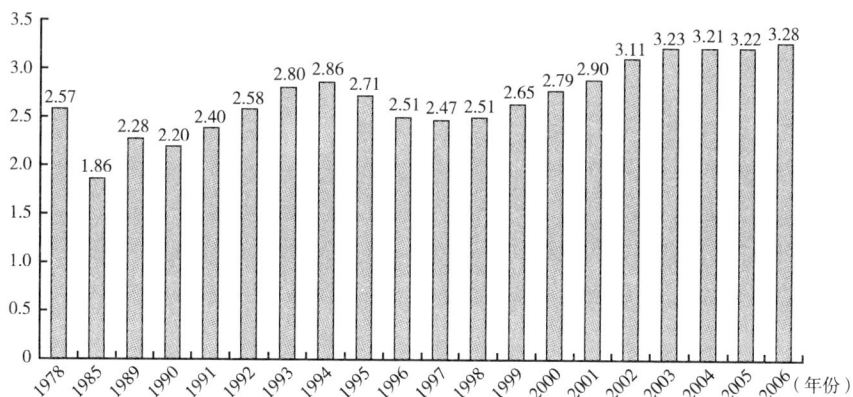

图 1 - 5 1978 ~ 2006 年中国城乡居民收入之比的变动

资料来源:《中国统计年鉴 (2007)》。

变为3.38:1, 这两个比例关系与两个年份的城乡收入差距非常接近。总之, 我国现阶段分配不公的主要原因是初次分配结构不公和社会基础结构不合理。从而, 因分配不公造成的社会矛盾主要是结构性矛盾, 不调整这些社会结构而单靠再分配, 难以有效解决问题。

5. 城乡社会结构仍呈现二元特征

在城乡结构方面, 我国城镇自身发展迅速, 其空间获得了前所未有的扩张。据统计, 在不到30 年的时间里, 我国城镇建成区总面积扩大了36000 多平方公里，相当于以往2000多年形成的城镇总面积。在城镇空间规模扩张的同时，我国城乡人口结构也有了一定的改变。据统计，1983～2006年，城镇常住人口比重从21.6%上升到43.9%。但是，与经济结构工业化进程相比，城市化水平总体上是滞后的。同期，经济结构非农化率与常住人口城镇化率之比从3.1∶1变动为2.01∶1，两者之间的偏差虽然收缩不少，但仍然相当可观。如果依户籍计算城镇化率，则同期户籍人口城镇化率从18.9%上升到27.6%，经济结构非农化率与户籍人口城镇化率之比仅从3.55∶1变动为3.20∶1，结构偏差缩小幅度很小，表明制度性城镇化滞后更加突出。

　　那么，我国目前的城市化与经济发展水平相比究竟滞后多少？对此有不同的分析方法，分析结果也有较大差异。陈佳贵等人根据钱纳里模型提出，与经济工业化中期阶段相当的城市化水平为50%～60%（陈佳贵、黄群慧、钟宏武，2006），而目前我国工业化已经进入中期后半阶段，这意味着我国的城市化水平的标志值应当比较接近60%，取其中间值约为55%。许学强、周一星、宁敏越（1997）基于人均GNP提出一个对数线性模型，按照该模型估计2006年中国的人口城市化率应在59%以上。俞德鹏（1995）基于按购买力平价计算的人均GNP提出一个"大国模型"，按照该模型，2006年中国人口城市化水平应超过69%。表1-1总结了依这三种方式估计的中国城市化偏差。可见，中国城市化偏差度最低在20%以上，最高达60%。城市化偏差一是表明我国社会的城乡空间结构变动与经济发展及其结构变动不相适应，这本身就是一种结构性矛盾；二是对我国社会其他方面的结构调整产生了明显的阻碍作用，最重要的是对我国社会利益关系结构调整产生了显著影响。

表1-1　2006年中国城市化率与经济发展水平的偏差估计

单位：%

模型	标志值	常住人口城市化偏差		户籍人口城市化偏差	
		城市化率	偏差度	城市化率	偏差度
对数线性模型	59		-25.6		-53.2
大国模型	69	43.9	-36.4	27.6*	-60.0
陈佳贵等	55		-20.2		-49.8

　　注：《中国统计年鉴（2007）》农业部分未提供2006年农村人口数。但农业部估计2006年农村人口总量为9.55亿～9.75亿人（农业部，2007），取其中间值9.65亿人，占2006年全国总人口的73.4%，则户籍人口城市化率约为27.6%。

　　资料来源：根据《中国统计年鉴（2007）》有关资料计算。

6. 区域结构表现为不平衡的发展

　　任何一个国家都存在地区发展不平衡的问题，但与此同时，任何一个国家都要致力于缩小地区发展不平衡的程度，因为这种不平衡往往最终表现为社会发展的空间结构不平衡，不利于一个国家整体的社会整合与和谐。改革开放以来，我国区域经济社会发展战略从此前的均衡模式走向非均衡的梯度发展模式，地区之间的发展差距逐步扩大（表1-2）。当然，非均衡发展战略对我国经济社会总体发展具有显著的积极意义，理论上看为重新回归均衡发展战略创造了有利条件。从表1-2看，我国区域空间结构变动的总体趋势是，人口空间分布没有大的变化，20多年间中部地区人口占全国总人口的比重减少了2.2个百分点，东部与西部分别上升了1个百分点与1.2个百分点。但各地区的经济社会发展的结构性差异就非常显著。1978～2006年，东部、中部、西部的GDP份额之比从2.36:1.82:1变动为3.17:1.68:1，人均GDP之比从1.94:1.20:1变动为2.63:1.23:1，城市化率之比则从1.29:1.32:1变动为1.60:1.13:1，总的趋势是中西部差距缩小，而东部与中西部的差距扩大。

表 1 - 2　1978 年与 2006 年地区间社会经济结构变化

单位%、元

地区*	人口分布		GDP 份额		加权人均GDP		非农业产值比重		工业化综合指数	加权城市化率	
	1978	2006	1978	2006	1978	2006	1978	2006	2004	1978	2006
东部	32.6	33.6	45.6	54.2	508.3	28803	79.0	93.3	74	17.6	57.2
中部	40.6	38.4	35.1	28.7	314.6	13405	61.9	84.8	28	17.9	40.2
西部	26.8	28.0	19.3	17.1	261.4	10932	62.9	83.8	21	13.6	35.7

　　注：东部包括北京、天津、上海、辽宁、山东、江苏、浙江、福建和广东9省市；中部包括黑龙江、吉林、山西、河北、河南、安徽、湖北、湖南、江西、海南10省；西部包括内蒙古、广西、贵州、四川、重庆、云南、西藏、陕西、青海、甘肃、宁夏和新疆12省（市、自治区）。

　　资料来源：除"工业化综合指数"外均据《中国统计年鉴》（历年）计算。"工业化综合指数"来源于陈佳贵、黄群慧、钟宏武的研究（2006），由于区域划分不同，这里根据该研究提供的分省数据计算了三大地区各省份工业化综合指数的算术平均值。

7. 就业和职业结构的变化滞后于经济结构

　　这里所说的就业结构，主要是指劳动就业的产业分布。随着国家工业化和城镇化的推进，非农产业获得持续快速发展，从而不断改变我国就业结构。最突出的趋势是，农业就业不断减少，非农业就业不断增加。1978~2006年，我国第一、二、三次产业的就业结构从70.5∶17.3∶12.2改变为42.6∶25.2∶32.2。从社会学角度看，这种变动可被视为我国就业结构现代化的表征，它意味着更多人口参与工业化和经济发展进程并分享发展成果，也意味着更多人口的社会经济地位发生上升流动变化。但是，应当注意到，我国就业结构的变动未能跟上产值结构的变动，在农业与非农业两个领域存在显著的结构性偏差，而且这种偏差还呈扩大趋势（图1-6）。1978~2006年，农业的就业比重与产值比重之比，在20世纪80年代初中期经历了小幅下降之后，从80年代中期起便在小幅振荡中攀升，从2001年起，一直在3.5倍以上小幅波动。造成这种偏差的原因是多方面的，其中一个重要原因是农业就业比重的地区差异。1985年，我国东部、中部、西部的农业就业比重分别为52.8%、64.0%与73.5%；到2005年，三个地区的农业就业比重分别下降至30.9%、49.6%与54.9%，下降幅度分别为41.5%、22.5%与25.3%。可见，中西部农业就业比重的下降显著慢于东部。前面提到的工业化进程地区差距的影响，也在这里表现出来了。

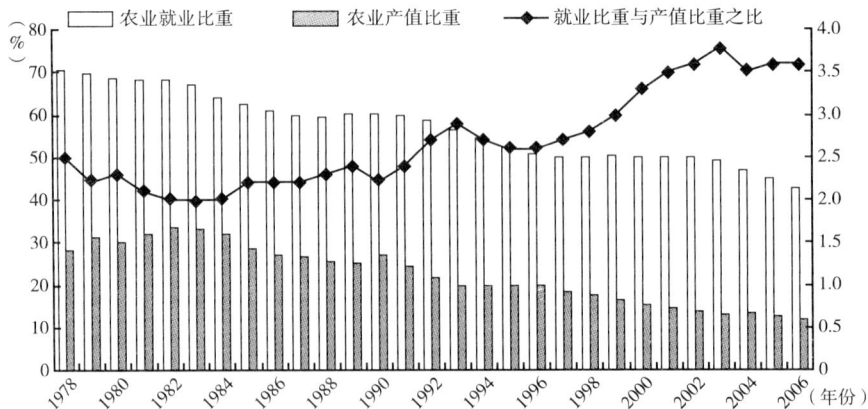

图1-6 1978~2006年中国农业就业比重与农业产值比重的偏差变动趋势

资料来源：《中国统计年鉴（2007）》。

随着就业结构的变化，更准确地说，随着市场化、工业化和城镇化的发展，我国社会职业结构也发生了重要变化，整个职业结构中处于较高层级的职业类型所占比重逐步上升。根据1982年第三次全国人口普查和2005年全国1%人口抽样调查的结果，我国体力半体力类职业比重下降了24.4个百分点，非体力类职业比重则上升了 18.8 个百分点。职业结构的不断升级，为我国社会成员向上流动提供了越来越大的空间。

现阶段我国职业结构的问题在于其显著的不稳定性（李强，2006）。这种不稳定性主要指以下两种情况：首先是两亿多农民工的职业地位不稳定，其次是许多用人单位的用人模式使雇佣劳动者不得不频繁变换工作。这种职业不稳定性，影响了职业共同体和职业伦理的形成，也不利于劳动关系的整合。

6. 组织结构的差异性和多样化增强

改革开放以来，我国社会组织结构有两个最为显著的变化：一是绝大多数从业人员脱离"单位制组织"① 的管理，在"非单位制组织"就业；二是各类民间社团组织快速增加。

改革开放以前，"单位办社会"曾是计划经济时代政府与社会关系的基本特征。政府管理社会和个人的渠道，就是"单位制组织"，包括机关、事业、企业单位和农村人民公社，而"单位"则几乎负责所属人员的生老病死等一切事务。在这种情况下，保障社会生活、管理社会行为、调节社会关系和解决社会生活中发生的一切矛盾，主要都是通过"单位"来进行。改革初期的 1978 年，我国有 4 亿多"社会劳动者"，其中只有不足 0.04% 的劳动者在"单位制组织"以外工作（即 15 万"城镇个体劳动者"），绝大多数劳动者都隶属于"单位制组织"，包括 7400 多万"全民所有制单位"职工和 2000 多万"城镇集体所有制单位"职工，至于农村的 3 亿多"社会劳动者"，则全部都是"人民公社"的"社员"。改革开放后，随着所有制结构的变化，各种只管理生产和工作而不负责其他生活和社会事务的"非单位制组织"大量产生，到目前为止，城镇中约 60% 以上的从业人员在"非单位制组织"中工作，包括城镇各种完全实行市场聘任制的从业人员，农村里的从业人员也都不同程度地脱离了"单位制组织"的管理。

随着政府转变职能的改革以及社会体制的改革，特别是由于住房的自有化、社会保障的社会化、就业和后勤服务的市场化，原来的单位制组织的管理范围缩小，在社会管理方式上发生从"单位"到"社区"的变化，对社

---

① "单位制组织"是指在计划经济体制下形成的"功能泛化"的组织，特别是国有和集体企业、机关和事业单位。这种组织不仅是工作单位，而且也是生活和社会管理单位。"单位制组织"的成员对单位全面依赖，单位则通过"单位办社会"来负责其成员的一切事务。

区服务的需求大大增加，以居住地管理为主要形式的社区建设快速发展。1993～2003 年的 10 年间，各种城镇社区服务机构（社区服务中心和便民利民网点）从 8.9 万个增加到 19.6 万个。与此同时，由于精简机构、基层行政经费紧张和防止乱摊派等各种原因，社区管理机构的数量有所减少。1993～2003 年 10 年间，全国城镇居委会从 10.7 万个减少到 7.8 万个，居委会工作人员从 46.5 万人减少到 39.7 万人；农村村委会从 101.3 万个减少到 65.8 万个，村委会工作人员从 455.9 万人减少到 259.2 万人。

社会管理方式的变化，使各种连接政府与个人的民间社团组织快速发展。根据民政部统计，改革开放初期，我国登记注册的社团组织仅有 2000 多个，而到 2007 年 9 月底，我国已有登记注册的社会团体 19.5 万个，民办非企业单位 16.4 万个，基金会 1245 个，总计 36 万多个。这些情况表明，我国社会组织在改革开放近 30 年来的发育发展是令人瞩目的。另外，我们还注意到，社会组织的发展与经济发展之间有着一定程度的关联（表 1 - 3），东部地区社会组织数几乎占了全国社会组织总数的一半，民间社会的组织密度也远高于中西部地区。

表 1 - 3 中国民间组织的地区分布与密度

	民间组织比重(%)	每 10 万人拥有民间组织数(个)
东部	46.0	34.5
中部	29.9	19.7
西部	24.0	21.6
全国	100.0	26.4

资料来源：《中国统计年鉴（2007）》、民政部《2006 年第三季度民政统计》，表中数据为截至 2006 年第三季度的数据。

社会组织结构的变化给社会管理带来新的问题：一是虽然社区管理和服务水平有了很大提高，但仍赶不上社会需求的增长。二是虽然民间社团组织在现实中发挥越来越大的作用，但其管理仍然存在"重审批、轻监管、难规范"和"一放就乱、一乱就统、一统就死"的问题。据对部分地区的调查摸底和估计，未在民政部门正式注册的民间社团组织大量存在，如民办非企业单位的实际数字，大概数倍于正式在民政部门注册的数字。三是社会组织中也鱼龙混杂，一些打着各类旗号的邪教、迷信、传销和带有黑社会性质的非法组织，虽屡经打击，但仍暗中存在，对社会安定危害很大。

7. 人口—家庭结构变化造成就业—养老双重压力

现阶段我国人口结构的变化，首先表现为人口再生产模式在 30 年里从高出生率、低死亡率、高增长率转型为低出生率、低死亡率和低增长率。1978～2006 年期间，我国人口出生率从 18.25‰降至 12.09‰，人口死亡率一直保持在 6.5‰这一较低水平上变动，人口自然增长率则相应从 1978 年的 11.45‰降至 2006 年的 5.28‰。生育率和增长率的变动促使我国人口年龄结构迅速转型。在不到 30 年的时间里，我国人口已经从年轻型跨过中年型而进入老年型阶段。2005 年全国 1% 人口抽样调查显示，全国 60 岁及以上年龄人口占总人口的 12.9%，65 岁及以上人口占总人口的 9.07%。

由于每年出生人口规模收缩，我国劳动年龄人口的相对规模还比较大，2005 年，全国 15～59 岁人口占总人口的比重为 67.44%，总的来讲我国的劳动力资源还比较丰富。人口学家认为，生育率下降导致人口抚养比下降 1/3，为经济增长创造了 40 年左右的"人口红利"期。据学者估计，这种"人口红利"对我国经济增长的贡献达到 26.5% 的水平。然而，也正是由于人口出生率的迅速下降，我国目前面临着一个近中期结构性矛盾和两个中长期结构性矛盾。一个近中期结构性矛盾是：劳动力规模巨大给就业带来了巨大压力；两个中长期结构性矛盾是：劳动力的结构性短缺和未来劳动力年龄结构的老化。

随着人口结构的变化，我国家庭结构和代际结构也发生了重大变化。家庭结构日益核心化，扩大家庭和主干家庭日益减少，核心家庭成为占主导地位的家庭结构模式。家庭人口规模从 1982 年的 4.41 人下降到 2006 年的 3.17 人。代际结构的变化则突出表现为每代人口规模的变化，在城镇逐步开始形成"四二一"型代际结构，亦即祖辈 4 人，父辈 2 人，子辈 1 人；在农村逐步开始形成"四二二"型代际结构。人口老龄化以及家庭小型化，对我国传统以家庭养老为主的养老模式提出了严峻挑战，家庭养老纠纷正在增加。

总之，对于目前我国社会和谐稳定的总体形势，可以做出如下重要概括。

在市场化、工业化、城市化的过程中，我国的社会结构体系有了显著变化，以政治经济体制改革、社会分化和社会流动为基本动因，新的城乡结构、区域结构、就业结构、职业结构、组织结构、所有制结构、阶级阶层结构以及利益关系结构正在形成之中，现代性的结构因素日益成长，从而开始为现代社会整合、秩序与和谐打造新的结构整合基础。但是，现代社会的剧烈变迁不可避免会给社会团结、社会整合带来种种影响，或者更准确地说，任何时代的任何社会都不可避免地存在这样那样的社会矛盾冲突，只是不同时代或不同社会的矛盾冲突有不同的性质和表现形式。重要的是，为了维护社会的和谐稳定和秩序，必须根据每个社会自身在一定发展阶段面临的具体问题，寻找和采取相应的制度—政策措施，培育与经济社会发展阶段相适应的社会结构，以调节矛盾，减少或消弭冲突。

改革开放的过程也是我国制度体系变革的过程。不断进行的体制、制度和机制改革创新，促进了我国制度的现代化过程，制度改革释放出来的推动社会经济政治发展的效力是有目共睹的。但是，在这个制度变迁过程中也存在大量不协调性、不适应性（滞后性）、效率损失以及公平公正不足的问题，对我国社会的制度性整合产生了重大不利影响。可以说，在现阶段，社会和谐稳定的制度整合基础还处在形成过程之中，制度体系变革中存在的种种缺陷，一方面对社会结构体系的现代化产生了负面影响，另一方面在现实生活层面产生了很多社会矛盾和冲突。因此，加快制度体系的改革与创新，增强制度体系的协调性、适应性、有效性和公平公正性，应当成为和谐社会建设的首要切入点。

以上对于目前中国社会结构变动以及相关制度变迁问题的概括性分析，是我们探讨中国社会和谐稳定问题的现实宏观背景。我们在本书中的分析将证明，调整社会结构、创新社会制度、构建适应时代发展需要的社会价值规范体系，以及健全合理的现代社会控制机制（包括民主法治建设），是促进社会整合的主要路径。和谐社会建设是一个复杂的和长期的过程，我们必须为此付出长期不懈的艰苦努力。

二　社会和谐稳定的基本分析框架

社会和谐稳定问题涉及现实生活的各个层面，我们的分析研究所依据的"中国社会状况综合调查"（CGSS，CASS）数据，也是一个综合性的调查数据，因此需要一个比较宏观的基本分析框架。

在社会学的理论体系中，对现实社会的分析和研究，大致有两种基本分析视角：一是结构—制度的分析视角；二是行动—实践的分析视角。这两种基本视角形成了两种基本的社会学理论，即社会结构决定论和社会建构论。

一般而言，社会行动—实践是社会学分析的逻辑起点，但在一定社会时空里，社会结构—制度对社会行动者的处境以及他们对自身处境的反应往往具有决定性影响，而社会行动者基于其处境而采取的行动又会反过来引起社会结构—制度的变迁。

然而，细致分析，我们又会发现，结构—制度并非一个统一的实体，是可以分开的两个过程，如我们说中国经济体制转轨和社会结构转型的同步进行，就意味着这是两个不同的过程。这样，依照分析侧重于结构还是制度，在理论上形成了结构—功能学派和新制度主义学派。同样，行动—实践也不是一个统一的实体，依照分析是侧重于行动还是观念，在理论上形成了行动者理论传统和社会意识理论传统。

这样，从结构—制度和行动—实践这两种基本视角，演化出四种具有操作意义的具体分析视角：即社会结构视角、社会制度视角、社会行动视角和社会意识视角。这四种视角，形成研究社会和谐稳定问题的四个维度，也构成我们本项研究的基本分析框架。以下对这四种分析视角的内涵以及针对的问题进行简要概括。

1. 社会结构视角

社会结构维度包含多个方面。如果使用所谓"广义社会"概念，则有经济、政治、社会和文化四个子系统之间的结构性关系（这部分地相当于帕森斯的 AGIL 模式），另外，卢曼还把生态子系统纳入所谓系统整合的范畴。而从较为狭义的角度看，在现代过程中形成的家庭结构、职业结构、所有制结构、阶级结构、城乡结构、区域结构以及社会组织结构，是非常重要的社会结构内涵。这些结构意味着不同形态和性质的社会群体的存在，同时也意味着资源配置的结构性约束条件的形成，尤其是收入和财富分配结构的形成。

马克思主义以及受到马克思主义影响的社会冲突理论，关注社会阶级、阶层结构或等级结构，当然，它们看到的这种结构的形成基础是不一样的。马克思强调财产关系，达伦多夫强调权力关系，雷克斯则关注利益分配关系。城乡结构和区域结构是现代社会理论在探讨社会的整合、秩序与和谐时很少提及的，因为这两种结构具有典型的中国特色，但在社会结构分析中，它们的重要性不容置疑。这不仅是因为它们直接影响我国社会的整合、秩序与和谐，同时也对我国社会的职业结构和阶级阶层结构形成有着重大影响。

涂尔干的社会团结理论特别重视劳动分工以及由此形成的职业结构，认为现代职业结构的形成是社会整合的基础，在这种结构中，相同职业形成职业共同体，不同职业相互依赖，为社会团结奠定了基础。但是，现代职业结构的这种作用的发挥要以职业位置的相对稳定以及相关职业共同体的形成为前提条件（李强a，2006）。滕尼斯以及当代社群主义理论家重视家庭对社会团结的基础作用，因为他们相信家庭这样的社会群体是稳定价值的重要载体。

帕森斯对资源配置结构的社会整合意义做了深入分析。罗尔斯的正义论则特别重视权利和机会的配置以及收入和财富分配的结构。即使坚决反对收入和财富分配的平均主义和国家干预的古典和新古典自由主义，例如诺齐克的理论，也把权利公平以及收入和财富分配结构形成中的起点公平和过程公正看得非常重要。除了道德哲学（以及经济效率）上的理由外，更为重要的是，权利和机会配置的不公正以及收入和财富分配的过于不平等（以致形成两极分化格局），必然导致社会分裂和底层社会的不满，进而在一定条件下会引发社会动荡，更遑论社会的整合、秩序与和谐。

对于所谓社会组织结构，这里是从公民社会理论的视角来分析的。从市民社会范畴的提出，到向公民社会范畴的转换，这一理论的核心也经历了从研究国家的基础向探讨公共权力、市场力量与公民权利之间相互关系的转换。20世纪90年代以来，这一理论尤其强调公民社会组织在表达和维护公民权利、平衡市场力量以及参与政治生活以推动政治民主化方面的积极作用，公民社会组织的发展成为现代社会的整合、秩序与和谐的重要因素。

总的来说，无论何种社会理论，都从正面或者反面论证了社会结构内部的协调性对于社会的整合、秩序与和谐的重要性。社会理论也并不否认结构性矛盾的存在，只要这种结构性矛盾具有可调节性，而且有调节的通道和机制，而不是对抗性的或者出现调节通道和机制缺失的状态，那么社会的整合、秩序与和谐就仍然是可能的。

2. 社会制度视角

从制度视角来考察社会的整合、秩序与和谐状况，对于正处于急剧制度变迁中的中国社会来说，具有非常重要的意义。各种社会理论在探讨这个问题时，几乎没有不分析制度整合问题的。按照洛克伍德等人的分析，制度整合是系统整合的重要内容（结构整合也是一种系统整合）。制度整合的关键是不同制度之间在逻辑上具有相容性，如果不同制度互不相容，或者其后果偏离预期目标以致相互矛盾——吉登斯把这种矛盾称为结构性矛盾（吉登斯，1998），那么制度整合就是困难的。经济学也认为，只有相互一致和相互支持的制度安排才是富有生命力的和可维系的，否则，精心设计的制度很可能高度不稳定（青木昌彦，2001）。

　　人类社会的制度复杂多样，以致它的定义也多种多样。涂尔干认为，制度就是由集体确定的信仰和行为方式（迪尔凯姆，1995）。当代社会学制度主义认为，社会制度不仅指正式规则、程序和准则，也包括象征体系、认知形式以及道德模式这样的引导人类行为的"意义框架"。在经济学中，青木昌彦总结出三种基于博弈论的主要制度定义，即博弈参与者、博弈规则、博弈参与人在博弈过程中的均衡策略；他自己则把制度定义为共有信念和均衡概要表征，并且从内生性原则出发把他认为是外生的成文法从其制度定义中给排除了（青木昌彦，2001）。其他社会科学如政治学、人类学、历史学等也有各自的制度定义。比较起来，涂尔干的制度定义更为简洁、更好理解、更可接受。当然，该定义也不够完备。一些对现代社会的整合具有特别重要意义的制度因素，如关于个人权利和义务的法律规定以及体现社会公正、促进机会平等、调节社会关系的社会政策，似乎并不在这个定义的范围内，或者至多部分地隐含在这个定义中。基于涂尔干的定义并综合考虑其他定义，这里把社会制度理解为集体确定的旨在界定权利义务、确立行为边界、规范行为方式和调节社会关系的规则总和，包括各种正式规则和非正式制度。从我国制度现实来看，正式制度主要包括基本政治制度、基本经济制度、基本福利制度、社会管理制度、基本法律制度以及相关政策；非正式制度主要包括各种传统、习惯、道德规范、价值观念等等。

　　前述简要的理论梳理表明，从社会制度维度来判断一个社会在一定时期的制度整合状况，从而从一个侧面判断社会和谐稳定形势，有几个基本准则。一是协调准则（或相容准则）。系统整合理论特别强调，一个社会的不同制度之间应当是相互协调相互支撑的，在逻辑上具有相容性。因而，反过来说，如果这些制度之间在逻辑上不相容，或者在结果上偏离制度设计初衷而导致吉登斯所说的结构性矛盾，那么制度整合就存在问题。二是适应性准则。制度应当不是僵固的，而是有适应性的，能够随着社会行动及其结构特征的变化而调整，或者能够根据新的社会需要而创新，从而适应新的变化，满足新的需要。反之，如果制度自我僵化，不能被调整创新，就会成为社会发展、民生改进乃至社会结构调适的阻碍，成为激发社会矛盾甚至冲突的因素。三是效率准则。制度应当是有效率的，没有效率的制度迟早会变得不可接受。合理的社会制度通过提供一系列规则界定人们的选择空间，约束人们的相互关系，减少社会经济行动的不确定性，降低行动的成本，促进经济发展和社会进步。反过来，如果这些制度不能有效达成其目标，应当通过制度的实施而得到规范或调节的行为继续处于失范或冲突的状态，或者制度的实施增加了行动成本甚至得不偿失，那就不仅没有效率，而且会影响社会的和谐稳定。四是公平正义准则。制度要能够发挥其推动社会整合的作用，就必须得到社会成员的广泛认可，为此，它们本身应当具有公平公正的品质，并且能够在其运行过程中促进社会生活的公平公正。综合前述相关社会理论论述，制度公平公正准则，总体上应当体现权利平等、机会公平、程序公正和分配正义这样四个基本规定性。权利平等要求相关制度保证全体社会成员平等地享有基本公民权利；机会公平不仅要求社会发展机会公平地向全社会开放，而且要求帮助欠缺利用机会能力条件的社会成员建设这样的能力条件；程序公正也就是诺齐克特别强调的过程公正；而分配正义则要求分配差距保持在合理限度之内，这个限度就是既不要大到导致社会两极分化也不要小到损害社会发展效率。理论分析和社会实践都表明，分配差距过大与过小一样，最终都会导致社会整体效率的损失。无论何时，把效率与公平公正对立起来都是错误的。只有公正而没有效率的制度不可能长久保持其公正；只有效率而没有公正的制度也不可能长久保持其效率。可以说，本身不具备公平公正品质的制度，或者不能促进社会生活的公平公正的制度，迟早会失去其社会正当性和合法性，其结果是，要么制度本身被校正被放弃，要么引发社会冲突和动荡。

3. 社会行动的视角

社会行动者的行动状况总是最直接地表征着社会的整合、秩序与和谐程度。所谓社会行动，其最基本特征是具有意志性和目标导向性，也就是说行动是行动者指向目标的活动。一方面，社会行动者在行动时会受到置身其中的社会环境因素（作为可控制的手段或者不可控制的限制条件）的影响，另一方面，他在确立目标、选择手段、克服障碍时一般需要遵循相关的社会标准（帕森斯，2003）。因此，从社会行动者维度来看，社会的整合、秩序与和谐的实现必须具备两个条件，一是有足够的社会成员作为社会行动者按照其角色体系行动；二是把社会行动控制在维持基本秩序所需的限度之内，超过这种需要的过分控制也会造成社会矛盾或冲突（Parsons，1977）。

　　然而，这两个条件并不总是能够得到保证。因而，社会的不和谐总是首先在行动者层面表现出来，其表现形式包括社会底层生活困顿、社会认同和信任出现危机、社会观念发生混乱、社会行为失范、社会不满增加、社会矛盾和冲突加剧等等。对此，从马克思以来，所有关注社会的整合、秩序与和谐问题的思想家和理论家，无不首先看到社会行动者层面的这些问题，并且不断追寻问题产生的原因和解决问题的战略和路径。历史地看，在社会发展的重大转型时期，社会行动者层面的这些问题特别容易出现。在欧洲，18世纪中期到19世纪就是这样一个转型时期，即从前工业社会转向工业社会，因此有了直接面向社会问题的社会学的诞生。20世纪60年代是欧美社会的第二个重大转型时期，即从工业社会转向后工业社会（贝尔，1986），民众的权利意识广泛觉醒，学生运动、民权运动、反战运动、女权运动风起云涌。90年代以来，欧美社会面临第三次重大变化，这就是全球化进程的加速。当然，卷入这次重大变迁过程的，已不仅仅是欧美国家，而是全世界。国家间的利益冲突空前复杂尖锐；人与自然的矛盾和生态危机空前加剧；各种新型社会风险与日俱增；国际产业布局的调整对发达国家内部劳动就业带来严峻挑战；发达国家市场化改革和福利制度改革引发了内部分配正义危机，贫富差距重新拉大，中产阶级处境日益艰难，社会矛盾也随之加剧。反全球化运动、环境保护运动等形形色色的新社会运动广泛兴起（克里西等，2006），工作场所斗争、罢工、街头骚乱等在发达国家不时发生，国际恐怖活动更是日益猖獗。

　　不少学者断言，我国社会目前正处于急剧的社会变迁和转型时期，市场化、工业化和城市化都在迅速推进，与马克思或涂尔干时代的欧洲社会有着很多相似之处；社会整合面临新的挑战，也是不言而喻的客观情势（李强a，2006；朱力，2006）。实际上，近代以来发达国家经历过的三次重大社会转型变迁，我国目前都在经历着，并且不同程度地反映在行动层面。因此，从社会行动者视角来考察现阶段我国社会的整合、秩序与和谐稳定的总体形势，就要从发生在社会行动者层面的这些现象的范围、程度和变化状况入手。

4. 社会意识的视角

在对马克思的阶级学说的研究中，关于"阶级意识"的研究一直是一个比较薄弱的环节。人们比较关注阶级的归属与占有生产资料、财富和特权的联系，而容易忽略马克思的阶级意识理论。马克思在《哲学的贫困》一书中，将阶级分为"自在阶级"（Class-in-itself）和"自为阶级"（Class-for-itself）。一个以社会集团或社会群体（social group）的形式存在的"自在阶级"，只有通过一个历史的、认知的和实践的觉悟化过程，才能产生阶级意识，才有可能通过一致的集体行动争取共同的阶级利益。正是在这种意义上，马克思在《路易·波拿巴的雾月十八日》一文中认为，农民不是一个阶级，而是同质的但相互分离的"一麻袋土豆"，因为他们没有共同的阶级意识，也不会采取一致的政治行动。

汤普森在其《英国工人阶级的形成》一书中说："我使用'形成'，因为这是一个在动态过程中进行的研究，其中既有主观的因素，又有客观的条件。工人阶级并不像太阳那样在预定的时间升起，它出现在它自身的形成中。"（汤普森，2001：3）在汤普森关于阶级形成的阐述中，社会个体的阶级主观认同感在阶级形成中占据很大成分。千差万别的个人，不管其文化程度、收入与社会背景如何不同，他们所具有的一个共同特点就是：作为一个活生生的实践者，他们一方面通过对社会生活的亲身参与感受着既定社会的现实图景，另一方面也通过自己与他人的互动而体验和定义着其社会阶级位置。

但在现实中，决定人们阶级阶层意识、价值取向、社会态度、偏好、预期和行为选择的因素是非常复杂的。在一些具体的社会景况、所针对的关键问题、大的社会背景以及根本的社会矛盾发生变化和更替的情况下，决定群体社会态度和社会行动的轴心变量也会发生变化，传统的"阶级决定论"（即认为阶级归属决定价值取向、社会态度和行为选择的分析方法）就会出现失灵的情况，丧失对现实生活的解释力。例如，中国台湾在"统独"这一焦点问题上的政党分野，恐怕根本无法用"阶级决定论"解释。在西方社会，随着一般民众所关注的生活问题和生活环境的变化，绿党、女权主义和同性恋群体等过去的边缘人群，现在都成为影响政治格局的重要力量，其影响力已经超过传统的极左翼和极右翼政党，很多情况下甚至成为政治格局的决定性少数。

阶级意识在不同国家对政治格局的影响是不同的，瑞典可能是阶级意识最高的国家，拥有全世界最高的工会会员率。直到 20 世纪 80 年代，瑞典有90% 以上的雇员自愿参加工会，其劳工阶级也持久地支持左翼社会民主党，从而使其成为一种特殊的资本主义类型（Espin-Andersen，1985）。而美国则被称为阶级政治的"美国例外"（American exceptionalism），劳工政党从未成为政治主流力量，美国历史上工会会员率最高的 1945 年，也不过 35.5%，1978 年则下降到 23.6%（Goldfield，1987：10）。

　　一些西方新马克思主义学者（如葛兰西、卢卡奇、法兰克福学派等），把西方现代社会劳工阶级政治影响力的降低，简单地解释为统治阶级的文化意识和话语"霸权"的形成，或解释成劳工阶级的"阶级意识"和"社会批判意识"的弱化，或解释成无产阶级"主体意识"的死亡。倒是一些社会冲突论的理论家（如达伦多夫、科塞等）看到，"共同意识"合法性的减弱、"相对剥夺感"的上升、"不满程度"的加强、"社会流动的阻塞"等，是引发当代社会冲突的新动因。

　　实际上，客观"阶级归属"与主观"阶级认同"的不一致，在很多情况下是现代社会的一种常态。20 世纪 60 年代以后，西方社会"阶级归属"与"阶级认同"之间逻辑关系的最大变化，就是在阶级认同上，中产阶级这个含义不清而且争议甚多的阶级成为主流选择。

三　调查方法与数据说明

　　本书的研究和分析，依据中国社会科学院社会学研究所于 2006 年 4～7 月之间进行的中国社会状况综合调查（CGSS2006，CASS）。这是一项全国范围内的大型连续性抽样调查项目，目的是通过长期纵贯调查，获取转型时期中国社会变迁的数据资料，从而为社会科学研究和政府决策提供翔实而科学的基础信息。2006 年调查的主题是"社会和谐与稳定"，共回收成功访问问卷 7061 份。现将调查设计及实施步骤说明如下。

　　1. 抽样设计及抽样过程

　　我们将全国年满 18～69 周岁的住户人口作为本调查最终推断的总体。[①] 全国调查采用了多阶段复合抽样（Multi-stage Composed Sampling）的方法，即分县/市/区、乡/镇/街道、居委会/村委会、居民户、居民五个阶段抽样，每个阶段采取不同的抽样方法（见表 1-4）。

───────────

① 部分临时集体户口人口、户口注销人群如军队、住校学生、服刑人员不纳入总体。由于调查条件所限，西藏自治区、台湾省、香港及澳门特别行政区居住人口也未包含在总体之中。

表1-4　全国分阶段抽样样本单位分布及抽样方法设计

抽样阶段	抽样单元PSU	数量	抽样方法
阶段一	县/市/区	130	分层比例抽样+PPS抽样
阶段二	乡/镇/街道	260	PPS抽样
阶段三	居委会/村委会	520	PPS抽样
阶段四	居民户	7064	等距抽样
阶段五	居民	7064	简单随机抽样

第一阶段PSU县/市/区的抽取，是以2000年全国第五次人口普查的《2000年人口普查分县资料》为数据基础，将全国2797个县/市/区作为抽样框进行分层比例抽样。其具体做法是，首先采用城镇人口比例、居民年龄、教育程度和产业比例4大类指标7个变量对2797个县/市/区做聚类分层，共划分37个层（见表1-5）。而后再按照PPS（Probability proportional to size，与单位大小成比例的概率抽样①）的抽样方式，在每一个分层中，抽取相应数目的县/市/区。共抽取130个市/县/区，覆盖全国28个省/自治区/直辖市（见图1-7）。

第二阶段PSU乡/镇/街道的抽取，是以从上一级抽中的县/市/区的相关部门获得的乡/镇/街道户数、人数统计名册作为抽样框，以PPS的方法在每一个PSU内抽取出2个乡/镇/街道，全国共抽取了260个。

表1-5　全国各层抽样单位及样本量分布

		东　部			
分层数	区/市/县数	15岁以上人口比例(%)	抽取区/市/县数	各村/居委会抽取样本数	各层样本数
1	98	13.07	6	17	408
2	72	11.42	6	12	288
3	63	10.78	4	17	272
4	63	7.61	4	13	208
5	26	2.88	2	12	96
6	77	12.68	6	14	336
7	69	7.80	4	12	192
8	38	5.57	2	18	144
9	67	8.93	4	14	224
10	45	5.78	2	17	136

---

① 本调查中多次采用PPS的抽样方法，主要是考虑到它下列的便利性：（1）可在层内自加权；（2）可直接采用简单随机抽样（SRS）的样本容量公式，计算上简便；（3）可直接采用以简单随机抽样（SRS）为统计推断基础的软件（如SPSS等）进行统计分析。

续表

分层数	区/市/县数	15 岁以上人口比例（％）	抽取区/市/县数	各村/居委会抽取样本数	各层样本数
11	82	13. 49	6	14	336
合　计	700	100. 0	46	160	2640

中　　部

分层数	区/市/县数	15 岁以上人口比例（％）	抽取区/市/县数	各村/居委会抽取样本数	各层样本数
1	110	5. 51	2	18	144
2	34	2. 48	2	10	80
3	71	4. 15	2	13	104
4	71	5. 61	2	19	152
5	68	10. 24	6	13	312
6	84	8. 00	4	14	224
7	78	7. 13	4	13	208
8	109	6. 09	4	11	176
9	65	5. 87	2	18	144
10	73	6. 16	4	11	176
11	98	6. 97	4	13	208
12	85	8. 42	4	15	240
13	85	7. 22	4	12	192
14	64	6. 73	4	12	192
15	62	5. 29	2	17	136
16	47	4. 14	2	15	120
合　计	1204	100. 0	52	224	2808

西　　部

分层数	区/市/县数	15 岁以上人口比例（％）	抽取区/市/县数	各村/居委会抽取样本数	各层样本数
1	76	10. 06	4	9	144
2	72	7. 00	2	14	112
3	125	12. 42	4	13	208
4	94	14. 13	4	15	240
5	98	10. 66	4	11	176
6	59	6. 76	2	14	112
7	76	8. 85	2	17	136
8	115	13. 04	4	14	224
9	99	5. 71	2	11	88
10	79	11. 38	4	11	176
合　计	893	100. 0	32	129	1616

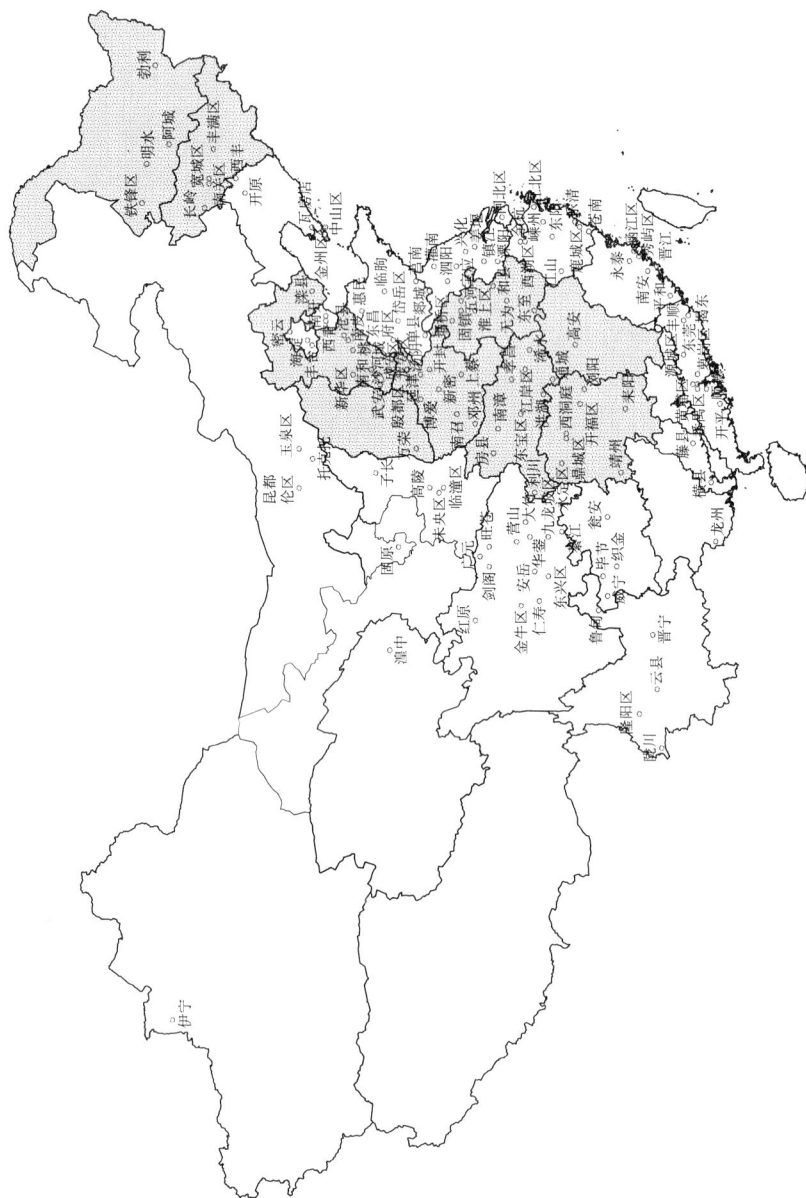

图 1 - 7　全国抽样框 130 个区/市/县分布图

　　第三阶段 PSU 村委会/居委会的抽取，是根据从上一级抽中的县/市/区的乡/镇/街道相关部门获得的村委会/居委会户数、人数统计名册作为抽样框，以 PPS 的方法在每一个 PSU 内抽取出 2 个居委会/村委会，全国共抽取520 个。在此阶段的抽样中，国家民政部基层政权和社区建设司给予我们极大帮助，使得我们能够顺利地派遣抽样员到每一个抽中的村委会/居委会登录常住人口与外来人口的资料，最终汇总成了一个涵盖 47 万户、160 余万人的抽样框数据库。

　　第四阶段居民户的抽取相对较为简单，只要根据居委会/村委会中的住户名册以及居住在该居民区/村中的外来人口清单制作出抽样框，进行等距抽样即可。为了防备下一阶段入户访问的不成功，除规定样本量外，我们还另外抽取了 2 倍于设计样本量的备访户以供替换。

　　最后一阶段的入户选取被访人的工作由调查员在访问现场进行。调查员入户后首先将家中所有人员的状况填写在 "家庭人口情况表" 中，而后将符合访问条件的人口（调查中的界定是年龄在 18～69 周岁，在此家中居住1 周或将要居住 1 周以上的人口）按性别和年龄排序填入 "选样表"。我们采用的入户 "选样表" 是国际调查界通用的 "Kish 选样表"，它共有 8 种类型，对应着当家中有多位符合调查条件的被访成员时，分别应该采用的选取被访人的随机方法（见表 1 - 6）。

表 1 - 6　调查使用的家庭现住人口登记表及 KISH 选样表

家庭现住人口登记表					KISH 选样表									
人数	X1 与答话人的关系	X2 性别	X3 年龄	X4 访问	Y1 序号	Y2 性别	Y3 年龄	A	B1	B2	C	D	E1	E2	F
1	答话人				1			1	1	1	1	1	1	1	1
2					2			1	1	1	1	2	2	2	2
3					3			1	1	1	2	2	3	3	3
4					4			1	1	2	2	3	3	4	4
5					5			1	2	2	3	4	3	5	5
6					6			1	2	2	3	4	5	5	6
7					7			1	2	2	3	5	5	6	6
8					8			1	2	2	3	4	5	5	6

2. 督导员/调查员培训

　　为了保证现场调查的质量，我们特意委托了专业的调查机构来进行调查的实施及调查员队伍的管理。共计有 367 名调查员、80 余名督导员、12 名巡视员参与了调查的访问、管理和监督工作。为了能够在规范流程的控制下采集调查资料，我们参照美国密执根大学社会调查中心的调查员培训手册，制定了 6 个单元约 2~3 天的培训课程，包括项目背景及操作方案讲解、《调查员手册》学习、现场入户登记表记录、入户抽样、问卷试填及讲解、编码、模拟访问练习、试点调查等方面的内容。对所有参加调查工作的调查员和现场督导员都进行了集中培训，目的是使他们能够规范地履行调查实施方案所赋予的角色。

对于调查员而言，培训的要求是让他们学会如何完成入户选样、现场访问、核查问卷、事后编码四项工作。为此我们为调查员提供了 4 万余字的《调查员手册》，细致地讲解了入户选样工具的使用；问卷中可能有产生理解偏差的用语、解释口径；特殊题目的询问和填答方式；编码的标准；等等。

督导员的工作主要是负责调查中的技术指导和质量控制，其主要职责是完成住户抽样、分配问卷、更换被访家庭及被访人、查核问卷、组织编码等工作。除通过调查员所接受的培训外，督导员还接受了住户抽样、样本户和被访人更换、问卷查验等方面的专门培训。

巡视员的职责是全面观察和监督督导员、调查员是否按照调查方案的流程规范来实施调查。按照要求，巡视员必须每天以《工作日志》的形式记录调查的全过程，并逐日向课题组汇报调查进展状况。为保证监督职能的独立性，巡视员均由和调查机构无关联的社科院和高校的硕士生和博士生来担任。

调查培训采用两级培训的方式，先由课题组成员在北京对调查督导员、巡视员进行项目总培训，而后再由督导员至各地对调查员进行培训。所有经过培训并且考核通过的调查员、督导员，须佩戴中国社会科学院的调查员胸卡方能上岗工作。

3. 实施访问

为了保证实地调查各流程的质量控制，调查采用了"现场小组"的工作方法，即每个居委会/村委会调查点由 1~2 名督导员和 5~10 名调查员共同完成。每组 2~7 天完成一个居/村委会的调查；调查员平均 1~1.5 小时访问 1 份问卷。完成一个调查点的工作后，"现场小组"再移向下一个调查点。这种操作方式的目的，便是要把问卷调查可能发生的问题，在第一时间、第一地点解决。另外，由于督导员和调查员共同工作，最大程度地消除了违反规程的访问。实施访问的具体流程如下。

第一步，督导员根据该居委会/村委会的抽样名单给调查员分配问卷。为控制访问质量，正式调查问卷是在调查现场才发放给调查员的，并且逐份发放、调查、回收、再发放。这样就可以使一旦出现的访问误差不至于扩大。第二步，调查员持抽样名单、选样表和问卷进入被调查户选择被访人。如果选样顺利，则继续进行访问；如果选样失败，则需要告知督导员，由后者向课题组值班中心报告，并领取备访户名单进行更换，再度入户选样。第三步，调查员确认被访对象合适的访问时间、进行访问环境控制之后，开始一对一的问卷调查（Face to face interview）。问卷采用念读访问方式，即问卷始终掌握在调查员手中，调查员逐题发问并记录答案，被访人逐题回答。被访人不能自填问卷，而且除个别题目外，他们也是不能看到问卷的。第四步，访问完成后，调查员在现场全面检查问卷的回答有无漏答、误答、意义含混、逻辑相悖等情况，确认无疑后，向被访人致谢，并签名上交问卷。第五步，督导员在现场回收调查员交来的问卷，并立即审阅。如果没有问题，就发放下一份住户地址和问卷；发现问题，则令调查员立即返回访问家庭再度补充。所有调查问卷均经过调查员和督导员的双重审阅后，再进入编码流程。

为加强现场的控制，保证访问质量，调查中还采取了下列措施：①限定访问时间。为保证被访家庭中成员均能入选，城镇居民调查时间安排在周末或下班以后（晚6:00~9:30），乡村区域居民大都没有上下班的时间限制，则不对入户时间做具体要求。②督导员对调查员进行陪访。为保证调查员正确执行访问规程，督导员对每一位调查员的访问总量的10%进行陪同访问，以便发现问题及时纠正。③采用回执信来复核调查员的访问情况。在调查结束时，调查员必须将一封贴好邮票的回执信交给被访人，回执信中询问了访问的一些主要环节，由被访人填好后寄回课题组。④课题组进行技术支持。在调查执行期间课题组设立了总值班室，通过电话为全国各地的调查进行技术指导和管理协调。其中主要工作是对各地样本更换情况进行审核。按照调查规程，样本更换必须由总值班室提供备选户名单，而不能由调查员或督导员自己更换。

4. 资料复核

调查中采用了多次复核的方式来保证问卷信息的准确性。①调查员现场检查问卷是否合格；②督导员在现场进行2次100%的问卷审阅；③地方执行机构抽查30%的完成问卷进行电话复核和实地复核；④课题组在北京独立进行 10% 的问卷复核。复核内容包括：被访者是否被抽中的地址户；事实性数据，如年龄、职业等事实性问题回答是否一致；是否访问中提问了某些方面的问题；访问完成所需的大致时间；是否赠送礼品，派发回执信。

复核统计结果表明，调查结束后共对 2565 份问卷进行了回访，占全部回收问卷 7063 份的 36.9%。经复核合格的问卷占 87.4%，其余 12.6% 的不合格问卷问题主要出现在选样错误（"被访者有误"，占 3.37%）和家庭人数存疑（占 3.26%）。经过再度回访补做，这些问题都一一得以纠正。

随 7061 份有效问卷发放 7061 封回执信，最终收到 5395 封，回收率为 76.41%。其中仅有 3.8% 的回执出现被访人姓名不一致等情况。经过电话复核和再度回访，这些问题也都得到解决。

在回收的 7061 个有效访问中，有 5810 户按原地址住户访问成功，其余 1251 户为更换户，占总样本量的 17.7%。以此推算，回收率为 82.3%。

5. 数据处理与加权

7061 份合格调查问卷采用双录入的方式，形成调查数据库。而后先后两次采用频数分析和变量关联的逻辑校验方式对所有完成的数据进行校验、清理；并以国家统计局 2005 年 1% 人口抽样调查的结果和调查数据进行比照，并进行了加权处理。

第一，城乡居民人口加权。调查在抽样设计时最初的样本分配中，因考虑到城镇社会构成较为复杂，而农村社会构成同质性较高，以及调查便利的原因，我们加大了城镇样本比例（城镇样本占 50.6%，农村样本占 49.4%）。换言之，城乡人口是不等概率的抽样设计，因此要根据 2005 年 1% 人口抽样调查结果对我们的调查数据进行事后加权（见表 1-7）。

表 1-7　CGSS 调查与 2005 年 1% 人口抽样调查的城乡人口分布比较及加权结果

年龄	2005 年 1% 人口抽样调查		2006 年 CGSS 调查					
	城镇人口比重	乡村人口比重	城镇人口数	乡村人口数	城镇人口权重	乡村人口权重	加权后城镇人口	加权后农村人口
	a	b	c	d	a/[c/(c+d)]	d/[d/(c+d)]		
18	0.47621	0.52379	27	21	0.84660	1.19723	23	25
19	0.49301	0.50699	30	16	0.75595	1.45759	23	23
20	0.49558	0.50442	43	18	0.70303	1.70943	32	30
21	0.50676	0.49324	30	22	0.87838	1.16584	27	26

续表

| 年龄 | 2005 年 1%人口抽样调查 | | 2006 年 CGSS 调查 | | | | | |
	城镇人口比重 a	乡村人口比重 b	城镇人口数 c	乡村人口数 d	城镇人口权重 a/[c/(c+d)]	乡村人口权重 d/[d/(c+d)]	加权后城镇人口	加权后农村人口
22	0.51479	0.48521	43	21	0.76620	1.47873	33	31
23	0.52349	0.47651	55	36	0.86614	1.20450	47	43
24	0.51729	0.48271	58	31	0.79378	1.38584	46	43
25	0.51329	0.48671	65	39	0.82126	1.29789	54	50
26	0.53049	0.46951	41	27	0.87984	1.18246	36	32
27	0.53202	0.46798	56	36	0.87403	1.19595	49	43
28	0.53093	0.46907	54	45	0.97336	1.03196	52	47
29	0.52861	0.47139	48	24	0.79291	1.41418	38	33
30	0.52333	0.47667	97	50	0.79309	1.40141	77	68
31	0.51170	0.48830	66	52	0.91486	1.10806	60	57
32	0.51526	0.48474	75	57	0.90687	1.12254	68	63
33	0.50967	0.49033	86	60	0.86526	1.19313	74	71
34	0.50457	0.49543	79	83	1.03469	0.96698	81	81
35	0.49354	0.50646	88	86	0.97586	1.02470	86	88
36	0.48742	0.51258	116	94	0.88241	1.14512	102	108
37	0.47769	0.52231	106	107	0.95989	1.03974	102	111
38	0.45408	0.54592	117	96	0.82665	1.21127	97	115
39	0.45829	0.54171	81	101	1.02973	0.97615	83	99
40	0.46994	0.53006	110	117	0.96977	1.02842	107	120
41	0.48211	0.51789	102	109	0.99731	1.00251	102	109
42	0.49292	0.50708	111	115	1.00359	0.99653	111	115
43	0.47231	0.52769	126	118	0.91463	1.09116	115	128
44	0.48383	0.51617	75	91	1.07088	0.94158	81	85
45	0.49226	0.50774	84	76	0.93763	1.06894	79	81
46	0.48818	0.51182	64	55	0.90770	1.10740	58	61
47	0.47236	0.52764	61	66	0.98344	1.01531	60	67
48	0.45724	0.54276	92	68	0.79521	1.27707	75	86
49	0.45026	0.54974	93	93	0.90052	1.09948	84	102
50	0.44013	0.55987	107	136	0.99954	1.00036	107	136
51	0.44473	0.55527	71	100	1.07111	0.94951	75	95

续表

年龄	2005 年 1%人口抽样调查		2006 年 CGSS 调查					
	城镇人口比重 a	乡村人口比重 b	城镇人口数 c	乡村人口数 d	城镇人口权重 a/[c/(c+d)]	乡村人口权重 d/[d/(c+d)]	加权后城镇人口	加权后农村人口
52	0.42955	0.57045	69	94	1.01473	0.98919	70	93
53	0.42470	0.57530	65	94	1.03888	0.97312	67	92
54	0.42563	0.57437	71	91	0.97115	1.02251	69	93
55	0.42380	0.57620	62	96	1.08000	0.94833	67	91
56	0.42294	0.57706	64	84	0.97805	1.01672	63	86
57	0.41684	0.58316	43	73	1.12449	0.92667	48	68
58	0.41787	0.58213	75	88	0.90817	1.07826	68	95
59	0.41793	0.58207	54	78	1.02161	0.98504	55	77
60	0.40701	0.59299	67	92	0.96588	1.02484	65	94
61	0.40805	0.59195	40	55	0.96913	1.02245	38	57
62	0.40914	0.59086	46	63	0.96948	1.02229	44	65
63	0.42231	0.57769	52	47	0.80401	1.21684	43	58
64	0.42228	0.57772	46	42	0.80784	1.21047	37	50
65	0.42196	0.57804	52	52	0.84392	1.15608	44	60
66	0.43235	0.56765	49	39	0.77646	1.28086	39	49
67	0.43062	0.56938	50	45	0.81818	1.20202	40	53
68	0.42673	0.57327	53	57	0.88567	1.10631	47	63
69	0.43289	0.56711	58	32	0.67173	1.59499	39	51
			3573	3488			3287	3767
总体比重	0.474	0.526	0.506	0.494	—	—	0.466	0.534

　　第二，分年龄段、分性别人口的比较。根据上述城乡居民人口比例加权后的 CGSS 数据，就可以和 2005 年 1%人口抽样调查数据进行基本变量的比较。分年龄段、分性别人口分布的比较显示，和 1%人口抽样调查相比，CGSS 数据在 18～34 岁组的人口比例偏低，而在 50 岁以上组的比例偏高（见表 1－8）；女性的比例偏高，男性比例偏低（见表 1－8）。

表 1 - 8　CGSS2006 与 2005 年 1% 人口抽样调查的年龄段、性别分布比较

		1% 人口抽样调查比例	CGSS 调查比例
年龄段	18 ~ 24	13.11	6.28
	25 ~ 29	9.45	6.08
	30 ~ 34	12.31	9.90
	35 ~ 39	14.06	14.04
	40 ~ 44	12.56	15.25
	45 ~ 49	9.77	10.63
	50 ~ 54	10.53	12.85
	55 ~ 59	7.72	10.27
	60 ~ 64	5.69	7.84
	65 ~ 69	4.80	6.87
性　别	男性	49.74	46.32
	女性	50.26	53.68

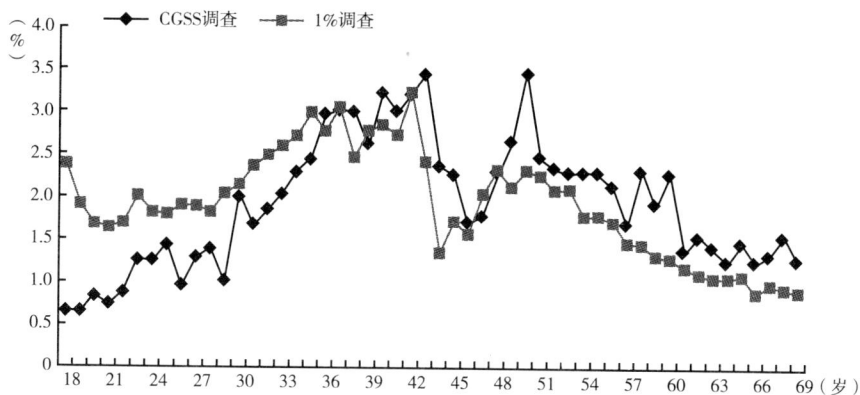

图 1 - 8　CGSS2006 调查与 2005 年 1% 人口抽样调查的年龄分布比较

　　此类原因一方面由于我们是在固定时间周期内进行入户调查（一般在一个调查点的访问日程不会超过 7 天），因此实际的调查总体是在调查期间居住在家中的人口，一般而言年轻人比老年人、男性比女性更有可能不在家中，因而入选的概率就会偏低。另一方面，是由于 1% 人口抽样调查的数据获得方式与我们调查不同所致。1% 人口抽样调查中的家庭人口信息，来自被访家庭中某位成员的代答，因此并不表示其他被调查者在调查时点均在家中。而我们的调查获得的是实际在场的个人信息数据，二者之间必然存在差

距。低年龄段、男性人口比例偏低，是所有在规定时点进行入户调查的普遍情况，因此我们视之为系统偏误（system error），也需要以加权的方式来予以校正。

第三，综合加权。根据上述比较分析，按 2005 年 1% 人口抽样调查的城乡人口、性别和年龄三个变量的交互分类为加权标准，对 CGSS 调查数据进行了综合加权。加权后的比照结果如下（见表 1－8）。

表 1－9　加权后的 CGSS2006 调查与 2005 年 1% 人口抽样调查的人口特征比较

		1% 人口抽样调查比例	CGSS 调查比例
城　乡	城镇	47.40	47.40
	农村	52.60	52.60
性　别	男性	49.74	46.32
	女性	50.26	53.68
年龄段	18～24	13.11	13.12
	25～29	9.45	9.43
	30～34	12.31	12.32
	35～39	14.06	14.06
	40～44	12.56	12.56
	45～49	9.77	9.76
	50～54	10.53	10.53
	55～59	7.72	7.70
	60～64	5.69	5.71
	65～69	4.80	4.81
受教育程度	未上过学	7.35	9.62
	小学	27.64	26.26
	初中	43.06	35.71
	高中	14.49	19.22
	大学专科	4.86	5.99
	大学本科	2.42	3.72
	研究生	0.19	0.36

由此可见，经过加权调整的数据在城乡、性别、年龄等人口特征上和 2005 年 1% 人口抽样调查的结果非常吻合。受教育程度中除初中文化程度的比例相差近 8 个百分点外，其余分类也极为近似。因此，此次调查数据可以用来推断全国居民总体。

第二章
当前社会发展的基本状况

近 30 年改革开放的实践表明，坚持改革开放的总体方向，坚持以经济建设为中心、在发展中解决发展中出现的各种经济社会问题，坚持对社会稳定问题的高度重视，妥善处理好改革、发展和稳定的关系，这是一条中国特色社会主义道路的重要经验。基于科学严谨的社会调查，认真分析当前社会和谐稳定的形势，对于我们保持清晰的头脑、准确把握当前影响社会和谐稳定的突出矛盾和问题，是非常必要的。

一　社会和谐稳定的总体判断

2006 年"中国社会状况综合调查"（CGSS2006，CASS）结果显示，全国绝大多数城乡居民认为，现阶段我国社会基本上是稳定的，各种主要社会关系在总体上是比较和谐的。

1. 中国社会现阶段总体上比较和谐稳定

多数居民认为我国社会比较和谐。根据调查统计（表 2－1），8.2% 的人认为现阶段我国社会非常和谐，66.7% 的人认为比较和谐，两项合计达到 74.9%；而认为不太和谐的人占 15.1%，认为非常不和谐的占 1.8%，两者合计为 16.9%（亦即六分之一略强）；另有 8.2% 的人感到说不清。因此，总的来看，全国近 3/4 的人认为现阶段我国社会是总体和谐的（非常和谐＋比较和谐）。当然，客观地说，有六分之一多的人认为我国社会不够和谐，是一个不可忽视的问题。

多数居民认为我国社会基本稳定。认为现阶段我国社会比较稳定或非常稳定的人所占比例，略高出认为我国社会比较和谐或非常和谐的人比例

（表2-2）：10.6%的人认为我国社会目前非常稳定，65.2%的人认为比较稳定，两者合计占75.8%。认为我国社会目前不太稳定或非常不稳定的人分别占15.6%与1.8%，两者合计为17.4%。总的来说，在大多数人看来，基本稳定是我国目前社会形势的主要特征，但人们也看到社会生活中还存在种种不稳定因素。虽然认为社会不太稳定或非常不稳定的人所占比例较少，但不稳定问题本身是具有扩散性的，因而不能因为有较多的人认为社会基本稳定而忽略各种导致不稳定的因素。

表2-1　关于现阶段我国社会是否和谐的看法分布

单位：人，%

	非常和谐	比较和谐	非常不和谐	不太和谐	说不清	合　计
人数	580	4708	129	1066	579	7061
比例	8.2	66.7	1.8	15.1	8.2	100.0

注：由于四舍五入的原因，本表实际加总后可能不为100%，特此说明。

表2-2　关于现阶段我国社会稳定状况的看法分布

单位：人，%

	非常稳定	比较稳定	不太稳定	非常不稳定	说不清	合　计
人数	748	4607	1105	126	476	7061
比例	10.6	65.2	15.6	1.8	6.7	100.0

注：由于四舍五入的原因，本表实际加总后可能不为100%，特此说明。

　　尽管人们在现阶段我国社会稳定形势的看法上存在种种差异，但绝大多数人都渴望社会稳定。例如，在调查中，对于"对现在的中国社会来说稳定非常重要"这个判断，表示很同意的人占56.1%，表示比较同意的人占40.4%，两者合计占96.5%；而表示不大同意的人仅占1.6%，表示很不同意的人更少，只占到0.4%，两者合计占2%。可见，努力促进社会稳定，是广大人民群众和社会各界的共同愿望（表2-3）。

　　九成左右的城乡居民对我国社会经济发展形势比较乐观。现阶段我国经济社会发展进入了一个关键时期，工业化也在总体上进入中期阶段。从国际经验来看，这个阶段也是社会发展容易出现矛盾和问题的时期。我国现实经济社会生活中也确实面临不少矛盾、挑战和压力。但是，从调查结果来看，

绝大多数人对于我国在党和政府的领导下解决问题、应对挑战获得进一步的
发展是有信心的，态度是乐观的。

表 2 - 3 认为现阶段社会稳定非常重要的态度分布

单位：人，%

	很同意	比较同意	不大同意	很不同意	不大确定	合 计
人数	3958	2855	114	26	108	7061
比例	56.1	40.4	1.6	0.4	1.5	100.0

注：由于四舍五入的原因，本表实际加总后可能不为100%，特此说明。

调查显示，对"当前中国社会发展出现的一些问题是暂时的"这一判断，表示比较同意或很同意的人占83.4%；对"党和政府是有办法管理好我们国家的"这一判断表示比较同意或很同意的人占91.6%；对"我相信下一代的生活会比我们更好"表示比较同意或很同意的人占93.5%；对"中国目前在国际上的地位值得骄傲"表示比较同意或很同意的人占88.9%；对"我国经济社会发展的总体状况是很好的"表示比较同意或很同意的占90.5%（表2-4）。可见，我国社会总体上是一个积极进取、乐观向上的社会。

表 2 - 4 对我国经济社会发展形势若干判断的态度分布

单位：%

	很同意	比较同意	不大同意	很不同意	不大确定	合 计
当前中国社会发展出现的一些问题是暂时的	27.7	55.7	8.8	0.8	6.9	100.0
党和政府是有办法管理好我们国家的	43.8	47.8	4.3	0.5	3.6	100.0
我相信下一代的生活会比我们更好	63.9	29.6	2.8	0.3	3.3	100.0
中国目前在国际上的地位值得骄傲	44.1	44.8	5.2	0.6	5.4	100.0
我国经济社会发展的总体状况是很好的	36.3	54.2	4.7	0.6	4.2	100.0

注：由于四舍五入的原因，本表实际加总后可能不为100%，特此说明。

2. 对社会生活状况的乐观和忧虑情绪并存

人们的实际生活状况，在很大程度上影响着人们在社会稳定问题上的社会态度和主观看法。根据调查结果，可以做出这样一个基本判断：上述主流社情民意是有其客观现实基础的，但这种基础尚非十分牢固。

多数人感到过去五年来生活水平上升。我国经济社会的健康发展，很重要的标志是要让人民群众的生活水平能够不断得到相应的改善和提高，使人们能够共享改革发展的成果。这种提高不仅要用收入增长、消费水平等物质指标来衡量，也需要得到人们在主观上的认同。在某种程度上，对生活水平上升的主观认同将会有力地影响着人们的下一步行动。调查表明（表2－5），与五年前的生活状况相比，认为"今天的生活水平上升很多"的人占9.7%，"略有上升"的人占53.7%，两者合计占63.4%。但是，值得注意的是，认为"没有变化"的人占22.1%；认为"略有下降"的人占9%，认为"下降很多"的人也占到4.9%，两者合计接近14%（即接近1/7）。

表2－5   对过去五年生活变化的评价

单位：人，%

	上升很多	略有上升	没变化	略有下降	下降很多	不好说	合 计
人数	682	3793	1561	636	349	40	7061
比例	9.7	53.7	22.1	9.0	4.9	0.6	100.0

注：由于四舍五入的原因，本表实际加总后可能不为100%，特此说明。

超过一半的人对未来生活水平变化表示乐观。对国家的经济社会发展的信心与对个人生活发展的信心，往往并不同步。一些人可能对大的形势比较乐观，但对个人的发展则不怎么乐观。对"未来五年生活状况的预期"的分析表明，相信其未来五年的生活水平会"上升很多"的人占10.6%，相信会"略有上升"的人占43.3%，两者合计占53.9%；认为"不会有变化"的占17%；认为会"略有下降"的占6.8%，会"下降很多"的占2.7%，两者合计占9.5%；还有19.6%的人对未来五年的生活变化感到不确定（表2－6）。由此可见，在宏观经济社会发展的过程中，努力提高人民群众个人的发展信心，增加发展的机会，是一个摆在我们面前的艰巨任务。

表2-6　对未来五年生活状况的预期

单位：人，%

	上升很多	略有上升	没变化	略有下降	下降很多	不好说	合　计
人数	746	3061	1203	478	190	1383	7061
比例	10.6	43.3	17.0	6.8	2.7	19.6	100.0

注：由于四舍五入的原因，本表实际加总后可能不为100%，特此说明。

　　多数人认为当前社会群体之间存在利益冲突。在发展的过程中，要做到使所有社会群体都能共享改革发展的成果，都能对未来充满信心，并不容易。不同的社会群体拥有不同的发展能力、条件和机会，因此存在差异是必然的。这种差异在一些特定因素的影响下，会转化成这样那样的利益矛盾或冲突。这一点，在本次调查结果中有较为显著的反映。对于"我国各个社会群体之间是否存在利益冲突"这个问题，只有16.3%的人认为没有冲突；44.9%的人谨慎地认为"有一点冲突"，18.2%的人认为有较大冲突，还有4.8%的人认为存在严重冲突，三者合计占到67.9%。其余15.8%的人感到"说不清"（表2-7）。这一结果表明，原本可能是潜在的群体利益矛盾，正在逐渐显化，成为被意识到的社会利益矛盾。

表2-7　关于社会群体利益冲突强度的认知分布

单位：人，%

	有严重冲突	有较大冲突	有一点冲突	没有冲突	说不清	合计
人数	339	1285	3171	1149	1117	7061
比例	4.8	18.2	44.9	16.3	15.8	100.0

注：由于四舍五入的原因，本表实际加总后可能不为100%，特此说明。

3. 利益格局不平衡成为普遍看法

　　从本次调查结果来看，现阶段我国社会和谐稳定形势面临的挑战主要来自两个方面。第一个方面是社会关系结构，也就是社会群体之间的利益关系；第二个方面是社会经济发展过程中出现的各种社会问题，它们不一定牵涉基本的社会利益结构，但对每一个社会群体的发展和利益获得都可能产生这样那样的不利影响。

　　社会利益分配格局不平衡成为社会各界的普遍看法。社会利益关系结构的核心问题是利益分配。利益分配的基本格局是否能够保证社会大多数人获得合理的利益，是这种关系结构是否和谐从而是否有利于社会稳定的关键所在。调查表明，在这个问题上，实际存在着对社会关系和谐及社会稳定的挑战。

关于我国社会利益分配格局不平衡的问题，过去一直是理论学术界在研究和讨论。此次调查表明，社会各界，从普通农民到国家干部，从一般工人到私营企业主，都已经对此形成比较明确的共识。在调查中，我们请被调查者指出近十年来获益最多的三个群体，并且要求按获益大小排序。按照加权的方法（第一选择的权重为3，第二选择的权重为2，第三选择的权重为1）进行整理分析的结果表明，干部以29.16%的综合加权得分比重（即综合三种选择的加权得分占综合加权总分的比例）高居第一位；其次是演艺人员，综合加权得分比重为20.14%；第三是私营业主，综合加权得分比重为17.61%；第四是国有和集体企业管理者，综合加权得分比重为16.01%；第五是专业技术人员，综合加权得分比重为14.09%，他们的比重合计达到97.01%；农民、工人、农民工和其他社会人员排在第七至第九位，综合加权比重合计不到3%。值得注意的是，这种排序格局，是各个社会阶层都认同的（表2-8）。

表2-8 各社会阶层对近十年来获益最多群体的综合排序

排序\获益群体	国家干部	私营业主	演艺人员	专业技术人员	国有、集体企业经营管理者	工人	农民	农民工
农民	1	2	3	4	5	6	7	8
工人	1	4	2	5	3	7	6	8
干部	2	3	1	5	4	8	6	7
专业技术人员	2	4	1	5	3	8	6	7
个体工商户	1	5	2	4	3	7	6	8
私营企业主和非公企业经营管理人员	2	3	1	5	4	8	6	7
在校学生	2	5	1	3	4	8	6	7
无业失业人员	1	3	2	5	4	7	6	8
其他	1	4	2	5	3	7	6	8

干部被排在获益群体的首位也是值得警惕的现象。在过去多数年份的同类调查中，排在首位的多数情况下是私营企业主，现在发生这样的变化，一方面与市场竞争的加剧和干部待遇的稳定有关，另一方面也与一些腐败现象

的蔓延对干部形象的影响有关。

超过三分之一的人认为群体利益冲突可能激化。在市场化、工业化的过程中，按照一部分人、一部分地区先富起来的发展战略，在一个时期内，必然会出现社会利益分配格局不平衡的现象。但是，对于一个现代社会来说，如果这种不平衡格局持续时间过长，先富不能带动后富，则可能激化社会群体利益矛盾。利益矛盾是不可避免的，关键问题是不要激化矛盾，使之成为社会不稳定因素。然而，调查表明，不少人确实担心或者认为这种矛盾会激化。例如，对于"我国社会群体利益矛盾是否可能激化"这个问题，持完全否定态度（即认为绝对不会激化）的人仅占8.6%，谨慎地认为不太可能激化的人占30.4%，两者合计占39%；认为可能会激化的人占33.6%，认为绝对会激化的人占5%，两者合计占38.6%。还有22.4%的人态度犹疑，说不清是否可能激化（表2-9）。

表2-9 关于社会群体利益冲突激化可能性的看法分布

单位：人，%

	绝对会激化	可能会激化	不太可能激化	绝对不会激化	说不清	合　计
人数	351	2375	2146	610	1579	7061
比例	5.0	33.6	30.4	8.6	22.4	100.0

注：由于四舍五入的原因，本表实际加总后可能不为100%，特此说明。

社会综合安全感达到70%以上，但部分群体的安全感低于平均水平。本次调查对人们在财产安全、人身安全、交通安全、医疗安全、食品安全、劳动安全、个人信息安全等七个方面的社会安全感进行了测量。其中，认为人身比较安全或很安全的人所占比例最高，达到80.5%；认为食品、医疗与交通比较安全或很安全的人所占比例最低，分别仅为59.6%、62.9%与64.1%；在其余三个方面，认为比较安全或很安全的人所占比重都在76%以上（表2-10）。

根据被调查者对不同方面的安全程度的评分，我们计算了综合安全感指数，其值为72.1。如果把综合安全感指数不到50定义为安全感较低，把综合安全感指数为50以上75以下定义为安全感中等，把综合安全感指数在75及以上定义为安全感较高，则安全感较低的被调查者占2.5%，安全感中等的占49.4%，安全感较高的占48.2%。

表 2 - 10 社会安全感综合测量结果

单位：%

	很不安全	不大安全	比较安全	很安全	不大确定	合　计	综合安全指数
财产	3.2	16.9	58.3	18.9	2.7	100.0	73.8
人身	2.0	15.0	59.8	20.7	2.5	100.0	75.5
交通	4.5	28.1	51.9	12.2	3.3	100.0	68.5
医疗	4.5	26.2	53.2	9.7	6.4	100.0	68.3
食品	7.1	29.0	46.7	12.9	4.2	100.0	67.0
劳动	2.2	15.1	59.5	17.6	5.6	100.0	74.5
个人信息与隐私	1.6	10.1	56.4	21.7	10.2	100.0	77.3

说明：综合社会安全感指数的计算方法是：首先对各个选项赋值，"很不安全" = 1，"不大安全" = 2，"比较安全" = 3，"很安全" = 4；然后计算每一个方面的平均赋值（但不考虑"不大确定"），并以该平均得分除以最高安全赋值（即 4）再乘以 100，便得到百分制的综合安全指数。

二　财富分配和消费差距问题

随着中国经济社会结构和利益格局发生的深刻变化，我们在发展中迫切需要解决的一些重点和难点问题也发生了变化，对此需要有清醒认识。

当前，我国城乡之间、区域之间以及经济社会之间发展不协调问题比较突出。对于广大人民群众来说，这些不协调的最直接最突出的表现，是国民财富分配和资源配置的差距。

1. 人均年收入差距：基尼系数至少达到 0.496

根据调查结果，在排除少数极端值（极高极低）后，2005 年的城乡居民户均可支配收入（纯收入）19971 元，人均 5525.3 元。按家庭人均收入进行五等分计算，最低 20% 的人占有的收入份额为 3.0%，中下 20% 的人占有 7.0%，中间 20% 的人占有 11.8%，中上 20% 的人占有 19.8%，最高 20% 的人占有 58.4%。

从表 2 - 11 可以看出，中国收入分配的差距是巨大的。就总体而言，在未对收入数据进行调整的情况下，基尼系数高达 0.536，在舍弃一些极高极低收入的样本后，经过调整的基尼系数为 0.496。最高 20% 收入组占有的收入份额，是最低20%收入组占有份额的18.2倍。各地区之间的人均收入差距最大达到2倍多，但各地区内部的差距也很突出，并且呈现一种倒马鞍形，即西部和东部的内部差距都大于中部地区的内部差距。地级市以上城市、县级市以下城镇与农村住户人均收入差距比地区间差距更大，而农村住户内部的差距更大。根据住户收入中务农收入所占比重，我们把务农收入占家庭总收入60%以上的住户归类为农业户、务农收入占家庭总收入59%以下的归类为兼业户，而把没有任何务农收入的住户归类为非农户。结果表明，非农户人均收入均值是农业户人均收入均值的3.38倍以上，他们内部的差距也同样较大。而这里的分析结果中最值得关注的，是真正务农农户的收入增长问题，这些以务农收入为主的农户的人均收入水平是很低的。

表2-11　人均收入及其分布

	人均收入（元）	最高20%与最低20%收入组的收入份额比	基尼系数			
			未调整	舍弃百元以下与百万元以上样本	舍弃300元以下与10万元以上样本	舍弃500元以下与10万元以上样本
总样本	5525	18.2:1	0.536	0.517	0.506	0.496
西　部	4313	16.8:1	0.512	0.502	0.487	0.498
中　部	4898	13.1:1	0.478	0.475	0.476	0.467
东　部	9641	16.4:1	0.534	0.502	0.496	0.477
城　市	11560	11.1:1	0.457	0.456	0.435	0.435
县　镇	6907	13.4:1	0.440	0.439	0.462	0.438
农　村	4657	17.0:1	0.499	0.476	0.479	0.452
非农户	9196	14.1:1	0.511	0.465	0.464	0.463
兼业户	4517	10.8:1	0.457	0.457	0.450	0.446
农业户	2717	12.4:1	0.465	0.464	0.440	0.424

东部、中部、西部人均年收入之比(以西部为1):2.23:1.14:1
城市、县镇、农村人均年收入之比(以农村为1):2.48:1.48:1
非农户、兼业户与农业户的收入比(以农业户为1):3.38:1.66:1

2. 财产分配差距远超过收入差距

由于中国目前还没有个人和家庭财产登记制度，关于这方面的真实信息也很难掌握，这次调查特意设计有关指标，以便反映目前的财产分配情况。调查结果表明，城乡居民家庭人均财产分配的差距已经远远超过当年家庭人均收入差距。

关于家庭财产，本次调查覆盖了房产、金融资产（股票、证券、存款、手持现金、借出去的款项等）、耐用消费品（包括非生产用小汽车等）、生产性固定资产、生产性流动资产、其他资产以及债务等方面。不考虑债务，被调查者家庭人均财产量为 35781 元，中位数为 12393 元。

从表 2－12 可以看到，被调查者家庭人均财产的分布呈现高度集中的趋势。就调查总体而言，基尼系数在数据未经调整时为 0.686，即使做了必要和可能的调整，基尼系数也达到 0.661；最高 20% 收入组的收入份额是最低 20% 收入组的收入份额的 73 倍多。地区之间的家庭财产分配差距，可以用人均财产量的比值来衡量，东部、中部与西部相比的结果为 2.91∶1.04∶1。可见，中部与西部的人均财产分配差距同它们 2005 年的人均收入差距相当，但东部地区与中西部地区的财产分配差距更大。城市、县镇和农村住户之间的人均家庭财产均值之比为 5.77∶2.92∶1；而三种住户之间的财产分配差距，同样用人均财产量来衡量，其比值关系为 6.07∶1.49∶1。可见，按收入结构划分的三种住户之间的财产差距大于城乡之间的差距，城乡间财产差距又大于区域间的相应差距。与年度收入差距相比，家庭财产差距更具有社会标志意义和差距累积意义，因此，对不同地区和不同居民户的生活和发展的影响也更大。

表 2－12　人均家庭财产分布

	人均财产量（元）	最高 20% 与最低 20% 收入组的收入份额比	基尼系数	
			未调整	舍弃 500 元以下和 50 万元以上样本
总　体	35781	73.3∶1	0.686	0.661
西　部	22110	64.7∶1	0.651	0.638
中　部	22899	45.2∶1	0.609	0.603
东　部	64291	61.8∶1	0.693	0.629
城　市	89807	29.9∶1	0.5464	0.517
县　镇	45350	41.1∶1	0.6242	0.591
农　村	15554	41.5∶1	0.6425	0.629
非农户	65926	48.9∶1	0.609	0.577
兼业户	16181	31.7∶1	0.592	0.588
农业户	10869	32.6∶1	0.607	0.596

另外，根据调查，2005 年户均拥有金融资产 7340 元，人均 2488 元，中位数为 100 元。其分布高度集中，基尼系数高达 0.883，最高 20% 组占有其中的 93.6%，最高 10% 组占有 81.5%，最高 1% 组占有 31.2%。34.6% 的被调查者家中没有金融资产，35.4% 的被调查者家庭人均资产在 500 元以下（含 500 元），两者合计占 70%。

3. 消费差距小于收入和财产差距

根据调查，全国城乡家庭人均年生活消费支出为 6103 元，中位数为 4000 元。比较而言，家庭人均生活消费支出差距的基尼系数相对较低，但也超过 0.4，最高消费组与最低消费组的消费份额之比为 11.6∶1（表 2 − 13）。

表 2 − 13 人均生活消费支出分布

	人均支出（元）	最高 20% 与最低 20% 消费者的消费份额比	基尼系数
总　　体	6103	11.6∶1	0.473
西　　部	4910	12.1∶1	0.465
中　　部	4768	9.4∶1	0.428
东　　部	8301	10.7∶1	0.456
农　　村	4506	10.8∶1	0.653
县　　镇	6553	9.0∶1	0.427
城　　市	10117	8.3∶1	0.422
非农户	8146	9.3∶1	0.438
兼业户	4737	10.2∶1	0.472
农业户	3657	9.9∶1	0.624

观察表 2 − 13 可以看到，在收入和财富分配方面存在的各种主要差距，在生活消费支出中同样存在，只是没有那么大。无论是地区间、城乡间和三种住户间的平均消费支出的倍比，最高消费组与最低消费组的消费份额倍数，还是基尼系数，都比收入差距尤其是家庭财产差距小很多。这可能主要反映了生活消费本身的一个基本特征，即人们的基本生活消费总量总是有一定限度的，也反映了消费支出随收入增加而边际递减的规律。

被调查者家庭人均生活消费支出的结构特点是，除了食品支出比重较大居于首位之外，医疗支出、教育支出比重也普遍较高（表 2 − 14），分别居于第二位和第三位；但两个比重之间相差不大，表明对绝大多数家庭来说，医疗支出和教育支出的压力普遍同时较大。

表 2 - 14　家庭人均消费支出结构

单位：%

	食品	医疗	教育	人情	交通通讯	衣着	电费	房贷房租	其他	合计
调查总体	37.0	11.8	10.6	10.3	7.4	6.3	4.1	2.8	9.7	100.0
不包括无教育支出户	34.8	9.4	18.2	9.1	7.2	6.3	3.7	2.7	6.3	100.0
不包括无房贷或房租支出户	32.6	7.9	9.4	6.5	7.1	5.7	3.3	20.3	7.3	100.0

　　不过，并不是所有家庭都有同样的支出内容。例如，在此次调查中，2005 年，86.0% 的家庭没有购房分期付款或房租支出，41.2% 的家庭没有教育支出，7.2% 的家庭无衣着消费支出，6.9% 的家庭无医疗支出，6.4% 的家庭无人情支出，6.1% 的家庭无其他支出，5% 的家庭没有交通通讯支出，0.3% 的家庭没有电费支出。这样，对调查总体的人均消费支出结构影响较大的因素就是教育支出与房贷偿付或房租支出，有必要分别在排除没有教育支出的家庭与没有住房支出的家庭的情况下考察被调查者家庭的人均消费支出结构。分析结果也体现在表 2 - 14 中。可以看到，在这两种情况下，教育支出比重与房贷偿付或房租支出比重分别发生了显著变化。当然，医疗支出在这两种情况下始终稳居第三位。对于那些有房贷偿付或房租支出负担的被调查者家庭来说，这项支出的负担尤其大一些。我国房产市场价格一直高企的趋势，显然已经对相关人民群众的生活产生了很大影响。

　　总之，被调查者的生活消费支出的结构特征，就像收入和财产分配状况一样，从一个重要侧面反映了我国经济社会发展不协调、城乡发展不协调的深层次重大问题。

三　生活压力和社会问题

　　大量的统计数据和研究文献表明，二十多年来，尤其是近十多年来，我国广大人民群众的生活水平有了显著的提高。本次调查也从一个方面揭示了这一点。但是，必须注意到，在人民群众生活水平提高的同时，还有相当部分群众生活困难，并且人们面临的具体生活压力也在增强。

1. 多数家庭的生活达到宽裕水平，但部分群众生活仍然困难

如果按照人均生活消费支出的恩格尔系数（即人均食品支出占人均生活消费支出的比重）来判断人们的生活水准，根据调查结果，我国已经有四分之三强的家庭的生活已经达到宽裕及以上的水平。按照国际惯例，家庭人均消费恩格尔系数（食品支出占消费总支出的比重）在 30% 以下的，属于很富裕；恩格尔系数为 30% ~ 39% 的，属于比较富裕；恩格尔系数为 40% ~ 49% 的，属于宽裕水平；恩格尔系数为 50% ~ 59% 的，属于温饱水平；最后，恩格尔系数为 60% 及以上的，则还处于贫困状态。从本次调查的结果来看，家庭生活达到很富裕水平的被调查者占 34.7%，达到比较富裕水平的占 22.1%，达到宽裕水平的占 18.5%，三者合计占到 75.3%。这充分表明，我国经济社会发展在提升人民群众生活水平方面取得了卓著的成就。

但与此同时，也必须注意到，还有 13.5% 的人的家庭生活消费水平处于温饱状态，11.2% 的人的家庭生活消费水平还处于贫困状态。而且，调查还显示，即使在人均消费恩格尔系数低于 40% 的样本户中，尚有 6.3% 的农户人均年消费支出在 1200 元以下，每月在 100 元以下，他们的生活可以说是低水平的，他们在勒紧裤带过日子。可见，我国建设全面小康社会还有一段距离。

消费贫困或仅得温饱的主要原因是收入低。相关分析表明，2005 年城乡家庭人均消费支出与人均年收入之间的皮尔逊相关系数为 0.523。必须指出，"收入低"的感受具有相对性（主观性），实际收入较高的被调查者也可能觉得其收入还是低了。在调查中，甚至有 51.3% 的人认为，他们的家庭生活碰到了"家庭收入低，生活困难"的问题，其中不乏收入水平较高的被调查者。但进一步的分析表明，真正收入低的人还是较多地感到有"家庭收入低，生活困难"的问题。例如，按照五等分方法对被调查者家庭人均收入分组以后，在最低收入组的被调查者中，认为其家庭碰到"收入低、生活困难问题"的人占到 74.0%；在中下收入组中，这一比例为 61.4%；在中间收入组中为 53.6%；在中上收入组中为 41.9%；在最高收入组中为 23.5%。

另外，还值得注意的是，全国有超过 1/3 的被调查者家庭出现当年入不敷出的现象。如上所述，消费与收入的关系是密切的，如果一个社会出现消费不足，很大程度上既是因为收入不足，也是因为收入分配差距过大，过于集中，导致在全社会平均收入水平较高的情况下出现相当部分居民收入低的问题。近年来，人们普遍感到国内消费不足，拉动消费成为许多人建议的经济发展战略，然而，实际上，各种拉动消费的措施屡不见效。本次调查表明，拉动消费之所以困难，关键原因还是相当多的居民收入不足，他们的家庭人均消费支出占人均收入的比重，普遍达到相当高的水平：在全部被调查者中，家庭人均年支出占人均年收入的比重在50%以下（不含50%）的占8.9%，在50%～80%（不含80%）的占25.0%，在80%～100%（含100%）的占27.4%，当年入不敷出（即当年人均支出超过当年人均收入）的占38.7%。可见，有超过1/3的被调查者当年家庭收入不抵其家庭生活消费支出。当然，这并不意味着他们一定负债，而可能是动用了以前的积蓄，但是，收入不足依然是制约人们消费的主要因素。况且，根据前面的分析，70%的被调查者家庭人均拥有金融资产（包括存款等）在500元以下，因此他们也没有多少积蓄可以动用。

2. 医疗、就业、收入分配和腐败成为最突出的社会问题

现阶段我国社会在发展的过程中面临若干对社会稳定具有挑战性的社会问题。在此次调查中，我们列出包括就业失业、收入差距、养老保障、教育收费、贪污腐败、环境污染等17个社会问题（参见表2-15），要求被调查者选择三项，并按自己认为的重要性排序。我们同样按加权赋值的方法对选择结果进行了综合整理和排序。结果表明，排在第一至第三位的社会问题依次为"看病难、看病贵""就业失业"和"收入差距过大、贫富分化"问题，其综合加权得分比重分别为23.92%、13.79%与11.64%，合计达到49.35%。排在第四至第六位的是"贪污腐败""养老保障"和"教育收费"问题，综合加权得分比重合计25.21%。排在第七至第十位的是"住房价格过高""社会治安""城乡/地区差异"和"环境污染"问题，其综合加权得分比重合计为14.32%。而且，我们还注意到，这种排序不存在明显的地区、城乡、阶层差异。

这十大社会问题大体上可以概括为四大类型：一是基本民生问题，如就业失业问题，看病难、看病贵的问题；二是发展问题，如教育问题与环保问题；三是社会安全问题，如社会治安问题和社会保障问题，社会保障既是民生问题，也是一个广义的社会安全问题；四是社会差距问题，如地区/城乡差距问题、贫富分化问题，贪污腐败问题除了具有政治危害外，也是导致收入差距拉大的一个重要因素。这些问题都关系到广大人民群众的切身利益，

表 2 - 15　社会问题综合排序

单位：人，%

	第一选择	第二选择	第三选择	综合百分比	排序
看病难、看病贵	2221	1182	566	23.92	1
就业失业	1371	495	428	13.79	2
收入差距过大、贫富分化	767	846	676	11.64	3
贪污腐败	657	621	664	9.67	4
养老保障	476	811	540	8.95	5
教育收费	342	594	430	6.59	6
住房价格过高	193	380	352	4.22	7
社会治安	214	328	369	4.16	8
城乡/地区差距	121	249	354	3.03	9
环境污染	121	234	337	2.91	10
社会风气	107	249	342	2.90	11
进城农民工受到不公平待遇	70	146	336	2.09	12
干群关系	86	185	200	2.06	13
司法不公	50	123	145	1.35	14
征地、拆迁补偿不公	54	81	130	1.13	15
卖淫嫖娼	36	93	107	1.00	16
劳资矛盾	20	44	87	0.59	17
合　　计	6905	6661	6063	100.0	

注：由于四舍五入的原因，本表实际加总后可能不为100%，特此说明。

最容易引发具有普遍性的社会不满情绪。特别值得注意的是，这些问题都与国家的相关制度和政策密切相关，而不仅仅是社会本身的问题。

3. 收入、医疗、住房和子女教育成为最主要的生活压力

此次调查对被调查者亲身感受到的各种具体的生活压力进行了测量，测量结果如表 2 - 16 所示。可以看到，表中所列问题的实际发生率（即碰到该问题的人所占比例，样本数均为 7061）在 30% 以上的问题有六个，其余五个问题的实际发生率均在 25% 以下，其普遍性明显不如前六个问题。与此同时，在实际发生率超过 30% 的六个问题中，城乡居民家庭的"生活压力指数"都超过 25，最高的达到 43.1。由此可以认为，被调查者家庭日常生活中最经常最普遍地碰到的生活压力，主要来自这六个方面。

表 2 - 16 城乡居民家庭的生活压力程度分布情况

单位: %

	压力很大	压力较大	压力很小	没有压力	没有碰到	合计	压力指数
家庭收入低,生活困难	26.1	17.8	7.2	0.3	48.7	100.0	43.1
医疗支出大,难以承受	24.9	15.7	4.6	0.3	54.5	100.0	39.1
住房条件差,建/买不起房	25.8	14.3	4.4	0.5	55.0	100.0	38.9
子女教育费用高,难以承受	17.3	11.8	4.5	0.3	66.0	100.0	28.5
人情支出大,难以承受	10.5	15.6	8.2	0.5	65.2	100.0	26.4
家人下岗失业或无稳定收入	16.3	10.0	3.5	0.3	69.9	100.0	25.6
社会治安不好,常常担惊受怕	8.0	9.1	6.9	0.5	75.5	100.0	18.4
社会风气不好,担心被欺骗或家人学坏	6.2	9.7	6.9	0.5	76.7	100.0	17.1
赡养老人负担过重	8.4	8.3	5.2	0.3	77.7	100.0	17.4
家庭成员有矛盾	2.3	2.6	4.3	0.6	90.2	100.0	6.5
家人与邻居有矛盾,担心发生纠纷	0.8	1.1	2.7	0.5	95.0	100.0	3.0

注:由于四舍五入的原因,本表实际加总后可能不为100%,特此说明。

说明:压力指数的计算方法是:首先对各个选项赋值,没有遇到=0,遇到但没有压力=1,遇到而压力很小=2,遇到且压力较大=3,遇到且压力很大=4;然后计算每个方面的平均赋值,并以该平均得分除以最高压力赋值(即4)再乘以100,便得到百分制的压力指数。

如果按照"生活压力指数"高低依次排序,则我国人民目前面临的第一生活压力是"家庭收入低,生活困难",第二是"医疗支出大,难以承受",第三是"住房条件差,建/买不起房",第四是"子女教育费用高,难以承受",第五是"人情支出大,难以承受",第六是"家人下岗失业或无稳定收入"。同时我们根据压力指数计算方法计算了总的生活压力指数。如果计算覆盖表 2 - 16 所列举的 11 个方面,则总平均压力指数为 13.0;如果仅仅覆盖六大生活压力,则其平均生活压力指数为 33.6。

应当指出,首先,"家庭收入低,生活困难"并不意味着被调查者家庭收入水平处于贫困境地,而更多地与其他压力的存在相关。一方面,如果收入水平足够高,足以应付其他方面的压力,那么人们的相关压力感就会减轻;另一方面,如果其他方面的相关压力不大,那么即使收入相对低一点,人们的相关压力感也不会很大。其次,在这六大压力中,许多都可以在前面关于消费结构的分析中找到客观现实的依据,因而并不是被调查者的无病呻吟。第三,这六大压力无不与人们能否安居乐业相关,压力指数越高,人们安居乐业就越难,至少他们的心情难以舒畅,生活态度难以保持乐观。第四，这六大压力中绝大多数不仅仅是个人的生活问题，也是关系整个国计民生的重大问题，具有很强的国家政策意涵。如医疗支出问题、教育费用问题、就业失业问题、收入问题、住房问题，都是与国家政策和相关制度安排密切相关的问题，是与经济社会发展是否协调相关的问题。正是在以上几个层面的意义上，这些看似个人性、生活性的压力问题，深深地关系到国家的稳定与社会的和谐。在前面已经看到，这六大生活压力多数也进入现阶段我国社会面临的十大社会问题之列。

四 公平感、阶层认同和冲突感知

我国的改革开放是一个社会利益关系调整的过程，也是一个社会利益多样化的过程。在这样的过程中，社会阶层结构也随之发生深刻变化，客观上存在的各种不同社会阶层的阶层意识处于发生发展的过程之中。各个社会阶层之间在利益关系方面也还没有形成能够良性互动和有效协调的机制，矛盾和冲突往往以个体或群体性事件的方式呈现出来，对现阶段乃至今后相当长时期的社会和谐稳定产生不同程度的影响。

1. 不公平感在城乡、地区和行业之间的待遇问题上最强烈

根据调查结果，出乎我们预料的是，尽管调查本身也反映出收入分配差距较大的事实，但多数城乡居民对我国社会的总体公平状况持肯定和基本肯定的态度（表 2 - 17）。认为我国社会总体上比较公平的人占 57.6%，认为很公平的占 4.7%，两者合计占到 62.3%。而按照评分方式得出的总体公平感指数，则为 67.0%。但是，人们对不同社会领域的公平性的看法是不同的。在表 2 - 17 所列举的 13 个具体领域中，认为比较公平或很公平的人所占比例超过总体情况判断中的相应比例的领域，只有高考制度（71.5%）和义务教育（76.7%）；关于人们实际享有的政治权利，也有 61.9% 的被调查者认为比较公平或很公平。

被调查者持肯定或基本肯定态度的比例低于 50% 的领域，有财富及收入分配（40.2%）、工作与就业机会（44.4%）、干部提拔（34.4%）、公共医疗（49.8%）、不同地区与行业之间的待遇（33.6%）、城乡之间的待遇（29%）以及养老等社会保障待遇（37.5%）等七个领域；反过来说，认为这七个领域不大公平或很不公平的被调查者所占比例，也超过了总体公平状况判断中的相应比例，分别为 49.7%、46.5%、51.0%、39.9%、53.2%、

表2-17　被调查者的社会公平感

单位：%

	很不公平	不大公平	比较公平	很公平	不大确定	合计	公平感指数	样本
财富和收入分配	10.7	39.0	36.2	4.0	10.1	100.0	59.3	6351
财政和税收政策	4.7	24.0	48.3	8.2	14.8	100.0	67.6	6019
工作与就业机会	9.3	37.2	37.7	6.7	9.1	100.0	61.5	6417
个人发展机会	5.4	29.8	45.7	11.0	8.2	100.0	66.9	6482
高考制度	2.4	11.3	48.4	23.1	14.8	100.0	77.0	6014
干部提拔	14.9	36.1	28.4	6.0	14.5	100.0	57.5	6035
公共医疗	9.0	30.9	43.5	6.3	10.3	100.0	63.2	6336
义务教育	3.2	14.1	56.0	20.7	6.1	100.0	75.1	6634
政治权利享有	5.0	20.6	49.4	12.5	12.4	100.0	69.8	6184
司法与执法	5.8	23.8	46.1	9.0	15.2	100.0	67.2	5985
不同地区与行业间待遇	11.8	41.4	28.9	4.7	13.3	100.0	57.7	6123
城乡之间待遇	17.2	45.6	24.7	4.3	8.2	100.0	54.4	6480
养老等社会保障待遇	14.6	36.1	32.2	5.3	11.8	100.0	58.0	6226
总体社会公平状况	3.5	27.1	57.6	4.7	7.1	100.0	67.0	6558

注：由于四舍五入的原因，本表实际加总后可能不为100%，特此说明。

62.8%与50.7%。我们按认为某个领域很不公平或不大公平的人所占比例的大小进行排序，那么，在现阶段，该比例较高的领域依次为：①"城乡之间的待遇"，②"不同地区与行业之间的待遇"，③"干部提拔"，④"养老等社会保障待遇"，⑤"财富与收入分配"，⑥"工作与就业机会"，以及⑦"公共医疗"。显而易见，这些领域都与民生有着直接的关系，是几乎每个人每天都可能要与之打交道的领域，因此几乎每个人都会对这些领域的公平状况有切身体会。其他领域并不是与普通居民的日常生活没有关系，例如财政与税收政策就是一个突出的例子。现阶段的财政与税收政策实际上是许多其他问题的一个重要成因，但因为它与普通居民的关系并不那么直接，所以大家对其中的公平状况也难以有直接的体认。

2. 社会阶层的认同仍在变动之中

在本次调查过程中，课题组没有使用学术理论界通常使用的关于阶层的术语进行测量，而是运用可以区分不同社会群体的通俗用语，包括富人/穷人、干部/群众、城里人/乡下人、雇主/雇员、管理者/被管理者、高学历者/低学历者、体力劳动者/脑力劳动者等。

　　相关调查统计结果显示，在"富人/穷人"的归属上，认为自己是富人的占2.3%，认为自己是穷人的占75.1%，说不清自己是富人还是穷人的占22.6%；在"干部/群众"的归属上，3.8%的人认为自己是干部，95.1%的人认为自己是群众，1.1%的人说不清自己是干部还是群众；在"城里人/乡下人"的归属上，认为自己是城里人的与认为自己是乡下人的分别占28.5%和68.6%，2.9%的人说不清；在"雇主/雇员"的归属上，自认为是雇主的占9.8%，自认为是雇员的占53.1%，37.1%的人说不清；在"管理者/被管理者"的归属上，11.4%的人自认为是管理者，54.6%的人自认为是被管理者，34%的人说不清；在"高学历者/低学历者"的归属上，自认为是高学历者的占9.1%，自认为是低学历者的占83.2%，7.7%的人说不清；最后，在"体力劳动者/脑力劳动者"的区分上，73.6%的认为自己是体力劳动者，14.5%的人认为自己是脑力劳动者，11.9%的人说不清。

　　这种阶层认同的情况说明，我国社会阶层的认同也还在形成和变化过程中，还没有定型。比如，中国的城市化率已达到42%，非农从业人员比例已达到53%，但本次调查显示，还有68.6%的人认为自己是"乡下人"。再比如，在阶层认同的调查中，回答"说不清"的人的比例普遍偏高，也从一个侧面反映了快速变化时期阶层认同尚未定型，也不稳定。我们可以根据说不清自己相关社会归属的人所占比例来测量上述具有阶层意义的群体区分程度，说不清的人所占比例越少，则其区分度越高，相互之间的边界就越是明确，反之，则阶层边界越是模糊。比较起来，边界最明晰的是干部/群众的划分，其余依次是城里人/乡下人、高学历者/低学历者、体力劳动者/脑力劳动者、富人/穷人、管理者/被管理者、雇主/雇员。

　　分析起来，边界清晰程度的高低，首先取决于体制性身份规定，干部/群众、城里人/乡下人、高学历者/低学历者的区分度之所以很高，就是因为他们具有较为明确的体制性身份。其次取决于人们的从业方式，例如体力劳动者/脑力劳动者的区分度较高，与他们的工作方式密切相关，而管理者/被管理者的区分度不太高，则可能是因为一部分人在工作中既接受他人的管理又管理另外的人。个体工商户中说不清自己是雇主还是雇员的比较多，所占比例达到39.7%，因为他们中的相当一部分人实际上是自雇者。再次可能还取决于人们的劳动就业关系的市场化程度，例如雇主/雇员的区分度最低，主要与农民在这个区分上说不清自己的归属相关：在2618位说不清自己是雇主还是雇员的被调查者中，农民有 1639 人，占 62.6%，他们中的大多数人还没有进入劳动力市场；而在私营企业主和非公企业管理人员中，以及在工人尤其是非公有制企业的工人中，说不清自己是雇主还是雇员的比例分别仅占 4.9% 和 13.8%。最后，人们的某种矛盾的社会心理也对其自我归属有较大影响。例如，富人/穷人的区分度居于倒数第三位，有 22.6% 的人说不清自己是富人还是穷人。按理说，在一定的地域范围内，谁是穷人谁是富人还是比较清晰的，但"富人"有时候也具有负面的社会意涵，以致一些人不肯"认富"。当然，也有一些人可能认为自己的经济状况介于不穷不富之间，所以说不清自己属于穷人还是富人。

总之，最能够区分人们阶层归属的机制，一个是国家制度规定，一个是市场化机制。这两种机制都能够比较清晰地界定人们之间的利益关系。考虑到中国的市场化程度越来越高，人们的阶层认同的模糊地带也会越来越小，相应地，不同社会阶层之间的利益关系也会越来越清晰。

另外，如果说上面分析的主要是人们的群体类别归属，那么，当人们考虑自己的社会经济地位时，他就是在寻找自己的地位归属。按照惯例，我们把一个社会中人们的社会经济地位划分为五个层级，即下层、中下层、中层、中上层和上层。在此次调查中，认为自己的社会经济地位属于上层的仅占 0.5%，把自己归入中上层的占 5.4%，归入中层的占 39.6%，归入中下层的占 29%，归入下层的占 24.5%，还有 1% 的被调查者说不清自己的地位层级归属。因此，对 99% 的被调查者来说，他们的社会经济地位归属也是清晰的，且其中有 93.1% 的人把自己归入中层及以下。这种地位归属分布，与课题组一些成员在以前的调查中发现的中国城市居民地位归属分布向下集中的结果是一致的。而与国际上的一些调查结果比较，这种自我归属下沉的趋势更加明显（表 2－18）。

另外，被调查者对自己经济社会地位的归属，与他们给予其家庭的社会地位归属高度相关，等级相关系数达到 0.91（不考虑"说不清"），与他们所在地区（东、中、西部）有轻微的负相关（等级相关系数为 －0.067），与城乡有一定程度的正相关（等级相关系数为 0.109），与按照收入构成划分的住户类型不相关。

3. 社会差别中最为显著的是贫富差别和干群差别

根据调查，在列举的富人/穷人、干部/群众、城里人/乡下人、雇主/雇员、管理者/被管理者、高学历者/低学历者、体力劳动者/脑力劳动者等七

表 2 - 18　城乡居民经济社会地位归属与比较

单位：%

		上层	中上层	中层	中下层	下层	说不清
	美　　国	1.9	15.7	60.7	17.4	3.6	—
	法　　国	0.4	10.9	57.7	25.2	5.3	—
	巴　　西	4.4	13.1	57.4	17.2	5.5	—
	日　　本	1.1	12.5	56.0	24.4	5.0	—
	韩　　国	1.1	14.7	51.0	23.7	9.0	—
	印　　度	1.2	12.0	57.4	21.7	7.5	—
中国	2002 年 31 个大城市调查	1.6	10.4	46.9	26.5	14.6	—
	本次调查	0.5	5.4	39.6	29.0	24.5	1.0

大社会差别中，有 50.7% 的人认为富人与穷人之间的差异最大，认为干部与群众差异最大的占 17.5%，认为城里人与乡下人之间差异最大的占 9.5%，认为管理者与被管理者之间差异最大的占 3%，选择雇主与雇员之间差异最大的占 2.7%，认为脑力劳动者与体力劳动者之间差异最大的占 7.1%，认为高学历者与低学历者之间差异最大的占 4.5%，还有 5% 的人说不清哪两个群体之间差异最大。

　　与此同时，关于哪两个群体之间最容易出现矛盾和冲突的问题，被调查者的回答也较多地集中在贫富关系和干群关系上：认为最容易出现矛盾的两个群体是干部与群众、穷人与富人、管理者与被管理者、雇主与雇员的，分别占 28.3%、24.0%、13.4% 与 12.0%，合计占了 77.7%；而认为是城里人与乡下人、高学历者与低学历者以及体力劳动者与脑力劳动者的，分别仅占 5%、2.3% 与 2.1%；还有 12.9% 的人说不清。

4. 五大社会矛盾纠纷成为人们感知较强烈的现实利益问题

　　在调查中，我们向被调查者提及了 12 种在现实生活中发生比较多的社会矛盾、纠纷甚至冲突，让他们回忆在最近五年中是否以某种方式经历过这样的事件。调查结果如表 2 - 19 所示。在这里，我们更加关心的是矛盾纠纷的社会知晓率和参与率这两个指标。社会知晓率就是所有亲身经历者、从周围人们听说或者自己见过的人以及在媒体上听过或见过的人合计占全部被调查者的比例，可以简单地用 100 减去从未听说者的比例得到社会知晓率。所谓参与率，就是亲身经历过某种社会矛盾纠纷者所占比重。我们将用这两个指标来分别测量各种社会矛盾纠纷的社会影响面和发生率。

从表 2 - 19 的数据来看,所列举的各种社会矛盾纠纷都有比较可观的社会知晓率(样本量均为 7061)。其中,有 10 种矛盾纠纷的社会知晓率高于 50%,尤其贪污腐败、侵占国有和集体财产问题的社会知晓率高达 73%。有五种矛盾纠纷的参与率高于 10%,尤其是因学校乱收费而产生的矛盾纠纷参与率达到 19%。应当指出,这些社会利益矛盾本质上是社会阶层利益矛盾的反映。

表 2 - 19　最近五年的社会矛盾纠纷经历

单位:%

	亲身经历	听周围人谈论过或见过	从媒体上听过或见过	从来没有听说过	合计
政府有关部门乱收费	16.7	25.5	25.8	32.0	100.0
学校乱收费	19.0	24.9	24.4	31.8	100.0
征地拆迁移民及补偿不合理	7.8	22.7	25.9	43.5	100.0
医患纠纷	3.4	19.5	35.5	41.5	100.0
司法不公、执法粗暴	5.3	20.7	32.9	41.1	100.0
下岗失业没有得到妥善安置	11.0	21.7	27.5	39.8	100.0
贪污腐败、侵占国家集体财产	3.2	23.8	46.0	27.0	100.0
拖欠/克扣工资、超时劳动	10.4	21.4	34.1	34.0	100.0
工作环境恶劣,老板/经理管理粗暴	4.2	19.3	33.1	43.5	100.0
社会保障纠纷	2.8	16.5	30.7	50.0	100.0
环境污染影响居民生活	18.4	17.4	31.8	32.3	100.0
购房等大额消费中的纠纷	1.6	12.6	28.9	57.0	100.0

注:由于四舍五入的原因,本表实际加总后可能不为 100%,特此说明。

当我们判断某种社会利益矛盾冲突对社会和谐稳定的影响大小时,不仅要看其社会影响面,更要看其实际发生面。从表 2 - 19 可以看到,社会知晓率在 60% 以上、参与率在 10% 以上的社会利益矛盾纠纷,按照发生率的高低依次是"学校乱收费""环境污染影响居民生活""政府有关部门乱收费""下岗失业没有得到妥善安置"以及"拖欠/克扣工资、超时劳动"。不难发现,首先,这些具有典型性的社会矛盾纠纷,都与冲突一方当事人的利益受到侵害直接相关,因此,那些对广大普通居民的利益没有明显造成直接损害的问题(如社会反映强烈的贪污腐败问题)不能进入五大社会利益矛盾冲突之列；其次，这些矛盾冲突比其他矛盾冲突更具普遍性和持续性，而不是局部的、个别的和暂时性的，因此，像在我国社会引起广泛关注的征地拆迁问题也未能进入五大矛盾纠纷之列（当然，这个问题不可忽视，其参与率毕竟有 7.8%）。这就再次证明，直接而具有普遍性的利益冲突是现阶段我国社会和谐稳定的主要挑战因素。需要特别指出的是，"贪污腐败、侵占国有和集体财产"问题的社会知晓率最高，只是由其引起的矛盾纠纷参与率较低，因而未能进入我们所说的五大社会矛盾冲突之中。但这并不意味着它不重要，它的主要影响是会损害党和政府的社会形象和政治合法性，因而影响国家的政治稳定，而政治不稳定当然是社会不稳定的一个重要根源。总的来说，被调查者对五种参与频率较高的社会矛盾纠纷的知晓率较高，其中可能包括两层含义，一是经济发展与社会发展之间存在不协调，在发展经济的过程中，没有处理好社会发展问题，导致对人民群众利益的侵害随着经济发展水平的提高而加剧。二是随着发展水平的提高，人们的权利意识和利益观念也在增强，因而对权益侵害问题的关注程度更高。

五　公共产品供给与社会支持网络

我国改革开放过程中发生的一个重要社会结构变化，是人们的工作和生活的社会化程度越来越高。改革开放前，国家通过各种"单位"形式（党政机关、社会团体、公有制企事业单位等等）把全体居民的生活工作都包起来，并通过这样的单位对社会进行全方位管理，几乎全体社会成员都因此成为所谓的"单位人"。改革开放以后，国家逐步从经济领域和一些社会领域退出，原来的"单位人"从"单位"获得的住房、教育、医疗、就业和生活需要的满足越来越多地被社会化，需要人们到社会上或市场上获得解决，这个过程一般被称为从"单位人"向"社会人"转变的过程。在这个过程中，一个相对独立的"社会生活领域"逐渐形成。问题在于，由于公共产品供给和社会管理制度创新滞后，把问题解决在基层的机制作用有所弱化，部分领域存在社会失范问题，影响了社会的和谐与稳定。

1. 教育、医疗、社会保障等公共产品供给不足

人民群众对主要由政府提供（以及通过政府规范由各种社会经济组织提供）的关键公共产品的需求，包括医疗卫生服务、社会保障和救助、义务教育、环境保护、良好的社会风气和社会治安，以及社会公正等等。在本

次调查中，我们以让被调查者对当地政府在这些公共产品供给方面的工作进行评价（即是否满意）的方式，对我国社会公共产品供给水平进行了间接的测量，结果如表 2 - 20 所示。

根据调查，对于政府的公共服务供给，人们表示"很满意"或"比较满意"的人所占比例最高的是"义务教育"，满意度指数为 73.2；而社会保障和救助满意度指数最低。对表 2 - 20 所列的各项公共服务，人们表示"不大满意"或"很不满意"的比例相加，最低为 20.9%，最高达到41.3%。也就是说，在本表所列举的这些主要属于政府公共服务范围的领域中，有 20.9% ~ 41.3% 的被调查者没有得到满意的供给。

表 2 - 20　居民对当地政府公共服务工作满意程度分布

单位：%

	很不满意	不大满意	比较满意	很满意	不大确定	合计	样本数	满意度指数
医疗卫生服务	8.0	28.6	51.4	6.8	5.3	100.0	6690	65.0
社会保障和救助	10.3	31.0	40.3	7.6	10.7	100.0	6307	62.7
义务教育	4.4	16.5	53.2	18.7	7.2	100.0	6554	73.2
环境保护	9.5	26.2	48.4	10.2	5.7	100.0	6655	65.7
树立良好社会风气	4.7	22.8	52.8	11.9	7.7	100.0	6515	69.5
维护社会治安	6.9	23.6	53.0	12.3	4.1	100.0	6768	68.5
实现社会公正	6.3	23.5	48.8	9.9	11.5	100.0	6247	67.6

注：由于四舍五入的原因，本表实际加总后可能不为 100%，特此说明。

那么，被调查者的这种评价是否有其现实依据呢？从调查结果来看，就目前我国正在着力建设的三大社会保险（即养老保险、失业保险和医疗保险）来说，情况确实不令人乐观。例如，在全部被调查者中，77.5% 的人没有养老保险，88.7% 的人没有失业保险，65.4% 的人需要完全自理医疗费用（另有 19% 的人能够报销一点医疗费，4.8% 的人能够报销一半以上的医疗费，7.6% 的人能够报销 70% 以上的医疗费，还有 3.3% 的人不清楚自己能不能报销医疗费）。被调查者的三大保险参加率还存在显著的地区和城乡差异。就地区来说，有养老保险的被调查者比例在东部、中部和西部分别为31.5%、15.1% 和 18.4%，有失业保险的比例分别为 14.6%、6.1% 和9.5%，而需要完全自理医疗费用者所占比例则分别为 57.9%、77.8% 和

65%。从城镇与农村的差别来看，有养老保险者的比例分别为44.2%与6.8%，有失业保险的比例分别为21.2%和2.2%，医疗费用完全自理者的比例分别为57.5%与74.3%。

我们根据被调查者对政府在表中所列举的各个方面的工作表示的满意度，采取赋值方式计算了他们的综合平均满意指数。结果表明，他们的综合平均满意指数为67.5。

2. 社会支持网络有所弱化

人们在日常生活中总会碰到这样那样的、靠个人力量难以克服的困难。在传统社会，人们遇到这样的困难时，主要从家庭以及家族系统得到支持。新中国成立以后到改革开放之前，由于在全社会建立起了"单位人"制度体系，单位（包括农村的生产队）以及政府向人们提供了相当全面的支持。在发达市场国家，人们主要从政府以及发达的社会组织获得支持，因为许多问题可能是家庭乃至家族无法解决的。我国社会支持状况则是：计划经济时代以单位为基础的国家支持体系作用弱化，而能够替补这种角色的社区和社会组织，由于社会管理体制创新滞后，还没有发展起来，因而传统的家庭、家族和私人网络逐渐被激活。家庭、家族的社会支持功能的激活本身也许并不是一个严重的社会问题，但在现代社会毕竟不能仅仅依靠家族体系来支撑，并且社会支持体系按照市场化和法治化原则组织起来的基础也不能是传统的家族体制。然而，本次调查恰恰表明，社会支持体系存在从"单位"回归家庭、家族和私人关系网的趋势。

在本次调查中，为了测量现阶段我国广大人民群众的支持体系现状，我们列举了14种人们在碰到生活困难时可能去寻求并获得帮助的渠道，让被调查者选择他们在遇到实际生活困难时可能获得的帮助渠道。调查结果显示（表2-21），从按前述方法计算的支持度指数看（不考虑"不大确定"），那么，在现阶段，"家庭"的支持最大，其支持度指数高达84.1；其次是"家族、宗族"，其支持度指数为68.6；第三是"私人关系网"，其支持度指数为64.6；排在其后的依次是"社区组织""工作单位""地方政府"和"党组织"等。

社会支持网络体系向家庭、家族、宗族以及私人关系网络回归，一方面可能减轻政府和单位的负担，但另一方面则可能削弱人们与社会整体以及国家之间的有机联系，削弱社会本身的公共性而强化其私人性、个人性。一些人在其家庭、家族、宗族和私人关系网的帮助都不能解决其困难的时候，就

表 2 - 21　居民遇到生活困难时各种帮助渠道的支持度

单位：%

	没有帮助	帮助较少	帮助较多	帮助很大	不大确定	合计	样本数	支持度指数
家庭	4.1	8.1	34.9	52.4	0.5	100.0	7026	84.1
家族、宗族	15.8	19.3	38.0	25.8	1.1	100.0	6981	68.6
私人关系网	14.9	26.8	39.5	16.0	2.7	100.0	6869	64.6
社区组织	53.0	26.3	14.1	3.7	2.9	100.0	6858	41.9
工作单位	59.1	15.9	11.6	3.4	10.1	100.0	6349	38.7
地方政府	61.7	20.6	10.2	3.1	4.3	100.0	6757	38.2
党组织	64.4	18.1	9.9	2.7	5.0	100.0	6711	37.0
工青妇组织	69.8	16.1	6.5	1.9	5.7	100.0	6657	34.2
行业/专业协会	68.9	12.6	5.1	1.5	11.9	100.0	6221	32.8
司法/执法机构	76.0	9.9	5.0	2.0	7.0	100.0	6570	32.0
新闻媒体	79.0	8.3	4.1	1.7	6.9	100.0	6572	30.8
信访部门	78.8	8.4	2.9	1.3	8.7	100.0	6448	29.9
慈善机构	80.1	7.7	3.0	1.3	7.8	100.0	6507	29.8
宗教组织	80.7	6.4	2.8	1.4	8.7	100.0	6446	29.4

注：由于四舍五入的原因，本表实际加总后可能不为100%，特此说明。

可能求助于其他渠道（如上访、静坐、群体性事件）甚至是反社会的力量（如黑社会性质的组织、团伙等），或者走向其他极端（如在某些情况下诉诸暴力，或者走上绝路）。虽然我们的调查还不能有力地揭示这一点，但社会上各种黑社会性质的组织、各种犯罪团伙的逐渐增多，其组织化程度的不断提高，实际上从一个侧面反映了这个问题。

六　社会价值整合面临挑战

随着我国经济社会的深刻变化，以及全球化背景下的国际联系日益加强，我国社会的价值观也越来越多样化。价值观念的多样化有其自身的好处，这就是整个社会日益变得丰富多彩。但与此同时，具有社会整合功能的主流社会价值也在这个过程中出现弱化趋势，从而使得社会价值整合面临挑战。可以说，这种挑战对我国社会和谐稳定的影响是深层次的，必须予以高度关注。

1. 物质利益成为普遍价值追求

社会价值观的多样化在现实生活中有着非常复杂的表现。为了考察社会价值观的这种变化，我们设计了一些与价值观相关，但相互之间并不是和谐一致的能够防止诱导性的提法，让被调查者根据自己的思想和行为取向做出选择。从调查结果看，理想追求仍居重要位置，但舒适、金钱、才能、快乐已经成为绝大多数人的追求，社会价值追求呈现一种离散态势（表2-22，样本数均为7061）。

表2-22 社会价值追求的情况

单位：%

	很不符合	不大符合	比较符合	很符合	不大确定	合 计
只求家庭生活舒适和睦	0.6	6.9	50.8	40.8	0.8	100.0
希望赚更多的钱	1.1	9.0	39.4	48.9	1.6	100.0
希望做官并做更大的官	26.3	42.3	16.4	8.0	7.0	100.0
希望出名并争取越来越有名	19.7	40.5	24.7	9.2	5.9	100.0
追求个人生活情趣快乐	2.7	13.6	56.4	23.0	4.4	100.0
充分发挥个人才能	1.2	10.3	55.5	26.6	6.5	100.0
为社会做出较大贡献	1.5	12.7	51.5	25.5	9.1	100.0

注：由于四舍五入的原因，本表实际加总后可能不为100%，特此说明。

从表2-22看，认为"为社会做出较大贡献"，表示"比较符合"或"很符合"自己情况的人占77%，同时有14.2%的人表示与自己不大符合或很不符合，还有9.1%的人表示"不大确定"。对照起来，"只求家庭生活舒适和睦""希望赚更多的钱""充分发挥个人才能""追求个人生活情趣快乐"成为绝大多数人的价值取向，选择"很符合"或"比较符合"的人分别达到91.6%、88.3%、82.1%、79.4%。另有近1/4的人追求权力，超过1/3的人追求名声。尽管家庭生活舒适和睦、发挥个人才能、个人生活情趣快乐都属于积极的社会价值追求，但"一切向钱看"的取向也非常明显，社会价值取向的差异和整合难度增大。

2. 社会风气面临诸多问题

善良正直、吃苦耐劳、敬业互助、诚实守信、热爱祖国等等，是中华民族的优良道德传统，也是我们今天应当执守的道德底线。在本次调查中，为了测量社会的基本道德取舍，我们设计了 18 个相关的道德命题，请被调查者表达他们同意的程度。我们从中择取了 7 个能够反映道德底线意识的命题，并对被调查者提供的答案进行了统计分析。根据分析的结果（表 2 - 23，样本量均为 7061），我们感到，中国社会在总体上执守着道德底线，但社会风气面临诸多问题。

表 2 - 23　城乡居民主要道德取向分布

单位：%

	很不同意	不大同意	比较同意	很同意	不大确定	合计	同意率
守信用是一个人做人的根本	0.1	1.1	36.2	62.0	0.6	100.0	98.2
滴水之恩,也一定要报答	0.3	3.5	45.0	50.1	1.0	100.0	95.1
人生就应该要吃好的、穿好的、住好的	9.3	33.0	39.5	15.1	3.1	100.0	54.6
有关系或后台硬,要找份工作不是件难事	2.7	9.6	43.7	40.8	3.3	100.0	84.5
不能吃苦耐劳就不能干成大事	24.4	46.7	18.4	7.7	2.7	100.0	26.1
善良正直的人常常会吃亏	2.8	23.6	41.8	28.0	3.7	100.0	69.8
保卫国家是军人的义务,不关老百姓的事	2.8	23.6	41.8	28.0	3.7	100.0	69.8

注：由于四舍五入的原因，本表实际加总后可能不为 100%，特此说明。

我们把比较同意和很同意的人所占比例合计值定义为他们对这些命题的同意率。显然，不同命题所具有的道德含义是不同的，所以同意率高低本身的含义就需要解释。"信用"命题和"知恩图报"命题的同意率极高，表明我们社会还是保持了一些最基本的道德底线。"吃苦耐劳"命题的同意率非常低，这可能一方面反映了人们对"才能"的新的认识，另一方面反映了社会享乐意识的抬头。同意"善良正直的人常常会吃亏"和"有关系或后台硬，要找份工作不是件难事"的人比例如此之高，达到 69.8% 和 84.5%，则反映了目前在社会风气方面存在的严重问题。同意"人生就应该要吃好的、穿好的、住好的"这一命题的比率，也达到 54.6% 的水平。尽管有人认为这种道德取向是社会发展的一种动力，但我们也难以无视其中包含的享乐主义道德因素。在国家意识命题上，同意率为 69.8%，可见，天下兴亡匹夫有责的传统爱国思想还是多数人坚守的道德取向。

3. 影响舆论的主流媒体受到新的挑战

从我国的价值整合机制来说，政府新闻媒体、互联网以及小道消息是三个具有社会影响力的元素。政府新闻媒体是政府倡导的价值（理论上也应当是社会的主流价值）的载体，因而是主流价值整合的主要渠道。互联网作为新兴媒体，具有即时性、多样性、丰富性、开放性、匿名性、虚拟性的特点，对相当一部分人尤其是文化知识水平较高的人有很强的吸引力，成为现代社会价值传播的重要渠道。但互联网所扮演的角色究竟是价值整合还是价值离散，迄今没有定论。这主要是因为互联网所传播的价值本身往往就是非常多元的，有时候是鱼龙混杂的。小道消息从来就不是主流价值的积极载体，相反，它往往是谣言借以传播的渠道，大多数情况下其所传播的东西可谓泥沙俱下。因此，如果互联网和小道消息得到受众的高度信任，那就意味着社会主流价值整合受到严重挑战。

调查结果表明，政府新闻媒体作为主流媒体，仍然享有较高的社会信任（表2-24，样本量均为7061）。在全部被调查者中，认为自己比较信任政府新闻媒体的占57.7%，很信任的占18.3%，两者合计占到76%，超过3/4。这个比例不算低，但其中包含着挑战。一方面，对政府新闻媒体表示不大信任或很不信任的毕竟占了18.3%，还有5.7%的人说不清自己是信任还是不信任。另一方面，这一信任度的构成本身还不是高质量的，谨慎地表示比较信任的人占了其中的绝大多数。政府新闻媒体作为主流价值整合的渠道，还受到互联网和小道消息的挑战。虽然对互联网表示比较信任或很信任的人所占比例只有1/4，比较信任和很信任小道消息的人所占比例仅为7.9%，但如果根据他们的总体评价计算信任度指数，则互联网的平均信任度指数达到57.3；小道消息的平均信任度指数达到40.8，而按照这种方法计算的政府新闻媒体平均信任度指数为74.3。

表2-24 媒体的社会信任度

单位：%

	很不信任	不大信任	比较信任	很信任	不大确定	合 计	信任度指 数
政府新闻媒体	2.4	15.9	57.7	18.3	5.7	100.0	74.3
互联网	10.1	32.7	21.5	4.1	31.6	100.0	57.3
小道消息	44.3	41.7	6.4	1.5	6.1	100.0	40.8

注：由于四舍五入的原因，本表实际加总后可能不为100%，特此说明。

2. 群体关系冲突可能性看法分析

被调查者关于社会阶层群体之间矛盾冲突的看法，可以作为我们选择调节社会利益关系突破口的重要指标。这里仍然主要考虑地区、城乡与阶层这样三个因素。从表 2 - 25 看（样本量均为7061），在三大地区之间，中部被调查者较多地认为贫富之间最容易出现矛盾冲突；东部地区被调查者认为雇主与雇员之间最容易出现矛盾冲突的比例高于中西部地区；而西部地区认为城乡冲突的被调查者比例相对高于中西部地区。这显然反映了不同地区的发展差异。

表 2 - 25　何种社会群体间最容易出现矛盾冲突的看法分布

单位：%

	干部与群众	富人与穷人	管理者与被管理	雇主与雇员	城里人与乡下人	高学历与低学历者	体力与脑力劳动者	说不清	合计
总样本	24.0	28.3	5.0	12.0	13.4	2.3	2.1	12.9	100.0
西部	23.7	25.6	4.6	9.2	16.1	3.6	3.4	13.7	100.0
中部	23.8	31.3	5.3	9.9	12.5	2.0	2.2	13.0	100.0
东部	24.5	26.6	5.1	16.0	12.7	1.7	1.3	12.2	100.0
农村	22.2	29.5	6.4	9.9	10.5	2.7	2.5	16.3	100.0
城镇	26.8	26.4	3.0	15.1	17.6	1.6	1.6	8.0	100.0
农民	23.5	30.4	6.8	7.7	9.6	2.6	2.5	17.0	100.0
工人	21.9	24.9	4.0	17.4	18.1	1.7	1.8	10.1	100.0
干部	33.5	24.7	2.0	15.3	14.8	1.1	1.4	7.1	100.0
专业技术人员	26.8	27.1	1.9	16.2	18.4	1.6	1.9	6.2	100.0
个体工商户	23.6	31.8	4.7	11.6	12.9	2.4	1.7	11.2	100.0
私营企业主等	18.6	28.3	4.8	20.7	13.8	3.4	2.1	8.3	100.0
在校学生等	23.6	24.3	2.1	18.1	22.9	4.9	0.7	3.5	100.0
无业失业人员	29.7	25.5	2.9	13.4	16.8	1.6	2.1	8.1	100.0
其他	22.8	26.6	3.0	14.8	15.4	3.0	2.7	11.8	100.0

注：由于四舍五入的原因，本表实际加总后可能不为100%，特此说明。

分城乡看，基本的差异也是农村被调查者认为贫富之间最容易出现矛盾冲突的比例相对高于城镇，而城镇被调查者中认为雇主与雇员最容易出现矛盾冲突的比例相对高于农村。分阶层来看，干部和无业失业人员关注干群矛盾的比例相对较高，个体工商户、农民和私营企业主等关注贫富矛盾的比例相对较高，私营企业主、在校学生和工人关注雇主与雇员矛盾冲突的相对多一些，在校学生、工人和专业技术人员关注城乡矛盾的比例相对高一点。这些关注焦点的形成，反映了各个社会阶层的日常经济社会生活与各种群体矛盾冲突之间的具体关联。概括起来，贫富矛盾、干群矛盾、城乡矛盾和雇佣矛盾是现阶段中国社会的四大主要社会矛盾，但对于不同地区和不同阶层来说，其相对重要性存在一定差异。这就要求我们在调节社会矛盾减少社会冲突时，在不同时期和不同地区，要选取一定的重点作为突破口。

第三章
社会和谐稳定认识的影响因素分析

　　工业化、城市化、市场化、国际化组成的空前巨大的社会变迁，在近30年的时间里集中发生在中国这样一个13亿人口的大国，这使不同区域、不同阶层、不同年龄代、不同教育水平、不同收入水平和收入来源的人群，对涉及社会稳定的各种问题，在认识上产生了程度不同的差异，给这些问题的解决增加了难度。准确把握这些差异，理解影响人们的相关社会认知、感受和态度形成的因素，是全面把握与和谐稳定相关的社会心态和舆情的需要。本章基于本书第二章描述的与社会和谐稳定相关的主要社会认知、态度和感受的分布情况，进行统计分析，从中寻找这些认知、态度和感受的影响因素。

一　方法与变量

　　本章的目的，是定量地分析人们的社会和谐感、社会稳定感以及其他重要的相关社会态度的影响因素。因此，我们将主要采用回归分析的方法，所采用的模型主要有两种：一是线性回归模型，用于各种被指数化的社会态度变量（指数化的方式见第二章）；二是 logistic 回归模型，用于非指数化的二分变量。作为自变量进入各个回归模型的因素，一般包括两个变量集合，即客观变量集合和主观变量集合。鉴于这里的研究具有很强的探索性（迄今为止，我们还很少看到有关本章研究的社会态度的系统研究成果和理论概括），什么变量能够进入模型，是一个尝试的过程。在此过程中，最终被保留在模型中的变量包括两类，一类当然是其影响在统计上显著的变量；另一类变量的影响不具有统计显著性，但删除它们将会导致模型解释力的损失，因而也被保留下来。还有一些变量，原本预期它们会对某种社会态度产生影响，但在尝试过程中发现，它们既未能产生统计上显著的影响，将它们删除后也不会导致模型解释力损失，甚至可使解释力有所增强，因此，它们在模型中不具有统计意义，最终将被从模型中删除。

客观地说，人们的社会态度通常会受到很多情境性的不确定因素影响，因此，本章的分析可能难以找到使这些社会态度得以形成的决定性分析结果，我们只能认为，这些分析所发现的，只是人们各种社会态度的影响因素及其影响程度。

由于本章的定量分析将涉及大量变量，而且许多变量将以相同的形式被反复利用，因此有必要对这些变量做出统一说明——这样做至少可以节约篇幅。

1. 客观变量集的构造

所谓客观变量集，由四组标志被调查者的个人特征和家庭状况的变量组成。

一是被调查者的人口—文化特征，包括性别、年龄、文化程度、政治面貌和宗教信仰。年龄和文化程度是连续变量，其中文化程度以被调查者从小学起到调查时止所接受的正式教育年数（上学年数）表示。性别、政治面貌和宗教信仰被设置为虚拟变量，对于性别，设男为1，女为0；对于政治面貌，简单地分为中共党员（设为1）与非中共党员（设为0）两类；对于宗教信仰，也简单地分为有宗教信仰（设为1）与无宗教信仰（设为0）两类。

二是被调查者的空间分布变量，包括两个基本划分维度，即地区与城乡。地区分为东部、中部和西部，分别以西部为参照，即西部设为0，东部与中部分别设为1；城乡分为地级市以上城市（简称城市）、县级市（区）以下城镇（简称县镇）与农村，并以农村为参照，即令农村等于0，城市和县镇分别等于1。这样就有4个空间分布虚拟变量：东部、中部、城市、县镇。另外，在有些情况下，回归模型还会包含这四个虚拟变量的交叉项，形成另外4个空间虚拟变量，即东部城市、中部城市、东部县镇、中部县镇。

三是个人社会经济特征变量，包括户籍身份、流动状况和职业阶层地位以及社会保障状况。户籍身份以农业户籍为参照组，即农业户籍设为0，非农业户籍设为1。流动状况以在本乡镇街道工作生活的被调查者为参照组，即调查时跨乡镇工作生活的被调查者被视为处于流动状况（设为

1)，而在本乡镇工作生活的视为不流动（设为0）。职业阶层地位采用中国社会科学院当代中国社会结构变迁研究课题组的划分方式，分为国家与社会管理者、企业经理人员、私营企业主、专业技术人员、办事人员、个体工商户、商业服务业员工、产业工人、农业劳动者、无业失业半失业人员这样十个职业阶层（陆学艺，2004），并以无业失业半失业人员作为参照组（设为0），其余9个职业阶层分别设为1，构成9个虚拟变量。社会保障状况变量包括养老保险、失业保险和医疗费用报销。对于养老保险和失业保险，均以未参加者为参照组，未参与者设为0，参与者设为1；关于医疗报销情况，我们的调查设计了一个四级测量尺度，即完全自理、能报销一点、能报销一半以上、能报销70%以上，我们以完全自理者为参照组，在模型中将其设为0，另外三个尺度分别设为1，形成三个虚拟变量。

四是被调查者家庭经济状况变量，首先当然是人均家庭收入、人均家庭财产、人均生活消费支出，均以千元为单位。同时，考虑到近年来对住房、教育和医疗问题，社会反应较为强烈，我们也将人均住房支出比重（%）、人均教育支出比重（%）和人均医疗支出比重（%）作为备选的客观变量，根据其回归模型中的价值进行取舍。

2. 主观变量集的构造

本章的研究涉及大量主观变量，包括以下若干组。

一是个人和家庭生活状况相关变量，包括家庭生活压力感、过去五年生活变化评价、未来五年生活变化预期以及个人的社会经济地位认同。关于生活压力感，本次调查设计了11个相关问题，包括家庭收入低的压力、住房压力、子女教育费用压力、医疗支出压力、家庭养老压力、下岗失业压力、人情支出压力、家庭矛盾压力、邻里矛盾压力、社会风气压力和社会治安压力，并运用四级尺度对被调查者的压力感进行测量。由于变量较多，为了简化，在整理数据的过程中，我们假定测量尺度是定距尺度，舍弃"说不清"答案，然后进行因子分析。因子分析结果显示，KMO检验值为0.714，Bartlett球形检验值为6613.01，自由度为45，显著度小于0.01；正交旋转后获得三个因子。第一因子包括6个变量，家庭收入低的压力（因子载荷0.703）、医疗支出压力（0.594）、住房压力（0.565）、下岗失业压力（0.549）、家庭养老压力（0.545）、子女教育费用压力（0.523），这些压力所反映的都是物质生活层面的不足，故命名为"物质生活压力"。① 第二因子包括社会风气压力（0.828）和社会治安压力（0.828），它们反映的是社会生活环境问题，故命名为"社会生活环境压力"。第三因子包括家庭矛盾压力（0.800）和邻里矛盾压力（0.762），它们反映的是家庭—邻里人际关系紧张造成的生活压力，故命名为"家庭—邻里人际关系紧张压力"。三个因子累计解释48.3%的总变异量，不是很理想，应与测量尺度的精度有关。基于这一分析结果以及原始测量值，我们构建了三个新的综合生活压力变量，即物质生活压力感、社会生活环境压力感和家庭—邻里人际关系紧张压力感。鉴于经因子分析获得的标准化分数不易解释，我们仍然根据原始四级测量尺度将三个因子指数化，对于每个因子，在构造指数值时，还根据所包含的原始变量的因子载荷量并以最低载荷为1进行加权（下同）。关于最近五年生活变化评价和未来五年生活变化预期，调查时采用了五级尺度进行测量，即上升很多、略有上升、没有变化、略有下降、下降很多。为了分析的目的，我们对测量尺度进行了改造，即令上升很多 = 2，略有上升 = 1，没有变化 = 0，略有下降 = -1，下降很多 = -2，并视之为定距尺度，进入回归模型。关于个人社会经济地位认同，本次调查也是采用五级尺度测量，即下、中下、中、中上与上，由于难以把这个五级尺度简化为二级尺度从而形成一个二分变量，我们将根据分析的需要，在将其设为模型的自变量时，以"下"为参照，把其余四个等次重构为四个虚拟变量；而在对地位认同本身的影响因素进行分析时，则假定这个五级尺度是定距尺度。

二是社会生活环境相关主观变量，包括社会安全感、社会公平感、社会冲突感以及社会冲突行动。关于社会安全感，本次调查设计了覆盖财产安全、人身安全、交通安全、医疗安全、食品安全、劳动安全以及个人信息和隐私安全的七个问题，并采用四级尺度对被调查者的安全感进行测量。因子分析表明这七个方面的安全感不可分开，因此我们根据原始测量分值构建了一个综合安全感测量指数。

为了测量被调查者的公平感，我们在调查问卷中首先设计了13个问题，对13个社会经济政治生活领域的公平性进行四级尺度的主观测量，然后要

---

① 考虑到人情支出压力在性质上与其他物质生活压力有所不同，即它并不是家庭物质生活的必需，在进行因子分析时我们没有将其纳入模型。实际上，当将其纳入分析时，它的因子载荷也小于0.5。

求被调查者对总的公平情况做出一个总体评价。13 个领域分别为：财富及收入分配，财政和税收政策，工作与就业机会，每个人的发展机会，高考制度，干部提拔，公共医疗，义务教育，实际享有的政治权利，司法与执法，不同地区（行业）之间的待遇，城乡之间的待遇，养老等社会保障待遇。按照与生活压力感分析相同的假设和方式，我们对这 13 个变量进行了因子分析，以减少变量数目。分析结果显示，KMO 检验值为 0.887，Bartlett 球形检验值为 20006.839，自由度为 78，显著度小于 0.01，经正交旋转也萃取到了三个主要因子。第一因子包括以下六个变量，即义务教育（0.664）、高考制度（0.617）、实际享有的政治权利（0.612）、司法与执法（0.595）、公共医疗（0.581），以及干部提拔（0.552）。它们本质上是涉及公民权利的几个基本制度安排，故命名为"公民权利制度公平感"。第二因子包括四个变量：工作与就业机会（0.757）、每个人的发展机会（0.700）、财富及收入的分配（0.619）、财政和税收政策（0.600）。可以看到，这四个变量反映的实际上是机会和财富分配的问题，财税政策实际上也是一种分配制度。因此我们把这一因子命名为"机会与财富分配公平感"。第三因子包括其余三个变量：城乡之间的待遇（0.823）、不同地区（行业）之间的待遇（0.742）、养老等社会保障待遇（0.610）。养老保障待遇被纳入第三因子而不是第二因子，可能主要是因为这三种社会保险（保障）的城乡、区域差异相当显著，因而社会保障待遇的公平性问题与城乡、地区待遇公平性问题高度相关。我们将该因子命名为"城乡—地区待遇公平感"。我们以三个因子所涵盖的原始变量的四级测量分值为基础，以它们的因子载荷为权数，构造了三个新的指数化的公平感变量。而被调查者关于中国社会总体公平状况的评价，在作为自变量进入模型时，则将采用虚拟变量形式（"很不公平" ＝0，其他评价等级 ＝1）。

另外，考虑到致富是当代中国人的一个最重要的人生追求，而且也已经出现一个规模可观的先富者群体，社会财富分配也因此出现越来越大的分化。而先富者得以致富的因素，也复杂多样，其中有公平的，也有不那么公平的。本次调查特别对此进行了测量。关于个人致富的影响因素，我们在调查中向被调查者提供了以下 10 种可能的原因：以不正当的手段赚钱，自身的致富能力强，自身的努力拼搏，家庭背景好，教育程度高，运气好或者风水好，有重要的人际关系，一些人贪污腐败、侵吞国有/集体资产，政府对富人征税过少，让一部分人先富起来的政策导向。调查分两步进行，首先让被调查者判断这些因素在先富者致富过程中是否存在，然后运用四级测量尺度对他们认为存在的因素的影响程度进行判断。我们对两步调查的答案进行归并，即令不存在＝0，并将结果加入对被调查者关于影响程度的判断之中。这样，我们就获得一组新的致富影响因素变量。为了减少变量数，我们假定测量尺度是定距的，进行因子分析（舍弃"运气或风水"题，且即便将其纳入分析，其因子载荷也小于0.5）。分析结果显示，KMO检验值为0.858，Bartlett球形检验值为11737.67，自由度为36，显著度小于0.001。SPSS程序按默认特征值大于1自动输出的因子萃取结果有两个主因子，第一因子包括：一些人贪污腐败和侵吞国有/集体资产（0.755）、以不正当手段赚钱（0.726）、政府对富人征税过少（0.692），以及让一部分人先富起来的政策导向（0.640），第二因子则包括除运气好或风水好之外的其他因素。第二因子所包含的五个因素其实存在社会学上的性质差异。因此我们指定萃取三个因子，经正交旋转，原来的第二因子被分解为两个因子，新的第二因子包括自身努力拼搏（0.783）、自身致富能力强（0.708）和教育程度高（0.523）；第三因子包括有重要人际关系（0.793）和家庭背景好（0.706），其特征值为0.850，大体可接受；三个因子共计解释57.5%的总变异量。根据各个因子所包含的因素的性质，我们把它们分别命名为"政策偏向和制度缺陷因子""人力资本因子"和"社会资本因子"。这里同样根据原始四级测量分值，并以因子载荷为权数，构造了三个指数化的先富者致富影响因素认知变量。应当指出的是，从社会学的角度看，"人力资本因子"在现代社会更多是"公平"导向的，"政策偏向和制度缺陷因子"更多是"不公平"的，"社会资本因子"的社会价值介于二者之间。

　　关于社会冲突感，本次调查涉及三个层次。第一层次是对被调查者关于社会在多大程度上存在社会群体利益冲突的测量，第二层次是对被调查者关于社会群体利益冲突未来激化的可能性感觉的测量，第三层次是对被调查者冲突行为的考察。前两个层次的测量都运用四级尺度。关于社会冲突存在程度的测量，在作为自变量进入模型时，为了更加忠实于原始数据，我们以"没有冲突"为参照，分别将"有一点冲突""有较大冲突"和"有严重冲突"合并为"强冲突感"，设前者为0，后者为1。关于社会群体利益冲突未来激化可能性的判断，我们将仅仅分析它的影响因素，因而将其重构为一个二分变量，即把"绝对不会激化"和"不大可能激化"合并为"弱可能性"判断（所有认为不存在利益冲突的样本将被归入这个类别），把"可能会激化"和"绝对会激化"合并为"强可能性"判断，然后设前者为0，后者为1，构成一个虚拟变量。关于人们的社会冲突行动，本次调查选取了中国目前比较常见的12种社会矛盾冲突，包括政府有关部门乱收费；学校乱收费；征地、拆迁、移民及补偿不合理；医患纠纷；司法不公，执法粗暴；下岗失业没得到妥善安置；贪污腐败，侵占国家集体资产；拖欠、克扣工资，超时工作；工作环境恶劣，老板、经理管理粗暴；社会保障纠纷；环境污染影响居民生活；购房等大额消费中的纠纷。调查要求被访者回答他们是否听到过、见到过、亲身经历过这些矛盾纠纷，以及他们了解到的或者亲身经历时所采取的解决矛盾纠纷的办法及其效果。为了尽可能简化分析，我们利用部分信息，构造了几个新的综合变量。首先是这12类常见社会矛盾冲突的总知晓率和参与率。参与率是指被调查者亲身经历的社会矛盾冲突类别数占总类别数（12类）的比例，知晓率则是他们通过耳闻目睹、媒体传播和亲身经历而切实知道其发生过的冲突类别数占12类冲突的比例。另外，我们还发现，这12类冲突大体上可以分为三组，一组直接与公权力行为不当相关，这里称之为公权力冲突，包括政府部门乱收费，征地、拆迁、移民以及补偿不合理，司法不公、执法粗暴，贪污腐败、侵占国有集体资产；一组直接与各种用人单位相关，这里称之为劳动关系冲突，包括以下四类：下岗失业没有得到妥善安置，拖欠克扣工资、超时工作，工作环境恶劣、老板或经理管理粗暴，社会保障纠纷；一组则是涉及公益领域的矛盾纠纷，这里称之为公益型冲突，包括学校乱收费、医患纠纷、环境污染纠纷、购房等大额消费纠纷。基于原始四级测量分值，这里也形成了三个新的指数化的冲突行动变量。

三是关于政府的态度，包括对地方政府工作的满意度、对各级政府和部门的信任度以及县（县级市、区）、乡镇街道和村（居）委会三级干部与当地居民之间关系的融洽程度。关于被调查者的社会信任感，本次调查设计了12个相关问题，分别涉及中央政府、地方政府、政府新闻媒体、政府公布的统计数字、信访机构、法官和警察、互联网信息、小道消息、宗教组织、行业/专业协会、消费者协会等维权组织、环境保护等社会公益组织。因子分析显示，信访机构的因子载荷过小，不足以加入分析模型。因此，在舍弃信访机构的社会信任度变量后重新进行因子分析的结果显示，KMO值为0.787，Bartlett球形检验值为7180.474，自由度为55，显著度小于 0.001；经过正交旋转，萃取了三个因子。第一因子包括政府公布的统计数字（0.756）、政府新闻媒体（0.749）、地方政府（0.652）、中央政府（0.622）、法官和警察（0.532），显然可以将这个因子命名为政府的社会信任度；第二因子包括消费者协会等维权组织（0.838）、环境保护等社会公益组织（0.822）、行业/专业协会（0.500），可以将其命名为社会组织信任度；第三因子包含小道消息（0.744）、宗教组织（0.672）和互联网（0.631），我们将其命名为宗教组织和其他非正式组织的社会信任度，三个因子累计解释了 54.5% 的总变异量。相应地，我们按照前面提到的方式构造了三个新的指数化变量。关于被调查者对地方政府工作的满意度，我们也设计了 10 个问题，分别考察被调查者对地方政府在医疗卫生服务、社会保障和救助、义务教育、环境保护、科技发展和推广、树立良好社会风气、维护社会治安、依法办事、发展经济和实现社会公正这 10 个方面的工作的满意度。按照与前面相同的假设和方法，我们做了因子分析，其 KMO 检验值为 0.895，Bartlett 球形检验值为 14902.74，显著度小于 0.01，累计解释 54.2% 的总变异量。经正交旋转，萃取到两个因子。第一因子覆盖了树立良好社会风气（0.740）、依法办事（0.707）、维护社会治安（0.702）、发展经济（0.698）、实现社会公正（0.693）、科技发展和推广（0.676）以及环境保护（0.509）这七个原始变量。概括地说，这个因子的本质含义是"秩序、公正和经济可持续发展"，因以此命名该因子。第二因子覆盖其余三个变量，即医疗卫生服务（0.793）、社会保障和救助（0.740）与义务教育（0.685），其本质含义就是人们通常所说的"社会发展"，因即以此命名该因子。两个因子累计解释了 54.2% 的总变异量。相应地，我们仍按前述方法构造了两个指数化的新变量，即"秩序、公正和经济可持续发展满意度"和"社会发展满意度"。同时，本次调查还设计了三个问题，对县（市、区）级、乡镇街道级政府干部和村（居）委会干部与居民关系的融洽程度进行测量。我们也基于四级测量尺度，构建了一个指数化的综合变量，即县乡村干部与居民关系融洽度。

此外，本次调查还对人们关于中国未来经济社会发展趋势的看法进行考察，结果可以视为表达了人们对国家未来的信心。调查方法是设计五个相关命题并征询人们对这些命题的同意程度。这五个命题是："当前中国社会发展中出现的一些问题是暂时的"；"党和政府是有办法管理好我们国家的"；

"我相信下一代的生活会比我们好";"中国在国际上的地位值得骄傲";"我国经济社会发展的总体状况是很好的"。基于原始四级测量分值,我们构造了一个综合的社会经济发展信心指数。

最后,本次调查还考察了人们在生活中碰到各种问题时从各种社会途径获得支持帮助的情况。问卷提供的途径包括:党组织,地方政府,信访部门,司法、执法机构,新闻媒体,工会、共青团、妇联组织,社区组织(村委会、居委会等),工作单位,宗教组织,家庭,家族、宗族,私人关系网(朋友、同乡、战友、生意伙伴等),行业/专业协会,慈善机构。由于途径种类较多,为了减少变量,我们同样进行了因子分析。结果显示,KMO检验值为0.890,Bartlett球形检验值为36434.948,自由度为91,显著度小于0.001;经正交旋转萃取了三个因子。第一因子包括的原始变量有信访部门(0.822)、新闻媒体(0.801)、慈善机构(0.777)、司法/执法机构(0.749)、行业/专业协会(0.684)以及宗教组织(0.540),从这些机构的功能看,大多数是人们表达诉求的对象,因而将该因子命名为诉求型组织支持度;第二因子包括党组织(0.795)、居委会或村委会(0.757)、工青妇组织(0.749)、地方政府(0.725)和工作单位(0.537),它们通常属于人们在其中工作和生活的机构或其部门,直接命名为党政组织和工作单位支持度;第三因子包括家族或宗族(0.815)、家庭(0.777)以及私人关系网(0.713),在社会学上,它们都是私人型的社会网络组织,故命名为私人网络支持度。这样我们又获得了三个综合的指数化变量。

本章以后的分析,只要涉及上述变量,其含义均与这里说明的相同。

二　社会和谐稳定认识影响因素分析

在本书第二章,我们看到,关于当前中国社会的总体形势,接近75%的被调查者认为比较和谐或很和谐,75.8%的人认为比较稳定或很稳定;同时,分别有17%左右的被调查者认为不是很和谐、很稳定。那么,影响人们关于社会和谐稳定形势判断的因素是什么?这是本节所要分析的问题。

1. 社会和谐感

人们对现阶段中国社会和谐形势的认识,必定会不同程度地受到多种因素的影响。其中既有客观的因素,也有主观的因素。简单的交叉分析可以揭示，像城乡和不同地区的被调查者关于社会和谐形势的看法分布，就有着统计上较为显著的差异（见表3－1）。

表3－1　关于中国社会和谐状况看法的地区—城乡分布

单位：%

	非常不和谐	不大和谐	比较和谐	非常和谐	合　计	样本量
西部	1.7	12.2	76.6	9.5	100.0	1504
中部	2.3	18.8	69.3	9.7	100.0	2577
东部	1.9	16.6	73.7	7.8	100.0	2402
总体	2.0	16.5	72.6	8.9	100.0	6483

$\chi^2 = 39.967, df = 6, Sig. < 0.001, Phi = 0.079 (Gamma = -0.065)$

	非常不和谐	不大和谐	比较和谐	非常和谐	合　计	样本量
农村	2.0	13.4	72.7	11.9	100.0	3632
县镇	2.2	15.1	75.8	6.9	100.0	1209
城市	1.8	24.1	70.2	3.9	100.0	1642
总体	2.0	16.4	72.6	9.0	100.0	6483

$\chi^2 = 171.758, df = 6, Sig. < 0.001, Gamma = -0.261$

但是，交叉分析并不能精细反映各种因素的影响方向和程度，对此需要通过进一步的统计分析来加以揭示和解释。我们把被调查者关于社会和谐形势的看法简化为"弱和谐感"（包括"很不和谐"与"不大和谐"两个选项）与"强和谐感"（包括"比较和谐"与"很和谐"两个选项），设前者为0，后者为1，并忽略"说不清"样本，形成一个二分变量，然后采用Logistic回归分析方法来研究各种因素的具体影响。作为自变量进入模型的，包括上述主观变量集和客观变量集。对客观变量集的影响，这里难以给出相应的假定或预期。对于主观变量集，则大体可以预期，变量涉及的社会态度具有积极取向（如安全感、公平感、满意度、信任感、县乡村干部与当地居民关系融洽度等）的，其影响将会是增强人们的社会和谐感；所涉及的问题具有消极取向的（如生活压力感、社会群体利益冲突感等），变量的影响将会是降低人们的社会和谐感。相关结果如表3－2所示。下面对表中结果进行简要分析。

先看客观变量集。在被调查者的人口—文化特征变量组中，仅有年龄因素在小于0.1的显著度水平上对被调查者的社会和谐感产生了影响，影响度本身则比较大：年龄每增加 1 岁，"强和谐感"的发生概率可增加 0.8%。① 在空间分布变量组中，地区分布是非常重要的影响因素。相对于西部地区，东部地区和中部地区的被调查者的社会和谐感消极得多，中部地区尤然：东部地区的相对影响度为 -24.8%，而中部地区的相对影响度则为 -41.5%。城乡分布的影响则不显著或不够显著，县镇被调查者的和谐感相对强一些，城市被调查者的和谐感则相对弱一些，但前者在统计上不显著，后者也只能在小于 0.1 的水平上可以推论总体。在个人社会经济特征变量组中，户籍没有什么重要的影响；流动的负向影响较为突出，相对影响度为 -24.0%；职业阶层地位中只有国家与社会管理者地位具有保留在模型中的价值，且呈现非常大的负向影响，相对影响度高达 -59.0%，也就是说，他们持有"强和谐感"的可能性将比无业失业半失业人员低 59%。在家庭经济状况变量组中，人均家庭收入倾向于增强人们的和谐感，而人均家庭财产却会降低人们的和谐感，不过，考虑到人均财产额的单位，其影响实际上是可以忽略不计的。

表 3-2　被调查者的社会和谐感影响因素 logistic 分析

	B	S. E.	Wald	Exp(B)
Constant	-20.898***	0.534	29.491	0.055
男性	-0.148	0.092	2.621	0.862
年龄	0.007*	0.004	3.187	1.008
上学年数	0.022	0.015	2.072	1.022
中共党员	0.147	0.170	0.742	1.158
宗教信仰	-0.137	0.149	0.844	0.872
东部	-0.285**	0.128	4.929	0.752
中部	-0.536***	0.122	19.300	0.585
城市	-0.285*	0.160	3.165	0.752
县镇	0.085	0.146	0.340	1.089
非农户籍	-0.107	0.141	0.579	0.898

① 我们将这种标志一个因素的影响程度的统计量称为影响度。对于虚拟变量，考虑到其影响是相对于参照变量而言的，我们统一称为相对影响度；而对于年龄、上学年数以及指数、比重形式的连续变量，影响度的含义是各自变量的单位增量引起的因变量变化量（在 logistic 回归中是某种态度的发生概率的变化量，而在线性回归中则是某种态度测量指数的变化量），因此，我们借用经济学的边际概念称之为边际影响度。另外，对任何影响度的理解，都有一个共同前提，即假定其他因素不变。下同。

续表

	B	S. E.	Wald	Exp(B)
流动	-0.274**	0.115	5.705	0.760
国家与社会管理者	-0.892**	0.377	5.604	0.410
人均家庭收入(千元)	0.011*	0.006	3.477	1.011
人均家庭财产(千元)	-0.001**	0.001	4.122	0.999
家庭物质生活压力感	-0.006***	0.002	8.696	0.994
社会生活环境压力感	-0.004***	0.002	6.696	0.996
过去五年生活变化评价	0.063	0.047	1.809	1.065
综合社会安全感	0.026***	0.005	26.205	1.026
致富因子:政策偏向与制度缺陷	-0.006***	0.002	11.579	0.994
致富因子:人力资本	0.007***	0.002	17.925	1.007
公民权利制度安排公平感	0.002	0.004	0.193	1.002
机会与财富分配公平感	0.007**	0.004	3.874	1.007
城乡—地区待遇公平感	-0.012***	0.003	11.982	0.988
总体公平感:不大公平	0.350*	0.201	3.016	1.419
总体公平感:比较公平	1.086***	0.216	25.236	2.962
总体公平感:很公平	0.617*	0.328	3.537	1.853
劳动关系冲突知晓率	-0.002	0.002	0.899	0.998
劳动关系冲突参与率	0.005*	0.003	2.826	1.005
公益型冲突知晓率	0.004*	0.002	3.223	1.004
公益型冲突参与率	-0.004	0.003	1.936	0.996
社会冲突感(二分变量)	-0.834***	0.095	76.545	0.434
政府促进秩序、公平和经济可持续发展满意度	0.009**	0.004	6.079	1.009
政府的社会信任度	0.018***	0.004	24.864	1.018
对宗教组织和其他非正式组织的信任度	-0.003	0.002	1.958	0.997
县乡村干部与当地居民关系融洽度	0.016***	0.003	28.614	1.016
总结	-2Log likelihood = 3321.801, Cox & Snell R^2 = 0.175, Nagelkerke R^2 = 0.282, df = 1, N = 4275			

注：*$p < 0.10$；**$p < 0.05$；***$p < 0.01$。

再看主观变量集,其中的多数变量都对人们的社会和谐感产生了具有统计推论意义的影响,但令人意外的是,涉及冲突行动的变量没有对社会和谐感产生具有足够统计显著度的影响,反映公权力冲突行动的变量甚至未能被保留在模型中。如果将显著度要求降低到0.1的水平，则劳动关系冲突参与率和公益型冲突知晓率都有降低人们和谐感的作用，边际影响度分别为0.5%和0.4%，应该说不算太小。[①]不过，总体社会冲突感的负向影响却非常突出，"强冲突感"的相对影响度达到 -56.6% 。

在日常生活感受相关变量组中，除了家庭—邻里人际关系紧张带来的压力感外，物质生活压力感、社会生活环境压力感以及综合社会安全感都产生其方向与我们预期一致的显著影响，但过去五年生活变化评价的影响却不具有统计显著性。其中，物质生活压力感、社会生活环境压力感的影响是负向的，边际影响度分别为 -0.6% 与 -0.4% ；综合社会安全感的作用是正向的，其边际影响度为2.6%，相当突出。比较这些因素的影响情形，可以看到，被调查者对社会和谐形势的判断，更多是从社会形势而非自身状况出发，这也间接解释了为什么被调查者的个人特征和经济社会特征很少对他们的社会和谐感产生影响。

本次调查对社会公平感的测量比较全面，相关变量的影响则有点复杂。在对先富者致富的影响因子评价中，政策偏向和制度缺陷因子评价会降低人们的社会和谐感，而意味着公平致富的人力资本因子评价则会增强人们的和谐感；机会与财富分配公平感同样具有增强和谐感的作用；这些作用都与我们的预期一致；然而，城乡—地区待遇公平感却产生了相反的作用，而且其指数的边际影响度还比较大，达到 -1.2% ，对此的解释，应与城乡、地区因素的影响相联系。例如，该指数的平均值对东部、中部和西部而言分别为57.6、56.8和55.5，呈现从东部到西部下降的趋势；但关于社会和谐形势的判断，却是西部被访者最积极，东部次之，中部又次之。总体公平状况评价中，相对于"很不公平"的看法而言，其他三种看法都有正向影响，相对影响度从"不大公平""比较公平"到"很公平"依次达到41.9%、196.2%与85.3%，实际显著性依次为0.089、0.000与0.064。因此总的来说，人们的公平感越强，其社会和谐感也越强。

最后，回归结果显示，人们对政府的态度和评价越是积极，他们的社会和谐感也越强。其中，对政府的信任度指数的边际影响度为1.8%，县乡村

---

①　我们不能小看这个边际影响度，因为指数最小可以是0，最大可以达到100。而当指数达到100时，相对于其为0的情况，"强和谐感"的发生概率将会降低50%。在以后的分析中，让我们记住这一点。

干部与当地居民关系的融洽度指数为 1.6%，在表 3 - 2 的回归模型中都是比较突出的。

2. 社会稳定感

如第二章所述，被调查者的社会稳定感总体上比较高，超过 70% 的人认为现阶段中国社会比较稳定或非常稳定；但也有接近 30% 的人认为不大稳定甚至很不稳定，或者感到"说不清"。因此，究竟是什么因素在影响人们的社会稳定感，也是一个值得加以定量分析的问题。为了便于分析，同样把测量社会稳定感四级尺度重构为二级尺度，即"强稳定感"（包括"比较稳定"或"非常稳定"两个选项，设为 1）与"弱稳定感"（包含"不大稳定"与"非常不稳定"两个选项，设为 0），从而形成一个二分变量，适合于 logistic 回归分析。从自变量方面考虑，前述客观变量集作为外生变量当然应被包括在模型之中，而主观变量的选择则尚须探讨。理论上，我们在分析社会和谐感时利用的所有主观变量，都可能会对稳定感产生影响。但是，和谐感与稳定感二者之间是密切相关的，交叉分析表明，在都不考虑"说不清"样本的情况下，两者之间的等级相关系数达到 0.858（sig. < 0.001）。那么这种关系的性质如何？理论上，社会和谐促进社会稳定，而一个处于稳定状态的社会却不一定是和谐社会，这可能是由某种特殊条件（如很强的社会控制）维持的暂时性的稳定。因此，我们在这里假定，社会和谐感是独立变量，并能够增强人们的社会稳定感。与此同时，我们还假定，人们的生活压力感、生活安全感、社会冲突感和冲突行动、社会公平感、政府工作的社会满意度、社会对政府的信任度以及县乡村干部与居民关系的融洽度也会对社会稳定感产生或积极或消极的影响，但它们的影响可能与社会和谐感存在明显的共线性关系。一般而言，解决共线性问题需要在模型中纳入相关变量的交叉项，以便分解出各变量的独立影响。不过，这里使用的变量较多，再加入交叉项将使模型变得过于复杂。有鉴于此，我们建立两个 logistic 回归模型，其中一个考虑社会和谐感，另一个不考虑它，然后进行比较，大体可以看出共线性的影响（结果见表3 - 3）。从表 3 - 3 的结果看，从模型 1 到模型 2，各变量影响的方向基本相同；统计显著度的变化是，5 个在模型 1 中没有显著度的变量在模型 2 中获得了一定的显著度，7 个变量的显著度有所减弱，5 个变量完全丧失原有的显著度，其余 21 个变量的显著度没有变化；从回归系数的绝对值看，在 20 个变量上有不同程度的增加，在 15 个变量上有所减少，在 3 个变量上没有变化。总之，社会和谐感的加入对大多

数变量没有产生抑制性作用。因此，下面对回归结果的简单概括基于模型 2
做出。

表 3 - 3 被调查者社会稳定感影响因素 logistic 回归分析

	模型 1（不含社会和谐感）			模型 2（含社会和谐感）		
	B	S. E.	Exp（B）	B	S. E.	Exp（B）
Constant	- 2.488 **	0.429	0.083	- 3.162 ***	0.522	0.042
男性	0.069	0.077	1.071	0.180 **	0.094	1.197
年龄	0.010 ***	0.003	1.010	0.009 **	0.004	1.009
上学年数	0.021	0.013	1.021	0.023	0.016	1.023
中共党员	0.098	0.153	1.103	0.058	0.187	1.060
非农户籍	- 0.090	0.118	0.914	- 0.142	0.145	0.868
国家与社会管理者	0.526	0.454	1.693	1.138 **	0.528	3.119
企业经理人员	0.704 *	0.388	2.023	0.812 *	0.465	2.252
私营企业主	0.668	0.525	1.950	0.691	0.652	1.995
专业技术人员	0.282	0.220	1.326	0.437	0.270	1.548
办事人员	0.161	0.193	1.175	0.281	0.240	1.324
个体工商户	0.195	0.179	1.215	0.259	0.219	1.295
商业服务业员工	- 0.033	0.181	0.968	- 0.123	0.224	0.884
产业工人	- 0.006	0.159	0.994	0.123	0.198	1.131
农业劳动者	0.221	0.166	1.247	0.250	0.204	1.284
医疗费:报销一半以上	0.256	0.181	1.292	0.473 **	0.222	1.605
医疗费:报销 70% 以上	- 0.005	0.148	0.995	0.119	0.183	1.126
人均家庭收入（千元）	0.010 *	0.005	1.010	0.007	0.006	1.007
人均家庭财产（千元）	- 0.002 **	0.001	0.998	- 0.001	0.001	0.999
人均医疗支出比重	- 0.004	0.002	0.996	- 0.005	0.003	0.995
人均住房支出比重	- 0.006	0.004	0.994	- 0.006	0.004	0.994
家庭物质生活压力感	- 0.002	0.002	0.998	0.003 *	0.002	1.003
家庭—邻里关系紧张压力感	- 0.004 ***	0.001	0.996	- 0.011 ***	0.003	0.989
社会生活环境问题压力感	- 0.009 ***	0.002	0.991	- 0.004 **	0.002	0.996
综合社会安全感	0.026 ***	0.004	1.027	0.012 ***	0.005	1.013
致富因子:人力资本	0.006 ***	0.001	1.006	0.003 *	0.002	1.003
致富因子:社会资本	- 0.001	0.001	0.999	- 0.002 *	0.001	0.998
机会与财富分配公平感	0.005 *	0.003	1.005	0.002	0.003	1.002

续表

	模型1(不含社会和谐感)			模型2(含社会和谐感)		
	B	S. E.	Exp(B)	B	S. E.	Exp(B)
公民权利制度安排公平感	0.007**	0.003	1.007	0.006*	0.004	1.006
城乡—地区待遇公平感	−0.006**	0.003	0.994	−0.003	0.003	0.997
总体社会公平感	0.541**	0.086	1.718	0.192*	0.107	1.212
群体利益冲突:有一点	−0.253***	0.098	0.776	−0.135	0.117	0.873
群体利益冲突:比较大	−0.906***	0.111	0.404	−0.625***	0.136	0.535
群体利益冲突:很严重	−1.304***	0.159	0.271	−0.781***	0.201	0.458
公权力冲突知晓率(%)	0.003**	0.001	1.003	0.004**	0.002	1.004
劳动关系冲突参与率(%)	0.004*	0.002	1.004	0.005*	0.003	1.005
对政府的信任度	0.014***	0.003	1.014	0.006*	0.003	1.006
党政组织和工作单位支持度	0.009***	0.003	1.009	0.009**	0.004	1.009
诉求型组织支持度	−0.013***	0.004	0.988	−0.013***	0.004	0.987
社会和谐感	—	—	—	3.014***	0.097	20.359
模型总结	−2Log likelihood = 4825.341,Cox & Snell R^2 = 0.116,Nagelkerke R^2 = 0.184,df = 1,N = 5577			−2Log likelihood = 3515.657,Cox & Snell R^2 = 0.284,Nagelkerke R^2 = 0.452,df = 1,N = 5396		

注：* $p < 0.10$；** $p < 0.05$；*** $p < 0.01$。

　　同样让我们首先看客观变量集。在人口—文化特征变量组中，性别和年龄在统计上显著增加了"强稳定感"发生的概率，前者的相对影响度为 19.7%，后者的边际影响度为 0.9%，也就是说，男性相对于女性，年龄较大的人相对于年龄较小的人，对社会稳定形势的看法都更加积极一些。空间变量全部未能进入模型，表明人们的稳定感其实并不受空间分布因素影响。在被调查者的个人社会经济特征变量组中，有两个变量产生了值得重视的影响。职业阶层地位中，国家与社会管理者具有较强的增强社会稳定感的作用，其相对影响度达到 211.9%，亦即相对于无业失业半失业人员，国家与社会管理者持有"强稳定感"的概率要高出2倍以上。如此显著的差异是否意味着关于社会稳定性的问题对国家与社会管理者具有更强的社会赞许性，是值得考虑的。医疗保障水平产生了部分影响，即只有报销水平在一半以上时这个类别产生统计上显著增强社会和谐感的较强作用，其相对影响度达到 60.5%；报销 70% 以上者的影响也是正向的，但统计上不显著。总的来讲，医疗保障水平只要达到一半以上，人们在这个方面就会比较满足。与家庭经济状况相关的几个变量的影响都不显著。

在主观—行动变量集的 19 个变量中，9 个变量在小于 0.05 的水平上对被调查者的社会稳定感产生重要影响，7 个变量在小于 0.1 的水平在产生了影响，其余 3 个因素的影响在统计上不显著。具体地说，关于生活压力感的三个变量中有两个的作用是负向的，并且在小于 0.05 的水平上显著。其中家庭—邻里关系紧张带来的压力感的作用比较突出，其指数的边际影响度达到 −1.1%，比其对社会和谐感的影响更大；社会生活环境压力感指数的边际影响度为 −0.4%。综合的社会安全感一如预期的那样是正向的，即能够增强社会稳定感，其边际影响度达到 1.3%（在模型 1 中更是达到 2.7%）。与社会公平感相关的几个变量，在模型 1 中产生的影响比在模型 2 中更大也更显著，可以认为它们的作用受到"社会和谐感"变量的较强抑制，换句话说，它们可能更多是通过影响和谐感来影响稳定感的。社会群体利益冲突感与冲突行为对社会稳定感的作用在方向上居然是相反的。前者很大程度地降低了人们的社会稳定感，从"有一点"冲突到冲突"很严重"，三种看法的相对影响度分别达到 −12.7%、−46.5% 与 −54.2%，充分表明人们的冲突感越强，其社会稳定感就越弱。在与政府相关的主观变量组中，被调查者对政府工作的满意度变量未能留在模型中；对政府的信任感在模型 2 中的作用在显著度和边际影响度上都比在模型 1 中小得多；党政组织和工作单位在人们遇到困难时提供的支持将增强人们的稳定感，其边际影响度为 0.9%；而诉求型组织提供的这种支持却会倾向于使人们更多地认为社会不稳定，其边际影响度更大，达到 −1.3%；这种趋势与两类组织能够解决的问题的性质密切相关：后者主要是人们在没有其他求助途径的情况下不得已而求助的对象，而且由它们解决的问题也往往是冲突性的。当然，从结果看，诉求型组织职能的发挥应当有助于社会稳定，但迄今为止党政组织和工作单位的支持帮助可能更具有福利意义，因而仍然是人们更乐于接受的。由党政组织和工作单位向处于困境的人们提供合适的支持帮助，在中国仍将是从源头上减少社会冲突的重要机制。最后，我们看到，社会和谐感对社会稳定感产生了最强的积极作用，与持"弱和谐感"的被调查者相比，有着"强和谐感"的被调查者抱持"强稳定感"的概率高出 19 倍以上。

三　个人和家庭生活感受影响因素分析

从这一部分起，我们将探究各种影响人们社会和谐感和社会稳定感的主观因素，亦即被调查者的各种与他们相关的主要生活感受和社会认知的形成因素。第二部分的分析已经表明，被调查者的社会和谐感和社会稳定感，更多地受到他们的这些主观感受和认知而不是他们的客观个人特征、社会经济特征和家庭经济状况的影响。当然，我们并不能由此断定，这些客观特征对他们的社会和谐感和社会稳定感真的没有任何影响；可能的情形是，这些主观感受和认知是一些中间变量，它们影响人们的社会和谐感和社会稳定感，但同时又受到被调查者的各种客观状况的影响。本部分主要考察被调查者的家庭和个人生活感受的影响因素。

1. 家庭生活压力感

如前所述，我们的调查从 11 个方面考察了被调查者的家庭生活压力感，而因子分析则帮助我们把它们聚合为三组压力感，即家庭物质生活压力感、家庭—邻里人际关系紧张压力感和社会生活环境问题压力感。总体来看，三种压力感的指数均值依次为 32.1（标准差 24.3）、4.8（标准差 14.1）与 17.7（标准差 28.2），也就是说，家庭物质生活压力是最大的，社会生活环境不安造成的压力次之，家庭—邻里人际关系紧张压力则明显小很多。鉴于家庭—邻里人际关系紧张造成的压力并未成为一个多么突出的问题，下面我们将只对家庭物质生活压力感和社会生活环境压力感进行定量分析，探寻其影响因素。

就物质生活压力感而言，各种客观因素，包括被调查者的个人特征、社会经济状况和城乡—地区分布等，仍然会对压力感产生影响。在家庭社会经济状况中，除了收入水平和消费水平（以恩格尔系数表示）外，可能还有人均家庭财产拥有量，在当期收入不足的情况下，作为以往收入积累的家庭财产可以成为支撑家庭消费的资源；消费中的教育支出、医疗支出和住房支出，是居民家庭生活消费支出中往往仅次于食品支出的项目，负担大也是近年来普遍反映的问题。除了这些因素外，社会保障的有无也应当对人们的生活压力产生影响，没有任何保障的人会感觉到更大的压力。主观方面的因素则主要是过去五年生活变化评价，可能还有社会公平感。对于社会生活环境压力感，客观变量与上述相同；在主观方面，以下七个领域的变量可能会影响人们对社会生活环境压力的感受：社会安全感，社会群体利益冲突感，现实社会矛盾纠纷的知晓率和参与率，社会公平感，以及他们对政府工作的满意度和对政府的信任感。在社会安全感中，最主要的因素是人身安全感和财产安全感，我们特地基于原始四级测量分值构造了单一的指数化"人身和财产安全感"变量。在对政府工作的满意度方面，与社会生活环境安全直接相关的应当主要是政府在促进社会秩序、法治和社会公正方面的工作，因此我们也基于这几个方面的原始四级测量分值构造了一个新的指数化变量，即对政府促进社会秩序和公正工作的满意度。由于物质生活压力测量指数和社会生活环境压力测量指数都是连续变量，我们将运用线性回归模型进行定量分析。表3-4是两种压力感的线性回归分析结果（所有变量都通过了共线性检验）。

表3-4 家庭物质生活压力感与社会生活环境压力感影响因素线性回归分析

	物质生活压力（N=5674）			社会生活环境压力（N=4907）		
	B	Beta	t	B	Beta	t
Constant	49.168***	—	19.377	49.506***	—	12.879
男性	1.596**	0.032	2.687	-2.039***	-0.036	-2.578
年龄	-0.116***	-0.059	-4.478	—	—	—
上学年数	-0.684***	-0.114	-6.886	0.228*	0.033	1.852
宗教信仰	2.926***	0.038	3.294	2.744**	0.030	2.243
东部	0.148	0.003	0.143	-1.903*	-0.032	-1.807
中部	1.327	0.026	1.356	-3.671***	-0.063	-3.618
城市	7.999***	0.137	4.262	2.799**	0.042	1.956
县镇	4.724***	0.076	3.299	0.460	0.006	0.367
东部城市	-2.713	-0.032	-1.334	—	—	—
中部城市	-6.095***	-0.075	-3.088	—	—	—
东部县镇	-1.851	-0.018	-0.999	—	—	—
中部县镇	-6.787***	-0.065	-3.693	—	—	—
非农户籍	2.304**	0.044	2.170	-2.130	-0.036	-1.575
流动	1.875**	0.030	2.351	—	—	—
国家与社会管理者	-10.973***	-0.046	-3.716	0.757	0.003	0.204
企业经理人员	-8.423***	-0.037	-2.982	2.102	0.009	0.596
私营企业主	-10.374***	-0.036	-2.954	8.881*	0.027	1.917
专业技术人员	-10.467***	-0.090	-5.885	1.985	0.015	0.865
办事人员	-7.378***	-0.071	-4.547	3.590*	0.031	1.727

续表

	物质生活压力（N = 5674）			社会生活环境压力（N = 4907）		
	B	Beta	t	B	Beta	t
个体工商户	− 11. 207 ***	− 0. 134	− 7. 644	4. 557 **	0. 048	2. 353
商业服务业员工	− 3. 733 **	− 0. 035	− 2. 358	6. 020 ***	0. 050	2. 917
产业工人	− 4. 432 ***	− 0. 061	− 3. 218	3. 404 *	0. 041	1. 904
农业劳动者	− 3. 510 **	− 0. 071	− 2. 499	2. 571	0. 045	1. 380
养老保险	− 3. 038 ***	− 0. 052	− 3. 266	—	—	—
能报销一点医疗费用	− 1. 846 **	− 0. 030	− 2. 467	2. 352 **	0. 033	2. 388
能报销一半以上的医疗费用	− 4. 070 ***	− 0. 036	− 2. 921	0. 296	0. 002	0. 164
能报销 70% 以上的医疗费用	− 6. 559 ***	− 0. 073	− 5. 171	− 4. 351 ***	− 0. 043	− 2. 744
人均家庭收入（千元）	− 0. 337 ***	− 0. 128	− 9. 283	0. 122 **	0. 041	2. 645
人均家庭财产（千元）	− 0. 014 ***	− 0. 047	− 3. 466	0. 003	0. 008	0. 510
人均住房支出比重（%）	0. 078 **	0. 030	2. 537	− 0. 086 **	− 0. 029	− 2. 067
人均教育支出比重（%）	0. 328 ***	0. 197	16. 679	0. 054 **	0. 028	2. 040
人均医疗支出比重（%）	0. 274 ***	0. 168	13. 750	− 0. 022	− 0. 011	− 0. 811
过去五年生活变化评价	− 5. 311 ***	− 0. 207	− 16. 850	—	—	—
致富因子：政策偏向与制度缺陷	0. 080 ***	0. 083	6. 581	0. 031 *	0. 028	1. 894
致富因子：人力资本	0. 035 ***	0. 041	3. 483	0. 021	0. 021	1. 546
致富因子：社会资本	0. 042 ***	0. 056	4. 628	0. 020	0. 023	1. 646
机会与财富分配公平感	− 0. 110 ***	− 0. 075	− 5. 783	− 0. 061 **	− 0. 035	− 2. 241
城乡 - 地区待遇公平感	− 0. 054 ***	− 0. 035	− 2. 686	0. 043	0. 024	1. 542
总体社会公平感（二分变量）	− 1. 590 **	− 0. 030	− 2. 274	1. 452	0. 024	1. 520
社会冲突感	—	—	—	5. 335 ***	0. 083	5. 820
12 类冲突知晓率	—	—	—	0. 053 ***	0. 059	3. 796
12 类冲突参与率	—	—	—	0. 224 ***	0. 095	6. 592
政府社会发展工作满意度	—	—	—	− 0. 047 *	− 0. 028	− 1. 758
政府秩序和公正工作满意度	—	—	—	− 0. 323 ***	− 0. 172	− 10. 281
人身和财产安全感	—	—	—	− 0. 250 ***	− 0. 130	− 8. 965
模型总结	R^2 = 0. 270，调整 R^2 = 0. 265			R^2 = 0. 155，调整 R^2 = 0. 148		

　　注：＊$p < 0.10$；＊＊$p < 0.05$；＊＊＊$p < 0.01$。

　　我们首先根据表 3 - 4 来简要概括家庭物质生活压力感的影响因素。可以看到，进入模型的变量，无论是客观的还是主观的，大多数都对人们的家庭物质生活压力感产生了具有统计显著性的影响。

　　个人的人口—文化特征变量组中的四个变量都产生了具有统计显著性的

影响，其中性别和宗教信仰的影响是正向的，即男性的物质生活压力感比女性大，有宗教信仰者的物质生活压力感大于没有宗教信仰者，不过，从回归系数看这种相对影响尚非很大。年龄和上学年数则倾向于降低人们的物质生活压力感，年龄每增加 1 岁，或者上学年数每增加 1 年，人们的物质生活压力感的指数将下降 0.116 点或 0.684 点。教育的影响相对更加突出，这可能与受教育程度高的人具有更强的解决物质生活问题的能力有关。

在空间分布变量组中，我们发现，东部和中部的影响在统计上不显著，这可归因于空间分布交叉项的影响。东部城市和中部城市被调查者的压力感要弱于西部城市被调查者，而以中部城市的影响最为突出，这里的被调查者的物质生活压力指数可以降低 6 个多点，相当于该项指数均值的 19.0%；另外，中部县镇甚至产生更大的负影响，其相对影响度的绝对值相当于该项指数均值的 21.1%，表明中部县镇被调查者的物质生活压力感较轻，而东部县镇与西部县镇之间则没有显著差异。但交叉项并没有消除城乡差异，相对于农村，城市和县镇都倾向于加剧人们的物质生活压力，它们的相对影响度分别相当于该项指数均值的 24.9% 与 14.7%。考虑到东部城市和中部城市都有降低物质生活压力感的作用，可以说西部城市被调查者的生活压力感是最突出的；同时，农村被调查者的生活压力感也比较突出。

个人经济社会状况变量组中的所有变量都产生了具有统计显著性的影响。其中，非农业户籍和流动会相对加剧人们的物质生活压力感，而九个职业阶层地位则会减轻人们的这种压力。值得注意的是，在这九种职业阶层中，客观社会经济地位较高的六个阶层的生活压力感要小得多，减少的压力指数相当于该项指数均值的 23% ~ 34.9%；其余三个阶层的相对影响度就小多了，其压力指数的相对减少量仅相当于均值的 10.9% ~ 13.8%。与社会保障相关的四个变量都一致地倾向于减轻物质生活压力感，保障水平越高物质生活压力感就越小，这一点可以从涉及医疗费用报销的三个虚拟变量的影响变化趋势看出来。尤其当人们"能报销 70% 以上的医疗费用"时，其物质生活压力指数可以比医疗费用完全自理者减少约 6.6 点（相当于均值的 20.4%）。家庭经济状况的影响是，收入和财产能够显著降低人们的物质生活压力感，特别是人均家庭收入，其边际影响度高达 -0.337；而三项重大支出比重则将一致地、并且是十分有力地加剧人们的物质生活压力感，教育支出比重和医疗支出比重尤其如此。

纳入模型的七个主观变量都产生了统计上显著的影响。过去五年生活变化的评价将减轻人们的物质生活压力感，该项评价每提高 1 个等级，人们的物质生活压力感可降低 5.311 点，相当于该项压力指数均值的 16.5%。关于先富者致富因素评价的三个间接反映社会公平状况的变量，都倾向于加剧人们的物质生活压力感，其中政策偏向和制度缺陷因子的影响最大；不过，能够体现公平的人力资本因子的影响也是正向的，这却出乎我们的意料。其余三个变量直接反映人们的公平感，并且公平感的增强一致地起着减轻生活压力感的作用，而这些则都与我们的预期一致。

在社会生活环境压力感方面，多数被保留在模型中的变量也都产生了统计上显著的影响。在个人的人口—文化特征变量组中，主要的影响因素是性别和宗教信仰，前者表明男性的社会生活环境压力略小于女性，后者则表明有宗教信仰者的这种压力略大于没有宗教信仰者。上学年数的增加在样本范围内会加大人们的这种压力，但其统计显著度不够大。在空间分布变量组中，交叉项不具有统计意义，所有影响都是地区和城乡虚拟变量的独立影响。从地区看，中部能够较为显著地降低社会生活环境压力，其相对影响度相当于该项压力指数均值的 20.7%；东部也在小于 0.1 的显著性水平上降低社会生活环境压力感，但其相对影响度较小。在个人社会经济状况变量组中，户籍的影响不显著；流动没有任何统计意义。职业阶层地位中有一部分产生了有意义的正向影响，即与无业失业半失业人员相比，几乎所有其他职业阶层地位至少在样本范围内都倾向于增加人们的这种压力，也许一无所有的人真是一无所惧。其中，感到社会生活环境压力最大的是私营企业主（如果放宽显著性要求到小于 0.1），其压力指数的相对增加量相当于该项压力指数总体均值的 50.2%；其次是商业服务业员工，他们的这种压力指数的相对增量相当于压力指数总体均值的 34%；个体工商户感受到的这种压力也比较大，其相对影响度相当于压力指数总体均值的 25.7%。在个人社会保障方面，养老保险的影响不显著，失业保险未获保留，医疗费用报销水平只有在达到 70% 以上时才能产生降低这种压力的作用。家庭经济状况变量组中，人均家庭收入的影响是增加人们的压力感，也许收入水平越高的人越担心社会治安不好；三项重大生活消费支出中，住房支出比重显著降低人们的这种压力感，这可能是因为住房支出越大，所在小区的安保条件越好；而教育支出比重却会增强这种压力感——这与上学年数的影响是同方向的（其原因可能在于这项支出一般意味着家中有处于上学年龄的人口，因而担心他们受到社会不良风气的影响）。

主观变量集包含人们的社会公平感、社会冲突感和冲突行动、对政府相关工作的满意度以及人们的人身和财产安全感这四个方面的变量。其中，公平感变量大多数未能对社会生活环境压力感产生显著影响，唯一重要的因素是机会与财富分配的公平感，其指数的边际影响度为 - 0.061。社会冲突感和冲突行为则像我们预期的那样显著增加这种压力感，总体社会冲突感的相对影响度相当于该项压力指数均值的 30.1%；12 类冲突知晓率的边际影响度为 0.053，这样，譬如说，当这一比率达到 100% 时，相对于该比率为 0 的情况，压力感的指数可能会增加 5.3（相当于该项压力指数总体均值的 29.9%）；12 类冲突参与率的影响更为突出，其边际影响度达 0.224，这样，该比率达到 100% 时导致的压力指数最大增量将相当于压力指数总体均值的 1.3 倍。但是，对政府促进社会秩序和公平工作的满意度则会更加有力地降低人们的这种压力感。该满意度的测量指数的边际影响度为 - 0.323，意味着其所能导致的该项压力指数的最大减少量将相当于压力指数总体均值的 1.8 倍。最后，人身和财产安全感的增强也将比较有力地减轻人们的社会生活环境压力感，其指数的边际影响度也比较突出，而其所能导致的该项压力指数的最大减少量将相当于压力指数总体均值的 1.4 倍。

2. 过去五年生活变化评价与未来五年生活预期

如上所述，生活变化评价是影响人们社会和谐感、社会稳定感和物质生活压力感的重要因素之一，其作用比当期经济状况还大。为了探究影响人们对过去生活的评价和未来生活预期的因素，我们同样将进行线性回归分析。纯粹个人特征、个人的社会经济状况、家庭经济状况、被调查者的空间分布等这些客观因素，是本章各种主观感受和态度影响因素分析的基础变量，在这里也不例外。这种分析仍然是探索性的，对于不少个人特征的影响程度和方向，需要通过回归分析才能了解；但我们也预期，各种符合现代社会经济发展进程需要的因素，如个人的受教育程度，应当能够对人们的生活变化感产生积极的影响。在空间分布变量中，象征着经济社会发展水平较高的地区也是这样。例如，我们预期，东部和城市被调查者的生活变化感将会比较积极，这些地方的经济发展快，人们的收入水平提高也会比较快。在家庭经济状况方面，预期被调查者的人均家庭当期收入以及他们的人均家庭财产拥有量，将会与他们的生活变化感有正向的相关关系。但消费状况的影响会比较复杂。在主观方面，理论上也应当有一些变量能够影响他们的过去五年生活变化评价。对于过去五年生活变化评价，我们将仅仅考虑人们的主观阶层地

位认同。我们特别想要看一看，主观地位认同不同的人如何评价他们的过去
五年生活变化。至于其他主观变量，我们很难假定它们与过去五年生活变化
评价的关系性质。对于未来五年生活变化预期的分析，则还将考虑人们的社
会公平感、对政府相关工作的满意度以及他们对于我国未来社会发展的信心
的影响，并且预期这些态度越是积极，人们对未来生活变化的预期也会越乐
观。基于这些考虑所做的回归分析结果，反映在表 3 - 5 中，从中我们可以
看到下述结果。

表 3 - 5   被调查者过去五年生活变化评价与未来五年
生活预期影响因素线性回归分析

	过去五年生活变化评价			未来五年生活变化预期		
	B	Beta	t	B	Beta	t
Constant	0. 196 **	—	2. 215	0. 071	—	0. 467
男性	—	—	—	0. 032	0. 017	1. 239
年龄	0. 001	0. 012	0. 908	- 0. 010 ***	- 0. 134	- 8. 600
上学年数	- 0. 012 ***	- 0. 052	- 3. 155	- 0. 004	- 0. 016	- 0. 810
中共党员	0. 061	0. 017	1. 362	0. 025	0. 007	0. 502
宗教信仰	- 0. 043	- 0. 015	- 1. 273	0. 082 **	0. 028	2. 113
东部	- 0. 074 **	- 0. 037	- 2. 465	0. 025	0. 013	0. 723
中部	- 0. 015	- 0. 008	- 0. 509	0. 042	0. 022	1. 268
城市	- 0. 148 ***	- 0. 065	- 3. 450	- 0. 138 ***	- 0. 063	- 2. 809
县镇	- 0. 034	- 0. 014	- 0. 946	0. 010	0. 004	0. 242
非农户籍	- 0. 207 ***	- 0. 102	- 5. 022	- 0. 141 ***	- 0. 072	- 3. 029
流动	- 0. 039	- 0. 016	- 1. 275	- 0. 059 *	- 0. 025	- 1. 699
国家与社会管理者	0. 209 *	0. 022	1. 720	0. 028	0. 003	0. 218
企业经理人员	0. 530 ***	0. 061	4. 872	0. 143	0. 018	1. 233
私营企业主	0. 326 **	0. 029	2. 381	0. 069	0. 006	0. 435
专业技术人员	0. 479 ***	0. 105	6. 828	0. 217 ***	0. 052	2. 868
办事人员	0. 447 ***	0. 109	6. 882	0. 069	0. 017	0. 951
个体工商户	0. 296 ***	0. 090	5. 140	0. 033	0. 010	0. 507
商业服务业人员	0. 326 ***	0. 078	5. 251	0. 065	0. 016	0. 920
产业工人	0. 388 ***	0. 139	7. 246	0. 055	0. 020	0. 914
农业劳动者	0. 283 ***	0. 148	5. 155	0. 016	0. 009	0. 263
养老保险	- 0. 119 ***	- 0. 051	- 3. 084	- 0. 089 **	- 0. 040	- 2. 177
失业保险	0. 071	0. 023	1. 507	—	—	—

续表

	过去五年生活变化评价			未来五年生活变化预期		
	B	Beta	t	B	Beta	t
能报销一点医疗费用	0.054 *	0.022	1.838	0.018	0.008	0.540
能报销一半以上医疗费用	0.045	0.010	0.834	0.030	0.007	0.513
能报销70%以上医疗费用	0.047	0.013	0.940	0.054	0.017	1.004
人均家庭财产(万元)	—	—	—	0.002	−0.019	−1.229
人均家庭收入(千元)	0.009 ***	0.090	6.836	0.006 ***	0.067	4.181
恩格尔系数(%)	−0.003 ***	−0.059	−4.555	−0.004 ***	−0.069	−4.421
人均教育支出比重(%)	−0.005 ***	−0.072	−5.757	−0.001	−0.016	−1.106
人均医疗支出比重(%)	−0.008 ***	−0.126	−9.625	−0.007 ***	−0.103	−6.760
人均住房支出比重(%)	—	—	—	0.003 **	0.029	1.987
社会经济地位认同:上	1.070 ***	0.076	6.533	0.683 ***	0.055	4.062
社会经济地位认同:中上	0.971 ***	0.230	17.983	0.737 ***	0.189	12.491
社会经济地位认同:中	0.676 ***	0.345	22.862	0.546 ***	0.289	16.035
社会经济地位认同:中下	0.435 ***	0.206	14.338	0.340 ***	0.166	9.735
对政府促进社会发展的满意度	—	—	—	0.002 *	0.028	1.777
对政府促进秩序、公平和经济可持续发展的满意度	—	—	—	0.000	0.004	0.254
社会经济发展信心				0.005 ***	0.051	3.617
政府的社会信任度				0.002 *	0.026	1.700
致富因子:政策偏向与制度缺陷				−0.001 ***	−0.038	−2.679
致富因子:人力资本				0.002 ***	0.072	5.317
机会与财富分配公平感				0.000	0.003	0.211
公民权利制度安排公平感				0.002 **	0.035	2.028
城乡-地区待遇公平感				−0.001	−0.010	−0.707
模型总结	$R^2 = 0.200$,调整 $R^2 = 0.195$,N = 6202			$R^2 = 0.180$,调整 $R^2 = 0.173$,N = 4768		

注: * $p < 0.10$; ** $p < 0.05$; *** $p < 0.01$。

　　首先,在个人的人口—文化特征变量组中,无论是对过去变化的评价还是对未来变化的预期,男性与女性之间,以及党员与非党员之间,都没有什么明显的差别。年龄因素对过去五年变化评价没有显著影响,但却会显著降低人们对未来五年生活变化的预期水平。上学年数对人们的未来预期没有什么影响，只是降低人们对过去五年生活变化评价的水平。宗教信仰对过去五年生活变化评价的影响是负向的（但不显著），而对未来五年生活变化预期的影响则是正向的，但相对影响度不大。

其次，在空间分布变量组中，交叉项变量没有任何统计意义，因此，如果存在影响，主要便是各个虚拟变量自身的独立影响。可以看到，中部（相对于西部）和县镇（相对于农村）都没有产生显著影响，东部仅在过去五年生活变化评价方面有一些统计上显著的负影响，亦即东部被调查者对过去五年生活变化的评价水平略低于西部被调查者。城市则在两个模型中都产生了显著的负向影响，表明城市被调查者对其过去五年生活变化的评价以及对未来生活变化的预期，都不如农村被调查者乐观。

第三，在个人经济社会特征变量组中，户籍的影响在方向和力度上与城市的影响相互呼应：非农户籍被调查者在其过去五年生活变化评价和未来五年生活变化预期上都不如农业户籍人员乐观。流动则没有值得注意的影响。个人的职业阶层地位都产生了显著影响，相对于无业失业半失业人员，所有其余九个阶层的被调查者对过去五年生活变化的评价都更加乐观。从回归系数看，企业经理人员的评价在其他因素相同的情况下要相对高出半个多等级，专业技术人员和办事人员的感觉也比较乐观。但就人们对未来五年生活变化的预期来说，则仅有专业技术人员地位的影响显示出统计显著性，这部分被调查者的预期水平相对于无业失业半失业人员来说平均高出约 0.22 个等级；其他阶层地位的影响在样本范围内也会提高人们的相对预期水平，但不足以据此推论总体。涉及社会保障状况的几个变量中仅有养老保险发挥了统计上显著的相对影响，然而与我们的预期不一致的是，这种影响的方向是降低而不是提高人们对自己过去五年生活变化的评价水平以及他们对未来的预期水平，尽管其相对影响度还不是很大；其他几个变量倒是都具有提高人们的评价和预期水平的作用，但它们的这些影响在统计上不具有足够的显著性。

第四，被调查者家庭经济生活状况变量中，人均家庭财产的影响不显著，人均家庭收入水平则能够使人们的评价和预期的水平都有所提高，其边际影响度还比较可观。例如，比较一个家庭人均年收入 10 万元的被调查者与一个家庭人均年收入在 1000 元以下的被调查者，前者对过去五年生活变化的评价水平将会高出近一个等级，其对未来生活变化的预期也将高出半个多等级。在生活消费方面，恩格尔系数、教育支出比重和医疗支出比重的提高，会降低人们对过去五年生活变化的评价水平以及他们对未来五年生活变化的预期水平；而住房支出比重在对过去五年生活变化的评价中没有统计意义，但对人们的未来生活预期有一些提升作用，因为住房支出等于置办家业，住房问题获得解决，未来将会更好。

第五，在各种主观变量中，首先值得注意的是人们的社会经济地位认同。四个地位等级的认同全都产生了显著提高人们的过去五年生活变化评价和未来五年生活变化预期的水平的作用，并且人们的地位认同等级越高，其对过去生活变化的评价和对未来生活变化的预期水平就越高；在其他因素不变的情况下，最大的相对差距在前者可达1个多等级，在后者也可达0.7个等级左右。就未来生活变化预期来说，至少还有四个主观变量产生了显著影响，即政策偏向和制度缺陷因子以及人力资本因子对先富者致富的作用评价、公民权利制度安排公平感，以及社会经济发展信心；其中，信心指数的作用最为突出，边际影响度为0.005，其他三个变化的边际影响度小许多。另外，还应注意到，人们关于政策偏向和制度缺陷因子对先富者致富作用的评价会降低他们对未来的预期，而关于人力资本因子作用的评价则会提高人们的这种预期。大多数人是没有机会利用政策偏向或制度缺陷来实现致富的，他们所能依靠的主要就是他们的人力资本。

3. 个人社会经济地位认同

正如本书第二章指出的，被调查者的社会阶层地位认同普遍有一种下沉的趋势。这首先表现为他们对富人—穷人、干部—群众、城里人—乡下人、雇主—雇员、管理者—被管理者、高学历者—低学历者、脑力劳动者—体力劳动者这样七组群体类别的自我认同中，认为自己属于穷人、群众、乡下人、雇员、被管理者、低学历者和体力劳动者的比例分别都在60%以上；其次表现为他们对其社会经济地位的认同以下层和中下层地位选择为主，这样的被调查者所占比例约为64%。另外，个人的社会经济地位认同与他们对家庭经济地位的五级评价高度相关，等级相关系数（Gamma）达到0.910（N＝6948，Sig.＜0.001）。因此，集中分析个人的社会经济地位认同，可以透视到他们的其他阶层地位认同情形。

一般认为，人们的社会经济地位认同首先会与他们的各种客观特征密切相关。简单的统计分析如交叉分析也可以发现一些这样的影响因素。但这些特征的影响究竟有多大，人们的社会经济地位认同究竟在多大程度上取决于他们的各种客观特征，这从交叉分析是看不出来的，分组再多也是如此。有鉴于此，我们假定社会经济地位五级认同是定距变量，并设"上"=5，"中上"=4，"中"=3，"中下"=2，"下"=1，据此进行线性回归分析。在分析中，我们将纳入尽量多的客观变量，同时纳入一些我们认为可能相关的主观变量，一是被调查者对遇到困难时从三种途径获得支持的评价，这种支持帮助的获得可在一定程度上标示其社会地位；二是关于先富者致富影响因素的评价，一定的致富资源的获得往往也与人们的社会地位相关联；三是对社会公平状况的评价以及社会公平感；四是关于县乡村干部与当地居民关系融洽程度的评价。结果见表3-6（通过了共线性检验）。可以看到，模型解释力是很低的，因而这里的分析也不是决定性的，只能帮助在现有变量中寻找相关的影响因素。

表3-6　个人社会经济地位认同影响因素线性回归分析

	未标准化系数		标准化系数	
	B	Std. Error	Beta	t
Constant	1.198 ***	0.145	—	8.236
男性	−0.060	0.028	−0.032	−2.167
年龄	0.003 ***	0.001	0.046	2.801
上学年数	0.029 ***	0.005	0.126	6.177
中共党员	0.176 ***	0.052	0.054	3.364
宗教信仰	−0.040	0.042	−0.014	−0.950
东部	−0.048	0.037	−0.024	−1.295
中部	0.034	0.034	0.018	1.006
城市	−0.357 ***	0.054	−0.161	−6.584
县镇	−0.181 ***	0.046	−0.074	−3.974
非农户籍	−0.099 **	0.051	−0.051	−1.934
流动	−0.026	0.039	−0.010	−0.666
国家与社会管理者	0.428 ***	0.131	0.053	3.260
企业经理人员	0.321 **	0.132	0.037	2.435
私营企业主	0.577 ***	0.187	0.045	3.093
专业技术人员	0.285 ***	0.086	0.062	3.327
办事人员	0.170 **	0.077	0.043	2.196
个体工商户	0.396 ***	0.070	0.120	5.656
商业服务业员工	0.078	0.076	0.019	1.025
产业工人	0.167 ***	0.065	0.060	2.574
农业劳动者	0.203 ***	0.068	0.110	2.984

续表

	未标准化系数		标准化系数	
	B	Std. Error	Beta	t
养老保险	0.060	0.044	0.027	1.363
能报销一点医疗费用	0.140 ***	0.035	0.060	4.045
能报销一半以上的医疗费用	0.188 ***	0.063	0.045	2.989
能报销70%以上的医疗费用	0.164 ***	0.060	0.049	2.755
人均家庭收入（千元）	0.011 ***	0.002	0.106	6.090
人均务农收入比重（%）	− 0.002	0.000	− 0.076	− 4.029
人均家庭财产（千元）	0.001 ***	0.000	0.063	3.814
人均家庭金融资产比重（%）	0.004 ***	0.001	0.059	4.112
人均生活消费支出（千元）	0.003 **	0.002	0.033	1.999
恩格尔系数（%）	− 0.003 ***	0.001	− 0.051	− 2.748
人均住房支出比重（%）	0.001	0.002	0.012	0.781
人均教育支出比重（%）	− 0.001	0.001	− 0.016	− 0.945
人均医疗支出比重（%）	− 0.006 ***	0.001	− 0.103	− 5.953
人均衣着消费支出比重（%）	0.018 ***	0.003	0.103	6.617
人均电费支出比重（%）	− 0.010 **	0.004	− 0.036	− 2.418
人均交通通讯支出比重（%）	0.007 ***	0.002	0.053	3.369
人均人情支出比重（%）	0.005 ***	0.002	0.052	3.218
人均其他生活消费支出比重（%）	0.003 ***	0.001	0.048	2.728
困难:党政组织和工作单位支持度	0.001	0.001	0.024	1.281
困难:诉求型组织支持度	− 0.003 ***	0.001	− 0.048	− 2.672
困难:私人型组织支持度	0.002 ***	0.001	0.042	2.841
致富因子:政策偏向与制度缺陷	− 0.001 ***	0.001	− 0.041	− 2.680
机会与财富分配公平感	0.004 ***	0.001	0.073	4.238
公民权利制度安排公平感	0.001	0.001	0.017	0.979
城乡 – 地区待遇公平感	− 0.002 *	0.001	− 0.031	− 1.880
总体公平评价（二分变量）	0.031	0.032	0.015	0.942
县乡村干部与居民关系融洽度	0.002 **	0.001	0.033	2.206
模型总结	$R^2 = 0.188$，调整 $R^2 = 0.179$，N = 4236			

注：　* $p < 0.10$；　** $p < 0.05$；　*** $p < 0.01$。

　　在38个客观变量中，有28个在合乎统计要求的显著性水平上影响了人们的地位认同。在个人人口—文化特征变量组中，性别和宗教信仰的影响不显著。年龄的增长倾向于提高人们的地位认同等级，即年龄每增长1岁，地位认同等级将提高0.003级；上学年数提升认同等级的作用更大，其边际影响度达到 0.029 级；党员身份也具有提升地位认同等级的作用，其相对影响度为 0.176 级。在空间分布变量组中，交叉项不具有任何统计意义，地区也未产生显著的独立影响，而城市、县镇的显著独立影响则是使人们的地位认同等级相对农村而有所下降，降幅分别达到 0.357 级与 0.181 级。在个人社会经济特征变量组中，流动的影响不显著，户籍影响的显著度不足。而在九个职业阶层虚拟变量中，除了商业服务业员工外，其余八个都产生了显著的正影响，即能够相对提高这些阶层被调查者的地位认同等级。其中影响最突出的是私营企业主和国家与社会管理者，两者的相对影响度分别达 0.577 级和 0.428 级；其次是个体工商户和企业经理人员，其相对影响度分别为 0.396 级和 0.321 级。与社会保障相关的四个虚拟变量中，失业保险没有任何统计意义，养老保险的影响不显著，医疗报销水平的影响则具有显著性，并且大体呈现出报销水平越高地位认同等级也越高的趋势。

　　家庭经济状况变量组包括三类变量，即收入及其结构变量、财产及其结构变量和生活消费支出及其结构变量。人均家庭收入的影响是，其每增加 1000 元，地位认同等级将会提高 0.011 级。而在收入的结构变量中，只有务农收入比重一个变量具有统计意义（增强模型解释力），但其影响仅限于样本范围之内。家庭财产的影响远远小于家庭收入，其边际影响度仅为 0.001 级。在财产的结构变量中，只有人均金融资产比重具有统计显著性，其边际影响度达到 0.004 级，假定某被调查者的家庭财产全部由金融资产构成，相对于没有任何这类资产的被调查者，其地位认同将会提高 0.4 级。家庭生活消费支出的增加能够提高人们的地位认同等级，其作用小于收入但大于财产；同时，家庭消费的八个结构变量中有六个变量产生了具有统计显著性的影响，其中医疗支出比重和电费支出比重的影响是负的，电费支出比重的边际影响较大，达到 -0.01 级，其原因可能在于，电费支出比重高并不意味着家庭生活消费水平高；[①]衣着支出比重、交通通讯支出比重、人情支出比重和其他消费支出比重则都会提升人们的地位认同等级。通常，这些支

---

① 实际上，相关分析确实表明，家庭生活消费支出与电费支出比重呈现负相关关系，相关系数为 -0.121，sig. <0.001，N =6577。从绝对量看，住房、饮食、交通通讯、电费、衣着、人情、教育、医疗和其他方面的人均消费支出与人均家庭生活消费总支出的相关系数分别为 0.500、0.468、0.442、0.290、0.385、0.321、0.312、0.270 和 0.759（均在 0.01 的水平上显著），可见人均电费支出与人均家庭生活消费总支出的相关性仅大于人均医疗支出，排在倒数第 2 位。

出的比重越高，意味着家庭经济状况越好。

　　九个主观变量中，有五个变量产生了显著影响。其中，诉求型组织在被调查者碰到困难时提供的支持帮助越大，后者的地位认同将越低，最大降低水平将达到0.003级；而私人网络的支持度则会提升人们的地位认同，最大提升量将达到0.002级。前者的社会含义是，人们越是不得不向诉求型组织求助，他们的处境就可能越是不利；而后者的含义则是，人们的私人网络支持度越大，表明该网络的资源越丰富，因而处于该网络中的人们也会觉得自己比较有地位。在与公平感相关的四个变量中，只有机会与财富分配公平感产生了显著的正影响，其指数的边际影响度达到0.004，意味着最大可能的地位认同提升水平将达到0.4级。最后，县乡村干部与当地居民关系融洽度的影响也是正向的，其指数的边际影响度为0.002。这大概意味着，能够与地方政治精英保持融洽关系的人，也是社会地位较高的人，或者是自认为社会地位较高的人。

四　安全感、公平感、冲突感
影响因素分析

　　本章第一部分的分析表明，人们的社会安全感、社会冲突感和社会公平感，对于他们的社会和谐感和社会稳定感都有不同程度的影响。因此，了解社会安全感、社会公平感和社会冲突感以及社会冲突行动的影响因素，努力解决其中存在的问题，对于提高人们的社会和谐感和稳定感具有重要意义。

1. 社会安全感

　　我们首先对社会安全感综合测量指数进行分析，分析的方式仍然是线性回归。进入回归模型的变量，包括客观变量与主观变量两大类型。在客观变量方面，主要是各种个人特征变量，包括个人的人口—文化特征变量和社会经济特征变量，家庭经济状况变量中的收入、财产和医疗支出变量[①]，以及空间分布变量。在主观变量方面，我们预期，被调查者的主观社会经济地位认同、社会公平感、对政府的信任度以及对政府相关工作的满意度，将会对其社会安全感产生影响。一个缺少公平的社会，以及一个不被信任、其工作

---

　　① 考虑医疗支出变量的理由是，医疗问题不仅是一个费用问题，还包含着人身健康安全问题。尝试性的回归分析也表明，住房支出比重、教育支出比重和恩格尔系数在进入模型时没有产生具有统计显著性的影响，将它们从模型中删除，也完全不影响模型的解释力，在这个意义上，它们不具有统计意义。

也不令人们满意的政府,不会给人们带来安全感。基于这些考虑所进行的回归分析结果,如表3-7所示(所有变量通过共线性检验)。

表3-7　被调查者综合社会安全感影响因素线性分析

	未标准化系数		标准化系数	
	B	Std. Error	Beta	t
Constant	46.269 ***	1.682	—	27.507
男性	-0.175	0.290	-0.008	-0.605
年龄	0.055 ***	0.013	0.064	4.256
上学年数	-0.117 **	0.049	-0.045	-2.357
中共党员	-0.313	0.550	-0.008	-0.569
宗教信仰	-1.362 ***	0.440	-0.041	-3.096
东部	0.376	0.388	0.016	0.969
中部	1.317 ***	0.352	0.062	3.743
城市	-2.363 ***	0.568	-0.094	-4.157
县镇	-0.498	0.476	-0.018	-1.046
非农户籍	-0.773	0.538	-0.035	-1.436
流动	-0.919 **	0.405	-0.033	-2.270
国家与社会管理者	-0.902	1.384	-0.010	-0.651
企业经理人员	0.566	1.390	0.006	0.407
私营企业主	4.031 **	1.974	0.028	2.042
专业技术人员	1.758 **	0.889	0.034	1.978
办事人员	-0.206	0.807	-0.005	-0.255
个体工商户	1.439 **	0.742	0.038	1.939
商业服务业员工	0.072	0.796	0.002	0.091
产业工人	0.278	0.680	0.009	0.409
农业劳动者	0.460	0.701	0.022	0.656
养老保险	-0.769	0.444	-0.030	-1.734
人均家庭收入(千元)	0.029	0.018	0.024	1.560
人均家庭财产(千元)	-0.004 **	0.002	-0.030	-1.964
人均医疗支出比重(%)	-0.037 ***	0.009	-0.053	-3.939
社会经济地位认同:上	3.570 **	1.784	0.027	2.001
社会经济地位认同:中上	1.531 **	0.654	0.035	2.340
社会经济地位认同:中	0.182	0.370	0.008	0.492
社会经济地位认同:中下	0.135	0.380	0.006	0.356
机会与财富分配公平感	0.005	0.010	0.008	0.536
城乡-地区待遇公平感	0.033 ***	0.010	0.052	3.297

续表

	未标准化系数		标准化系数	
	B	Std. Error	Beta	t
总体公平状况评价:不大公平	1.723 **	0.790	0.074	2.180
总体公平状况评价:比较公平	3.356 ***	0.809	0.154	4.150
总体公平状况评价:很公平	5.827 ***	1.077	0.122	5.412
社会群体利益冲突:有一点	-1.709 ***	0.330	-0.081	-5.178
社会群体利益冲突:比较大	-2.174 ***	0.431	-0.080	-5.044
社会群体利益冲突:很严重	-3.474 ***	0.716	-0.069	-4.854
12类社会矛盾冲突的知晓率(%)	-0.044 ***	0.005	-0.134	-8.811
12类矛盾纠纷的参与率(%)	-0.040 ***	0.012	-0.046	-3.293
对政府促进社会发展的满意度	0.074 ***	0.010	0.120	7.672
对政府促进秩序、公平和经济可持续发展的满意度	0.087 ***	0.011	0.132	8.092
政府的社会信任度	0.039 ***	0.011	0.052	3.530
县乡村干部与居民关系融洽度	0.024 **	0.009	0.036	2.513
私人网络支持度	0.031 ***	0.007	0.055	4.133
模型总结	$R^2 = 0.293$,调整 $R^2 = 0.285$,N = 4249			

注: $*p<0.10$; $**p<0.05$; $***p<0.01$。

在人口—文化特征变量组中,年龄、上学年数和宗教信仰的影响具有统计显著性,其中,年龄的影响是正向的,其边际影响度为0.055;上学年数和宗教信仰的影响则是负向的,前者的边际影响度为-0.117,后者的相对影响度为-1.362。在空间分布变量中,交叉项不具有任何统计意义。与以前有所不同的是,东部和县镇没有产生统计上显著的影响,中部趋于相对增加人们的安全感,城市则趋于相对降低安全感,当然,两者的影响度并不算大。在个人社会经济特征变量组中,非农户籍和流动都具有降低社会安全感的作用,但前者的影响在统计上不显著,后者的相对影响度为-0.919。在职业阶层变量中,相对于无业失业半失业人员,私营企业主、专业技术人员与个体工商户阶层的社会安全感更强一些,其他职业阶层变量虽然也都具有一些增加或减少社会安全感指数的作用,但仅限于样本范围。社会保障状况基本上对人们的社会安全感没有影响,即使被保留在模型中的养老保险,其影响也不具有统计显著性。在家庭经济状况变量中,人均家庭收入水平的影响不显著,人均家庭财产量具有显著负影响,但其影响度不大。人均医疗支出比重的影响是负向的,并且在较高水平上显著,其边际影响度为-0.037,

也不算大。

多数主观变量都对社会安全感产生了统计上显著的影响。社会经济地位主观认同的相对影响都是正向的，其中具有统计显著性的是"上"等和"中上"等认同，它们的相对影响度分别为3.570和1.531。公民权利制度安排公平感在本模型中没有统计意义而被删除，机会与财富分配公平感的影响不显著，城乡—地区待遇公平感可以增强人们的安全感。总体公平感的影响与我们的预期一致，即公平感越强，社会安全感也越强。社会利益冲突意识，以及现实中经常发生的12种社会矛盾冲突的知晓率和参与率，全都对社会安全感产生了非常显著的负面影响；而且，人们的社会利益冲突感越强，其社会安全感就越低。对政府相关工作的社会满意感、对政府的社会信任感以及县乡村干部与当地居民关系的融洽度对社会安全感产生了积极影响，它们的增强都有助于增强人们的社会安全感。最后，值得注意的是，私人性组织（私人网络）在人们遇到困难时提供的支持帮助越多，人们也越会感到安全，而党政组织和工作单位以及诉求型组织的支持度则在本模型中不具有统计意义。

2. 社会公平感

在本章的分析中，对社会公平感的考察，涉及13个领域，同时又对人们的总体公平感进行了测量。13个领域的公平感测量，根据因子分析，被聚合为三个主要因子，即机会与财富分配公平感、公民权利制度安排公平感和城乡—地区待遇公平感。这里主要集中对总体公平感的影响因素进行分析。如前所述，为了分析的方便，总体公平感的四级测量尺度被改造为由"强公平感"与"弱公平感"组成的一个二分变量，因而这里采用的分析模型是logistic回归。进入模型的自变量，包括客观的基础变量以及主观层面的下述变量：对政府相关工作的满意度，县乡村干部与当地居民关系融洽度，12种社会矛盾纠纷的知晓率和参与率（这些矛盾纠纷多半是因不公正而发生的），关于先富者得以致富的三个影响因子，以及人们遇到困难时三种支持途径的支持度，上述三个具体领域的公平感也将作为自变量进入模型。基于上述考虑，我们对社会公平感进行了logistic回归分析，结果见表3-8。

从回归结果看，被调查者个人的人口—文化特征变量组中只有年龄和宗教信仰产生了显著的增加社会公平感的影响，年龄的边际影响度为1.1%（亦即年龄每增加1岁，被调查者持有"强公平感"的概率将提高1.1%）；

宗教信仰的相对影响度为 29.6% 。空间分布变量的相对影响都是负的，东部、中部、城市和县镇相对影响度分别达到 −33.3% 、 −17.4% 、 −32.0% 和 −28.3% ，应当说是比较大的；反过来说，西部和农村被调查者的公平感相对更强一些。在个人社会经济状况变量组中，户籍和流动都没有产生统计上显著的影响；在九个职业阶层地位中，排在前列的国家与社会管理者、企业经理人员和私营企业主三种职业地位的影响是增强公平感，私营企业主地位的相对影响度还达到 35.7% ，但它们的作用限于样本范围，这可能主要是样本量不够的缘故；其余六种阶层地位的影响都是负的，其中，商业服务业员工阶层的影响不仅具有统计显著性，而且相对影响度达到 −33.6% 。与社会保障状况相关的几个虚拟变量都没有产生统计上显著的影响（或者其显著度不足），但在样本范围内，除了养老保险外，其他几个虚拟变量都能够相对增强人们的公平感，医疗费用报销比例达到 70% 以上时，其相对影响度还达到 22.2% 的较高水平。与家庭经济状况相关的五个变量中，人均家庭财产和人均教育支出比重具有显著的正向影响，教育支出比重的边际影响度达到 0.5% ，相当可观，但其影响方向却与我们的预期不一致，即它不是减弱而是增强人们的公平感。

表 3 − 8　总体社会公平感影响因素 logistic 回归分析

	B	S. E.	Wald	Exp（B）
Constant	− 6.569 ***	0.424	240.442	0.001
男性	0.116	0.076	2.362	1.123
年龄	0.011 ***	0.003	10.857	1.011
上学年数	0.002	0.013	0.022	1.002
中共党员	0.008	0.147	0.003	1.008
宗教信仰	0.259 **	0.121	4.595	1.296
东部	− 0.405 ***	0.100	16.479	0.667
中部	− 0.191 **	0.095	4.023	0.826
城市	− 0.385 ***	0.138	7.729	0.680
县镇	− 0.333 ***	0.115	8.319	0.717
非农户籍	− 0.031	0.131	0.055	0.970
流动	0.025	0.101	0.063	1.026
国家与社会管理者	0.187	0.384	0.236	1.205
企业经理人员	0.019	0.348	0.003	1.019
私营企业主	0.305	0.593	0.265	1.357

续表

	B	S. E.	Wald	Exp(B)
专业技术人员	-0.144	0.219	0.430	0.866
办事人员	-0.191	0.202	0.899	0.826
个体工商户	-0.163	0.180	0.817	0.850
商业服务业员工	-0.410**	0.191	4.613	0.664
产业工人	-0.198	0.168	1.396	0.820
农业劳动者	-0.147	0.173	0.715	0.864
养老保险	-0.183	0.122	2.230	0.833
失业保险	0.171	0.150	1.290	1.186
医疗费用:能报销一点	0.174*	0.097	3.245	1.190
医疗费用:能报销一半以上	0.075	0.174	0.186	1.078
医疗费用:能报销70%以上	0.200	0.161	1.560	1.222
人均家庭收入(千元)	0.007	0.004	2.630	1.007
人均家庭财产(千元)	0.001**	0.000	3.856	1.001
人均教育支出比重(%)	0.005**	0.003	4.125	1.005
人均医疗支出比重(%)	-0.002	0.002	0.913	0.998
人均住房支出比重(%)	-0.002	0.004	0.185	0.998
致富因子:政策偏向和制度缺陷	-0.008***	0.002	31.545	0.992
致富因子:人力资本	0.005***	0.001	14.511	1.005
致富因子:社会资本	-0.003***	0.001	7.748	0.997
财富和机会分配公平感	0.023***	0.003	78.515	1.023
公民权利制度安排公平感	0.021***	0.003	56.157	1.022
城乡-地区待遇公平感	0.054***	0.003	377.776	1.055
四类公权力冲突知晓率	-0.003**	0.002	3.737	0.997
四类公益型冲突知晓率	-0.004**	0.002	4.746	0.996
四类劳动关系冲突知晓率	0.002	0.002	1.293	1.002
对政府促进社会发展工作的满意度	0.005**	0.002	4.584	1.005
对政府促进秩序、公平工作的满意度	0.022***	0.003	57.639	1.022
县乡村干部与当地居民关系融洽度	0.004	0.002	2.353	1.004
困难:党政组织和工作单位支持度	0.006**	0.003	3.698	1.006
困难:诉求型组织支持度	-0.011***	0.004	7.979	0.989
困难:私人网络支持度	0.002	0.002	1.185	1.002

模型总结 | -2Log likelihood = 4883.094, Cox & Snell R^2 = 0.294, Nagelkerke R^2 = 0.411, df = 1, N = 5381

注: *$p < 0.10$; **$p < 0.05$; ***$p < 0.01$。

在主观变量集中,被调查者关于先富者致富因素的看法,是我们非常关注的;分析结果看起来非常符合基于社会学理论的预期:人力资本因素的影响是正向的，其边际影响度为0.5%；而政策偏向和制度缺陷因素与"社会资本"因素的影响则是负向的，它们的边际影响度分别为-0.8%和-0.3%。另一方面，财富与机会分配公平感、公民权利制度公平感以及城乡—地区待遇公平感则都产生了巨大的积极影响，它们的边际影响度分别高达2.3%、2.2%和5.5%。对政府促进社会发展工作的满意度、对政府促进秩序和公平工作的社会满意度[①]以及县乡村干部与当地居民关系的融洽度，一如预期，都对社会总体公平感产生了比较显著的积极影响，其指数的边际影响度分别达到0.5%、2.2%和0.4%，但后者仅限于样本范围之内。在三大类主要因为不公正而经常发生的社会矛盾冲突的知晓率中，公权力冲突和公益型冲突的知晓率会显著降低人们的公平感，其指数的边际影响度分别为-0.3%和-0.4%；不过，矛盾纠纷参与率在本模型中却因不具有统计意义而被删除，这可能主要是由于参与率本身不高的缘故。最后，对遇到困难时从三种途径获得的支持帮助的评价产生了有意思的影响，党政组织和工作单位的支持度会增强人们的公平感，其指数的边际影响度为0.6%；而诉求型组织的支持度却会降低人们的公平感，其指数的边际影响度达到-1.1%；私人网络的支持度则没有显著影响。

3. 社会利益冲突感与冲突激化可能性判断

如前所述，对于"您认为我国现在是否存在社会利益群体之间的利益冲突"这个问题，我们也为了分析的需要构造了由"弱冲突感"和"强冲突感"构成的一个二分变量。另外，我们发现"说不清"这种应答所占比例较高，达到15.8%，这就需要考虑舍弃该选项是否会对随后的分析产生影响。也许可以认为，被调查者之所以在这个问题上选择"说不清"作为答案，主要是因为他们对社会利益冲突形势没有明确的认知，亦即冲突感比较弱。因此，这里粗略地假定，"说不清"答案的选择所表现的是被调查者的"弱冲突感"。这样可以形成两个新的关于社会群体利益冲突感的二分变量，其中一个不考虑"说不清"，另一个考虑"说不清"。我们分别以这两个变量为因变量进行回归分析。自变量也包括客观变量集与主观—行动变量集。客观变量集包括个人的人口—文化特征变量组、个人社会经济状况变量组、空间分布变量组、家庭经济状况；主观—行动变量集包括对过去五年生

---

① 这是一个新变量，未考虑发展经济、促进环保和促进科技发展问题，仅涉及促进社会治安、社会公平和树立良好社会风气方面的工作。

活变化评价、致富影响因素认知、社会公平感、政府信任感与政府工作满意度以及 12 类社会矛盾纠纷的知晓率和参与率。分析表明，虽然"说不清"答案占较大比例，但这并未对回归结果造成系统的不同影响。因此，表 3 - 9 仅仅展示了不考虑"说不清"答案的 logistic 回归结果。

表 3 - 9　社会利益冲突感和冲突激化可能性预期影响因素 logistic 回归分析

	社会利益冲突感			利益冲突激化预期		
	B	S. E.	Exp(B)	B	S. E.	Exp(B)
Constant	0.587	0.399	1.798	2.328 ***	0.485	10.255
男性	-0.085	0.073	0.919	-0.126 *	0.072	0.882
年龄	0.008 **	0.003	1.008	-0.006 *	0.003	0.994
上学年数	0.043 ***	0.012	1.044	0.016	0.012	1.016
中共党员	0.208	0.128	1.231	0.176	0.137	1.192
宗教信仰	0.123	0.113	1.131	0.256 **	0.109	1.292
东部	-0.242 ***	0.094	0.785	0.157 *	0.095	1.170
中部	-0.379 ***	0.092	0.684	0.106	0.092	1.112
城市	0.330 ***	0.129	1.391	-0.075	0.132	0.927
县镇	-0.168	0.117	0.845	-0.257 **	0.112	0.773
非农户籍	0.286 **	0.120	1.331	0.086	0.121	1.090
流动	0.050	0.092	1.052	-0.140	0.095	0.869
国家与社会管理者	-0.003	0.341	0.997	-0.560	0.352	0.571
企业经理人员	0.406	0.297	1.501	0.329	0.312	1.389
私营企业主	0.953 ***	0.363	2.594	-0.668	0.458	0.513
专业技术人员	0.413 **	0.192	1.511	0.309	0.205	1.363
办事人员	0.476 **	0.175	1.610	-0.030	0.190	0.971
个体工商户	0.524 ***	0.169	1.689	0.076	0.175	1.079
商业服务业员工	0.259	0.178	1.296	0.373 **	0.190	1.453
产业工人	0.276 *	0.154	1.318	0.248	0.161	1.281
农业劳动者	0.365 **	0.166	1.440	-0.036	0.169	0.965
2005 年人均家庭收入	—	—	—	0.000	0.001	1.000
人均住房支出比重(%)	-0.005	0.004	0.995			
恩格尔系数(%)	-0.009 ***	0.002	0.991	—	—	—
教育支出比重(%)	-0.007 ***	0.003	0.993			
医疗支出比重(%)	-0.006 **	0.003	0.994			
过去五年生活变化评价	-0.058	0.038	0.943			
致富因子:政策偏向和制度缺陷	0.006 ***	0.001	1.006	0.003 *	0.001	1.003
致富因子:人力资本	-0.003 ***	0.001	0.997			

续表

	社会利益冲突感			利益冲突激化预期		
	B	S. E.	Exp(B)	B	S. E.	Exp(B)
致富因子:社会资本	0. 003 ***	0. 001	1. 003	—	—	—
机会与财富分配公平感	− 0. 005 *	0. 003	0. 995	− 0. 005 **	0. 003	0. 995
公民权利制度安排公平感	0. 004	0. 003	1. 004	—	—	—
城乡—地区待遇公平感	− 0. 002	0. 003	0. 998	—	—	—
总体公平状况评价:不大公平	− 0. 413 **	0. 176	0. 661	− 0. 490 **	0. 217	0. 612
总体公平状况评价:比较公平	− 0. 812 ***	0. 184	0. 444	− 0. 486 **	0. 216	0. 615
总体公平状况评价:很公平	− 0. 362	0. 264	0. 696	− 0. 501 *	0. 273	0. 606
对政府促进秩序、公平和经济可持续发展的满意度	− 0. 016 ***	0. 003	0. 984	0. 003	0. 003	1. 003
对政府促进社会发展的满意度	− 0. 005 **	0. 002	0. 995	− 0. 005 *	0. 002	0. 995
政府的社会信任度	− 0. 008 ***	0. 003	0. 992	− 0. 005 **	0. 003	0. 995
县乡村干部与居民关系融洽度	—	—	—	− 0. 012 ***	0. 002	0. 988
综合社会经济发展信心	—	—	—	− 0. 017 ***	0. 004	0. 983
12 类社会矛盾冲突知晓率(%)	0. 003 **	0. 001	1. 003	0. 001	0. 001	1. 001
12 类矛盾纠纷参与率(%)	0. 019 ***	0. 003	1. 019	0. 017 ***	0. 003	1. 017
社会冲突感(二分变量)	—	—	—	2. 020 ***	0. 088	7. 540
党政组织和工作单位支持度	—	—	—	0. 001	0. 003	1. 001
诉求型组织支持度	—	—	—	− 0. 003	0. 003	0. 997
私人网络支持度	—	—	—	0. 007 ***	0. 002	1. 007
模型总结	− 2 Log likelihood = 5103. 679 Cox & Snell R^2 = 0. 132 Nagelkerke R^2 = 0. 192, df = 1, N = 5014			− 2 Log likelihood = 5462. 534 Cox & Snell R^2 = 0. 229 Nagelkerke R^2 = 0. 305, df = 1, N = 4516		

注: $* p < 0. 10$; $** p < 0. 05$; $*** p < 0. 01$。

　　本次调查还考察了被调查者对中国社会群体利益矛盾将来发生激化的可能性程度的预期，测量尺度为绝对不会激化、不大可能激化、可能会激化和绝对会激化。我们也基于该尺度重新构造一个由"弱可能性预期"（包括"绝对不会激化"和"不大可能激化"，并设为 0）和"强可能性预期"（包括"可能会激化"和"绝对会激化",并设为1)构成的二分变量。用于分析社会利益冲突感的自变量也将成为这里的自变量,除非它们不具有统计意义。另外,冲突激化可能性预期应当还与人们对国家经济社会发展前景的信心相关,信心指数越高,冲突激化可能性预期会越低。社会冲突感的强弱也应对冲突激化可能性预期有影响,尽管在把这个变量作为自变量纳入冲突激化可能性预期分析模型会存在共线性问题,但考虑到社会冲突感回归模型的决定系数比较小,这种共线性问题不会很严重。事实上,在进行回归分析的尝试过程中,不纳入社会冲突感的模型解释力相当于纳入该变量时的模型解释力的75%左右。考虑到这里的"说不清"样本也较多,我们按照与分析社会冲突感问题相同的方式,把"说不清"社会利益冲突未来是否会激化设定为"弱可能性"并做了回归分析,发现其结果也是类似的,因此我们也仅仅考虑不涉及"说不清"选项的情况。相关分析结果一并呈现在表3-9中。

首先观察和简要概括被调查者社会利益冲突感的影响因素分析结果。在个人的人口—文化特征组中,性别、党员身份和宗教信仰没有产生有意义的影响,年龄和上学年数则产生了显著的正向影响,提高了被调查者持"强冲突感"的可能性,它们的边际影响度分别为0.8%与4.4%。相比较而言,上学年数的影响更大,这意味着人们的文化程度越高,他们对社会利益冲突越敏感。在空间分布变量组中,两个地区虚拟变量都产生了统计上非常显著的负面影响,相对影响度分别达到-21.5%与-31.6%;同时,相对于农村,城市被调查者的冲突感也显得强很多,城市虚拟变量的影响度达到39.1%。如果从经济社会发展水平来说东部高于西部、城市高于农村,那么这里的结果便有些相互冲突。为了进一步探讨其中奥秘,我们另外单独以空间分布虚拟变量及其交叉项为自变量进行了logistic回归分析,结果显示,东部和中部两个地区变量的作用被消除了(其影响在0.1水平上亦不具有统计显著性),剩下的是城市和县镇的巨大影响:在不考虑"说不清"应答时,城市和县镇的相对影响度分别达到246.1%和79.2%(显著度均小于0.001);另外,东部城市则具有减弱社会冲突感的作用,其相对影响度达到-37.9%(显著度小于0.02),东部县镇、中部城市和中部县镇在样本范围内也减弱了冲突感,相对影响度分别达到-22.2%、-24.9%与-31.6%,但这些影响在统计上不显著。概言之,城市和县镇被调查者的冲突感比较突出,在西部城市尤其如此。从被调查者个人的社会经济状况特征看,非农户籍具有增强冲突感的作用,其相对影响度为33.1%;流动的影响在统计上不显著。在各职业阶层中，只有国家与社会管理者阶层具有减弱冲突感的作用，而这种作用在统计上并不显著，其他阶层地位的相对影响都是正向的，并且除了企业经理人员和商业服务业员工地位的影响在统计上不显著外，其余六种阶层地位的影响在统计上都是显著的。其中，私营企业主阶层的相对冲突感最为强烈，其相对影响度达到 159.4%；其次是个体工商户，其相对影响度为 68.9%；办事人员的冲突感强度紧随其后，其相对影响度也达到 61.0%。总之，相对于无业失业半失业人员，绝大多数其他阶层的冲突感都更强。对此的解释可能在于，无业失业半失业人员较少直接进入与其他利益群体的利益关系之中。在家庭经济状况方面，四大消费比重都产生了减弱冲突感的作用，它们的边际影响度为 -0.9% ~ -0.5%，且只有住房支出比重的这种影响不具统计显著性。这种趋势与我们的预期或日常感受颇不相符，例如，上学难、上学贵，看病难、看病贵，以及房价太高，一个时期以来已经成为人们广泛抱怨的社会问题，在相关问题上发生的冲突也不少见。

在主观—行动变量集中，对过去五年生活变化的评价没有产生统计上显著的影响。在关于先富者得以致富的影响因素判断方面，三个测量指数都产生了影响，而且从回归系数的符号来看，它们的影响趋势与我们的预期是一致的：政策偏向和制度缺陷、"社会资本"两个因素倾向于增强人们的冲突感，其测量指数的边际影响度分别为 0.6% 与 0.3%；而人力资本因素则可以减弱冲突感，其测量指数的边际影响度为 -0.3%。在涉及公平感的三个指数变量和三个虚拟变量中，指数变量的影响不显著，虚拟变量都具有重要的降低冲突感作用，"不大公平"和"比较公平"两种看法的相对影响度分别达到 -33.9% 与 -55.6%，"很公平"的相对影响度为 -30.4%（但不具有统计显著性）。关于政府的三个态度变量都有合乎预期的影响，即能够降低人们的冲突感，它们的测量指数的边际影响度在 -1.6% ~ -0.5% 之间。最后，与冲突行动有关的两个比率变量则倾向于强化人们的冲突感，12 种矛盾纠纷的知晓率的边际影响度为 0.3%，参与率的边际影响度为 1.9%。

接下来观察和简要分析被调查者关于社会利益冲突未来激化的可能性预期的影响因素回归结果。在客观变量集中，属于人口—文化特征组的性别和年龄具有弱化关于冲突激化的强可能性预期的作用，前者的相对影响度达到 -11.8%，后者的边际影响度则为 -0.6%，当然这些影响的统计显著度尚嫌不足。宗教信仰产生了更大的影响，强化了被调查者关于冲突激化的强可能性预期，其相对影响度达 29.2%。在空间分布变量组中，东部在显著度小于 0.1 的水平上产生了强化冲突激化强可能性预期的作用，其相对影响度为 17.0%；相对于农村，县镇具有显著的弱化强可能性预期的影响，其相对影响度达 -22.7%。可见，总的来说，相对于农村，城市的作用是强化其被调查者的强冲突感，县镇的作用是弱化其被调查者的社会冲突可能性预期，出现这种反差的原因值得探讨。在个人的社会经济特征变量组中，户籍、流动和绝大多数职业阶层地位均未产生具有统计显著性的影响，只有商业服务业员工的影响具有统计推论意义，其相对影响度达到 45.3%。另外，在样本范围内，企业经理人员、专业技术人员和产业工人这三种阶层地位也较为突出地增加了"强可能性预期"发生的概率，它们的相对影响度分别达到 38.9%、36.3% 与 28.1%。同时，比较有意思的是，在样本范围内，私营企业主和国家与社会管理者地位大幅度降低了"强可能性预期"发生的概率，其相对影响度分别达到 -48.7% 和 -42.9%。

在主观变量集的 16 个变量中，3 个变量在小于 0.1 的水平上显著，9 个变量的影响都至少符合 0.05 的统计显著度要求，这里主要关注后 9 个变量。首先，与社会公平感相关的四个变量都能够降低人们的冲突激化强可能性预期。其中，机会和财富分配公平感的指数减少这种预期的发生概率的最大幅度可达 0.5%，总体公平感的三个虚拟变量所导致的这种概率减少的相对量也接近 40%。其次，在与政府相关的五个变量中，对政府的信任度和县乡村干部与居民关系融洽度都具有统计上显著降低冲突激化"强可能性预期"发生概率的作用，边际影响度分别达到 -0.5% 与 -1.2%。第三，被调查者对现阶段中国经济社会发展的信心越高，他们对冲突未来激化趋势持强可能性预期的倾向就越弱，综合测量指数的边际影响度达 -1.7%。第四，最重要的是人们的冲突感与冲突行为，它们都显著地强化了冲突激化强可能性预期：12 类常见社会矛盾纠纷的参与率的边际影响度也达到 1.7%；而人们关于社会群体在多大程度上存在利益冲突的认识，则产生了极强的影响，其"强冲突感"的相对影响度高达 654.0%，这当然是可以预期的。最后，当人们遇到困难问题时，私人网络的支持度也显著提高了冲突激化"强可能性预期"的发生概率，其边际影响度达 0.7%。

4. 社会冲突行动分析

前面的分析大多数涉及现阶段中国社会的冲突行动，并且是用 12 类经常发生的社会矛盾纠纷知晓率和参与率来表达的。人们知晓这些矛盾纠纷，主要通过三种途径，一是亲身经历（即参与），二是耳闻目睹，三是媒体传播。简单的分析表明，12类矛盾纠纷的平均知晓比例为60.5%，其中平均参与比例为8.7%，平均耳闻目睹比例为20.5%，平均媒体传播比例为31.4%。考察这12类矛盾纠纷，大体上可以将其分为三组，一组直接与公权力行为不当相关，这里称之为公权力冲突，包括以下四类：政府部门乱收费，征地、拆迁、移民以及补偿不合理，司法不公、执法粗暴，贪污腐败、侵占国有集体资产；一组直接与各种用人单位相关，这里称之为劳动关系冲突，包括以下四类：下岗失业没有得到妥善安置，拖欠克扣工资、超时工作，工作环境恶劣、老板或经理管理粗暴，社会保障纠纷；一组则是涉及公益领域的矛盾纠纷，这里称之为公益型冲突，包括以下四类：学校乱收费，医患纠纷，环境污染纠纷，购房等大额消费纠纷。经过计算，四类公权力冲突的平均知晓率为64.1%，平均参与率为8.3%；四类公益型冲突的平均知晓率为59.4%，平均参与率为10.6%；四类劳动关系冲突的平均知晓率为58.2%，平均参与率为7.1%。

　　我们更加关注的是人们的冲突行动（参与）。这里仍采用回归方法来分析人们参与冲突行动的影响因素，用作自变量的因素，包括前述各种客观特征变量和一部分主观变量；在主观变量中，最重要的是各项涉及社会各个领域的公平状况的评价，因为冲突行动之所以发生，往往是因为人们在现实生活中碰到了让他们感到不公的事件。当然，总体公平状况评价已经作为因变量被分析过，这里自然不可作为自变量进入分析模型。除此之外，人们的民主意识（在本次调查中，我们设计了测量若干涉及民主意识的问题，这里对这些问题做了综合整理，形成了民主意识强度指数）、对政府的信任度、对政府工作的满意度，以及县乡村干部与当地居民关系的融洽度，都可能对人们是否采取冲突行动来应对社会矛盾产生影响。另外，在回归过程中被舍弃的都是既不具有统计显著性、舍弃之后又不会削弱（甚至反而增强）原本有限的模型解释力的变量。分析结果如表3-10所示。

表3-10　社会冲突行动影响因素分析

	冲突总参与率	公权力冲突参与率	公益型冲突参与率	劳动关系冲突参与率
Constant	26.359 *** (14.004)	28.001 *** (9.510)	22.808 *** (10.130)	16.103 *** (9.099)

续表

	冲突总参与率	公权力冲突参与率	公益型冲突参与率	劳动关系冲突参与率
男性	0.985 *** (2.806)	1.896 *** (3.618)	0.182 (0.373)	1.124 ** (2.557)
年龄	−0.050 *** (−3.237)	−0.020 (−0.874)	−0.050 ** (−2.364)	−0.070 *** (−3.628)
上学年数	0.075 (1.262)	−0.039 (−0.439)	0.056 (0.711)	0.140 ** (1.945)
党员	—	—	—	−1.078 (−1.348)
宗教信仰	—	—	—	1.486 (2.223) **
东部	−0.227 (−0.380)	0.670 (0.752)	−0.658 (−0.784)	−0.116 (−0.154)
中部	1.860 *** (3.428)	3.992 *** (4.916)	1.060 (1.389)	0.517 (0.749)
城市	5.533 *** (5.058)	5.364 *** (3.291)	8.255 *** (5.472)	2.455 * (1.812)
县镇	1.306 (1.565)	1.453 (1.167)	1.351 (1.162)	1.774 * (1.700)
东部城市	−8.090 *** (−6.624)	−9.888 *** (−5.433)	−11.013 *** (−6.448)	−2.175 (−1.431)
中部城市	−8.297 *** (−7.273)	−9.929 *** (−5.837)	−10.753 *** (−6.729)	−1.971 (−1.377)
东部县镇	−0.769 (−0.666)	−3.184 * (−1.848)	−0.401 (−0.247)	0.578 (0.401)
中部县镇	−1.131 (−1.042)	−3.494 ** (−2.153)	−1.540 (−0.997)	2.348 * (1.705)
非农户籍	1.707 *** (2.604)	0.131 (0.134)	0.770 (0.954)	6.543 (8.741) ***
流动	—	—	—	−0.871 (−1.395)
国家与社会管理者	−2.424 (−1.458)	−2.307 (−0.932)	—	—

	冲突总参与率	公权力冲突参与率	公益型冲突参与率	劳动关系冲突参与率
企业经理人员	-3.530** (-2.056)	-1.811 (-0.709)	—	—
私营企业主	-2.438 (-0.997)	1.930 (0.531)	—	—
专业技术人员	-1.726 (-1.564)	0.322 (0.196)	—	—
办事人员	-2.213** (-2.223)	0.184 (0.124)	—	—
个体工商户	-1.116 (-1.236)	2.428* (1.803)	—	—
商业服务业人员	-1.528 (-1.563)	-0.422 (-0.290)	—	—
产业工人	-1.235 (-1.471)	-1.136 (-0.907)	—	—
农业劳动者	-2.386*** (-2.785)	0.115 (0.090)	—	—
养老保险	0.786 (1.317)	-0.431 (-0.484)	—	1.920*** (2.587)
失业保险	-1.267* (-1.723)	-0.278 (-0.254)	—	-2.945*** (-3.182)
能报销一点医疗费	-0.309 (-0.692)	-0.864 (-1.297)	—	-1.542*** (-2.722)
能报销一半以上医疗费	-1.785** (-2.172)	-1.525 (-1.247)	—	-3.713*** (-3.622)
能报销70%以上医疗费	-2.721*** (-3.478)	-1.674 (-1.437)	—	-5.696*** (-5.852)
家庭人均收入（千元）	-0.014 (-0.666)	0.023 (0.697)	-0.036 (-1.160)	-0.063** (-2.305)
人均家庭财产（万元）	0.077*** (3.190)	0.145*** (4.044)	0.099*** (2.876)	-0.010 (-0.335)
人均住房支出（千元）	—	—	0.127** (2.008)	—

续表

	冲突总参与率	公权力冲突参与率	公益型冲突参与率	劳动关系冲突参与率
人均教育支出(千元)	—	—	0.277 *** (2.696)	—
人均医疗支出(千元)	—	—	0.123 (1.127)	—
致富因子:政策偏向与制度缺陷	0.053 *** (7.509)	0.048 *** (4.497)	0.058 *** (5.850)	0.057 *** (6.294)
致富因子:人力资本	− 0.012 ** (− 2.128)	− 0.013 (− 1.428)	− 0.019 ** (− 2.305)	—
致富因子:社会资本	—		—	0.019 *** (2.875)
机会和财富分配公平感	—	0.034 ** (1.939)	—	− 0.020 (− 1.465)
公民权利制度公平感		0.401 (1.432)		
城乡—地区待遇公平感	− 0.018 (− 1.609)	− 0.012 (− 0.687)	—	
民主意识强度	0.024 ** (2.024)	0.019 (1.066)	0.059 *** (3.611)	—
对政府促进社会发展的满意度	− 0.057 *** (− 4.937)	− 0.026 (− 1.469)	− 0.076 *** (− 4.744)	− 0.085 *** (− 5.773)
对政府促进秩序、公平和经济可持续发展的满意度	− 0.074 *** (− 5.914)	− 0.108 *** (− 5.562)	− 0.070 *** (− 4.081)	− 0.041 *** (− 2.634)
政府的社会信任度	− 0.033 ** (− 2.555)	− 0.084 *** (− 4.275)	− 0.027 (− 1.500)	—
县乡村干部与居民关系融洽度	− 0.078 *** (− 6.889)	− 0.151 *** (− 8.875)	− 0.054 *** (− 3.343)	− 0.032 ** (− 2.240)
模型总结	$R^2 = 0.138$ 调整 $R^2 = 0.131$ N = 4536	$R^2 = 0.096$ 调整 $R^2 = 0.088$ N = 4496	$R^2 = 0.073$ 调整 $R^2 = 0.068$ N = 4667	$R^2 = 0.126$ 调整 $R^2 = 0.121$ N = 4629

注:括号中数字为 t 检验值。 $* p < 0.10$; $** p < 0.05$; $*** p < 0.01$ 。下同。

　　先看客观变量集的影响。在人口—文化特征变量组中,性别分别对冲突总参与率、四类公权力冲突参与率和四类劳动关系冲突参与率有统计上显著的正向影响，其相对影响度（即回归系数，下同）分别相当于这三种参与率平均值的 11.3%、22.8% 和 15.8%。年龄可以降低冲突参与率、公益型参与率和劳动关系冲突参与率，其边际影响度分别为 −0.05、−0.05 和 −0.07，亦即年龄每增加 1 岁，三种冲突参与率可降低 5 ~ 7 个百分点（注意，由于这些冲突参与率本身总的来说不高，平均值只有 7% ~ 10%，因此，这种边际影响仍然是不可忽视的）。上学年数仅对劳动关系冲突参与率产生统计上显著的增加影响，其边际影响度为 0.14（其绝对值相当于平均值的 2.0%）。党员身份在样本范围内有降低劳动关系冲突参与率的影响；宗教信仰的影响则相反，会提高劳动关系冲突参与率，并且在统计上具有显著性，其相对影响度相当于平均参与率的 20.9%。非农户籍对冲突总参与率和劳动关系冲突参与率产生了显著的正影响，其相对影响度分别相当于两种参与率均值的 19.6% 和 92.2%，可见其对劳动关系参与率的影响是很大的。应当认为，其对总参与率的影响来源于对劳动关系冲突参与率的影响。在空间分布变量组中，我们加入了四个虚拟变量的交叉项，以便更好地理解其影响。由于交叉项的作用，东部没有产生具有统计显著性的影响，但中部仍然对总参与率和公权力冲突参与率产生了正向影响，而且相对影响度还比较可观，反映出近年来中部地区政府行为与民众利益之间的冲突较为突出。县镇的相对影响基本上不重要，仅对劳动关系冲突参与率产生了在小于 0.1 水平上显著的正影响；而城市的影响则仍然相当突出，由回归系数表现的相对影响度非常高，在公益型冲突方面尤为明显。从空间分布的交叉项来看，东部城市和中部城市都产生了巨大的降低总参与率、公权力冲突参与率和公益型冲突参与率的作用，相对减少量都在 8 个百分点以上。可以说，西部城市被调查者的三种冲突参与率明显高于东部和中部城市被调查者。这可能表现了三大地区城市发展阶段的差异；不过，需要注意的是，在劳动关系参与率方面这种差异并不显著。县镇的影响主要反映在中部，在小于 0.05 的水平上，中部县镇具有降低公权力冲突参与率的影响；在小于 0.1 的水平上，中部县镇会提高劳动关系冲突的参与率；另外，东部县镇也在小于 0.1 的水平上具有降低公权力冲突参与率的作用。社会保障的影响最突出地表现在降低劳动关系冲突参与率上，医疗费报销水平的作用趋势更是鲜明地表明，社会保障水平越高，劳动关系冲突参与率就会越低。鉴于在公权力冲突参与率和公益型冲突参与率方面社会保障没有什么有意义的影响，可以断定，其对总参与率的部分影响也主要来自它们对劳动关系冲突参与率的影响。职业阶层地位由于前面说过的原因而没有进入公益型冲突和劳动关系冲突的参与率回归模型，这至少在劳动关系冲突参与率方面是令人感到奇怪的；但在总参与率模型中，企业经理人员、农业劳动者和办事人员具有统计上显著的降低参与率的作用，他们的相对影响度的绝对值分别相当于总参与率均值的40.6%、27.4%和25.4%。家庭收入水平对劳动关系冲突参与率产生了显著的负影响，人均家庭财产量则对总参与率、公权力冲突参与率和公益型冲突参与率产生了显著的正影响；不过考虑到它们的单位都比较大，因此从其回归系数看，它们的现实的边际影响度是很小的。三大家庭消费支出的影响则主要表现为可以提高公益型冲突参与率，尤其是住房支出和教育支出的影响具有统计显著性。

在主观变量集中，关于先富者得以致富的影响因素评价，以政策偏向和制度缺陷影响度评价的作用最突出，在四个模型中都产生了具有统计显著性的影响。可见，人们越是认为政策偏向和制度缺陷对先富者致富作用大，越有可能参与利益冲突行动。关于人力资本的致富作用的评价，能够降低总参与率和公益型冲突参与率；而关于"社会资本"作用的评价则具有提高劳动关系冲突参与率的作用。在关于机会和财富分配、公民权利安排以及城乡一地区待遇的公平性的看法中，只有前者对公权力冲突参与率产生了提升作用，另外两种看法没有影响。人们的民主意识强度提高了12类冲突总参与率和公益型冲突参与率，原本预期民主意识主要会对公权力冲突参与率有提升作用，在该参与率模型中确实也有一些影响，但却不具有统计显著性。直接与政府行为相关的几个主观变量普遍产生了统计上显著的影响，并且由于态度指数都是积极导向的，因此其作用都是降低人们的冲突行动参与率。而且，从回归系数看，这种降低作用相当可观。例如，县乡村干部与当地居民关系融洽度指数在公权力冲突参与率模型中的回归系数达到 -0.151，在同类指数变量中其边际影响最大。

五　政府工作评价及影响因素分析

迄今为止，被调查者对政府行为的反应，一直是作为影响其他因素的自变量而出现的。在这一部分，我们将这些相关态度作为因变量，对它们的影响因素进行初步分析。

1. 地方政府工作的社会满意度

本次调查设计了 10 个问题测量被调查者对地方政府工作的满意程度，前面的因子分析又将它们分为两个主要因素，即对政府促进社会发展工作的满意度与对政府促进秩序、公平和经济可持续发展的满意度。下面尝试分析影响人们对政府工作的满意度的因素。如前所述，我们已经把这些满意度构造为指数形式的变量，因此将运用线性回归模型进行分析。进入回归模型的客观变量也与前面的相同；主观变量主要包括：①生活压力感，预期生活压力感将会对满意度产生负影响；②遇到困难时党政组织和工作单位的支持度以及诉求型组织的支持度，预期这些支持度将会对满意感产生正影响；③三个具体领域的公平感，预期公平感将对满意度产生正影响；④县乡村干部与当地居民关系的融洽度，预期它的影响也是正向的。最终，在模型中保留什么变量，仍然以其影响的显著度和对模型解释力的影响为依据。表 3 – 11 是分析的结果。

表 3 – 11　被调查者对当地政府工作的满意度的影响因素线性回归分析

	总体满意度	促进秩序、公平和经济可持续发展工作	促进社会发展工作
Constant	20.009 ***(14.302)	20.123 ***(12.503)	27.460 ***(14.698)
男性	− 0.361(− 1.112)	− 0.065(− 0.174)	− 0.494(− 1.217)
年龄	0.015(1.138)	0.025 *(1.685)	− 0.044 **(− 2.476)
上学年数	—	—	− 0.116(− 1.699)
中共党员	0.838(1.322)	0.793(1.092)	0.735(0.941)
东部	− 0.228(− 0.534)	1.037 **(2.098)	− 1.999 ***(− 3.774)
中部	− 0.942 **(− 2.278)	− 0.107(− 0.225)	− 2.947 ***(− 5.803)
城市	1.826 ***(2.976)	2.196 ***(3.092)	1.070(1.416)
县镇	− 0.482(− 0.939)	− 0.699(− 1.187)	0.191(0.303)
非农户籍	− 2.810 ***(− 4.814)	− 2.922 ***(− 4.362)	− 2.041 ***(− 2.821)
流动	0.749 *(1.686)	0.498(0.979)	0.222(0.409)
国家与社会管理者	− 1.441(− 0.846)	− 2.186(− 1.118)	− 0.733(− 0.349)
企业经理人员	− 1.581(− 1.042)	− 1.789(− 1.026)	− 2.366(− 1.261)
私营企业主	1.607(0.795)	3.056(1.296)	− 0.340(− 0.136)
专业技术人员	− 1.965 **(− 1.990)	− 3.187 ***(− 2.811)	− 0.178(− 0.145)
办事人员	− 2.772 ***(− 2.984)	− 2.872 ***(− 2.696)	− 2.350 ***(− 2.052)
个体工商户	0.212(0.260)	0.414(0.440)	0.242(0.239)
商业服务业员工	− 0.394(− 0.442)	− 0.466(− 0.456)	− 0.507(− 0.463)
产业工人	− 0.994(− 1.286)	− 0.434(− 0.490)	− 1.280(− 1.343)

续表

	总体满意度	促进秩序、公平和经济可持续发展工作	促进社会发展工作
农业劳动者	− 1.141(− 1.457)	− 1.336(− 1.484)	0.187(0.194)
养老保险	1.393 ** (2.550)	1.303 ** (2.075)	1.320 ** (1.954)
失业保险	− 0.663(− 0.977)	− 0.308(− 0.395)	− 0.959(− 1.149)
能报销一点医疗费用	1.270 *** (3.053)	0.993 ** (2.080)	1.577 *** (3.089)
能报销一半以上医疗费用	1.249(1.595)	0.582(0.650)	2.247 ** (2.330)
能报销 70% 以上医疗费用	0.708(0.979)	− 0.060(− 0.073)	1.143(1.280)
人均家庭收入(千元)	—	0.024(1.080)	0.026(1.071)
人均教育支出比重(%)	0.002(0.231)	0.002(0.181)	0.010(0.745)
人均住房支出比重(%)	0.010(0.552)	0.018(0.900)	—
物质生活压力感	—	—	− 0.037 *** (− 4.266)
社会生活环境压力感	− 0.065 *** (− 11.250)	− 0.074 *** (− 11.293)	− 0.050 *** (− 6.981)
困难时党政组织和工作单位支持度	0.049 *** (4.002)	0.064 *** (4.490)	0.113 *** (8.832)
困难时诉求型组织支持度	0.083 *** (5.631)	0.055 *** (3.160)	—
致富因子:社会资本	0.008 * (1.725)	0.008(1.424)	
机会与财富分配公平感	0.102 *** (9.160)	0.115 *** (8.973)	0.099 *** (7.223)
公民权利制度安排公平感	0.371 *** (33.037)	0.340 *** (25.388)	0.263 *** (18.621)
城乡 - 地区待遇公平感	0.023 ** (2.183)	0.018(1.509)	0.118 *** (9.001)
县乡村干部与居民关系融洽度	0.150 *** (14.269)	0.165 *** (13.660)	0.132 *** (10.230)
模型总结	$R^2 = 0.393$ 调整 $R^2 = 0.389$ N = 5901	$R^2 = 0.324$ 调整 $R^2 = 0.320$ N = 5805	$R^2 = 0.268$ 调整 $R^2 = 0.264$ N = 5862

从表 3 - 11 看，被调查者的人口—文化特征对他们的满意度未产生太多影响，宗教因素被排除在模型之外；其他因素中，只有年龄因素，分别在小于 0.05 的水平上对人们关于政府促进社会发展工作的满意度产生了负影响，在小于 0.1 的水平上对地方政府促进秩序、公平和经济可持续发展的满意度产生了正影响，在两种情况下其边际影响度都不是很大。在空间分布特征变量组中，经尝试，交叉项对模型没有统计意义。在空间分布变量中，东部对总体满意度没有统计上显著的影响，但会相对提高人们对政府促进秩序、公平和经济可持续发展的满意度，降低对政府促进社会发展工作的满意度；中

部则对总体满意度和社会发展工作满意度有统计上显著的降低影响。县镇的相对影响不显著，城市则能够提高总体满意度和对政府促进秩序、公平和经济可持续发展工作的满意度。在个人社会经济状况变量组中，流动的影响不显著，户籍则对三种满意度都产生了相对降低其水平的作用；也就是说，非农户籍被调查者对政府工作的满意度低于农业户籍被调查者。在职业阶层变量中，办事人员对三种满意度都有统计上显著的负影响，而专业技术人员则在总体满意度和对政府促进秩序、公平和经济可持续发展的满意度上产生了同样的影响。个体工商户的影响是正向的，其他阶层地位的影响都是负向的，但它们的影响都不具有统计上的显著度。在社会保障变量组中，除了失业保险情况外，养老保险和医疗保障基本上都产生了提高满意度的作用；其中，养老保险在三种满意度上都产生了显著的提升作用，而在医疗保障的三个水平中，只有较低的保障水平在三种满意度上的影响都具有统计显著性。总的来说，社会保障状况的改善具有增加人们对政府工作的满意度的效果。家庭经济状况方面的三个变量在样本范围内有一些提升满意度的作用，但统计上不显著。

在主观变量集中，生活压力感会降低人们对政府工作的满意度，其边际影响度在模型中属于中等水平。与此相反，人们在困难时从党政组织和工作单位以及诉求型组织获得的支持则会提升人们对政府工作的满意度，尤其是党政组织和工作单位对社会发展工作满意度的边际影响度比较高。三个领域的社会公平感同样能够提升人们对政府工作的满意度，边际影响度都相当高，尤其公民权利制度安排公平感的边际影响度在三个模型中都是最大的。最后，县乡村干部与当地居民关系融洽度也同样产生了显著提高满意度的作用，边际影响度都比较大。总的来说，分析结果与我们的预期非常一致。

2. 政府的社会信任度

关于政府的社会信任度，是本章最后要分析的一种社会态度。这里分析的被调查者对政府的信任度是一个综合指标，涉及对中央政府、地方政府、政府公布的统计数据、政府新闻媒体、政府信访机构以及法官和警察（代表司法执法机构）的信任度。我们同样不期望回归分析能够找到这种信任度的决定性因素，而只是期望通过回归分析了解调查数据现有的各种可能相关的因素对它形成的影响。作为自变量进入回归模型的，除了各组客观变量外，还包括以下主观变量：①被调查者对关于先富者得以致富的影响因素的看法，预期具有较多公平属性的因素具有提升信任度的作用，而较多具有不公平性质的因素则会产生相反的影响；②被调查者关于三个领域的公平状况以及总体公平状况的评价，估计人们的公平感越强，其对政府的信任感也会越强；③综合经济社会发展信心，由于信心指数较多涉及政府的能力，因此预期它会提高人们对政府的信任度；④对政府工作的满意度以及县乡村干部与当地居民关系的融洽度，估计它们将会具有增强人们对政府的信任感的作用。分析结果如表 3 - 12 所示。

从表 3 - 12 的结果可以得到如下发现。首先，在客观变量集中，大多数保留在模型中的变量并没有产生具有统计显著性的影响，这些变量得以被保留，主要是因为它们有助于增加模型的解释力；也就是说，虽然它们的相对影响或边际影响不作为统计推论的依据，但在样本范围内它们还是有不可忽视的影响的。在被调查者的人口—文化变量组中，重要的是年龄和上学年数，前者能够增强被调查者对政府的信任感，而后者则倾向于降低这种信任感。由于年龄的取值范围远远大于上学年数的取值范围，因此，年龄发挥其边际影响的空间要大得多，比较它们的标准化回归系数的绝对值也可以看到这一点。在空间分布变量组中，交叉项有一定的影响，以致只有东部一个虚拟变量对信任度产生了具有足够统计显著性的正影响，中部、城市、县镇的相对影响在样本范围内都是负向的，但统计上不显著或不够显著。从交叉项来看，则以东部县镇的影响最为突出，其相对影响度为 - 2.710。个人社会经济状况变量组的大多数变量没有什么影响，职业阶层地位甚至没有保留下来的依据，也就是说，不同阶层对政府信任感没有什么统计上显著的差异。在家庭经济状况变量组中，只有人均家庭收入产生了统计上显著的负影响；考虑到其单位比较大，而其边际影响度仅为 - 0.054，因此可以认为它的作用也不是很大。相对而言，主观变量集的影响要大得多。10 个主观变量的影响在方向上与我们的预期不一致的，只有城乡—地区待遇公平感，其影响是降低人们对政府的信任感，其原因可能主要还是其与空间变量组之间存在交叉影响。其余九个变量的影响方向都与我们的预期一致。其中，综合社会经济发展信心，政府促进秩序、公平和经济可持续发展工作的满意度，公民权利制度安排公平感以及县乡村干部与当地居民关系融洽度，都有较大的边际影响度，表明这些主观评价指数具有能够较大程度地提升人们对政府的信任感的作用。

表 3 - 12　被调查者对政府的综合信任度的影响因素线性回归分析

	未标准化系数		标准化系数	
	B	Std. Error	Beta	t
Constant	19.762 ***	1.832		10.787
男性	- 0.040	0.343	- 0.001	- 0.117
年龄	0.079 ***	0.015	0.070	5.284
上学年数	- 0.110 **	0.056	- 0.031	- 1.963
中共党员	0.257	0.636	0.005	0.404
宗教信仰	- 0.591	0.519	- 0.013	- 1.140
东部	1.542 ***	0.594	0.051	2.594
中部	- 0.891	0.567	- 0.031	- 1.571
城市	- 0.137	1.060	- 0.004	- 0.130
县镇	- 1.559 *	0.824	- 0.043	- 1.891
东部城市	- 2.178 *	1.174	- 0.043	- 1.855
中部城市	0.817	1.135	0.017	0.720
东部县镇	- 2.710 **	1.084	- 0.045	- 2.499
中部县镇	0.801	1.084	0.013	0.739
非农户籍	- 0.200	0.539	- 0.007	- 0.371
流动	0.867 *	0.469	0.024	1.848
人均住房支出比重(%)	0.020	0.019	0.013	1.057
人均教育支出比重(%)	0.015	0.011	0.015	1.289
人均医疗支出比重(%)	- 0.003	0.012	- 0.004	- 0.292
人均家庭收入(千元)	- 0.054 **	0.021	- 0.034	- 2.544
人均家庭财产(千元)	0.003	0.002	0.018	1.362
致富因子:政策偏向与制度缺陷	- 0.014 **	0.007	- 0.025	- 2.000
致富因子:人力资本	0.021 ***	0.006	0.042	3.573
机会与财富分配公平感	0.029 **	0.012	0.033	2.318
公民权利制度安排公平感	0.148 ***	0.014	0.164	10.884
城乡—地区待遇公平感	- 0.029 **	0.012	- 0.033	- 2.409
总体公平感	1.289 ***	0.415	0.042	3.104
综合社会经济发展信心	0.215 ***	0.017	0.156	12.745
政府促进秩序、公平和经济可持续发展满意度	0.200 ***	0.013	0.224	15.513
政府促进社会发展满意度	0.040 ***	0.012	0.047	3.402
县乡村干部与居民关系融洽度	0.089 ***	0.011	0.098	7.859
模型总结	$R^2 = 0.275$，调整 $R^2 = 0.271$，N = 5490			

六 结论和讨论

本章对被调查者的 15 种主要社会认知和态度进行了探索性的研究，包括：社会和谐感，社会稳定感，生活压力感（主要是家庭物质生活压力感和社会生活环境问题压力感），过去五年生活变化评价，未来五年生活变化预期，个人社会经济地位认同，社会安全感，总体社会公平感，社会群体利益冲突感，社会群体利益冲突未来激化可能性预期，政府相关工作的社会满意度（具体分析的是政府工作的社会总体满意度、政府促进社会发展工作的社会满意度以及政府促进秩序、公平和经济可持续发展工作的社会满意度），以及政府的综合社会信任度；同时对现实发生的各种冲突行动的影响因素进行了尝试性分析，具体分析了 12 类矛盾冲突参与率、公权力冲突参与率、公益型社会冲突参与率和劳动关系冲突参与率，形成了 19 个回归模型。总结这些模型，撇开一些细节情况，我们获得表 3-13 的综合结果。在表中，所谓有效作用，指的是至少在小于 0.05 的水平上产生了显著的影响；正面作用是指使各种对社会和谐稳定发展有利的社会认知和态度（如和谐感、稳定感、公平感等）得到增强的作用，或者使各种对社会和谐稳定发展不利的认知和态度（如冲突感、冲突行为等）被弱化的作用；所谓负面作用，是指弱化积极社会态度或者强化消极社会态度的作用。正面作用次数与负面作用次数之和等于有效作用次数。因此，这里的正面或负面与模型中各种影响的符号并不完全一致。观察表 3-13，可以得到以下几个结论。

表 3-13 各种客观变量和主观变量的影响总结

变　　量	进入模型次　数	有效作用次　　数	正面作用次　　数	负面作用次　　数
性别	19	7	3	4
年龄	19	14	10	4
上学年数	18	8	2	6
中共党员	15	1	1	0
宗教信仰	15	9	3	6
东部	17	7	3	4
中部	17	8	2	6
城市	17	14	2	12
县镇	17	5	1	4
东部城市	6	4	3	1

续表

变　　量	进入模型次数	有效作用次数	正面作用次数	负面作用次数
中部城市	6	4	4	0
东部县镇	6	1	1	0
中部县镇	6	3	2	1
户籍	19	10	0	10
流动	14	3	0	3
国家与社会管理者	16	3	3	0
企业经理人员	15	5	5	0
私营企业主	15	5	4	1
专业技术人员	15	8	5	3
办事人员	15	8	4	4
个体工商户	15	6	4	2
商业服务业员工	15	5	3	2
产业工人	15	5	3	0
农业劳动者	15	5	4	1
养老保险	12	7	4	3
失业保险	8	1	1	0
能报销一点医疗费用	11	6	6	0
能报销一半以上医疗费用	12	6	6	0
能报销70%以上医疗费用	12	4	4	0
人均家庭收入	15	5	4	1
人均家庭财产	11	7	2	5
人均住房支出比重	10	4	2	2
人均教育支出比重	11	6	2	4
人均医疗支出比重	10	5	1	4
机会和财富分配公平感	15	11	10	1
公民权利制度安排公平感	8	4	4	0
地区—城乡待遇公平感	15	7	5	2
总体公平感:不大公平	4	3	3	0
总体公平感:比较公平	4	4	4	0
总体公平感:很公平	4	1	1	0
社会公平感(二分变量)	5	3	3	0
致富因子:政策偏向与制度缺陷	13	11	0	11
致富因子:人力资本	11	9	8	1
致富因子:社会资本	8	4	0	4
社会冲突评价	5	5	0	5

变　　　量	进入模型次　　数	有效作用次　　数	正面作用次　　数	负面作用次　　数
12 类矛盾纠纷知晓率	7	6	0	6
12 类矛盾纠纷参与率	6	4	0	4
对政府促进社会发展的满意度	11	7	7	0
对政府促进秩序、公平和经济可持续发展的满意度	12	10	10	0
县乡村干部与居民关系融洽度	13	12	12	0
政府的社会信任度	10	7	7	0
困难时党政组织和工作单位支持度	4	2	2	0
困难时诉求型组织支持度	4	3	0	3
困难时私人网络支持度	4	3	2	1

（1）在被调查者个人的人口—文化特征变量组中，男性的社会认知和社会态度在多数情况下不如女性积极；在绝大多数情况下，年龄的增加具有积极的正面作用，也就是说，作为社会的中坚力量，中年以上人口群体的社会态度总体上是积极的；受教育程度则在大多数情况下具有负面影响，这并不是说上学年数越多人们对自身生活和社会状况越是不满，而更有可能是因为他们对社会问题的认识要深刻一些，或者对社会形势的要求更高一些；党员身份的影响不大，在其进入的绝大多数模型中并未表现出与非中共党员的认知和态度差异；宗教信仰的影响也是以负面的居多，但这一点可能需要予以恰当的理解，信仰宗教者的社会认知和态度之所以在多数情况下比不信仰宗教者更消极一些，或者与他们的社会处境有关。分析表明，在全部信仰某种宗教者的被调查者中，农业劳动者占 53.9%，产业工人占 11.8%，个体工商户占 10.3%，商业服务业员工占 5.1%，无业失业半失业人员占 7.0%，合计达到 88.1%，因此宗教信仰者绝大多数属于社会中下层人士。

（2）在空间分布变量方面，大多数情况下，东部和中部被调查者的社会认知和态度不如西部地区被调查者积极；城市和县镇被调查者不如农村被调查者积极。西部地区被调查者最显著的态度趋势是在社会冲突问题上有更加强烈的感觉，对地方政府的信任度也低于东部地区被调查者；然而有意思的是，西部地区被调查者的社会和谐感比东部和中部地区被调查者都强一些。农村被调查者主要在对政府的满意度方面低于城市被调查者，在其他许多方面都比城市和县镇被调查者积极。可见，人们的社会态度与地区经济发展水平并不存在正相关关系，在许多情况下是负相关或者不相关的。这是比较典型的转型社会特征。

（3）在个人的社会经济特征方面，非农业户籍和流动在产生具有统计显著性的影响的场合，其影响几乎都是负面的。对于农业户籍被调查者来说，可能由于制度惯性的影响，他们对许多问题的看法反倒比非农户籍被调查者积极，但是，这并不意味着维持现有的户籍制度会更加有利于社会和谐稳定，因为非农户籍被调查者的许多所谓比农业户籍被调查者"更消极"的认知和态度，实际上是基于自身更高的发展要求而产生的。流动人口的社会认知和态度相对于非流动人口要消极一些，这也是可以预期到的。在职业阶层地位的影响方面，相对于无业失业半失业人员，其他群体整体上显得更为积极一些。但我们也注意到，社会经济地位大致处于中间水平的几个阶层，即专业技术人员、办事人员和个体工商户，有更多的负面态度，这也大致反映出中国社会的中间阶层处于更大的生活张力之中的现实。社会保障状况的影响总的来说是积极的，只有养老保险在过去五年生活变化评价、未来五年生活变化预期以及劳动关系冲突参与率三个问题上产生了负面影响，这在一方面可能与普通劳动者的养老保险水平不高有关，另一方面也可能与现有的养老保险存在不能按照制度执行的问题有关。

（4）家庭生活状况的影响比较复杂。在五个主要变量中，只有人均家庭收入在产生统计上显著的影响的场合显示出更多的积极意义，其他变量的影响在一半以上的情况下是负面的。如果说三种重大支出的比重会更多地产生负面作用还可以理解，那么人均家庭财产的影响就不大好理解了。可能需要做进一步的研究，与其他因素结合起来，例如进一步分析人均财产高的被调查者的具体社会经济特征，这样或者可以从中得到解释。

（5）主观方面的自变量大体可以分为四组，即社会公平感、社会冲突感及冲突行动、对政府的社会态度以及人们在遇到困难时对三类支持者的支持帮助力度的评价。它们的总体作用趋势或方向，在表3－13中已经表现得非常清晰。例如，所有从正面测量社会公平感的变量，在90%以上的情况下都具有积极的影响；而从侧面测量不公平现象的主观变量，即关于"致富因子：政策偏向和制度缺陷"以及"致富因子：社会资本"这两个变量，则在其发生影响的情况下，其影响全部是负面的。社会冲突感以及社会冲突行动对其他社会认知和态度的影响也全部是负面的。而对政府工作的满意度、政府的信任度、县乡村干部与居民关系融洽度，则全部具有积极影响。最后，值得注意的是，被调查者关于遇到困难时三种支持来源提供的支持程度的评价表现出比较有意思的影响趋势，党政组织和工作单位的支持度只要产生影响，就是积极的；私人网络支持度在发生显著影响时，多数是正面的，少数是负面的（主要是增强了人们的社会群体利益冲突激化预期）；而诉求型组织的支持度则全部是负面的。我们已经指出，对此的解释可能在于，人们不是万不得已，不会去向诉求型组织求助。因而，虽然诉求型组织可能帮助他们解决难题，但难题本身给他们留下的消极印象并不容易消除。

上述结果意味着，要提高中国社会的和谐稳定程度，在最大多数的民众中形成积极、乐观和向上的社会认知状况和社会态度，加快发展，尽快走出经济转轨和社会转型阶段，无疑非常重要。其次，如何提高发展的质量，一方面显著带动中下层社会获得发展，另一方面最大限度地实现公平，而且不仅仅是道义上的公平和收入—财富分配上的公平，更是公民权利制度的公平和机会结构的公平，这样的社会公平是社会冲突的最大克星。第三，促使政府行为最大限度地适当，提高人们对政府的满意度和信任度，尤其是如何提高县乡村干部与当地城乡居民关系融洽度，也是使广大人民群众能够心情舒畅、积极向上的关键所在，在这方面，主动权更多掌握在政府手上。加快社会发展步伐，更好地提供公共服务，减轻人民群众在住房、医疗、教育等方面的负担，具有更重要的意义。人均收入水平的高低在许多情况下并不影响或者不直接影响人们的社会认知和社会态度，或者即使有影响，其边际影响度也往往远远不如这些支出比重的边际影响大。

第四章
收入与财富分配

一 从平均主义到分配差距过大：
文献回顾

我国从 1978 年启动的改革开放事业，可以说一开始就是从改革收入分配制度入手的。改革初期，在收入分配方面的最大问题是平均主义的倾向。直到改革前夕或改革之初，中国社会收入分配差距一直都非常小，城乡收入的基尼系数非常低，分别为 0.16 和 0.21（张东生主编，2007）。这种平均主义分配倾向的后果是长期的经济增长迟缓和经济效率低下。1966~1978年，中国政府公布的年均实际经济增长率为 5.8%，世界银行估计为 5.2%，国外研究机构甚至估计仅为 1.3%（Milanovic，2005）。因此，打破平均主义，通过差异化的收入分配在全社会形成有效的激励，从而提高经济效率，推动经济增长，成为收入分配体制改革的基本思路和目标。

1984 年《中共中央关于经济体制改革的决定》对此说过很重的话，强调指出，"历史的经验告诉我们：平均主义思想是贯彻执行按劳分配原则的一个严重障碍，平均主义的泛滥必然破坏社会生产力"；并且提出，"鼓励一部分人先富起来的政策，是符合社会主义发展规律的，是整个社会走向富裕的必由之路"。1987 年党的第十三次代表大会要求收入分配"在促进效率提高的前提下体现社会公平"，同时也指出，"分配中的主要倾向，仍然是吃大锅饭，搞平均主义"。1992 年的中共十四大提出"兼顾效率与公平"的分配主张，1994 年十四届三中全会则正式提出"效率优先、兼顾公平"的分配原则。1997 年党的十五大报告和 2002 年党的十六大报告都重申了"效率优先、兼顾公平"原则。十六大报告进一步提出，初次分配注重效率，再分配注重公平。应当说，改革开放以后，党在分配政策上的这些重要提法，内容是基本一致的，具有政策上的连续性，但在不同阶段，针对收入分配问题的变化，关注的重点也有所不同。

"效率优先、兼顾公平"的政策，在改革开放初期调动了广大人民群众的积极性，使市场成为基础的资源配置机制，整个社会充满活力。但市场经济的深入发展，收入差距扩大逐渐成为一个社会问题。从 20 世纪 80 年代后期开始，我国出现了收入差距快速扩大的趋势，并在一些领域产生了分配不公问题。1993 年邓小平同志强调指出："分配的问题大得很……要利用各种手段、各种方法、各种方案来解决这些问题。"1995 年江泽民在十一届五中全会上的讲话中提出，"要把调节收入分配、防止两极分化，作为全局性的大事来抓"。

进入新世纪新阶段，随着社会主义市场经济的深入发展，收入差距的扩大趋势引起党和国家的高度关注。2003 年党的十六届三中全会的决定，提出"整顿和规范分配秩序，加大收入分配调节力度，重视解决部分社会成员收入差距过分扩大问题"。2004 年党的十六届四中全会的决定，提出"切实采取有力措施解决地区之间和部分成员之间收入差距过大问题"。2005 年党的十六届五中全会的建议进一步提出，"更加注重社会公平，使全体人民共享改革发展成果"，并将此作为全面贯彻落实科学发展观的一项重要内容。党的十六届六中全会的决定，把"促进社会公平正义"作为构建社会主义和谐社会的一个着力点，写入构建社会主义和谐社会的指导思想，提出"必须加紧建设对保障公平正义具有重大作用的制度"，并第一次系统提出要对收入分配进行"宏观调节"，要求"在经济发展的基础上，更加注重社会公平，着力提高低收入者的收入水平，逐步扩大中等收入者比重，有效调节过高收入，坚决取缔非法收入，促进共同富裕"。我们过去所说的政府宏观调控，主要是指对经济增长速度、结构、效益和质量方面的要求，目标是促进经济增长、增加就业、稳定物价和保持国际收支平衡。这次强调要对收入分配进行"宏观调节"，实际上是一种"社会宏观调控"，具有很重要的政策意义，目标是在保持经济效率和社会活力的同时，促进社会公平，促进共同富裕。2007 年党的十七大报告，强调"初次分配和再分配都要处理好效率和公平的关系，再分配更加注重公平"，要"逐步扭转收入分配差距扩大趋势"。

但是对于收入分配领域的"公平"究竟应当如何理解，一直存在很多争论。理论上，对收入分配的公平性，至少有两种理解。一是机会公平意义上的收入形成机制公平合理。在这个意义上，效率与公平两者原本并不构成相互替代的关系，而以牺牲公平换取效率也不是收入分配制度改革的初衷，因为公正合理的收入决定机制应当是促进效率提高的有效手段，这也是收入分配制度改革的基本出发点。二是结果意义上的收入分配差距不要过于偏离均等水平，保持在一个"合理"的限度内。但是，究竟对均等水平的偏离多大为"合理"，以及在收入差距扩大以后如何进行调节，对这些问题都没有一个理论或政策上的严格界定。

2006 年财政部一个研究组公布其研究结果称，2005 年中国的收入基尼系数已经超过 0.46，这在社会上引起了广泛关注。一些学者认为，即使基尼系数真的已经超过 0.46，也不意味着中国社会的收入分配不均等问题是严重的，有人甚至认为提出基尼系数"过高"的说法不过是为重新"劫富济贫"制造理论根据（薛兆丰，2006）。但更多的学者，包括像世界银行这样的国际机构都认为，目前中国社会的收入差距确实已经过大。在社会各界，收入差距不断扩大的趋势引起广泛忧虑，邓小平关于共同富裕的论述重新引起社会的广泛重视。

从现实情况来看，中国社会收入差距不断扩大以及因此引发的种种社会问题，无论如何是不容忽视的。在近十年的大规模社会调查中，"收入差距扩大"始终被人民群众列为前三位的社会问题。实际上，自 20 世纪 90 年代以来，学术界就不断对中国收入分配问题展开理论和实证研究，并取得丰富成果。从研究视角看，大致可分为以下几个方面。

1. 中国全体居民收入不平等的研究

尽管有人认为基尼系数并不是一个测量收入差距的可靠指标，但从 20 世纪 90 年代中期以来，不少学者仍然运用这一工具，对中国社会全体居民的收入分配差距问题进行了大量实证研究（赵人伟等，1994；陈宗胜，1994；向书坚，1998）。特别是 90 年代后期以来，人们开始更多地关注微观收入分配中的差距及其基础问题。不少学者利用住户调查数据对全国收入分配差距及其变动趋势进行了拓展研究，探讨了收入不平等的变动原因（张平，1998；赵人伟、李实和 Riskin，1999）。

这些研究发现，1978 年以来，中国居民收入差距在总体水平不断显著提高的同时开始演化，并在改革的不同阶段表现出不同的特征（李实、赵人伟，1999）。总体上，中国地区间、城乡间以及各社会阶层间居民收入不平等基本上呈现迅速扩大趋势，基尼系数在 1980 年为 0.32，1984 年一度下降为 0.257，而后在 1990 年上升至 0.355，2001 年和 2002 年分别达到 0.447 和 0.454（世界银行，2004a；赵人伟，2005），2005 年超过 0.46，2006 年超过 0.47。总的来说，中国居民收入差距不断扩大，已经成为不容置疑的客观事实。问题是，中国居民收入差距的扩大是否有其拐点？即是否能够在达到某个峰值之后开始下降？尽管这可能是一个需要时间来解决的问题，但一些关于收入流动性问题的研究表明，目前还看不到这个拐点是否或者可能在什么时候出现。

2. 地区间收入不平等的研究

相关研究大都得出一个基本结论，即中国地区间收入不平等在持续扩大。对改革开放以来中国区域经济发展失衡的关注是国内外学者的重要话题。早在 1996 年，Jian 等人就系统分析了新中国成立以来中国经济发展的区际格局和收入格局，他们发现，1952～1993 年中国省际明显存在不平等趋势。关于这种趋势的成因，他们的结论是，政府政策加剧了不平等，而市场导向改革弱化了不平等。也就是说，政府以经济增长为中心的渐进式改革模式带来了日益扩大的地区经济差距和收入差距，但随着市场化的深入，劳动力的流动和其他资源要素的流动等却起着弱化这种差距的作用（Jian, Sachs and Warner，1996）。林毅夫等人考察了 1978～1995 年农村和城市居民收入的地区间不平等，发现东、中、西部之间的不平等约占全部不平等的50%（林毅夫、蔡昉、李周，1998）。万广华分析了中国农村区域间收入不平等及其变动，认为功能结构变化是收入不平等扩大的重要原因（万广华，1998）。蔡昉、都阳（2000）研究了地区差异的变动态势，认为地区之间存在条件趋同。黄祖辉、王敏等（2003）基于转移性收入视角分析地区间收入不平等，认为现阶段的转移性收入并未缩小收入不平等。Jones 等（2003）考察了城市居民区域间的不平等，指出沿海地区较其他地区有更高的增长率。

这些研究结论，大多数是符合人们对中国地区差异变化的感性认识的。现在的问题是，地区间差距对中国居民收入总体差距的影响是在扩大还是在缩小。一项实证研究显示，1988 年，三大地区各自内部的收入差距对总差距的贡献合计达到 92.5%，地区间差距贡献了 7.5%；到 1995 年，这两个贡献率变为 90.7%、9.3%，这似乎表明地区间差距的贡献率在 20 世纪 90 年代是上升的（李实、张平、魏众、仲济根等，2000）。我们认为，20 世

90 年代以来，尤其是进入 21 世纪以来，中国居民收入分配格局变得越来越复杂，区域内部的差距对总差距的影响可能会超过区域间差距的影响。

3. 城乡间收入不平等的研究

诚如有学者指出的，"在不区分城乡的情况下来讨论地区收入差距问题很容易产生误解"，因为中国存在严重的城乡分割问题，而且各地区的城乡人口构成很不相同，不分城乡的地区收入差距描述，无法说明差距分别在多大程度上来源于地区之间城镇居民的收入差距或地区之间农村居民的收入差距（李实，2003）。国家统计局农调总队课题组研究了城乡间收入差距与经济增长的关系，并把城乡间差距分解为合理差距与非合理差距，认为城乡间收入差距过大且较多是不合理差距（国家统计局农调总队课题组，1994）。亚洲开发银行认为，省际增长不均衡曾经是 20 世纪 90 年代初中期导致中国分配不均等扩大的重要因素；然而，从 80 年代起到 2004 年，促进分配不均等扩大的最主要因素应该是城市和农村家庭收入的差异，同时，城市家庭间的收入增长不均衡也已成为更近期分配不均等扩大的主要原因（亚洲开发银行，2007）。不少研究对这个问题进行了细化。一些研究指出，对区域内收入不平等进行考察发现，无论是农村还是城市，东部地区的收入不平等明显高于中西部地区（彭国华，2005；王洪亮、徐翔，2006），并且无论是在东部地区还是在中西部地区，农村内收入不平等远高于城市内收入不平等（王洪亮、徐翔，2006）。

就城乡之间的差距而言，不同地区的发展水平也有不同的影响。李实和罗楚亮发现，就横截面的省份数据而言，经济发达省份的城乡居民间收入差距相对较低，而经济发展程度相对较低省份的城乡居民间收入差距相对较高（罗楚亮、李实，2007a）。与此同时，有研究发现，无论是城镇还是农村，改革以来内部收入差距都一直处在不断上升的状态。除了个别年份出现的暂时性波动外，城乡内部居民收入的基尼系数都在快速上升，农村居民收入基尼系数从 1978 年的 0.21 上升到 2005 年的 0.38，而城镇居民收入基尼系数也相应地从 0.16 上升到 0.34（李实、罗楚亮，2007a）。在这种情况下，城市内部和农村内部的收入差距对总差距的相对影响可能会发生变化。赵人伟等根据 1988 年样本数据分析的结果表明，当时城市人均收入水平差异可以解释全国居民收入差异的 82.5%；农村人均收入水平差距只能解释 17.4%。但是，在农村居民收入构成中，除了个人工资收入外，其余收入项目的集中率（又叫伪基尼系数或拟基尼系数）都小于全国基尼系数，因而这些项目会起到缩小全国居民收入差距的作用；与此相反，城市居民收入的所有项目都具有很高的集中率，城市收入水平的相对上升只能导致全国居民收入不均等程度的扩大（赵人伟、基斯·格里芬主编，1994）。也就是说，城市收入差距对总差距的贡献将会上升。林毅夫、蔡昉和李周（1998）的计算表明，城乡差距所占的比重，由1978年的53.36%下降到1995年的49.51%，农村内部的贡献由23.82%上升到27.02%，城镇内部的贡献由22.82%上升到23.47%。Kanbur and Zhang（2003）对1952～2000年间的人均真实消费的广义熵指数（泰尔指数）进行城乡分解的结果，也反映出相似的趋势。不过，已有的研究在这个问题上获得的经验发现并不一致。李实、罗楚亮基于他们的住户调查数据对泰尔指数进行分解的结果表明，城乡之间收入差距在1988～2002年期间对全国总体收入差距的贡献率明显上升，从38%提高到43%，上升了5个百分点（李实、罗楚亮，2007b）。这就提出一个问题，即城市和农村内部差距与城乡间差距的相对贡献究竟会发生怎样的变化？基于集中率与基尼系数的大小而做出的两者相对贡献变化预期究竟是否合理？

4. 财产分配格局的研究

这方面的研究还比较少，这大概与我国目前还没有个人财产登记申报制度，因而相关的经验数据比较缺乏有关。据国家统计局的分析，近年来，中国城镇居民的财产性收入进入快速增长时期，财产性收入的增长幅度大大高于人均可支配收入的增幅，成为城镇居民收入增长的亮点。2006年人均财产性收入为244.01元，比2002年增长了138.9%。但与此同时，城镇居民财产性收入同样较多地集中于高收入阶层，2006年最高收入10%家庭人均拥有财产性收入1279.28元，而最低收入10%家庭人均只有35.29元（秦交锋，2006）。这是可以预期的必然趋势，因为财产差距通常是长期收入差距的累积性结果，同时也可能成为新的导致收入差距的基础性原因；财产差距与收入差距之间是一种存量与流量的关系，二者之间存在相互转换的可能。一项研究发现，2002年中国社会的财产分布不均等程度就已经大大超过收入不均等（赵人伟，2007）。同时，有研究表明，现阶段中国财产性收入对于总体收入差距的影响越来越大，但由于缺乏基于财产分布不均等的再分配机制，因此，财产以及财产收入分布的不均等性确实已经成为推动收入不均等的重要因素（赵人伟、李实、丁赛，2006）。现有研究或者基于宏观统计数据分析各地区居民财产性收入差距，或者基于较早进行的住户调查资料，本课题组2006年进行的全国抽样调查将为我们认识目前的财产性收入分配差距究竟在多大程度上影响了目前的收入分配差距提供最新实证研究数据。

5. 收入差距扩大机制的研究

这里的核心问题是，究竟收入差距的扩大是缘于市场化的改革还是另有其他原因。周业安在一项实证考察中发现，市场化的发展本身确实会带来发展的不平衡以及地区行业之间差距的拉大。市场化进程必然带来不平等，而在转型过程中，在各项制度还不完备的条件下，这种不平等必然带来不公平。从收入结构看，无论是农村还是城镇，都出现了严重的不平等，这种不平等趋势与地区及产业结构的变动趋势是内在一致的。可以预见，只要市场化进程持续，这种不平等格局仍将持续，并可能加大（周业安，2004）。江苏省统计局最近在一项对江苏省收入差距问题的分析中也发现，非国有集体单位劳动报酬增长速度较慢是收入分配差距扩大的一个原因（江苏省统计局，2007）。这一研究结果也可被视为垄断加剧收入分配不平等的证据。

至于收入分配和市场化的关系，理论界在这个问题上的分歧和争议很大。许多学者认为，收入差距的扩大并不是市场化的必然结果，相反，市场机制本身存在着缩小收入差距的因素，因为城乡差距、地区差距、行业差距以及市场化过程中广泛存在的利益相关方权利不平等，都是市场化程度不高的表现，因而是收入差距持续扩大和不合理的根源。而不同研究对于中国市场化进程的缺陷的分析也显示出非常不同的侧重。有的研究者强调，从收入分配不平等加剧的角度来说，现阶段中国市场化进程的扭曲和不完善的主要症结，是参与市场化过程的各方权利不对称；突出表现为对资本收益的过度保护与对劳动收益保护不足的倾向，资本与劳动在收益的分配中未能处于平等的地位，资本收益压低劳动报酬，如国有企业改制过程中对职工利益缺乏有效保障，农民工被恶意欠薪并且缺乏必要的劳动保护，等等。有的学者甚至认为，中国社会对劳动收益的漠视和对强势资本利益的维护更甚于市场经济国家，这不仅导致居民收入差距扩大，也使得收入分配的决定方式背离了公正观念（李实、罗楚亮，2007b）。还有一些研究者则更多地把收入差距扩大归因于政府行为和相关制度的缺陷，而对市场条件下形成的差距多持肯定态度（林幼平、张澍，2001）；有的学者尤其反对将初次分配与公平"联姻"，认为初次分配是市场意义上的等价分配，体现了贡献与报酬对等的权利平等原则，对这种分配进行调节，反而是不平等不公平（何伟，2007）；

而调节过大收入差距的根本路径就是消除腐败和行政垄断，而不是对像企业主、中高层经理人员、专业人员的高收入进行调控，因为这些群体的高收入是 30 年改革开放的最伟大成就（吴敬琏，2007）。王小鲁在研究报告中也认为，导致我国收入差距持续扩大和分配不公的主要原因，并不是市场机制的作用，而是在向市场经济转轨的过程中制度改革和制度建设严重滞后，造成巨大的制度漏洞，进而导致公共资源的巨大漏失和收入分配的混乱无序（王小鲁，2007）。

　　总之，不管人们对收入差距扩大的原因和机制持什么看法，但基本上开始形成一种共识，即目前收入分配差距已经过大，并演变成一个社会问题，必须努力扭转这种收入差距扩大的趋势。本章将基于 2006 年本课题组进行的社会状况全国抽样调查的数据，全面深入分析收入分配问题。

二　收入的分配、构成与差距*

　　就家庭年收入状况而言，经过整理，有 6887 个有效样本；就个人平均月收入状况而言，有 2895 个有效样本（加权后为 2824 个）。本节基于这些样本，首先描述家庭人均年收入和月平均收入的基本分布状况，然后分析其构成，最后分析其差距。

1. 家庭人均收入和月平均收入状况

　　根据调查数据，全国城乡家庭人均年收入为 6497 元，收入中位数为 3750 元。但对于不同类型的住户，其人均年收入的分布状况是不同的。表 4－1 根据样本住户的户籍状况、居住社区类型和所在地区与居住社区类型的交叉组合，描述了样本住户的收入分布格局。从表中数据可以看到，①分户籍来看，非农业户籍住户 2005 年人均年收入 9633 元，农业户籍住户年人均年收入 4855 元。农业户籍样本住户的收入水平高于国家统计局公布的农村住户人均收入水平，究其原因可能主要是统计口径的差异。②本表按居住社区类型将样本住户分为城市、县镇和农村三类，其中城市指的是全国地级市及以上城市，县镇指的是县级市及以下建制镇。从表 4－1 的数据看，城市样本住户的人均收入水平远远高于县镇，县镇样本住

---

　　* 本节主要基于加权样本计算。由于加权样本在不同分类上的缺失值，因而加总后会有差异。下同。

户的收入水平又显著高于农村住户。③表4-1以一种新的模式分析了地区差异，这就是把样本住户的户籍状况与三大地区进行交叉组合，形成六个样本集合，而不是简单地分析东部、中部和西部地区居民的收入分布状况。可以看到，从非农户籍住户来说，东部地区样本住户的人均收入水平最高，中部地区次之，西部地区紧随其后；从农业户籍样本住户来说，也有同样的变动趋势。

有关个人2006年平均月收入的数据，仅涉及非农从业人员。在这2895个被调查者中，拥有农业户籍身份的998人，占34.5%；拥有非农业户籍身份的1897人，占65.5%。表4-2从五个维度描述了2006年这些被调查者的平均月收入状况。总的来看，非农从业人员2006年的月平均收入水平仅为1468元，中位数仅为900元。从表中的五个维度分析，可以得到下述基本发现。

（1）非农业户籍的非农从业人员的平均月收入高于农业户籍的非农从业人员，但T检验结果在10%的水平上不显著。

（2）男性被调查者的平均收入水平显著高于女性被调查者，T检验结果在1%的水平上显著。

表4-1　2005年不同类型家庭住户的人均年收入分布

单位：元

		平均收入	收入中位数	有效样本量
总样本		6497	3750	6887
户　籍	农业户籍	4855	3000	4512
	非农业户籍	9633	6536	2362
社区类型	城市	11560	7800	1213
	县镇	6903	5000	1521
	农村	4657	2772	4038
地　区	东部　农业户籍住户	7498	4302	1498
	东部　非农业户籍住户	12605	8000	939
	中部　农业户籍住户	3745	2522	1919
	中部　非农业户籍住户	7544	6000	827
	西部　农业户籍住户	2962	1905	1052
	西部　非农业户籍住户	6928	5000	538

（3）就业市场化程度高的被调查者平均月收入水平低于非市场化就业者，[1]后者的收入水平与前者相比并未高出很多，平均值的 T 检验也显示两者的差异在 10% 的水平亦不显著，这与当前人们基于一些个别案例而形成的相关印象不同。

（4）从被调查者的地区与户籍交叉分布来看，东、中、西地区内部非农业户籍被调查者的月平均收入均高于农业户籍被调查者的月平均收入；T 检验结果显示，东部地区内部的这一差异在 1% 水平上显著，但中部和西部地区内部的这种差异在 10% 的水平上亦不显著。在地区之间，就非农业户籍人员的月平均收入而言，东部大大高于中西部地区，西部地区又略高于中部地区；而 T 检验结果则显示，东部地区与中部地区的差异在 1% 的水平上显著，与西部地区的差异在 5% 的水平上显著，中西部之间的差异在 10% 的水平上也不显著。就农业户籍人员而言，东部地区也显著高于中西部地区，而西部地区被调查者的月收入略低于中部地区；T 检验的结果是，东部与中部的差异在 1% 的水平上显著，与西部的差异在 5% 的水平上显著，中西部之间的差异在 10% 的水平上亦不显著。

表 4-2 2006 年非农就业者人均月收入水平（加权样本）

单位：元

		平均收入	收入中位数	样本量
总样本		1468	900	2824
户籍	农业户籍	1382	800	1164
	非农业户籍	1528	1000	1528
性别	男	1676	1000	1715
	女	1146	800	1109
就业形态	市场化就业	1444	900	2231
	非市场化就业	1557	1100	593

---

[1] 这里所说的非市场化就业的被调查者，指的是在党政机关、国家事业单位和社会团体工作的非农户籍就业人员，以及在公有制企业单位担任经营管理工作的非农户籍就业人员，他们基本上都属于受国家编制管理的体制内人员；相应地，其余就业人员则被视为市场化就业者。

			平均收入	收入中位数	样本量
地区	东部	农业户籍	1684	900	599
		非农业户籍	1857	1100	762
	中部	农业户籍	1078	750	364
		非农业户籍	1220	850	560
	西部	农业户籍	1033	600	201
		非农业户籍	1352	900	374
职业分层	国家与社会管理者		1599	1000	66
	企业经理人员		1800	1400	89
	私营企业主		7559	4178	50
	专业技术人员		1689	1200	311
	办事人员		1246	1000	393
	个体工商户		1979	1000	611
	商业服务业员工		998	700	387
	产业工人		974	800	917

（5）从职业阶层情况看，月平均收入水平从高到低排序依次为私营企业主、个体工商户、企业经理人员、专业技术人员、国家与社会管理者、办事人员、商业服务业员工与产业工人。为了观察这种排列在统计上是否具有显著性，我们也做了平均值的 T 检验。结果表明，在国家和社会管理者与企业经理人员之间、国家和社会管理者与专业技术人员之间、国家和社会管理者与个体工商户之间、企业经理人员与专业技术人员之间、企业经理人员与个体工商户之间以及办事人员与商业服务业员工之间，收入均值差异都不显著；商业服务业员工与产业工人的收入均值差异在 5% 的水平上显著；除此之外的任何两个均值之间的差异都在 1% 的水平上显著。

2. 家庭住户人均收入的构成与非农从业者月平均收入的决定

在此次调查中，我们将住户收入按来源分为务农收入、工资奖金收入、经商办厂收入、财产性收入与其他收入（包括各种转移性收入以及赠与性收入等）五类。经过整理，相关信息完整的样本共计 6846 个。表 4 - 3 对样本住户 2005 年人均年收入的构成进行了分析。就总样本而言，工资奖金收入所占比重最大，经商办厂收入比重次之，第三是其他收入，第四是务农收入，财产性收入最小。宏观地看，务农收入的比重与 2005 年第一产业 GDP

占全国 GDP 的比重（12.6%）非常接近。不过，总样本的收入构成分析的意义不大。这里仍然从户籍、居住社区类型和地区三个维度分别分析样本住户 2005 年家庭人均收入的构成。

表 4 - 3　2005 年样本住户人均年收入构成的平均分布

单位：%

			务农收入	工资奖金	经商办厂收　　入	财产性收　　入	其他收入	合计	样本量
	总样本		11.3	54.4	14.9	4.8	14.7	100.0	6846
户籍	农业户籍		39.6	29.5	7.6	3.3	20.0	100.0	4142
	非农业户籍		2.9	70.7	9.7	3.6	13.1	100.0	2704
社区类型	城市		1.0	78.8	6.3	3.6	10.4	100.0	1401
	县镇		8.9	56.1	14.5	3.9	16.6	100.0	1728
	农村		42.8	27.2	6.4	3.2	20.3	100.0	3619
地区	东部	农业户籍	28.4	38.6	8.8	4.4	19.8	100.0	1397
		非农业户籍	2.0	72.8	7.1	3.7	14.4	100.0	1116
	中部	农业户籍	47.1	25.3	6.7	2.5	18.4	100.0	1775
		非农业户籍	3.1	71.4	11.0	3.1	11.5	100.0	961
	西部	农业户籍	41.9	24.2	7.4	3.3	23.3	100.0	970
		非农业户籍	4.2	65.7	12.6	4.1	13.4	100.0	627

按户籍分，农业户籍住户的家庭人均收入构成中，务农收入占了最大比重，达到 39.6%，工资性收入占 29.5%（显著低于同期国家统计局公布的相应比重即 36.1%）；非农户籍住户的收入构成自然是以工资奖金收入为主。比较两种户籍的样本住户的收入构成，有意义的差异是，非农户籍样本住户收入中经商办厂收入比重比农业户籍样本住户的相应比重高出 2.1 个百分点（或 27.6%），其财产性收入比重也略比农业户籍住户的相应比重高一些。

从样本住户居住社区类型来看，有意义的差异是，县镇样本住户的收入来源中经商办厂收入比重远高于城市和农村住户的相应比例。从我们以往的观察经验来看，这反映了两个趋势。一是原来的乡镇企业越来越多地向县镇集聚，二是县镇的正式就业机会远比城市少，通过各种小本经营来养家糊口的压力或动力更强。另外，农村样本户的务农收入比重为 42.8%，比农业户籍样本户的这项收入比重高出 3.2 个百分点。这是因为有多达 21.5% 的农业户籍样本住户没有任何务农收入，其中除了很少部分的农村孤寡外，绝大部分属于已经举家实现就业转移，只是由于户籍制度的限制而无法转变户籍身份的类别。

从地区分布情况来看，有几个显著特征值得注意。在农业户籍的样本户中，东部地区样本户的务农收入比重远低于中西部地区，而中部地区又高于西部地区；同时，工资奖金收入比重则以东部地区为最高，比中西部地区高出 13～14 个百分点，中西部地区则比较接近；经商办厂收入比重以西部地区为最高，中部地区紧随其后，东部地区则要低 4 个百分点左右。在非农业户籍的样本户中，东部和中部地区住户的工资奖金收入比重比较接近，西部地区的这一比重则低了六七个百分点；相应地，西部地区样本户主要靠相对高一些的经商办厂收入比重和务农收入比重来填补构成上的这种差异，当然这并不意味着西部非农户籍样本住户的这两项收入的绝对值也大于比如东部地区。

关于被调查者 2006 年到调查时为止的个人月平均收入，由于调查未对其按来源进行划分，因此，这里将采取回归分析方式来考察他们个人收入的决定因素。我们对收入取自然对数，然后运用自然对数模型进行回归分析。我们的分析结果如表 4-4 所示。

从表 4-4 看，随着变量的增加，回归模型的解释力逐步增强。在各个模型中，非农户籍相对于农业户籍的影响始终不具有统计显著性。这种趋势的解释因素，应当是两种户籍的被调查者内部的差异很大，并且两者的收入分布存在重叠；性别始终是一个很大的收入影响因素，其收入相对影响系数在 0.446 以上；其余在模型中具有统计显著性的变量的收入相对影响系数分别为：教育 0.052～0.082，党员身份 0.073～0.117，年龄 0.061～0.069，家庭人均生产性资产 0.045～0.078，家庭人均金融资产 0.085～0.106，就业市场化 -0.151～ -0.085，东部工作 0.245～0.279，城市 0.151～0.206，企业经理人员 0.274，私营企业主 2.31，个体工商户 0.435。在这些变量中，就其社会学性质而言，有些是先赋性的，如性别、工作地区、工作社区类型，就业市场化对许多人来说也是不可选择的因素；① 有些以后致性特征为

表 4 – 4　非农就业被调查者月收入的决定因素分析

变　量	模型 1 $R^2 = 0.250$	模型 2 $R^2 = 0.320$	模型 3 $R^2 = 0.321$	模型 4 $R^2 = 0.336$	模型 5 $R^2 = 0.343$	模型 6 $R^2 = 0.386$
（constant）	4.902	4.848	4.956	4.845	4.867	5.003
性别	0.374 ***	0.369 ***	0.370 ***	0.379 ***	0.381 ***	0.378 ***
年龄	0.060 ***	0.062 ***	0.063 ***	0.065 ***	0.067 ***	0.059 ***
年龄平方	– 0.001 ***	– 0.001 ***	– 0.001 ***	– 0.001 ***	– 0.001 ***	– 0.001 ***
非农业户籍	– 0.033	– 0.011	– 0.019	0.011	– 0.043	– 0.002
中共党员	0.096 **	0.099 **	0.071	0.070	0.081 *	0.111 **
教育年限	0.079 ***	0.070 ***	0.066 ***	0.062 ***	0.059 ***	0.051 ***
家庭人均生产性资产（万元）	—	0.06 ***	0.070 ***	0.072 ***	0.075 ***	0.044 ***
家庭人均金融资产（万元）	—	0.101 ***	0.099 ***	0.091 ***	0.085 ***	0.082 ***
市场化就业	—	—	– 0.089 **	– 0.095 **	– 0.111 ***	– 0.164 ***
东部	—	—	—	0.246 ***	0.219 ***	0.246 ***
中部	—	—	—	0.026	– 0.013	– 0.006
城市	—	—	—	—	0.141 ***	0.187 ***
县镇	—	—	—	—	– 0.036	– 0.044
国家与社会管理者	—	—	—	—	—	– 0.057
企业经理人员	—	—	—	—	—	0.242 **
私营企业主	—	—	—	—	—	1.197 ***
专业技术人员	—	—	—	—	—	0.171 **
办事人员	—	—	—	—	—	– 0.047
个体工商户	—	—	—	—	—	0.361 ***
商业服务业员工	—	—	—	—	—	– 0.021

注：① $* p < 0.1$；$** p < 0.05$；$*** p < 0.01$。②因变量为被调查者月收入的自然对数。③男性的参照变量为女性，非农户籍的参照变量为农业户籍，中共党员的参照变量为非中共党员，市场化就业的参照变量为非市场化就业，地区变量以西部为参照，居住社区类型变量以农村为参照，职业阶层变量以产业工人为参照。

主，如党员身份、教育年限；有些则是混合性的，其形成本身既有后致性因素的影响，也有先赋性因素的作用，如家庭经济条件、个人职业阶层等。①

①　例如，有研究表明，个人职业阶层的获得既是个人努力的结果，也与家庭背景状况密切相关（陆学艺主编，2001，2004）。

3. 收入分配差距分析

首先考察家庭人均年收入分配差距（表 4 - 5）。从总样本看，中国社会的收入分配差距应当说是很大的，最高 20% 收入户的收入份额是最低 20% 收入户的收入份额的 18.6 倍，基尼系数达到 0.5 左右。应当指出的是，这个差距是在不考虑各种广受社会诟病的所谓灰色收入的情况下出现的。而且，在大多数情况下，被调查者报告的应当是税后收入，例如农户的务农收入是扣除各种物质成本和税费支出后的纯收入，绝大多数非农从业人员的收入也至少是扣除个人所得税后的可支配收入。因此，对于这个确实过大的差距，不能仅仅用"腐败"、不合法收入等不透明因素加以解释。

表 4 - 5   2005 年家庭人均收入差距分析 *

		最高 20% 收入份额（%）	最低 20% 收入份额（%）	两极之比	基尼系数	样本量
总样本		58.15	3.12	18.6：1	0.5062	6847
户　籍	农业	58.07	3.41	17.0：1	0.4823	4142
	非农业	52.97	4.04	13.1：1	0.4613	2704
居住社区类型	城市	51.43	4.62	11.1：1	0.4354	1401
	县镇	52.37	3.92	13.4：1	0.4622	1728
	农村	58.51	3.44	17.0：1	0.4794	3619
地　区	东部	58.90	3.46	17.0：1	0.4870	2513
	中部	52.89	3.95	13.4：1	0.4763	2746
	西部	54.91	3.23	17.0：1	0.4964	1590

＊本表在计算基尼系数时，舍弃了人均年收入 10 万元以上和 300 元以下的样本（63 个），占总有效样本的 0.91%。否则，基尼系数值会更大。

另外，我国税收制度对收入差距的调节力度明显不足。从户籍维度看，农业户籍家庭住户的收入差距大于非农业户籍家庭住户的收入差距。从居住社区类型维度看，农村家庭住户收入差距最大，县镇家庭住户的差距次之，城市家庭住户的差距明显小一些。从地区维度看，用最高 20% 收入户与最低 20% 收入户的份额比衡量的收入差距状态是，东部与西部的差距同样大，中部的差距明显小一些；用基尼系数衡量的差距的情况则是，西部地区差距最大，东部地区的差距次之，但也非常接近，两者相差不到 0.9 个百分点，中部地区的差距还是最小，与西部地区相差 2 个百分点。

接下来我们考察非农就业人员的月收入差距，表 4 - 6 是统计分析的主要结果。从总样本看,最高 20% 收入的被调查者的收入份额是最低 20% 被调查者的收入份额的 13.5 倍,基尼系数达到 0.4974,同样是一个较高的水平,但与家庭人均收入分配差距相比显得小一些。在此基础上,我们从户籍、性别、工作地区、工作地点和就业形态五个维度对收入分配差距进行具体考察。从户籍维度看,最高收入组与最低收入组的收入份额之比是农业户籍人员小于非农业户籍人员,但后者的收入基尼系数却略小于前者。这表明,次高收入组与次低收入组之间的差距在农业户籍人员中较大,而在非农业户籍人员中相对较小。从性别维度看,女性被调查者内部的差距大于男性被调查者内部的差距。从工作地区维度看,基本格局仍然是西部地区的差距最大,东部地区次之,中部地区被调查者的收入差距最小;另外,东西部地区的收入差距,按最高收入组与最低收入组的份额比衡量很接近,但按基尼系数衡量则西部地区的差距明显大于东部地区的差距,这也意味着,在西部地区的被调查者中,次高收入组与次低收入组之间的差距较大。从工作地点角度看,以最高收入组与最低收入组的收入份额之比衡量,县镇被调查者内部的差距最大,城市与农村被调查者的差距相当;按基尼系数衡量的差距仍以县镇被调查者的收入差距为最大(且在所有分析维度中都是最大的),同时,农村被调查者的收入差距明显大于城市被调查者的收入差距。从就业形态维度看,则无论是按最高收入组与最低收入组之间的收入份额之比衡量还是按基尼系数衡量,市场化就业人员内部的差距都明显大于非市场化就业人员的内部差距。可以说,非市场化就业人员内部的差距还不算突出,而市场化就业人员之间的差距则是过大了。由于市场化就业人员的比重接近 77%,因此他们之间的收入差距对总差距的贡献会很大,这就使得我们难以相信市场化具有缩小收入差距的作用,至少在目前是这样。

表 4 - 6　2006 年非农就业者的月收入差距分析

		最高 20% 收入份额(%)	最低 20% 收入份额(%)	两极之比	基尼系数	样本量
总样本		56.01	4.16	13.5:1	0.4974	2895
户　籍	农业	58.58	4.71	12.4:1	0.4968	998
	非农业	54.32	3.90	13.9:1	0.4914	1897
性　别	男性	55.55	4.69	11.8:1	0.4813	1605
	女性	55.21	3.96	13.9:1	0.4835	1290

续表

		最高 20% 收入份额 （％）	最低 20% 收入份额 （％）	两极之比	基尼系数	样本量
工作地区	东部	55.86	4.18	13.4∶1	0.4831	1332
	中部	52.57	4.78	11.0∶1	0.4600	965
	西部	55.87	4.10	13.6∶1	0.5031	600
工作地点	城市	52.23	4.22	12.4∶1	0.4607	1347
	县镇	58.13	3.95	14.7∶1	0.5232	855
	农村	58.40	4.72	12.4∶1	0.4827	692
就业形态	市场化就业	58.02	4.08	14.2∶1	0.5077	2222
	非市场化就业	48.50	4.88	9.9∶1	0.4171	673

　　注：本表在计算基尼系数时舍弃了月收入低于 100 元的 55 个样本，占总有效样本的 1.9％。另外，由于技术原因，本表数据是基于未加权样本计算出来的。

三　家庭财产的分配、构成与差距

　　在此次调查中，问卷将住户家庭财产分为六类：①家庭耐用消费品，包括家具、家用汽车、家用电器、首饰等，按购买价格计；②房产，按现值计算；③金融资产，含存款、股票、债券、借出资金、手持现金等；④生产经营固定资产投资累计总额；⑤生产经营流动资金总额；⑥其他资产（按现值计算）。对问卷数据的整理显示，有 184 位被调查者未提供任何有关其家庭财产的有用信息，占 2.6％；1759 人提供了不完整信息，占 24.9％；5118人提供了完整信息，占 72.5％。下面，我们将主要基于信息完整样本进行分析。

1. 家庭财产的分布

　　表 4－7 反映了样本住户的户均家庭财产分布的基本状况。从总样本看，样本住户的户均财产达到约 11.6 万元，中位数为 4.43 万元。从农业户籍维度看，非农业户均财产量显著大于农业户籍住户，前者是后者的 3.32 倍。从居住地点维度看，城市住户的户均财产量最大，县镇住户的户均财产量居中，农村住户户均财产量最少，三者之比为 5.03∶2.58∶1（以农村住户户均财产量为 1。下同）。而从居住地区来看，东部住户户均财产量最多，中部次之，西部最少，三者之比为 3.14∶1.04∶1（以西部住户户均财产量为 1，

下同）；T检验结果显示，东部与中西部的均值差异在1%水平上显著，但中西部之间的均值差异不显著。

表4-7 2006年户均家庭财产基本分布

		平均值（元）	中位数（元）	样本量
总样本		115960	44300	5118
户　籍	农业	60113	26000	3068
	非农业	199541	106600	2050
居住地点	城市	257225	154000	1085
	县镇	132132	68000	1268
	农村	51131	24100	2715
居住地区	东部	213523	82500	1613
	中部	70817	38200	2152
	西部	68027	31000	1303

样本住户人均家庭财产量的分布格局与户均财产量的分布格局大致相同（表4-8）。总的来说，全部样本的人均家庭财产量约为3.9万元，中位数约为1.4万元。这里同样分三个维度进行稍微深入一些的考察。从户籍维度看，非农业住户的人均家庭财产量显著大于农业住户的人均家庭财产量，两者之比达到3.78:1。从居住地点方面看，城市住户人均家庭财产最多，县镇次之，农村最少，三者之比为5.71:2.69:1。从居住地区方面看，也是东部住户的人均家庭财产最多，中部次之，西部最少，三者之比为3.06:1.21:1；均值差异T检验结果显示，东部与中西部的均值差异在1%水平上显著，中西部之间的均值差异不显著。

表4-8 2006年调查时被调查住户人均家庭财产分布

		平均值（元）	中位数（元）	样本量
总样本		38551	13645	5118
户　籍	农业	18002	7580	3068
	非农业	68106	34167	2050
居住地点	城市	89884	52750	1085
	县镇	42383	20888	1268
	农村	15753	7130	2715
居住地区	东部	69058	25750	1613
	中部	27430	12105	2152
	西部	22583	8333	1303

2. 家庭财产的构成

无论从哪一个维度看，房产都在人均家庭财产量中占据主体地位，但也有几个特征值得注意。总的来说，非农户籍住户、城市住户以及东部地区住户的房产比重分别是最高的，都超过80%。农业户籍住户、农村住户和西部地区住户的生产性资产比重分别是最高的，但我们不能因此断定，这些类别的住户比其他类别住户真的拥有更多的生产性资产。例如，从户籍维度看，农业户籍住户拥有高一些的生产性资产比重，这是因为这类住户多少有一些农业生产资料，而不是因为他们拥有的生产性资产总量也更大。相反，计算表明，农业户籍住户的户均生产性资产为6213元，非农业户籍住户的户均生产性资产为7509元，均值差异T检验在1%水平上显著。

表 4 - 9　2006 年人均家庭财产构成

单位：%

		生产性资产	房　产	金融资产	耐用消费品	其他资产	合　计	样本量
总样本		4.7	77.5	6.9	8.1	2.7	100.0	5118
户　籍	农业	9.0	69.6	5.9	9.4	6.2	100.0	3068
	非农业	3.0	80.7	7.3	7.6	1.3	100.0	2050
居住地点	城市	1.5	82.0	7.6	7.3	1.6	100.0	1085
	县镇	7.0	73.1	6.3	7.7	5.8	100.0	1268
	农村	9.4	72.1	6.1	10.7	1.6	100.0	2715
居住地区	东部	3.2	81.4	6.5	7.3	1.6	100.0	1613
	中部	6.7	75.1	7.9	9.6	0.7	100.0	2152
	西部	7.0	66.5	6.4	8.8	11.2	100.0	1303

注：①由于四舍五入的原因，本表实际加总后可能不为100%，特此说明。

②"生产性资产"是指家庭生产经营性固定资产投入累计额与家庭生产经营性流动资金的合并。另外，本表的构成分布不是加权分布，而是各样本住户的各项财产构成比重的简单算术平均值，目的是使计算结果对不同类型住户的家庭财产结构差异更加敏感，同时又可较少受到极值的影响。

另外，还值得注意的是，不同财产项的住户实际拥有情况也有很大差别。其中，没有房产和家庭耐用消费品的住户极少，分别仅占有效样本的1.7%和2.9%；但在其余四类财产方面，被调查者表示其家庭不拥有的比例就大得多：36.8%的被调查者称其家中没有金融资产，62.3%的人称家中没有生产经营性固定资产，77.8% 的人称家中没有生产经营性流动资金，86.4% 的人称家中没有除上述五类财产以外的任何其他财产。

3. 家庭财产的分配差距

财产是累积起来的收入，因此，家庭财产分配的差距必定远远大于收入分配差距。本项调查的统计结果表明（见表 4-10），现实社会中的财产拥有差距确实非常大，财产的分配高度集中，中国的贫富差距在家庭财产分配比在收入分配方面更为突出。从总样本的情况看，人均家庭财产量最多的 20% 居民集中了超过 72% 的财产份额，是最低 20% 居民拥有份额的近 54 倍，基尼系数则达到 0.6865。不同类别住户内部的财产分布差距是不一样的。从户籍维度看，农业户籍住户的人均家庭财产分布差距远比非农户籍住户内部的差距大。从居住地点维度看，则是农村住户内部差距最大，县镇住户次之，城市住户内部差距最小。从居住地区角度看，西部地区住户内部差异最大，东部地区次之，而中部地区住户的内部差距则远比东西部小。

表 4-10　2006 年人均家庭财产差距分析

		最高 20% 财产份额 （%）	最低 20% 财产份额 （%）	两极之比	基尼系数	样 本 量
总样本		72.41	1.35	53.6:1	0.6865	5118
户　籍	农业	70.30	1.38	50.9:1	0.6729	3069
	非农业	62.45	1.83	34.1:1	0.5890	2050
居住地点	城市	57.91	2.42	29.9:1	0.5464	1085
	县镇	65.38	1.59	41.1:1	0.6242	1268
	农村	67.17	1.62	41.5:1	0.6425	2715
居住地区	东部	68.15	1.10	62.0:1	0.6506	1613
	中部	63.67	1.41	45.2:1	0.6086	2152
	西部	71.75	1.11	64.6:1	0.6934	1303

在样本住户的家庭财产构成中，至少有两类财产的拥有状况最直接地影响着人们的生活水平和生活方式，这就是房产与耐用消费品。分析结果表明，这两类家庭财产的人均量分布差距比全部人均财产的分布差距更大（表 4-11，表 4-12）。

表 4 – 11　2006 年人均家庭房产现值差距分析

		最高 20% 房产份额 （%）	最低 20% 房产份额 （%）	两极之比	基尼系数	样 本 量
总样本		73.52	0.62	118.6∶1	0.7035	6240
户　籍	农业	72.11	0.89	81.0∶1	0.6935	3833
	非农业	62.77	1.45	43.3∶1	0.5892	2407
居住地点	城市	57.72	2.05	28.2∶1	0.5476	1259
	县镇	68.77	1.21	56.8∶1	0.6228	1537
	农村	70.43	1.03	68.4∶1	0.6804	3383
居住地区	东部	69.78	0.74	94.4∶1	0.6694	2181
	中部	64.97	0.98	66.3∶1	0.6343	2546
	西部	60.55	0.71	84.1∶1	0.6795	1454

表 4 – 12　2006 年人均家庭耐用消费品差距

		最高 20% 耐用品份额 （%）	最低 20% 耐用品份额 （%）	两极之比	基尼系数	样 本 量
总样本		73.10	1.02	71.7∶1	0.7019	6698
户　籍	农业	70.97	1.26	56.3∶1	0.6824	4051
	非农业	70.01	1.48	47.3∶1	0.6648	2647
居住地点	城市	68.92	1.60	43.1∶1	0.6502	1363
	县镇	68.71	1.48	46.4∶1	0.6545	1701
	农村	71.46	1.25	57.2∶1	0.6891	3539
居住地区	东部	74.02	1.14	64.9∶1	0.7077	2365
	中部	68.28	1.32	51.7∶1	0.6509	2672
	西部	72.45	1.01	71.7∶1	0.6944	1566

　　从房产分布看，在总样本中，人均房产现值最高的 20% 住户占有 73.5% 以上的房产现值份额，最低 20% 住户所占份额甚至不到 1%，前者是后者的近 119 倍，基尼系数也超过 0.7。无论如何，这种差距之大是惊人的。分户籍看，农业户籍住户内部的差距还是大于非农业户籍内部差距，且两者之间的这种差异比全部财产分布的相应差异还要大一些。从居住地点看，城市、县镇、农村的内部差距状况与全部财产分布格局基本相同，也以农村为最大，县镇次之，城市住户人均财产差距最小。从居住地区看，最高

20%与最低20%之间的房产份额差距，东部住户内部差距最大，从基尼系数看，东部和西部大体相当。

值得注意的是，李实、罗楚亮（2007b）发现，在他们的调查中，1995年人均房产占人均家庭财产的43.7%，其分布基尼系数高达0.82；到2002年，家庭房产比重上升至64.4%，房产分布基尼系数下降至0.54。与此相比，本课题组的调查结果显示，房产比重继续上升，达到77.5%，其分布基尼系数超过0.70，虽然尚未达到1995年的水平，但比2002年的水平高出0.16（即16个百分点）。这应当与2003年以来中国房地产业的快速发展密切相关。究其原因，价格水平的提升可能有一定影响，但因为都是横截面的调查数据，这种影响应该不会很大，主要还是因为房产分布重新变得更加不平等。

耐用消费品原值的分布差距从基尼系数看与房产的分布差距相当，尽管基于两极之比的差距要小很多。从户籍、居住地点和居住地区三个维度分析，耐用消费品分布差距的基本格局也与房产分布差距相似，不同之处在于，东部住户人均家庭耐用消费品分布的两极之比小于西部住户，但其人均耐用消费品分布基尼系数却大于西部。

四　收入和财产分配差距的构成

对于中国社会目前存在的巨大收入和财产分配差距，一般都是通过差距的分解来进行解释。本章也期望通过这种分解分析，来发现收入和财产差距的构成并做出一定的解释。这里首先说明分解的方法，然后分别对收入差距和财产差距进行分解。

1. 收入和财产差距分解方法说明

一般而言，对收入差距和财产差距的分解分析，包括分组分解和分项分解两种方式。分组分解旨在发现不同维度的人群分组的组内差距与组间差距对总差距形成的贡献率；分项分解则旨在发现收入和财产的各项构成或影响因素的分布差距对总差距的贡献率。本质上，分组分解和分项分解都是要发现影响差距形成的社会经济因素，在此基础上提出有针对性的调节差距的政策建议。

所谓分组分解，一般主要考虑空间分组，即城乡分组、区域分组和城乡—区域交叉分组，另外，也可以考虑按社会经济地位（即阶层）分组。用得比较多的分组分解方法，有泰尔指数分解法与基尼系数分解法，此外也有一些研究者采用回归分解方法。基尼系数比较适合于分项分解，不大适合于分组分解，因为运用基尼系数分解法一般要求各组别的收入（财产）分布不出现重叠，而实际分组不可能实现这一点。当然，也有人认为，基尼系数分解法其实也适合分组分解，其交叉项的大小可被用来解释在收入—财富分配格局中处于不利地位的组别是否有机会赶上处于有利地位的组别（鲁凤、徐建华，2004）。泰尔指数则适合分组分解，而不适合分项分解。为简便起见，本章将利用泰尔指数分解法进行分组分解，利用基尼系数分解法进行分项分解。

运用泰尔指数进行分组分解的基本公式是：

$$I = \sum_{g=1}^{G} p_g \lambda_g I_g + \sum_{g=1}^{G} p_g \lambda_g Log\lambda_g \qquad (1)$$

式（1）中，G 表示分组，样本中每一个个休只能出现在一个组内；p_g 为第 g 组人数与总样本人数之比；λ_g 为第 g 组样本户家庭人均收入的均值与总样本户家庭人均收入的均值之比；I_g 为第 g 组的泰尔指数，I 为总样本的泰尔指数；等号右边第一部分为组内差距之和，第二部分为组间差距之和。总样本泰尔指数和分组样本的泰尔指数均按下述公式计算：

$$I = \sum_{i=1}^{N} w_i Log N w_i \qquad (2)$$

式（2）中，w_i 为样本户 i 的家庭人均收入与全部样本户家庭人均收入和之比，N 为样本数。

运用基尼系数进行分项分解的基本公式是：

$$G = \sum_{k} (\mu_k / \mu_y) \times C_k \qquad (3)$$

式中，G 为基尼系数，μ_y 为总样本均值，μ_k 为 k 项收入的均值，C_k 为 k 项收入的集中系数。集中率 C_k 的计算方法与基尼系数的计算方法相似，差别在于分项收入不按其自身大小排序，而按总收入大小排序，因此集中率又叫"伪基尼系数"（拟基尼系数）。集中率还有一个统计意义，即我们可以根据某项收入的集中率是大于其基尼系数还是小于基尼系数来判断这项收入未来是会进一步拉大总差距还是缩小总差距。

还可以运用基尼系数分解方法来分解收入和财产拥有者的某些社会经济

特征差异对总差距的影响。其分解公式为：

$$G = \sum_{i=1}^{r} \varphi_i \times r_i \times G_i + \Delta \qquad (4)$$

式中，G 为非农从业人员月收入分布基尼系数，φ_i 为影响因素 i 的收入权数，等于其回归系数与该因素特征值（定比尺度）的乘积之和与个人月收入总计之比；r_i 为因素 i 与样本个人月收入的基尼相关系数；G_i 为因素 i 分布的基尼系数；Δ 为加权等级误差（即未解释残差）。

基尼相关系数的计算公式为：

$$r_i = COV[x_i, f(y)/n]/COV[x_i, f(x_i)/n] = C_i/G_i \qquad (5)$$

式中，C_i 是因素 i 的集中率。将公式（5）代入公式（4），基尼系数分解公式可以被简化为：

$$G = \sum_{i=1}^{r} \varphi_i \times C_i + \Delta \qquad (6)$$

2. 家庭人均收入差距分解分析

我们首先对家庭人均收入的差距进行分组分解。我们按照样本住户的户籍、居住地点、居住地区、地点—区域交叉、有无农业收入以及家庭就业形态进行分组，①按照公式（1）和公式（2），得到以下表 4 - 13 的分组分解结果。

（1）按户籍分组，两个组别内部差距对总差距的贡献较为接近，两者之和达到 90.4%，组间差距仅占 9.6%。

（2）按城乡分组，农村住户组内部差距对总差距的贡献最大，超过一半；城镇住户组内部差距对总差距的贡献次之，超过 1/3；同时组间差距的贡献也超过 12%，远远低于以前的相关研究发现的超过一半的水平。

（3）按三大地带分组，东部地区住户组内部差距对总差距的贡献率超过 50%，中部住户内部差距贡献了 1/4 略强，西部住户内部差距贡献不到

---

① 为简化分析和便于与其他同类研究的结果比较，这里把城市和县镇合并为城镇。另外，在按住户就业形态分组时，市场化就业与非市场化就业的界定与前文相同，其中，所谓"一家两制"是指非农户籍住户从业人员中既有市场化就业者，也有非市场化就业者。由于本次调查收集的住户家庭成员就业状况信息不全，这里首先依据夫妻二人的就业形态进行分类，被调查者没有配偶的一人住户按被调查者本人的就业形态分类，被调查者没有配偶的二人及以上住户则结合其父母的就业形态分类。

1/6，而地区之间差距的贡献则不到 1/10。这与李实等人对 1995 年调查数据所做分析的结果相近（李实等，2000）。[①]

表 4 - 13　家庭人均收入差距泰尔指数分组分解

分　　组		均值比	人数比	泰尔指数	贡献额	贡献率（%）
户籍	农业户籍	0.7473	0.6045	0.2243	0.1013	42.7
	非农户籍	1.4617	0.3955	0.1958	0.1132	47.7
	组间差距	—	—	—	0.0228	9.6
	总　体	—	—	0.2373	0.2373	100.0
居住地点	城镇	0.6631	0.5336	0.2324	0.0822	35.1
	农村	1.3853	0.4664	0.1910	0.1234	52.7
	组间差距	—	—	—	0.0284	12.1
	总　体	—	—	0.2340	0.2340	100
居住地区	西部	0.6932	0.2343	0.2158	0.0350	14.8
	中部	0.7899	0.4024	0.1877	0.0597	25.2
	东部	1.4305	0.3633	0.2295	0.1193	50.5
	组间差距	—	—	—	0.0224	9.5
	总　体	—	—	0.2364	0.2364	100
居住地区与地点的交叉	东部城镇内部	1.8832	0.1824	0.1975	0.0678	28.7
	中部城镇内部	1.1025	0.1703	0.1543	0.0290	12.3
	西部城镇内部	0.9825	0.1115	0.1719	0.0188	8.0
	东部农村内部	0.9742	0.1809	0.2259	0.0398	16.8
	中部农村内部	0.5604	0.2487	0.1759	0.0245	10.4
	西部农村内部	0.4302	0.1227	0.1996	0.0105	4.5
	组间差距	—	—	—	0.0459	19.4
	总　体	—	—	0.2364	0.2364	100.0
家庭就业形态	市场化就业	1.2957	0.3228	0.2138	0.0894	38.1
	非市场化就业	1.8097	0.0784	0.1831	0.0260	11.1
	一家两制(非农住户)	1.7374	0.0764	0.1200	0.0159	6.8
	农业就业	0.4840	0.3507	0.1721	0.0292	12.5
	农户兼事非农业	0.8076	0.1717	0.1856	0.0257	11.0
	组间差距	—	—	—	0.0482	20.6
	总　体	—	—	0.2345	0.2345	100.0

---

① 世界银行估计，1995 年中国区域间收入差距对基尼系数的贡献率为 33.7%（世界银行，1997）。现在看来，在对中国收入差距进行分组分解分析时，仅仅基于统计部门公布的省级人均收入数据是不够的。这是因为，省级人均收入数据忽视了各省份内部不同类型住户之间的收入差距。

续表

分　　组		均值比	人数比	泰尔指数	贡献额	贡献率（%）
家庭收入结构	无农业收入户	1.4108	0.4995	0.2036	0.1435	60.5
	有农业收入户	0.5901	0.5005	0.1902	0.0562	23.7
	组间差距	—	—	—	0.0376	15.8
	总　体	—	—	0.2373	0.2373	100

说明：在计算时，舍弃了一个0值样本和一个最大值（150万元）样本。另外，不同分组情况下的有效样本量不同，因而样本总均值和总泰尔指数也不同。其中，按户籍和有无农业收入分组时，有效样本6885个，总均值6422元；按城乡分组时，有效样本6849个，总均值6388元；按地区以及地区与城乡的交叉分组时，有效样本为6787个，总均值为6334元；按就业形态分组时，总样本6598个，总均值6521元。

　　（4）按地区与城乡交叉分组分解结果显示，东部城镇和农村内部的差距对总差距的影响都比较大，中部城乡各自的内部差距对总差距的贡献也都超过10%。西部地区城乡各自的内部差距对总差距的影响反倒都是最小的，显而易见，这也不符合市场化程度越高，经济越是发展，收入分配差距的影响就越小的论断。同时，这一分组方法得到的组间差距的贡献率也超过19%。

　　（5）按家庭就业形态分组，市场化就业样本住户内部差距对总差距的贡献最大，是其他四组内部差距贡献率的3.5～5.6倍；非农住户中的"一家两制"组的内部差距对总差距的贡献最小，不到7%；组间差距的贡献居于第二位，超过20%，是所有分组中组间差距最大的一种分组。[①]

　　（6）最后，按住户收入构成中有无农业收入分组的结果显示，没有农业收入的住户组内部差距贡献非常大，超过60%；有农业收入的住户组内部差距的贡献不到1/4，组间差距的贡献接近1/6。

　　本次调查还收集了住户不同收入来源的收入数据。这里再运用基尼系数分解方案分析各种收入来源的人均收入差距对家庭人均总收入差距的贡献率。经过整理，获得可供分析的匹配样本6846个，总均值6596元，按公式（3）计算的总体基尼系数为0.540。[②]然后，我们按照公式（6）计算了各分

---

① 理论上，这可能是因为分组数增加之故，分组越多，组间差距的贡献份额可能越大（万广华，2006）。

② 使用不同的计算公式得到的基尼系数有一些差距。另外，这里没有对数据进行微调，即没有剔除极端值，因此计算得到的基尼系数会大于做了微调时的基尼系数。

项收入差距对总差距的贡献率（表 4 - 14）。因此，尽管分项收入基尼系数看上去都较大（这主要是因为各分项收入都有许多 0 值），但按集中率计算的差距贡献率有明显差别。贡献最大的是人均工资奖金收入差距，贡献率达到 59.3%；其次是人均经商办厂收入差距；第三是人均其他收入差距；第四是人均财产性收入差距；人均务农收入差距的贡献率最小，仅为 1.6%。还有一点值得注意，即人均务农收入和人均其他收入的集中率均小于总样本的基尼系数，表明它们的增长实际上具有缩小总的收入差距的作用，务农收入尤其如此；人均工资奖金收入、人均经商办厂收入和人均财产性收入的集中率则明显大于总样本的基尼系数，因此它们的增长将会进一步扩大收入差距。其中，这种扩大效应最大的是经商办厂收入，其次是财产性收入，它们分别比总样本收入差距基尼系数大 33.6% 和 26.0%，人均工资奖金收入的集中率则仅比总样本收入差距的基尼系数大 9%。

表 4 - 14　各项收入来源对家庭人均收入差距的贡献分解

	均值(元)	分项均值与总均值之比	集中率	贡献额	贡献率(%)
人均务农收入	743.5	0.1127	0.0755	0.009	1.6
人均工资奖金收入	3586.3	0.5438	0.5887	0.320	59.3
人均经商办厂收入	981.6	0.1488	0.7212	0.107	19.9
人均财产性收入	316.6	0.0480	0.6803	0.033	6.0
人均其他收入	968.2	0.1468	0.4715	0.069	12.8
人均收入	6595.9	—	—	—	99.6

注：在本表中，各分项差距贡献率之和不等于 100%，是计算过程中多次四舍五入的结果，其差值可以忽略不计。

3. 非农从业者月收入差距分解分析

这里对非农业从业人员收入差距的分解分析，主要从空间分布（区域、城乡）、个人特征（性别、职业阶层、工作单位所有制性质、就业形态）以及收入获得影响的定量因素等角度展开。

（1）按空间分组的个人月收入差距分解。这里进行分析的有效样本 2895 个，泰尔指数为 0.2549，并且在分组时不存在因分组依据不同而形成的样本缺失。表 4 - 15 是分解分析的结果。从地区分组分解结果看，三大地区间差距对总差距的贡献率很小，东部内部差距的贡献率接近 55%，中部与西部地区的内部差距贡献率也都超过 20%。看来，在不包括农业就业的情况下，传统的三大地区分组对我们认识地区间收入差距的作用仍然非常有限。从城乡分组分解结果看，总差距几乎全部由组内差距所贡献，城乡差距的贡献率可以忽略不计。也就是说，就非农从业人员的月收入水平来说，总差距的 70% 强由城镇非农从业人员内部的收入差距产生，接近 30% 由农村非农从业人员的收入差距产生，城乡之间差距的贡献几乎可以忽略不计。从地区与城乡交叉分组的分解结果来看，东部城镇非农从业人员的月收入差距贡献最大，东部农村非农从业人员月收入差距贡献次之，中西部农村非农从业人员月收入差距贡献都很小，而地区间差距的贡献率仍不大。

表 4 - 15　按城乡、区域分组的个人月收入泰尔指数

分组		均值比	人数比	泰尔指数	贡献额	贡献率（%）
三大地区分组	西　部	0.8502	0.2073	0.3014	0.0531	20.8
	中　部	0.8144	0.3299	0.2051	0.0556	21.8
	东　部	1.2020	0.4598	0.2509	0.1386	54.4
	地区之间	—	—	—	0.0076	3.0
	总　体	—	—	0.2549	0.2549	100.0
城乡分组	城　镇	1.0110	0.7610	0.2333	0.1795	70.4
	农　村	0.9650	0.2390	0.3267	0.0753	29.5
	城乡之间	—	—	—	0.0001	0.04
	总　体	—	—	0.2549	0.2549	100.0
地区与城乡交叉分组	东部城镇	1.2175	0.3254	0.2066	0.0818	32.1
	中部城镇	0.8298	0.2829	0.1964	0.0461	18.1
	西部城镇	0.8987	0.1727	0.3195	0.0496	19.5
	东部农村	1.1656	0.1344	0.3627	0.0568	22.3
	中部农村	0.7567	0.0701	0.2390	0.0127	5.0
	西部农村	0.6076	0.0345	0.1355	0.0028	1.1
	组间差距	—	—	—	0.0050	2.0
	总　体	—	—	0.2549	0.2549	100.0

注：由于四舍五入的原因，本表实际加总后可能不为 100%，特此说明。

（2）按个人特征分组的个人月收入差距分解。表 4 - 16 是按个人特征进行分组分解分析的结果。该表显示，首先，按性别分组看，不同性别非

农从业人员内部的月收入差距都比较大，同时对总差距的贡献率也很大，而不同性别非农从业人员之间的月收入差距对总差距的贡献率很小。这似乎不符合我们在日常生活中对显著的性别差距的感受。但我们注意到，职业间的差距贡献率较高，而性别差异在职业差异上有所表现，即女性职业较少地分布在社会经济地位较高的职业领域，而较多地分布在社会经济地位较低的职业领域。其次，按职业阶层分组时，贡献率最大的是个体户内部收入差距，达到33.8%，表明个体工商户的内部分化相当显著；居第二位的是各职业阶层之间的差距贡献率，达到21.4%，这是所有分组分解分析中最大的组间差异贡献率，表明现阶段非农从业人员的整体收入差距在较大程度上是由职业阶层之间差距产生的；另外，商业服务业员工组的内部差距对总差距的贡献率也比较可观。第三，按单位所有制性质分组时，组间差距的贡献不显著；贡献最大是非公有制单位的个人月收入差距，接近72%，是居于第二位的公有制经济单位个人月收入差距贡献率的3.9倍多。第四，按就业形态分组时，组间差距的贡献极小，可以忽略不计；就业市场化组的内部差距对总体差距的贡献率高达近85%，是就业非市场化组的内部差距的贡献率的5.7倍。由于组间差距的贡献率过小，我们完全有理由认为，对于现阶段非农就业者的月收入差距的扩大来说，就业市场化是最主要的因素。

表4-16　按个人特征分组的泰尔指数

分　　组		均值比	人数比	泰尔指数	贡献额	贡献率(%)
性别	男性	1.1671	0.5544	0.2528	0.1635	64.1
	女性	0.7921	0.4456	0.2370	0.0837	32.8
	组间差距	—	—		0.0077	3.0
	总　体	—	—	0.2549	0.2549	100.0
职业阶层	国家与社会管理者	1.2133	0.0273	0.2503	0.0083	3.3
	企业经理人员	1.2534	0.0325	0.1411	0.0057	2.2
	私营企业主	5.3656	0.0176	0.2536	0.0239	9.4
	专业技术人员	1.1687	0.1123	0.1265	0.0166	6.5
	办事人员	0.8780	0.1437	0.1233	0.0156	6.1
	个体户	1.3123	0.2055	0.3192	0.0861	33.8
	产业工人	0.6647	0.146	0.1706	0.0166	6.5
	商业服务业员工	0.6586	0.3150	0.1333	0.0277	10.8
	组间差距	—	—		0.0545	21.4
	总　体	—	—	0.2549	0.2549	100.0

续表

分　　组		均值比	人数比	泰尔指数	贡献额	贡献率(%)
所有制	公有制非经济单位	1.0069	0.1513	0.1393	0.0212	8.3
	公有制经济单位	0.8108	0.3102	0.1854	0.0466	18.3
	非公有制单位	1.1070	0.5385	0.3073	0.1832	71.9
	组间差距	—	—	—	0.0039	1.5
	总　体	—	—	0.2549	0.2549	100.0
就业市场化	市场化就业	0.9762	0.7675	0.2890	0.2165	84.9
	非市场化就业	1.0793	0.2325	0.1515	0.0380	14.9
	组间差距	—	—	—	0.0004	0.2
	总　体	—	—	0.2549	0.2549	100.0

注：由于四舍五入的原因，本表实际加总后可能不为100%，特此说明。

（3）若干定量性个人特征差距对个人月收入差距的贡献分析。影响非农从业人员的收入水平的因素，除了上面分析的之外，还有他们的年龄、受教育程度以及家庭生产性资产等定量因素。关于这些因素的分布差距对总体差距的影响，在分析这些因素对个人收入的影响时，我们关注的是每个因素作为一个整体的影响。这就需要运用基尼系数分解方案进行分析。经过整理，获得匹配样本2785个，基尼系数为0.4879。我们以被调查者的年龄、受教育年限、人均家庭生产性投资和人均家庭金融资产为自变量，以被调查者月收入为因变量，进行线性回归分析，得到如下拟合模型：

$$Y = 639.943 - 6.712Age + 91.713Edu + 0.036PA$$

在模型中，$R^2 = 0.133$（调整的 $R^2 = 0.132$，$F = 142.184$，$P < 0.01$）；Age 表示年龄，Edu 表示受教育年限（年），PA 表示人均家庭生产性资产（万元）。在此基础上，依照公式（6）进行分解运算，得到表4-17的结果。可以看到，该表中的三个因素合计解释了总体基尼系数的34.3%。其中，年龄因素对总体差距的贡献率很小，表明年龄并未成为拉大非农就业人员收入差距的重要因素（在前述个人月收入决定模型中，年龄的收入弹性很小，也证明了这一点）；受教育年限对总体基尼系数的贡献不算太小，接近12%；而人均家庭生产性资产的贡献率则超过21.4%。考虑到人均家庭生产性资产的集中率远大于总体基尼系数，而教育年限的集中率远小于总体基尼系数，可以说，前者的增长将具有拉大收入差距的作用，而后者的增长则将会起到缩小收入差距的作用。

表 4 - 17　年龄、教育和资产对月收入基尼系数的影响

	收入权数	集中率	贡献额	贡献率(%)
年龄	-0.1838	-0.0361	0.0066	1.4
受教育年限	0.5982	0.0945	0.0565	11.6
人均家庭生产性资产	0.0803	1.2989	0.1043	21.4
残差	—	—	0.3204	65.7
总　体	—	—	0.4879	100.0

注：由于四舍五入的原因，本表实际加总后可能不为100%，特此说明。

4. 家庭人均财产分布差距分解分析

对家庭财产分布差距的分解，将从两个角度进行，一是分组差距分解，二是各分项财产分布差距对总差距的贡献分解。

（1）财产分布差距的城乡、区域分组分解。表 4 - 18 是基于 5072 个匹配样本对人均家庭财产分布差距进行空间分组分解的结果。按地区分组的结果与收入分配差距的地区分组分解结果相比有一个重大不同之处，即家庭人均财产分布差距的构成中，地区间差距的贡献率有显著提升，达到 14.6%；就各地区内部差距对总差距的贡献率而言，则还是东部地区的贡献大了许多，中部和西部地区的贡献基本相同。按城乡分组，城镇住户组内部差距对总体差距的贡献超过 50%，城乡组间差距的贡献率达到 20% 左右。按地区与城乡交叉分组，组内差距的贡献率之和大于组间差距的贡献率，各组内差距的贡献率都小于组间差距贡献率。同时，比较各组内部差距的贡献率，则仍以东部城镇住户组差距的贡献为最大，而且东部农村住户组内部的差距对总体差距的贡献也比较可观。总之，在家庭人均财产分布的差距构成方面，各分组之间的差距对总体差距的贡献率明显大于收入分布差距分解中的相应贡献率；从各分组内部差距对总体差距的贡献率看，与家庭人均收入差距构成的格局相似的是，东部地区住户对总体差距的贡献率也是最大的。

（2）人均家庭财产基尼系数分项构成分解。被调查者家庭财产分为生产性资产总值、房产现值、金融资产现值、各种耐用消费品（含奢侈品）原值总计以及其他家庭资产的数据。表 4 - 19 是基于 5118 个匹配样本（基尼系数为 0.6868）对人均家庭财产分布基尼系数进行分解的结果。从中可以看到，人均房产现值的差距贡献了绝对多数的份额。这是因为，对于绝大

表 4-18 按城乡、区域分组的财产分布差距泰尔指数

分 组		人数比 （p_g）	均值比 （λ_g）	泰尔指数 （I_g）	贡献额	贡献率 （%）
三大地区 分组	西部地区内部	0.2571	0.5900	0.5254	0.0797	19.3
	中部地区内部	0.4245	0.6461	0.2961	0.0812	19.7
	东部地区内部	0.3184	1.8029	0.3344	0.1920	46.5
	地区之间	—	—	—	0.0601	14.6
	总 体	—	—	0.3436	0.4130	100.0
城乡分组	城镇内部	0.4643	1.6790	0.3046	0.2375	57.5
	农村内部	0.5403	0.4318	0.3998	0.0933	22.6
	城乡之间	—	—	—	0.0823	19.9
	总 体	—	—	0.4130	0.4130	100.0
地区与城乡 交叉分组	东部城镇内部	0.1617	2.8665	0.2162	0.100	24.3
	中部城镇内部	0.1869	1.0709	0.2067	0.0414	10.0
	西部城镇内部	0.1157	1.0021	0.4598	0.0533	12.9
	东部农村内部	0.1567	0.7058	0.3933	0.0435	10.5
	中部农村内部	0.2378	0.3117	0.2608	0.0193	4.7
	西部农村内部	0.1412	0.2527	0.3599	0.0128	3.1
	各组之间	—	—	—	0.1424	34.5
	总 体	—	—	0.4130	0.4130	100.0

注：由于四舍五入的原因，本表实际加总后可能不为100%，特此说明。

多数居民来说，房产是最大宗的家庭财产，因而其人均量的分布差距能够最突出地反映全社会的家庭财产差距。在日常生活中，人们最能直观地感受到的财产差距也是房产差距。人均生产性资产差距和人均耐用消费品原值差距对总体差距的贡献都不大，主要原因可能在于，大多数农户多少都拥有一些这样的资产，同时大多数住户也都多少拥有一些耐用消费品。另外，人均其他资产、人均房产现值、人均金融资产这三项资产的分布都有明显高于总体基尼系数的集中率，它们的进一步增加将产生继续拉大人均家庭财产分布差距的作用；人均家庭耐用消费品分布的集中率明显小于总体基尼系数，因而这项财产的增长将具有缩小人均家庭财产分布差距的作用。

表 4 – 19   人均家庭财产差距分项分解

	均值(元)	分项均值与 总均值之比	集中率	贡献额	贡献率
人均生产性资产	1822.1	0.0473	0.6560	0.0310	4.5
人均金融资产现值	2666.5	0.0692	0.7091	0.0491	7.1
人均房产现值	29829.7	0.7745	0.6926	0.5364	78.1
人均耐用消费品原值	3136.1	0.0814	0.5682	0.0463	6.7
人均其他资产	1058.9	0.0275	0.8745	0.0240	3.5
人均家庭财产	38513.3	1.0000	—	—	100.0

注：由于四舍五入的原因，本表实际加总后可能不为100％，特此说明。

五   结论、讨论与政策建议

1. 基本结论和主要发现

可以看到，人们通常关注的各种收入分配状况，绝大多数都在本次调查数据的分析结果中获得呈现。若干重要的宏观因素，包括城乡、地区、年龄、性别、户籍、党员身份、受教育程度、家庭经济状况、就业形态、职业地位等，或者全部或者部分地在收入和财富分配中发挥了不同程度的作用。这些情况并未出乎我们的意料。

从家庭收入的构成来看，劳动报酬性质的收入无论在城市还是乡村，都是占主体地位的收入项目；其他收入（以转移性收入为主）在城镇住户中居于第二位；生产经营收入在城乡住户收入构成中都居于第三位；财产性收入比重很小。从家庭财产构成来看，无论城乡住户，房产都占绝对多数的地位；家庭耐用消费品居于第二位，但其比重远远低于房产的比重；对农户来说，多少都有一些生产性资产，因而其在家庭财产构成中占了第三位，其比重略低于家庭耐用消费品，但这并不意味着农业和农村住户的生产性财产绝对量有多大，毕竟他们的家庭财产总量远比城镇住户小；对于一般住户来说，家庭金融资产普遍较少，这也决定了他们获得财产性收入的潜力较小。

个人收入的决定因素分析具有重要意义，这表现在几个方面。首先，如果我们把影响个人收入获得的因素分为先赋性因素与个人努力因素，那么，我们看到，多数先赋性因素的作用都很突出，其中最突出的是性别。但户籍的作用在不同回归模型中都不显著，因此，单纯从收入分配的角度看，由于流动的增加，户籍可能不再是一个重要的影响因素。其次，在后致性因素中，党员身份的作用比较突出，教育的作用也比较可观，但并没有达到一些类似研究曾经发现的回报率水平。第三，在各种既取决于个人努力也受到某些先赋性因素影响的收入决定变量中，家庭经济条件的影响不可忽视，个人职业地位的作用表现为多数社会经济地位较高的职业阶层能够带来相对更多的收入。被调查者的工作地点和地区分布，既是个人努力的反映，同样也受到一些背景性因素的影响。从结果来看，城市和东部地区作为发展水平较高的社会经济空间，对收入具有显著的增长作用。最后，就业形态部分地决定于人们的某些先赋性因素（如农业户籍人员的非农就业完全处于市场化状态），也与个人努力有关（例如农业户籍人员可以通过上学等途径获得非农户籍从而进入非市场化就业领域），而从回归分析的结果看，非市场化就业形态具有增加收入的作用。因此，个人收入的形成机制显得非常复杂，但总的趋势是先赋性条件相对较差的人在收入获得中的处境也相对较差。

　　无论家庭收入、个人收入还是家庭财产的分布，都呈现出巨大的差距。如果我们的调查能够获得的收入信息都是被调查者愿意透露出来的信息，亦即在获得的收入数据中不包括广为社会所诟病的各种灰色收入，那么，无论如何，现有的这种收入差距不是归因于腐败、垄断这样的因素所能够解释的。因此，对这些差距的解释，只能从"正常"的收入影响因素中去寻找。理解这一点，具有非常重要的政策意义。通过家庭人均收入差距状况的各种结构性分析，我们发现，首先，从地区来看，东部地区和西部地区的内部差距都比较大，中部地区相对较小，从这里我们似乎得不出经济发展能够缩小差距的结论。其次，从城乡来看，倒是呈现出城市内部差距最小、县镇次之，而农村地区内部差距最大的格局，这种结果似乎又不容许我们否定经济发展具有缩小收入差距的作用（因为现实是城市的发展水平最高，县镇次之，农村最低），但我们必须注意到，在有农业收入的住户内部，收入差距是非常小的。同样，农业收入差距对总体差距的贡献极小，几乎可以忽略，而农业收入的增长则具有明显缩小收入差距的作用。对非农就业人员的个人收入差距的分析也揭示出一些复杂的特征。首先看各种分组的内部差距。依户籍和性别分组的组内差距对比相对不突出，依工作地区分组的组内差距对比呈现西部被调查者的收入差距最大、东部地区次之而中部地区最小的变化趋势，依工作地点分组的组内差距对比则呈现县镇被调查者内部差距最大、农村次之而城市最小的态势。其次看各种分组差距对总体差距的贡献，则在按地区分组时呈现东部被调查者收入差距贡献最大、中西部地区被调查者收入差距贡献比较接近的格局，按城乡分组时在城镇就业的非农就业人员的收入差距贡献远远大于在农村就业的非农从业人员收入差距的贡献，按工作地区与地点交叉分组时则以在东部城镇就业的非农从业人员的收入差距贡献最大。这些复杂的情形表明，我们的分析结果不能为经济发展能够缩小收入差距这一判断提供经验证明。

可以认为，各种人群的内部差距都在扩大，是本项研究的重要发现，也正是这种局面的形成，使得中国社会的总体收入分配差距显得非常之大。除此之外，还有两点必须着重加以指出。首先，所有各种分组分解分析的结果都显示，组内差距贡献之和总是大于组间差距，在部分情况下，单是某些分组的组内差距的贡献就已经显著大于组间差距的贡献。例如，城乡间差距、区域间差距在各自所涉及的分组分解中对总体差距的贡献率，都没有超过25%的。其他基于微观调查的研究结果也与此相近（Khan，Griffin and Riskin，1999）。可见，基于宏观分析框架（如地区与城乡）以及这样的框架所涉及的统计数据尤其是平均值来分析现阶段中国社会的收入差距状况，已经不能很好地揭示其中真相。各种按空间分组的组间差距对总体差距的贡献已经显著不及组内差距的贡献，这一结果也使得用中国城乡之间、区域之间的发展不均衡来解释中国社会的总体收入差距的传统分析框架成为并不特别适用的工具。其次，本章采用了一种新的分组分析方法，此即就业形态分组，分析的结果引人注目。虽然非市场化就业相对于市场化就业具有增加收入的作用，但从个人角度看，市场化就业人群的内部差异明显大于非市场化就业人群的内部差异，同时前者对总体差距的贡献则几乎是后者贡献的6倍；如以住户为单位来分析，则家庭主要成员都属于市场化就业的住户内部差距仍然是最大的，其对总体差距的贡献，是其他就业形态住户组贡献的3~5.6倍。

2. 对几个相关问题的讨论

一是经济发展与收入差距的关系究竟如何的问题。尽管国内学术界有一部分人认为，差距是发展的推动力量，在竞争中产生的差距是中国社会的一个进步（陈宗胜，2002），但是，综观国内外的相关研究文献，认为差距过大不利于发展的仍然是多数。根据万广华的总结，收入差距扩大可能通过四个机制来降低经济增长的速度。①由于存在信贷市场的不完善性，收入差距的扩大将使更多的穷人面临信贷约束，降低其物质资本和人力资本投资；

②在民主社会中，更大的收入差距会使更多的人支持增加税收以促进再分配，而更高的税收则对经济增长存在负面激励作用；③收入差距的扩大会引起社会和政治的动荡，恶化社会投资环境，并且会使更多的资源被用于保护产权，从而降低具有生产性的物质资本的积累；④由于低收入家庭的生育率更高而人力资本投资更少，当收入差距扩大时，低收入家庭的比例就会上升，从而降低全社会的受教育程度和经济增长。万广华自己的实证研究也表明，从累积效应看，收入差距对于经济增长的作用始终是负的（万广华，2006）。除了这四种机制外，还有一种机制同样值得高度注意，这就是收入差距会导致消费下降，而在现代社会，消费是经济增长的一个主要动力源泉。中国收入不平等导致消费下降，这也已经是一个公认的看法（陈文玲，2007）。统计显示，中国最终消费占 GDP 的比重已从 20 世纪 80 年代超过62% 下降到 2005 年的 52.1%，居民消费率也从 1991 年的 48.8% 下降到2005 年的 38.2%，均为历史最低水平。内需拉动乏力，我国经济发展严重依赖投资和出口。

　　二是市场化的经济发展与收入差距变动之间的关系问题。对这个问题的认识不同，会直接导致有关收入分配的公共政策的不同，从而产生不同的后果。本章的研究结果表明，至少在现阶段，相对于非市场化的就业来说，市场化就业是扩大收入差距的。然而，不少观点坚持认为，市场化发展本身就具有缩小收入差距的作用，尽管在最初阶段它可能会扩大收入差距，并且据认为这就是所谓库兹涅茨倒 U 形假说（Kuznets，1955）的含义所在。这一假说的政策含义是，如果接受它，那么从长期来看整个经济将会自然而然地走出收入分配差距拉大的困境，政府政策对收入分配进行干预是无效率的（Atkinson，1999）。R. 兰姆曾经采用一个不包括常数项的指数模型来分析经济增长与收入分配差距之间的回归关系，并由此得出库兹涅茨曲线存在的结论（Ram，1995）。但万广华认为这一结论具有欺骗性，万广华根据多个转型国家的有关数据进行分析的结果是，人均 GDP 与基尼系数之间的关系是一种半 U 形关系，因此，如果在两者关系变动过程中观察到一个转折点，那么这个转折点很可能是不平等程度上升的开始（万广华，2006）。追根寻源，关于这个问题，提出倒 U 形假说的库兹涅茨本人的看法更加值得我们注意。在 1966 年发表的《现代经济增长》一书中，库兹涅茨在讨论第二次世界大战后发达国家收入分配差距缩小现象时，并不像后来人们理解的那样，将其原因唯一地归结于市场经济的发展；相反，他认为，现代社会对法律平等、政治平等以及最终的经济平等的不断追求，旨在尽可能地促进机会平等以及对那些由于经济和社会结构缺陷而非个人原因而发生的失败进行补偿；推动充分就业和减少经济不平等的国家总体决策和政策，以独立经营业主减少、周薪（wage）工人减少而月薪（salary）工人增加为标志的社会阶层结构的变化，经济发展带来的部门间劳动生产率差距的缩小，还有当时存在的国际紧张局势，都是收入分配差距缩小的重要原因（库兹涅茨，1991）。

　　三是当前中国社会收入分配中差距形成的主要原因究竟是什么的问题。一段时期以来，在中国学术界和社会舆论中有一种声音认为，现阶段中国社会收入差距扩大的主要原因，不是经济发展，也不是市场化，而是腐败和垄断导致的巨大灰色收入，因此，对收入差距进行调控就是要消除腐败，消除垄断。王小鲁的一项基于非随机抽样调查和个人估计的研究报告认为，中国一年的灰色收入可达到4.4万多亿元，这笔收入为大约占全国总人口1%的少部分人所得，从而成为中国收入差距扩大的最主要原因（王小鲁，2007）。姑且不说其对灰色收入总量的估计是否合乎实际，关键问题是，现在所发现的已经很大的收入分配差距，实际上并未包含这种灰色收入造成的差距在内。对于这种收入差距来说，其成因应当是多方面的，但至少我们的分析表明，市场化就业人群的内部差异在家庭人均收入差距分组分解分析和个人月收入差距分组分析中，分别都成为最主要的总体差距贡献者，在家庭人均收入差距的分组分解中，组间差距的贡献不到21%；在个人月收入差距分组分解中，组间差距的贡献几乎可以忽略不计。这就难以为市场化发展不会扩大收入差距的论断提供支持。如果真相与此相反，即市场化发展至少在现阶段是扩大收入差距的重要原因，那么，其最主要的表现应当是初次分配机制不合理。据全国总工会2005年对10省份20个市（区）1000个各种所有制企业以及1万名职工的问卷调查，2002～2004年三年中，职工工资低于当地社会平均工资的人数占81.8%，比上一个三年（1998～2001年）增加了28个百分点；只相当于当地社会平均工资一半的占34.2%，比上一个三年增加了14.6个百分点；还有12.7%的职工工资低于当地最低工资标准。该次调查还发现，2002～2004年三年中，港澳台企业年均效益增长33%，而职工工资增长为零；在天津等五个城市的纺织企业，90%的企业职工工资三年分文未涨（周玉清，2007）。江苏省统计局的一项分析，也发现非国有集体单位劳动报酬增长速度较慢是该省收入分配差距扩大的一个主要原因（江苏省统计局，2007）。更直接更宏观的证据则是全国统计数据所揭示的初次分配结构。根据《中国统计年鉴（2007）》提供的数据，1996～2006年，在以收入法计算的各省份GDP构成中，劳动者报酬所占比重从53.4%下降为40.6%，而营业盈余比重则从21.2%上升至30.7%。这一分配结构甚至大大不如美国这样的国家：据称目前这两个比重美国分别为56.3%和12.4%（罗奇，2007）。

四是目前中国社会的收入分配差距是否成为一种社会和谐稳定的风险因素，是否需要政府干预。迄今为止，还有不少人（其中不乏权威学者）不认为这是一个多么严重的问题。大多数持这种观点的人相信，现阶段中国社会收入差距的扩大，是改革和发展的代价，是为了"以效率换公平"（李实、佐藤宏主编，2004）。因此，他们认为，提出目前中国收入差距过大是一种"炒作"，要求"别拿所谓基尼警戒线吓自己"，等等。基于这样的认识，他们也不赞成对与市场化密切相关的初次分配进行调节（如一些人反对建立最低工资制度），个别的甚至反对加大再分配的力度（如反对建设社会保障制度）。然而，实际上，中国社会已经普遍感觉到收入分配不公的问题。早在2002年，一项全国抽样调查发现，47.81%的被调查者认为全国收入分配不太公平或者很不公平的人合计占81.3%（李实、罗楚亮，2007b）。在我们2006年的调查中，认为收入和财富分配很不公平和不大公平的人合计所占比重，如果不考虑那些态度不确定的人，也达到55.6%；同时，在不考虑态度不确定的人的情况下，认为中国社会存在不同程度的利益冲突的人占80%以上，其中53.4%的人认为未来一个时期这种冲突可能或者绝对会激化。作为一个旁证，有学者对中国居民基尼系数、城乡居民收入相对差距和地区间收入差距与公安机关统计的刑事犯罪案件和社会治安案件之间的关系进行了回归统计分析，发现其间存在显著的相关性。例如，全国居民收入基尼系数每上升一个百分点，每10万人的刑事—治安案件发案量将增加36件（胡联合、胡鞍钢，2006）。库兹涅茨当年发现的推动政府采取有助于收入分配差距缩小的政策和制度变动的因素，大多数在现阶段的中国都已经相当普遍地出现。

3. 几点建议

人们对收入差距的价值判断来自社会各个方面，包括经济因素与社会因素。就经济方面的理由来说，收入差距与经济增长的关系长期以来都充满着争议而无定论。无论是理论论证还是经验检验，收入差距促进或阻碍经济增长的机制与证据都共生于各类文献，这也导致在一个以经济增长为核心目标的社会中，价值判断会更容易偏向于实践中的经济增长效应，快速的经济增长会导致人们对于收入差距的忽视。不过，收入差距过大对于经济持续增长所可能具备的消极影响也会经常警示人们不可放任收入差距的扩大。尽管也有学者认为，中国仍处于发展中国家的现实，决定了在较长一段时期中，经济增长仍将是社会发展的前提，也将成为各项政策的基本目标取向之一，与此相配套的收入分配机制不可能发生根本性改变（李实、罗楚亮，2007a）。但是，综合考虑各种可能的效应，"完善收入分配制度，规范收入分配秩序"以期"保障社会公平正义"（包括分配正义），必然成为构建社会主义和谐社会的重要组成部分。

就目前现实来说，反对腐败，尽力消解灰色收入，是规范收入分配的主要着力点。尽管这些收入实际上尚未进入目前的微观调查所发现的收入差距范围，但它们的存在是导致社会多数民众对现阶段中国收入分配秩序不予认同的重要原因。但是，正因为在业经发现的收入差距中尚未包括灰色收入的影响，因此，缩小这种收入分配差距或者至少扭转其不断扩大的趋势的关键，还是完善收入分配制度，其中的重点则是完善初次分配制度。

关于如何扭转收入分配差距不断扩大的政策建议可谓多种多样，其中包括加快农民增收以及努力增加居民的财产性收入，等等。从我们的研究来看，增加农民收入无疑非常重要，并且农民务农收入的增加确实具有缩小收入差距的潜在作用。但是应当看到，从农业发展的角度来增加农民收入，在农业人口仍然保持中国人口主体地位的情况下，农民的收入难以得到能够有效缩小差距或者扭转差距扩大趋势的增长，除非有条件逐步较大规模地减少农业人口——这又要求加快提高农业劳动力转移就业的速度，扩大农民非农就业的规模。从制度上来看，发展非农产业和加快户籍制度改革与城市化步伐，是实现这种就业转移的关键，城市化尤其显得重要。有人估计，仅1978年以来的城市化滞后带来的就业损失就达7500万人，GDP损失10.4%，约8000亿~9000亿元（Chang，2002）。

努力增加居民的财产性收入，也可以成为一种政策选项，但这又取决于一个基本条件是否具备：即广大普通民众是否也拥有足够多的可以产生收入的财产积累，否则，就应当像库兹涅茨观察到的那样，财产性收入比重的下降才是收入差距缩小的因素。从我们的调查来看，样本住户的财产分布极为不平等，总体基尼系数高达0.6865。与此同时，尽管由于住户财产总量还不是很大，财产性收入分配差距对收入总差距的贡献率比较小（仅为6%），但其集中率高于收入总基尼系数，是一项扩大收入差距的潜在因素。从国家统计局提供的统计数据看，情况也的确如此。目前，中国居民的财产性收入具有三个显著特征。一是获得财产性收入的人还比较少，结构性矛盾比较突出，少数高收入者获得了绝大多数的财产性收入。2006年最高收入10%家庭人均拥有的财产性收入为1279.28元，而最低收入10%家庭人均只有35.29元。五年来，高收入家庭的财产性收入增长幅度明显快于低收入家庭，2006年最高收入10%家庭的财产性收入是2002年的3倍，而最低收入10%家庭的财产性收入只是2002年的1.36倍。二是获得的财产性收入比例还比较低。到2006年，我国城镇居民获得的财产性收入仅为244.01元，占当年城镇居民可支配收入的2.1%。三是获得财产性收入的途径比较窄，主要是出租房屋收入所得、股息与红利收入所得。2006年城镇居民人均出租房屋收入占全部财产性收入的51.8%，人均股息与红利收入占22.9%（秦交锋，2007）。在财产分布极度不平等的情况下，财产性收入的增长必然呈现累积效应。

　　一定程度地改变财产性收入的累积效应的关键，还在于增加其他来源的收入流，尤其是劳动报酬收入流。毕竟，对于绝大多数社会成员来说，劳动报酬是最主要的收入来源。只有当这种收入水平超过社会大多数成员满足其基本生存和发展需要时，它们才能形成积累转变为财产并在未来产生财产性收入。增加劳动报酬比重，应当至少包括三个方面的内容，一是要在全国范围内建立和切实执行合理的最低工资制度，二是要尽快在全国范围内建立正常工资增长机制，尤其是要在非公有制经济部门建立这种机制。全球著名人力资源管理咨询公司翰威特咨询公司2005年底公布的一份年度调查报告显示，2005年印度再次成为薪酬增幅最大的国家，高达13.9%，高出中国一倍。2005年中国整体平均薪酬水平增长6.6%~8.9%。美世咨询的调查表明，在过去五年中，印度的平均工资增长率为11.5%，而中国为7.5%。同期GDP的增长，中国一直维持在两位数；而在印度历史上，GDP增速只有三次超过8%。它说明中国的薪酬增幅远低于GDP增幅，而印度正好相反。这是一个质的不同。前者意味着国民创造的财富绝大部分成为企业利润和国家财政，GDP增长得越快，普通劳动者相对越穷；而后者则意味着GDP增长大部分直接造福于民众（童大焕，2007）。三是要建立健全社会保障制度，尤其要加快社会保障制度覆盖农民工的速度（不管其水平如何），改变大量用人单位为了压缩劳动力成本而延长劳动时间，不给员工提供养老金、住房公积金、医疗保险金，使得许多劳动者在付出辛苦的劳动之后，无法分享经济发展的成果的局面。通过这些措施，要达到一个目标，就是提高国民收入中的劳动报酬比重，相应地必然要降低营业盈余的比重。我们认为，在今后 5～10 年内，使劳动者报酬占 GDP 的比重从目前的 41% 提升到 50% 以上（这仍然低于美国目前的水平），使营业盈余比重降低到 25% 以下（这仍然高于美国目前的水平），应当是一个可以考虑的选择组合。

　　缩小收入差距，或者扭转收入差距不断扩大的趋势，并不仅仅是为了实现社会公平，也同样是为了实现经济效率。社会主义和谐社会建设是经济发展和社会发展的和谐统一。

第五章
社会阶级阶层结构的变化

一 中国现阶段阶级阶层
结构的几种描述

改革开放以来，中国的阶级阶层结构发生了重大变化，已经从改革开放前的"两阶级一阶层"转变为现在的多阶级多阶层。关于中国现阶段阶级阶层结构的状况，有多种不同的估计和测量。

有的学者倾向于使用一种比较简单清晰的以利益得失为主轴的划分方法，来刻画中国的"社会分化的动力系统"。比如认为中国阶级阶层结构在变化中分化出四个基本的社会阶层：即特殊获益阶层、普通获益阶层、相对利益受损阶层和绝对利益受损阶层。有的时候，绝对利益受损阶层也被称为社会底层，而特殊获益阶层也被称为精英阶层（李强，2004；孙立平、李强、沈原，2004）。

也有的学者以职业分化为基础，以组织资源、经济资源和文化资源的占有状况为标准来划分阶级阶层，认为中国目前可以划分为十个社会阶层：即国家与社会管理者阶层、经理人员阶层、私营企业主阶层、专业技术人员阶层、办事人员阶层、个体工商户阶层、商业服务人员阶层、产业工人阶层、农业劳动者阶层、无业失业半失业者阶层（陆学艺主编，2004）。根据这种划分办法，并依据中国社会科学院研究所"当代中国社会阶层结构研究"课题组于 2001 年在全国 12 个省市区 6000 多个有效样本的抽样调查数据，可以测量出中国十大社会阶层的所占比重（参见表 5-1）。

还有的学者采用国际上通常使用的以职业和知识—技术为主轴的划分方

法。如中国社会科学院社会学研究所"当代中国社会矛盾问题研究"课题组，于 2002 年底在中国 31 个直辖市和省会城市进行了 10000 多有效样本的抽样调查，根据这次调查的数据，把中国城市社会划分为七个阶层（李培林、张翼、赵延东、梁栋，2005）：上层官员和大业主阶层占 1.1%，中下层官员、中下层业主和高级知识分子阶层占 14.6%，机关办事人员和企业下层管理人员占 34.1%，技术工人和自雇阶层占 17%，半技术半体力、体力工人阶层占 23.6%，失业、下岗、城市贫困阶层占 9.5%。需要说明的是：因为该次调查的抽样框以城市户籍人口为主设计，故农民工没有被抽中，这影响了体力工人的数量和百分比结构。但尽管如此，从这里还是可以看出中国城市社会的分化状况。

表 5 – 1   2001 年中国十个社会阶层的结构分布

单位：%

	有效百分比		有效百分比
国家与社会管理者	2.1	商业服务业员工	11.2
经理人员	1.6	产业工人	17.5
私营企业主	1.0	农业劳动者	42.9
专业技术人员	4.6	城乡无业失业半失业者	4.8
办事人员	7.2		
个体工商户	7.1	总 计	100.0

注：由于四舍五入的原因，本表实际加总后可能不为 100%，特此说明。

数据来源：2001 年中国社会结构变动状况调查（数据在使用时，以 2000 年人口普查数据进行了加权）。

表 5 – 2   2002 年中国城市社会的阶级阶层结构

单位：%

上层官员和大业主阶层	1.1
中下层官员、中下层业主和高级知识阶层	14.6
机关办事人员和企业下层管理人员阶层	34.1
技术工人和自雇人员阶层	17.0
半技术半体力工人阶层、体力工人阶层	23.6
失业、下岗、城市贫困阶层	9.5
总 计	100.0

注：由于四舍五入的原因，本表实际加总后可能不为 100%，特此说明。

数据来源：2002 年中国城市公众社会冲突观念调查。

另外，按照十个阶层的划分方法，根据 2005 年全国 1% 人口抽样调查数据，并结合国家工商管理总局等部门的统计数据，2005 年我国社会阶层的结构仍呈现为金字塔的形状（参见图 5 - 1）。

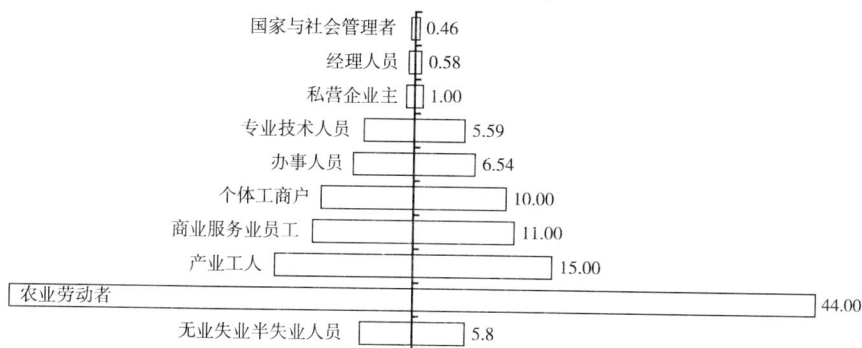

国家与社会管理者　0.46
经理人员　0.58
私营企业主　1.00
专业技术人员　5.59
办事人员　6.54
个体工商户　10.00
商业服务业员工　11.00
产业工人　15.00
农业劳动者　44.00
无业失业半失业人员　5.8

图 5 - 1　2005 年经济活动人口中社会阶层的分布（%）

二　阶级阶层结构分析范式

西方社会学界有多种多样的阶级理论和阶级划分标准。但从学派上说，能够定量操作的比较有影响的理论范式，主要有五个：一是以赖特（Eric Olin Wright）为代表的新马克思主义范式；二是以戈德索普（John Goldthorpe）为代表的新韦伯主义的多元分层范式；三是布劳—邓肯（Peter M. Blau and Otis D. Duncan）的社会经济指数等级分层范式；四是布迪厄（Pierre Bourdieu）的消费分层范式；五是新涂尔干（Emile Durkheim）主义的行业分层范式。虽然这些分层理论近来显示着越来越趋同的倾向，但新马克思主义的范式仍以其强调阶级关系与阶级意识而具有鲜明的特点。

根据不同的理论假设，可以产生不同的阶级定位和阶级定名。在这里，我们尝试以赖特的阶级分层范式对中国的分层情况进行解读。赖特在 1979 年出版的《阶级结构与收入决定》（Class Structure and Income Determination）一书中，站在他所理解的马克思主义立场上，确定了自己的阶级分析出发点：①要以关系取向去分析阶级阶层结构，而不是等级取向；②要以人们在社会生产组织中所处的位置去分析阶级阶层结构，而不是市场关系；③要以社会生产组织关系中的阶级关系为主线进行分析，而不是技术分工关系和权

威关系。赖特认为，阶级形成共同的位置，这些位置是有关系的，这些关系
具有冲突的特征并存在于生产过程中。

赖特还认为，资本主义社会生产关系可以被分解为以下三个互相依赖的
过程：①对货币资本的社会控制关系，也就是对投资方向和积累过程的控
制，或者是对生产多少和生产什么的控制；②对物质资本的社会控制关系，
也就是对物质生产工具的控制，或者对怎样生产的控制；③劳动生产过程的
权威社会关系，也就是对劳动过程监督和组织纪律的控制（Wright，
1979b）。

表 5 – 3　赖特阶级关系中的基本位置

阶　　级	基本阶级关系		
	经济所有权	占　　有	
	对投资与积累过程的控制	对物质生产工具的控制	对劳动力等的控制
资产阶级	＋	＋	＋
劳工阶级	—	—	—
小资产阶级	＋	＋	—

注：" ＋ "控制；"—"不控制。

资料来源：Eric Olin Wright. 1979. *Class Structure and Income Determination*. Academic Press. p. 27.

在赖特的解释里，"控制"不是人对物的关系，而指的是人与人的社会
关系。① 但这三个过程并不完全一致。因为在资本主义社会，并不仅仅存在
如上所述的资本家与无产者之间的这种控制与被控制关系，另外还存在简单
商品生产，即独立组织生产，自雇而不雇佣他人的小资本的生产与再生产。
这个事实是理解被标签为中产阶级（或新中产阶级以区别于传统小资产阶
级）那一社会类别的位置的关键。这个阶级代表的阶级位置是对纯粹阶级
位置的某种程度的偏离，是"资本主义社会基本对立阶级关系中的矛盾位
置"。矛盾阶级位置的提出，解决了传统马克思主义社会学理论中最大的阶
级阶层划分难题——中产阶级的归属问题。

我们知道，马克思在分析资本主义社会的阶级结构及其变化趋势时，主
要以资本和生产工具的占有方式为依据进行阶级区分。凡是拥有生产资料并

---

① 正是在这一点上赖特贯彻了他与马克思的必然联系。

雇佣他人进行劳动而维持再生产者，就是资产阶级。凡是不拥有生产资料而仅仅靠出卖自己的劳动力而以工资维生者，就是工人阶级。资产阶级和工人阶级组成资本主义社会最基本的阶级。在马克思的理论体系中，伴随社会再生产的进行与资本主义社会贫富分化的日益加剧，那些位于社会中层的小生产者等，会逐渐向资产阶级和工人阶级这两大阶级阵营分化。但马克思之后资本主义社会的发展，并没有出现为马克思所预言的那种结果：一方面，资本主义仍然具有很强的生命力，表现着极其强劲的发展力道；另一方面，资本主义社会的阶级结构，也没有日益分化为两大阵营，而却在多极分化中生发出了一个人数庞大的中产阶级。

不仅如此，德国社会学家达伦多夫还总结说，资本主义在其发展变化过程中，改造了其原有的社会结构，出现了许多新的变化。具体表现为：①劳动的异质性程度增加了；②中产阶级或中等阶级占据总人口的比重上升了①；③阶级之间的社会流动渠道拓宽了；④进一步发展了政治平等，并扩大了公民的政治权利；⑤国家再分配能力的提高使得贫困阶层的绝对贫困线逐步上升（Dahrendorf，1959）。这就是说，中产阶级的出现和存在，将不可能仅仅是一个暂时现象，而可能是一个长期都会影响社会运行的实体。

赖特根据他所理解的马克思主义原理和资本主义的新发展趋势，在描述现代资本主义社会的阶级结构时，增加了一些矛盾的阶级位置，以安放老中产阶级和新中产阶级的社会成员。这与哈里·布雷弗曼很不同。在哈里·布雷弗曼看来，中产阶级仍然应该属于工人阶级，因为他们也是受雇佣的领取薪金的劳动者。同时，他还进一步指出，新中产阶级的底层部分正处于无产阶级化过程中，因为"资本屈从于……资本主义产生方式的理性形式"（Braverman，1974）。哈里·布雷弗曼提出的劳动者"去技能化"（deskilling）的说法曾经产生了广泛的影响。"去技能化"是指用机器取代工人的技术工作。技术越发展，生产过程中的工艺越先进，对工人所要求的专门性技能就会越低。这可能存在于发达资本主义社会之中。在当前的中国社会，技术工人仍然处于短缺状态。人力资本仍然是极其稀缺的资源。所以，"去技能化"的趋势并不明显。

---

① 对达伦多夫来说，老中产阶级——即店主等，可能会随资本主义竞争的激烈化而减少人数，但新中产阶级——即我们日常所说的白领等，则会增加其人数。现在看来，从长时段去考察，老中产阶级和新中产阶级都没有显著减少。在中国大陆所表现的趋势尤为显著。

赖特——与马克思一样，首先将一个社会的阶级分为"有产"和"无产"两个大类。但与马克思的假设不同的是，他认为作为老中产阶级的小业主和小资产阶级等，会与所谓的新中产阶级——白领等长期存在于资本主义市场经济体系之中。故他将雇佣了 10 人以上的有产者，定义为资产阶级；将雇佣了 2~9 人的有产者定义为小业主；将"有产"但不雇佣他人劳动者（自己使自己的劳动与生产资料相结合）定义为小资产阶级。雇佣人数的多寡成为划分阶级的依据。赖特在这里将资产阶级定义为资本主义社会的大生产模式，将小资产阶级定义为简单商品生产模式，并由此认为小业主具有这两个生产模式之间的矛盾位置（contradictory location between models of production）——他们一方面拥有生产资料并自己参与劳动，体现着小资产阶级的特性；另外一方面又雇佣和剥削工人，体现着资产阶级的特性。

表 5 - 4　赖特阶级分层的操作性框架

注：实线边框内是基本阶级位置，虚线边框内表示的是矛盾阶级位置。

在"无产"而受雇佣的阶级中，赖特在以下两个维度上作了区别：在技术等级上区分为专业、有技术劳动者和无技术劳动者；在权力维度上将人们区别为管理者、监督者和不管理他人而接受他人管理或监督的劳动者。权力大小与技术多寡成为另外两个划分阶级的指标。在这里，那些半自主性受雇者——技术工人等，一方面拥有小资产阶级的那种劳动自主性，另外一方面也被统治和剥削，具有工人阶级的特性，因而也处于生产模式之间的矛盾位置。但社会管理者和企业经理人员——表 5 - 4 所示的各种"管理者"和"监督者"，一方面具有资产阶级的特性，他们在很多情境下实际是代替资产阶级统治工人阶级；但在另一方面，也被资产阶级统治和剥削，故处于生产模式内之矛盾位置之中（contradictory location within a model of production）。

人类社会在"二战"之后的发展表明，为马克思所重视的阶级阶层划分中的经济因素，仍然在阶级形成中起着非常重要的作用。但社会的分化特征，却不是两极化而是多元化。因为国家干预的存在，有效地抑制了有产阶级和贫困阶级之间的矛盾。市场经济的竞争、科学技术的发展、人力资本在社会生产中作用的加强，使人们发现：虽然资产在生产中仍然举足轻重，但人力资本却越来越决定利润的获得。管理方式的革命，彻底打碎了有产者经营企业的单一化状况，在社会上形成了一个人数众多的"经理阶层"。这将拥有财产的资本家分化到董事会中，而将专门管理企业的专门人才分化到经理队伍之中。原来存在于"有产"与"无产"之间的社会冲突和利益分配机制，因为加入"管理阶层"的中介而变得复杂化。人力资本在分割利润的过程中，起着越来越重要的作用。

三　中国当前阶级阶层结构测量

毋庸置疑，中国社会仍然处于快速转型过程中。时至今日，对中国社会到底存在哪些阶级、各阶级阶层分别占多大比重这些问题，学者们从不同的理论假设出发，得出了不同的结论。我们在这里所关心的是：在以赖特的阶级结构范式作为分析工具，在以是否拥有生产资料资产、是否在劳动过程中可以对他人进行权力支配以及劳动过程所要求的技术能力这三个维度出发所做的阶级划分中，中国社会各阶层在劳动力人口中各自占有多大比重。这是我们进行结构分析的前提。

很多研究表明，争论的核心不是意见的不一，而是定义的差异。所以，在对赖特社会学理论进行总结和分析的基础上，我们将中国社会各阶层定义如下。

业主阶层：拥有生产资料等资产并雇佣 8 人及以上非家庭成员劳动力的企业主。

小业主阶层：拥有一定资产并雇佣 1~7 个非家庭成员的雇员的企业主或个体户。我们在这里不论其企业注册的类别，而只以雇员人数作区别。这个阶层位于老中产阶级之列，但却属于老中产阶级的上层，在资产累积和社会发展所提供的机遇中，有向业主阶层转化的可能。就阶层身份而言，其在使用雇员进行生产劳动的特性上，本来就倾向于业主阶层的特性。

自雇阶层：拥有资产但不雇佣他人的企业主或个体户。虽然他们具有很强的劳动自主性，但这种自主性往往以工作时间的延长来换得。在这一点上，他们与工人阶级更相像，属于老中产阶层的下层。虽然他们往往被划入老中产阶层之列，但却居于老中产阶层的下层。

新中产阶层：不拥有资产的、受雇于国家机构或企业组织（包括非营利机构）的非体力劳动者，其包括"专业管理阶层""专业监理阶层""专业阶层""技术管理阶层""技术监理阶层"以及"体力管理阶层"。他们拥有较多的知识和人力资本，居于管理、监督的位置；即使不管理或不监督他人，也因为拥有较高的技术资本而脱离了体力劳动的羁绊。

工人阶级：不拥有生产资料的体力或半体力受雇者。其主要包括："半技术半体力受雇阶层""体力受雇阶层"和"体力受雇阶层的监理阶层"。其中，半技术半体力劳动者，在技术资本上，与中产阶层的下层相像；在体力劳动性质上，与体力工人阶级相像。体力监理阶层在权力支配性上，与中产阶层相像；在劳动过程的非技术性上，与体力工人阶级相像。

农民阶级：以务农为业的家庭土地承包者。农民阶级转化自己身份的主要途径是农民工。而正是农民工的存在，城市体力工人阶级才获得了源源不断的供给，并以相对低廉的工资保证了企业利润的增加。但农民工因为脱离农民阶级的队伍而获得相对较高的收入，可以以此回补农村的父老，在农村和城市之间搭起了交往的通道。

在此定义的基础上，表5-5为我们详细报告了在业劳动者的阶级属性。从表5-5可以看出，在有产阶级栏，越在上层的位置，其雇佣人数就越多，其在生产过程中的权力也越大。在受雇阶级栏，处于左上角的位置，或与该位置越接近的阶层，其支配他人劳动的权力、其劳动岗位所需要的技术水平就越高。与之相对应，居于右下角的阶层，则无权支配他人的劳动，其劳动的技术含量也最低。为黑线标定的、居于有产阶级栏的是老中产阶层，居于受雇阶级栏的是新中产阶层。在有产阶级栏，雇佣人数在8人以上的拥有较多资产的"业主阶层"，在社会劳动者中所占比重为0.52%；雇佣人数在1~7人之间的小业主阶层占2.63%；自雇或家庭企业无酬和有酬劳动者占很大比重，达到11.51%；农民阶级所占比重最大，为46.96%。

在受雇阶级栏，专业管理阶层占0.93%；专业监理阶层占0.79%；专业人员阶层占 2.31%；技术管理阶层占 1.11%；技术监理阶层占 1.65%；半技术半体力阶层占 7.63%；体力管理阶层占 0.97%；体力监理阶层占 1.55%；体力工人阶级占 21.43%。

需要说明的是：划分构成新中产阶级内部各部分的依据，在赖特那里，主要看其在单位内部决策权的大小及其劳动岗位的技术含量。本书将那些位居单位中上层并对其下属具有人事任免权和提拔权者，定义为管理阶级；将没有人事任免权和提拔权，但对业务具有安排指导等权力者定义为监理阶级。那些受教育程度较高、属于单位的技术专家、具有一定职称但不能支配他人劳动的人员，被定义为"专业人员阶层"。我们认为：那些真正能够对其下属任免和提升的人员，实际上也能在业务上做出重大决策。

表 5 – 5　2006 年中国的阶级结构状况

	有产阶级	受雇阶级			
雇拥人数 多	业主阶层（有8人以上雇员）0.52%	专业管理阶层 0.93%	技术管理阶层 1.11%	体力管理阶层 0.97%	有下属管理
少	老中产：小业主阶层（有1~7名雇员）2.63%	专业监理阶层 0.79%	技术监理阶层 1.65%	体力监理阶层 1.55%	有下属监理
没有	老中产—自雇阶层（无雇员）11.51%	专业人员阶层 2.31%	半技术半体力阶层 7.63%	体力工人阶级 21.43%	无
没有	农民阶级 46.96%	高技术	有技术	低技术	

注：如果农民中有人雇了雇员，如养殖场雇了养殖人员，则根据雇佣人数的多少并入有产阶级。"自雇"中包括了家庭企业劳动者。N = 5198。

这样，由小业主阶层和自雇阶层所组成的"老中产阶层"，在中国社会各阶级中所占比重达 14.14%（2.63% + 11.51%）。由位居管理阶层、监理阶层及专业人员阶层所组成的"新中产阶层"，则占 7.77%。所以，严格地说，新中产阶层的人数规模，比老中产阶层的人数规模要小许多。但新中产阶层却是权力精英和技术精英，他们不但掌握社会管理权、经济管理权，而且还拥有我们社会主要的技术人力资本和文化生产霸权。这个阶层会在工业化和后工业化的逐渐加深中继续扩大其规模。高等教育的扩张，将迅速增加这一阶层的人口比重，所以，不管从哪个角度讲，这都是一个欣欣向荣日益壮大的阶层。工人阶级主要由体力工人阶级、半技术半体力阶层和体力监理阶层组成，占全社会各阶级比重的 30.61%。在这里，在比较宽泛的意义上，如果将"体力监理阶层"定义为"新中产阶层"，则"新中产阶层"占整个就业人员的比重会上升到 9.32%——也就是说，当我们将新中产阶层的定义宽泛到体力监理人员时，其比重会增加到差不多 10% 左右。

正如前文所说的，中国的阶级阶层结构，是一个转型社会的阶级阶层结构，也是一个处于形成过程之中的并不固化的阶级阶层结构。农民阶级的绝对数量和相对比重在逐渐减少，工人阶级以及非工人的其他白领阶层的队伍在相对壮大。这是中国社会阶级阶层结构变化的总体趋势。

以上的分类框架是否与中国各阶级的状况相一致呢？我们可以通过对各阶级阶层平均受教育程度的分析来做一验证。从表 5-6 可以看出：

表 5-6　中国当前各阶级阶层的平均受教育年数

有产阶级	雇佣阶级		
业主阶层 9.55 年	专业管理阶层 13.97 年	技术管理阶层 12.74 年	体力管理阶层 10.59 年
小业主阶层 8.81 年	专业监理阶层 14.19 年	技术监理阶层 12.94 年	体力监理阶层 9.03 年
自雇阶层 8.14 年	专业人员阶层 13.48 年	半技术半体力阶层 12.42 年	体力工人阶级 8.94 年
农民阶级 6.12 年			

注：只统计了在业劳动者的相关数据。

第一，业主阶层和小业主阶层的平均受教育程度相对较低。这与世界其他国家的情况相仿。即使在美国和日本这样的发达国家，业主阶层和小业主阶层的平均受教育程度也低于管理阶层位置的人员。在我国，业主阶层的平均受教育年数仅为 9.55 年，只比体力监理阶层的 9.03 年高一点。

第二，自雇阶层的文化程度也相对较低。他们受教育的年数，甚至比体力工人阶级的 8.94 年还低。这个阶层从来源上说，属于城市或城镇经营小本买卖的家庭式企业或手工作坊和餐馆等。他们其实就是积攒了一点资本的、由农民阶级转化来的、不能进入大企业或不愿进入其他企业为业的人员。缺少技术资本的特征，是这些人员在非正规部门就业的主要原因。但因为他们的劳动，满足了城市下层百姓的需要，所以，这个阶层在转型中的我国，仍然具有很强的生命力。因此，他们的生活状况，只比体力工人阶层稍好一点。

第三，在整个可以被划归为管理阶级和监理阶级的矩阵中，人力资本都显得相对较高。在这里，专业监理阶层的受教育年数最长，平均达到14.19年，专业人员阶层平均达到13.48年，技术管理阶层达到12.74年，技术监理阶层达到12.94年，半体力半技术阶层达到12.42年。显示的分布规律是：在专业劳动部门，专业人员阶层低于专业监理阶层；在技术劳动部门，技术监理阶层最高。为什么阶层位置较高的专业管理阶层平均受教育年数低于专业监理阶层？为什么技术管理阶层的平均受教育年数低于技术监理阶层？一个重要的原因，可能是工作经验和资历起了很重要的决定作用。另外，虽然专业管理阶层和技术管理阶层的受教育年数比专业监理阶层和技术监理阶层的受教育年数短一点，但由于其具有很强的权力支配能力，故其居于监理阶层之上。

第四，虽然体力管理阶层的平均受教育程度低于半技术半体力工人，但我们仍然将之划归中产阶层的范畴。考虑到消费的地区差异和体力劳动部门的区位布局，以及更重要的——人们在劳动过程的权力支配性，体力管理阶层相对于普通工人阶级而言，其在劳动过程中的优越感显而易见。

第五，半技术半体力劳动阶层和体力监理阶层，实际是两个自工人阶级向中产阶层过渡的阶层。从劳动性质上，他们还没有完全与体力工人阶级脱节；从他们权力所支配的对象上，也最接近体力工人阶级。正因为如此，他们的受教育程度相对较低，也与体力工人阶级比较接近。

第六，农民阶级的平均受教育年数只有6.12年。在这个阶级中，那些年龄较小、受教育程度相对较高的人员，已经通过农民工的渠道，将自己转化为体力工人阶级。

在这种认识的基础上，我们认为依照财产占有关系、劳动过程的权力支配性和技术含量等三维尺度对中国各阶级的划分是有根据并符合现实本身的。新老中产阶层的特点也与学术界对新老中产阶层的划分标准一致。

四　中国各阶级阶层的社会态度

在以往研究中，我们经常会选择某一单一变量来做分析。但后来在经验研究中发现，在问卷调查中，人们对相似问题的回答也会存在波动影响。所以，为消除某个单一变量所造成的随机扰动，我们在测度人们的社会态度时，使用了如表5－7所述的三组变量分别进行分析。在每一组变量里，我们都要求访问员一一询问随机抽样抽中的被访者对每一问题进行"满意程度""信任程度"和"公平程度"的回答。但在最后的分析中，我们会给出每组中五个问题最后的加总值，并将之作为分析用的最终值，因此，每组问题的可能最高值为10，最低值为－10。分值越低，证明被访问者对该项问题"越不满意""越不信任"或认为社会"越不公平"；分值越高，证明被访问者对该项问题的评价"越满意""越信任"或认为社会"越公平"。①从理论和定义上说，每个被访案例的最后得分在－10分与＋10分之间。

表5－7　测量各阶级政治意识的三组问题

	对地方政府以下工作 满意程度的评价	对当地政府以下各项 信任程度的评价	对社会以下各项问题 公平程度的评价
1	树立良好社会风气	政府新闻媒体	财富及收入分配
2	维护社会治安	政府公布的统计数字	高考制度
3	依法办事	当地政府	提拔干部
4	发展经济	所在社区或村委会	公共医疗
5	实现社会公正	当地法官、警察	司法与执法
赋值	很不满意＝－2,不满意＝－1,不确定＝0,满意＝1,很满意＝2	很不信任＝－2,不信任＝－1,不确定＝0,信任＝1,很信任＝2	很不公平＝－2,不公平＝－1,不确定＝0,公平＝1,很公平＝2

表5－7给出了问卷调查使用的问题和赋值情况。从这里可以看出，这三组15个问题，从不同方面度量了人们的社会态度。这些态度在阶级类属中会表现出怎样的趋势呢？表5－8、表5－9和表5－10分别报告了每组变量所得到的分值。

---

① 赖特在对阶级意识进行国际比较的时候，曾经使用了几个非常具有阶级偏向性假设的变量。具体可参考赖特的著作《后工业社会中的阶级》第416页的相关内容，辽宁教育出版社，2004。

表 5 – 8　对当地政府信任程度的评价

有产阶级	受雇阶级		
业主阶层 1.9	专业管理阶层 1.6	技术管理阶层 2.59	体力管理阶层 2.61
小业主阶层 3.01	专业监理阶层 2.14	技术监理阶层 2.40	体力监理阶层 2.96
自雇阶层 2.86	专业人员阶层 2.55	半技术半体力阶层 2.68	体力工人阶级 3.17
农民阶级 3.43			

注：得分越高，则对政府信任程度越高；得分越低，对政府的信任程度也越低。

表 5 – 9　对社会不公平程度的评价

有产阶级	受雇阶级		
业主阶层 2.44	专业管理阶层 −0.07	技术管理阶层 0.29	体力管理阶层 0.69
小业主阶层 0.57	专业监理阶层 0.05	技术监理阶层 0.07	体力监理阶层 1.23
自雇阶层 0.92	专业人员阶层 −0.14	半技术半体力阶层 −0.02	体力工人阶级 0.96
农民阶级 1.2			

注：得分越高，则认为社会制度越公平；得分越低，则认为各项社会制度越不公平。

表 5 – 10　对当地政府满意程度的评价

有产阶级	受雇阶级		
业主阶层 3.53	专业管理阶层 1.92	技术管理阶层 1.87	体力管理阶层 1.54
小业主阶层 2.85	专业监理阶层 1.96	技术监理阶层 1.25	体力监理阶层 2.25
自雇阶层 1.83	专业人员阶层 1.48	半技术半体力阶层 1.31	体力工人阶级 2.16
农民阶级 2.24			

注：得分越高，则对政府各项工作满意；得分越低，则对政府各项工作越不满意。

从表 5 – 8 可以看出，整个上层阶层——业主阶层、专业管理阶层、专业监理阶层、专业人员阶层、技术管理阶层、技术监理阶层和体力管理阶层的分值都相对较低。其表现的趋势是：在受雇阶级栏，越是靠近左上角的位置，其相对得分也越低。而越是远离左上角位置的阶层，则其得分也相对越高。在这里应该注意的是：业主阶层的得分与专业管理阶层的得分极其相近（业主阶层为1.9，专业管理阶层为1.6）。但体力管理阶层的得分则达到2.61分。专业人员阶层的得分则为2.55分。这说明在新中产阶级内部，越是处于上层，则对政府的信任度越低，越是处于该阶层的下层，则对当地政府的信任度越高。

但整个体力劳动阶层和小业主阶层的得分，相对于新中产阶级来说，对政府的信任度要高很多。政府部门采取的城市"低保"制度和积极促进就业的政策，在很大程度上影响了体力工人的社会态度。所以，在这里可以看出，体力工人对政府的信任程度也相对较高。

但在阶级矩阵中，对政府最信任的阶级，仍然是农民阶级。近年来，免除农业税、实行粮食生产补贴，在农村教育和医疗方面加大转移支付的力度，这些都让农民阶级得到了实惠和好处，提高了农民对政府的信任度。所以，我们在调查数据得到的深刻印象是：下层阶层——整个体力劳动阶层（包括农民阶级和体力工人阶级）收益的改善，能够在很大程度上增进社会整合意识。国家对社会下层的政策倾斜，既收到了发展社会的绩效，也增进了下层百姓对政府部门的向心力。

表5-9报告了另外一个信息——对"社会不公平程度的评价"。从这里可以看出，业主阶层的得分最高。这意味着：相对于其他阶层而言，业主阶层对现今社会的公平感最强。其次为体力监理阶层（得分为1.23）、农民阶级（得分为1.2）、体力工人阶级（得分为0.96）和自雇阶层（得分为0.92）。体力管理阶层对社会公平程度的打分虽然较低，但却高于小业主阶层。小业主阶层的打分虽然不高，但也在0.57左右。业主阶层在近期的收益较高，伴随经济增长和社会的发展，其积累了自己的财富，提高了自己的社会地位。所以，其对当今社会的公平感较高，这是不难理解的。小业主阶层和自雇阶层，也因为对未来具有强烈的认同感而增加着自己的公平感。但农民阶级和工人阶级，为什么却有着如此之高的公平感呢？一个可能的解释，是中央近期的亲民政策，增加了下层阶层的社会公平感。

在这里，对当今社会公平程度打分最低的阶层是专业人员阶层（-0.14）、专业管理阶层（-0.07）和半技术半体力阶层（-0.02）。在新中产阶级矩阵中的其他几个阶层——专业监理阶层（0.05）、技术监理阶层

（0.07）和技术管理阶层（0.29）等都不是很高。这就是说，反倒是受教育程度较高的新中产阶层对社会公平程度的评价最低。

表5-10显示了被访者"对当地政府满意程度的评价"。从这里可以看出，两个雇主阶层——业主阶层和小业主阶层，都具有较高的满意度。业主阶层的满意度得分为3.53、小业主阶层的满意度得分为2.85。他们的平均得分，是所有社会阶层中最高的。

除此之外，工人阶级中的体力监理阶层的得分也比较高，达到2.25，农民阶级达到2.24，体力工人阶级达到2.16。这就是说，似乎除雇主阶层之外，那些受雇体力劳动阶层和农民阶级对"当地政府满意程度的评价"也比较高。但半体力半技术阶层的打分却相对较低，仅为1.31。这一点可能比较好理解。在前文我们曾经指出，这个阶层中有很多受过大学本科和专科教育的人，因为不能在初职就业中获得较高的职位，而暂时就业于半体力半技术阶层。这种相对失落感，影响了他们的感受，也影响了他们对当地政府的评价。

除自雇阶层和半技术半体力阶层外，其他打分相对较低的阶层，都集中在新中产阶层的阵营中。比如说，专业管理阶层对政府满意程度的评价为1.92、专业监理阶层的评价得分是1.96、专业人员阶层是1.48、技术管理阶层是1.87、技术监理阶层是1.25、半技术半体力阶层是1.31。这是极其有意思的现象。

五　结论和讨论

1. 中国阶级阶层结构发生了重大变化

从前文的分析中可以看出，中国社会已经发生了重大变化。国有单位从业人员的数量已经下降到6000万左右，私营企业和个体企业从业人员的数量已经达到1亿多。虽然雇佣人数在8人及其以上的雇主阶层人数百分比还不是很高，但在7.7亿多社会劳动者中，0.52%已经是一个不小的比重。

没有雇员的自雇阶层占总就业劳动者比重的11.51%。这是中国社会，甚至于说是整个东亚社会的重要特点。不管是日本，还是新加坡和韩国，以及中国的台湾省，这些地区在现代化过程中，由家族企业所组成的自雇劳动者，一直在各个阶层中占据着较高比例。所以，中国不仅在时下，而且还会在将来，存在一个相对庞大的自雇阶层。

新中产阶层的队伍，也有了比较迅速的增加；如果如前文那样粗略估计，已经达到 10% 左右。将老中产阶层——小业主阶层和自雇阶层包括在内，整个中产阶层的队伍已经达到 20% 多。

如果将半体力半技术工人也包括进工人阶级内，那么，中国工人阶级占整个从业人员的比重会接近 30%。

中国农民阶级的队伍还十分庞大，在 46.96% 左右。即使如国家统计局调查中所得到的农业从业人员的比重，也在 44% 左右。这是中国从传统农业社会转变为工业社会和后工业社会的最大难点。

2. 各阶级阶层之间的社会态度开始分化

在阶级阶层结构分化的同时，各个阶级阶层的社会态度也开始有了重大区别。占整个人口绝大多数的工人阶级和农民阶级，甚至也包括老中产阶级的下层，都在总体上对中国当前社会相对比较满意。他们对所在地政府相对比较信任，对整个社会的公平感相对较高，对所在地政府各部门工作也比较满意。这说明，国家对大众生活质量的改善所作出的努力，获得了广泛的支持性评价。

如果把业主阶层、小业主阶层和新中产阶层等视为社会上层阶级的话，那么，总体来说，业主阶层对当今社会比较满意。虽然这个阶层对所在地政府的信任程度较低，但却对社会公平程度评价较高，对所在地政府的满意程度评价较高。似乎在这里存在一个问题，即为什么业主阶层对其所在地政府缺少信任，但却对政府比较满意。这个问题需要在以后的研究中仔细推敲，也需要更进一步的调查才能得出比较清楚的认识。

但整个新中产阶层都表现出了怀疑心理。他们对所在地政府的信任程度较低、对整个社会公平程度的评价较低，也对当地政府各部门工作的满意程度较低。为什么收入水平和消费水平都相对较高的新中产阶层，却对当前社会产生了批评性判断呢？是人们受教育水平的提高增加了他们的维权意识吗？是他们比较多地接触了各种社会信息吗？是他们本身就更具有社会批判意识吗？这个问题我们会在后面的章节进行分析。

3. 加强社会价值和社会态度的整合

在阶级阶层结构相对简单的社会中，主要阶级的意识和态度，会及时被政府部门洞察，由阶级意识可能发生的不一致所产生的社会问题，也会被及时发现和解决。但在阶级阶层结构变得比较复杂时，由阶级阶层意识的差异所引发的社会问题，就不容易被及时觉察。

　　另外，阶级与阶级意识的形成，还往往不是同时产生的共生体。这是阶级分析的主要难点。有时候，先产生阶级或阶层，再由该阶级或阶层生成其阶级意识；有时候，阶级或阶层已经生成，但其却生产不出阶级意识；有时候，一种社会意识已经产生，但却没有一个阶级或阶层去承担这种意识以推动社会的转变；有时候，一个阶级在其生成的过程中，就会逐渐衍生出自己阶级或阶层的意识。现代社会的这种复杂性，决定了加强社会价值和社会态度的整合，对于维护社会稳定、促进社会和谐的重要性。

　　应该看到，中国社会在过去30年中所创造的物质财富，比中国以往任何历史时期所创造财富都要多。但迅速发生的社会变迁，往往会改变原有社会的利益协调机制、矛盾化解机制和价值整合机制，同时也会改变人们的思想观念和生活态度，出现一些新的社会问题。所以，随着"经济蛋糕"越做越大，要妥善处理好分配问题，调整社会结构，构建和谐社会。

第六章
社会分层、人力资本与收入不平等[*]

一　收入不平等的研究背景

改革开放以来，特别是 20 世纪 90 年代中后期以来，中国的收入差距快速扩大。收入不平等问题随之成为社会关注的焦点问题，也成为中国经济学界和社会学界研究的一个重点。根据经济学界的一些实证研究结果，可以归纳为三个基本结论：第一，中国已经从一个收入分配比较平均的国家转变为收入差距较大的国家；第二，城乡之间和地区之间收入差距的扩大是解释整体收入差距扩大的主要原因；第三，个人的人力资本——受教育程度的差异导致工资收入差距的扩大（李实、罗楚亮，2007；奈特、李实、赵人伟，1999；张车伟，2006）。

在对收入不平等的研究中，社会学家更多地注意社会结构变动与社会分配方式变化对收入差距的影响。社会学"市场转型论"学术争论的主要焦点，就在于国家社会主义再分配机制向市场分配机制转变过程中收入分配格局的变化（边燕杰、张展新，2002；郝大海、李路路，2006）。这一争论缘起于倪志伟在 20 世纪 80 年代于中国福建农村的研究发现，他将传统的社会主义的计划经济分配方式定义为"再分配经济"，将改革后形成的分配方式定义为"市场经济"；并由此指出，再分配经济与市场经济的资源配置方式不同，其所形成的收入分配格局也就不同。在再分配体制下，劳动力和其他经济资源是靠行政命令协调的，通过中央计划和等级组织体系，经济剩余被集中到国家，然后按照国家的目标进行再分配。市场经济则恰恰相反，在那

***　感谢参与此章写作的名古屋大学经济学院薛进军教授。

里 "直接生产者占有大部分剩余"。因此，在经济体制从中央计划的再分配经济向市场经济转变过程中，控制资源和占有经济剩余的权力也发生转移，即从党政官员转向直接从事生产活动的人。于是他得出两个基本推论，一是人力资本升值假设：在市场化进程中，人力资本，特别是企业家资质的经济回报呈上升趋势；一是政治资本贬值假设：相对于人力资本回报，党政官员的经济收入呈下降趋势（Nee，1989）。

对于第一个假设，学者们没有提出多少批评。毕竟，绝大多数社会调查得到的数据验证了其正确性。有关教育收益率在不断上升的一系列研究，都是这一假设的最好证明。但在对第二个假设的讨论中产生了很多富有建设性的发现。魏昂德首先提出异议，认为以市场转变过程来预测 "干部" 收益会下降是说不通的，干部在这一转变过程中完全可以保持或扩大他们在 "改革中" 的收益（Walder，1996）。

边燕杰和张展新的文章，使用了 1988 和 1995 年中国居民收入分配调查数据中城市部分的数据，来检验 "市场转型理论" 的假设。他们发现，劳动力市场的发展，不仅没有降低政治资本的回报，反而增加了党员或干部的收入。而资本的市场化，也给行政精英和管理精英利用职权的 "寻租" 行为提供了条件，并进而保证了其获得较高的收入（边燕杰、张展新，2002）。在这里需要指出的是，尽管该文分析中用 "寻租" 解释了行政精英与管理精英收入较高的原因，但却没有分解出 "寻租" 导致的收入差距到底有多大。该文的可贵之处，在于提出了另外一些解释人们收入差距拉大的原因，比如人们的 "就业部门" ——是否在国有垄断部门就业，就对其收入具有举足轻重的影响。张翼利用 2001 年全国社会变迁调查的数据，在证明阶级阶层位置具有代际传承性的同时，发现以 "党员" 身份为代表的政治资本对人们职业地位的解释力在逐渐降低，而以文凭为表征的教育资本的解释力则在逐渐加强（张翼，2004）。

争论发展到后来，问题集中到 "什么样的人力资源能够在市场转型时期得到比再分配时期更多的收入回报" 上。在对城乡收入差距、地区收入差距、行业收入差距等进行细致分析的同时，社会学家对职业、工作单位性质以及性别等因素对收入分配的影响，也进行了比较深入的讨论。王天夫、王丰的研究就认为，正是 "集团"（职业集团、单位集团等）间收入差距的快速上升导致收入分化的加剧。他们认为，到 20 世纪 90 年代中期，大约一半的收入差异增量能够用 "集团" 因素解释（王天夫、王丰，2005）。

市场转型过程中收入分配影响因素的各种研究，深化了对这一问题的讨论。但在市场转型基本完成之后，那些结构性力量，仍然会作用于收入分配。具有同样人力资本的个人，在不同的阶级结构中，自然会拥有不同的收益回报。所以，在这里，我们从现实的阶级阶层结构出发来分析人力资本对收入分配的影响。

2. 阶级结构、人力资本与收入不平等假设

虽然在现有文献中，学者们多多少少地提及中国社会结构，尤其是阶级阶层结构变化对收入差距的影响，但却缺少明确的理论分析。虽然有人以收入分布所计算的"最高 20% 收入者收入"与"最低 20% 收入者收入"之比，定义"高收入阶层"与"低收入阶层"的收入差距，但很显然，这种定义很难让人知道哪些阶级或阶层处于最高 20% 收入层，抑或哪些阶级阶层处于最低 20% 收入层。也虽然有人在模型中使用了"职业阶层"变量，如"干部""技术人员""服务人员""生产人员""失业人员"等，但这些变量更多地表现着"人口集群"特征，而非阶级阶层特征。

以往有关收入分配的研究，使我们更多地了解了在"市场"被分割的前提下，"市场转型过程"对不同地区、不同部门、不同人力资源特征就业者收入的历时性影响。但在市场经济体制建立之后，基于人们的人力资本——受教育水平而形成的阶级位置日益定型化，这样人们所属的阶级阶层，就成为分析收入差距的一个重要变量。因此，对人力资本的考察，应当与阶级阶层位置的考察结合起来，因为人们对生产资料的占有方式、在生产中所处的地位及其对他人的支配能力等，会通过对"剩余索取权"的影响而影响其个人的收入所得，并进而决定其个人人力资本发挥作用的大小。

也就是说，人们的出身、家庭背景，会影响到教育的获得。而家庭背景、家庭的社会网络，以及在教育中得到的人力资本等，不但影响了人们的职业选择，而且还影响了其对阶级阶层位置的获得。获得的阶级阶层位置反过来又会影响人们的收入和人力资本收益。

基于这样的思路，本章提出的研究假设是：

第一，个人的阶级阶层位置对其收入发生着非常显著的影响。越是处于较高的阶级阶层位置，其所获得的收入就越高；越是处于较低的阶级位置，其所获得的收入就越低。这种影响作用独立于人们的受教育程度、职业地位、生活区域和政治身份。

第二，人们的资产拥有状况和人力资本获得状况，非常强烈地影响着人们的收入所得。

第三，受第一和第二个假设的影响，人们所处的阶级阶层位置越高，其获得的教育回报率也就越高。

第四，如果第三个假设得到证明，在税收制度不变的情况下，在近期，私有企业主数量的增长，会扩大人们的收入差距；高等教育的扩张，会增加中产阶层的数量。这个变化趋势，必然扩大社会高层（业主和新中产阶级）与社会低层（农民阶级）的收入差距，并由此影响整个社会的收入差距。

第五，如果前述四个假设被证明，则在收入分配制度不会发生重大变化的情况下，中国未来一段时间的收入差距——社会高层与社会低层的差距仍会处于扩大过程之中。

为证明以上的假设，我们首先需要对中国社会的阶级阶层结构进行学理分析，论述清楚各个阶级在社会收入中所占比重？与这个阶级阶层在劳动人口中所占比重相比较，其在收入分配中占据多大比重？

二　收入在阶级阶层中的分布

为了对中国市场化改革所带来的所有制结构的变化有一个比较明确的认识，我们仍然选择新马克思主义学者赖特的阶级结构模型进行分析，因为赖特的模型更注重以"权力资本""技术资本"以及"人们对生产资料的占有方式"来划分阶级阶层。

1. 业主阶层和小业主阶层的收入最高

从表6－1可以看出，与中产阶层相比，业主阶层和小业主阶层的收入比较高。业主阶层的家庭人均年收入为29932元，其平均月收入为8254元。尽管问卷调查中获知的小业主阶层的家庭人均年收入比较低，只有10652元，但其个人回答的月收入为4116元，远远高于除业主阶层外其他阶层的收入。所有业主阶层的平均收入，都高于新中产阶层的平均收入，但其平均受教育程度，都低于新中产阶层的平均受教育程度。

在人力资本较低的前提下，其平均月收入非常高的重要原因，就是资产参与了分配。拥有生产资料的多少，是其获得高收入的前提。而正因为其拥有生产资料，其在劳动过程中的权力资本才得以保障，其才可以通过对他人的"管理"保证自己的回报。从这里可以看出，小业主阶层的平均收入，也高于新中产阶层。

表 6 – 1　中国各阶级阶层的家庭人均年收入、平均月收入和受教育年数

	有产阶级	雇　佣　阶　级		
	业主阶层	专业管理阶层	技术管理阶层	体力管理阶层
家庭人均年收入	29932 元	19251 元	18983 元	10571 元
平均月收入	8254 元	2964 元	2279 元	1334 元
受教育年数	9.55 年	13.97 年	12.74 年	10.59 年
	小业主阶层	专业监理阶层	技术监理阶层	体力监理阶层
家庭人均年收入	10652 元	16587 元	14651 元	10689 元
平均月收入	4116 元	2138 元	1886 元	1321 元
受教育年数	8.81 年	14.19 年	12.94 年	9.93 年
	自雇阶层	专业人员阶层	半技术半体力阶层	体力工人阶级
家庭人均年收入	6383 元	15544 元	10507 元	6795 元
平均月收入	1141 元	1856 元	1339 元	1002 元
受教育年数	8.14 年	13.48 年	12.42 年	8.94 年
	农民阶级			
家庭人均年收入	3122 元			
平均月收入	361 元			
受教育年数	6.120 年			

注：①平均月收入中未包括住房补贴收入、各种类型社会保障收入。

　　②只统计了在业劳动者的各项数据。

2. 自雇阶层的收入相对较低

中国当前老中产阶层的主要组成部分——自雇阶层，其收入水平相对较低。他们的平均月收入为 1141 元，只比体力工人阶级的 1002 元高一点。从来源上说，很多在城市或城镇经营小本买卖的家庭式企业或手工作坊和餐馆等，其实就是或积攒了一点资本的城市低层经营人员，或由农民阶级转化来的、不能进入大企业或不愿进入其他企业为业的家庭经营者。[①] 缺少技术资本的特征，是这些人员在非正规部门就业的主要原因。但因为他们的劳动，满足了城市中下层百姓的需要，所以，这个阶层在转型中的我国，仍然具有很强的生命力。

3. 新中产阶层的收入居中

在整个可以被划归为新中产阶层的矩阵中，权力资本和人力资本影

---

① 在 20 世纪 90 年代后期国有企业"下岗分流"中，许多不能顺利再就业——重新进入国有企业的下岗职工，在国家进行小额信贷的支持中，也加入了"自雇阶层"的行列。

响着他们的收入，但权力资本参与分配的能力要强于技术资本。比如说，专业管理阶层的受教育年数虽然比专业人员阶层的受教育年数短一点，但由于其具有很强的权力支配能力，其收入是整个中产阶层矩阵中最高的：其平均月收入达到2964元。与此相类似，专业监理阶层的平均月收入为2138元，比技术管理阶层的2279元要低一点。再比如，技术监理阶层的平均月收入为1886元，就比专业人员阶层的1856元稍高一点。

4. 体力管理阶层高于半技术半体力工人阶层

体力管理阶层的收入水平稍高于"半技术半体力工人阶层"。体力管理阶层明显属于新中产阶层之列。考虑到消费的地区差异和体力劳动部门的区位布局，以及更重要的——人们在劳动过程中的权力支配性，体力管理阶层相对于普通工人阶级而言，其在劳动过程中的优越感显而易见。

5. 体力工人阶级的收入相对较低

半技术半体力劳动阶层和体力监理阶层，实际是两个自体力工人阶级向中产阶层过渡的阶层。从劳动性质上，他们还没有完全与体力工人阶级脱节；从权力所支配的对象上，也最接近体力工人阶级。正因为如此，他们的收入水平也与体力工人阶级比较接近。在这里需要说明的是，很多年龄较小、受过大专或本科教育的就业人员，在当前的就业压力下，没有顺利进入"白领"阶层，而落入了"半技术半体力"的蓝领阶层。因此，这个阶层的平均受教育年数，才被抬高了。

6. 农民阶级的收入最低

农民阶级的月平均收入只有361元，属于社会各阶级阶层中最低的收入。考虑到农村物价稍低（或实物折算收入的价格较低），我们调查得到的这个收入差距，可能要高于实际消费收入差距，但农民阶级的低收入状况，由此可见。

从这里可以看出，在整个有产阶级中，占有资本和雇佣人数的多少对收入影响很大，资本占有和雇佣人数最多的业主阶层，收入最高；小业主阶层的收入次之；自雇阶层较低。

在整个受雇阶层中，"专业"——专业人员阶层及其管理人员的收入，要高于半技术半体力阶层及其管理人员的收入；而体力工人阶级及其管理人员的收入，在整个受雇阶级中是最低的，这表现了技术资本参与分配的性质。而在每一技术等级栏，处于管理位置阶层的收入，都分别高于监理位置阶层的收入；而监理位置阶层的收入，又分别高于完全受人管理位置阶层的收入，这表现了权力资本参与分配的性质。

三 各阶级阶层收入占总收入的比重

1. 各阶级阶层收入在总收入五等份分组中的分布

在收入分配研究中，学术界经常用五等份分组去说明不同收入层对收入差距的影响。我们也希望通过这一指标分析不同阶级阶层的收入分布状况。从表6-2可以看出，业主阶层中有81%的人的月收入居于最高20%收入组；专业管理阶层中分别有66.7%和28.6%的人居于最高20%收入组和次高20%收入组；技术管理阶层中有67.3%的人居于最高20%收入组。虽然小业主阶层的平均月收入较高，但由于其中收入差距较大，故其居于最高20%收入组所占比重为63.2%。从专业监理阶层到技术监理阶层，虽然其月收入达到最高20%组的比重渐次下降，但都在50%以上。

表6-2 中国各阶级阶层的月总收入在五等份分组中的分布

单位：%

	月收入五等份分组					总计
	最低20%	次低20%	中间20%	次高20%	最高20%	
业主阶层	—	—	4.8	14.3	81.0	100.0
专业管理阶层	—	2.4	2.4	28.6	66.7	100.0
技术管理阶层	1.8	5.5	5.5	20.0	67.3	100.0
小业主阶层	1.8	6.1	9.6	19.3	63.2	100.0
专业监理阶层	—	5.3	15.8	15.8	63.2	100.0
专业人员阶层	—	3.5	15.8	22.8	57.9	100.0
技术监理阶层	1.3	5.0	18.8	25.0	50.0	100.0
体力管理阶层	7.5	7.5	15.0	25.0	45.0	100.0
半技术半体力阶层	0.5	9.9	23.0	35.3	31.3	100.0
体力监理阶层	8.0	4.0	34.7	26.7	26.7	100.0
自雇阶层	7.0	26.6	21.3	22.3	22.9	100.0
体力工人阶级	4.4	22.4	34.5	24.0	14.7	100.0
农民阶级	54.7	29.1	9.0	5.4	1.7	100.0

注：由于四舍五入的原因，本表实际加总后可能不为100%，特此说明。

到体力劳动阶层以后，月收入达到最高20%收入组的比重就下降到了50%以下。体力管理阶层为45%——这是我们定义的新中产阶层的底层。在工人阶级的上层——半技术半体力阶层月收入达到最高20%收入组的比重为31.3%；体力监理阶层为26.7%；自雇阶层为22.9%；体力工人阶级为14.7%。到了农民阶级那里，仅为1.7%。

从这里可以看出：农民阶级与非农民阶级之间的差距极其明显，农民阶级中能够达到最高20%收入组的比重非常低，在2%以下；非农民的体力劳动阶层与非体力劳动阶层的差距也非常明显——技术水平较高、在劳动单位拥有权力支配能力的新中产阶层与业主阶层月收入达到最高20%收入组的比重都超过45%，业主阶层甚至于达到81%。

2. 各阶级阶层在总收入中所占份额

在全部社会个体获得的总收入中，各个阶级阶层占有多大的比重？换句话说，与每个阶级阶层占劳动总人口的比重相比，其获得的收入占有多大比重？这是收入分配中大家都关心的问题。

从月收入看，整个雇主阶级（业主阶层＋小业主阶层）占全社会就业人数的比重只有3.15%，但其在全社会总收入中所占比重则为15.94%。新中产阶层在就业人口中所占比重为7.76%，但其在全社会总收入中所占比重则高达16.59%。考虑到这两个阶级可能存在的灰色收入，其所占比重应该更高一些。

整个工人阶级在全社会就业人口中所占比重为30.61%左右，其在全社会总收入中所占比重为35.67%。

农民阶级占全社会就业人口比重的46.96%，但其收入占全社会总收入份额的比重仅仅为17.91%。

自雇阶层是一个从农村或城市底层分化出来的阶层，由技术水平较低的、不能进入企业参加工作取得工资收入的那些人组成。他们占全社会就业人口总数的11.51%，但其收入占全社会总收入的比重为13.89%。

从这里还可以看出，农民阶级的收入是最低的。在不考虑物价与市场分割因素的情况下，农民阶级的就业人数如此之高，但其在收入分配中所占的份额却极其有限。如果考虑到农民阶级内部收入差距的影响，那么，处于下层的农民的收入会更加低下。所以，缩小收入差距的重点，应该在农村。如果农民阶级的收入得到提高，如果农民阶级收入的增长速度稍微高于其他阶级收入的增长速度，那么，中国的收入差距会趋于缩小。但如果农民阶级收

表 6-3 中国社会各阶级收入占总收入的比重

单位：%

阶 级		各阶级阶层 在总就业人口中所占比重	各阶级阶层 在全社会总收入中所占比重
雇主 阶级	业主阶层	0.52	4.5
	小业主阶层	2.63	11.44
	小　　计	3.15	15.94
新中产 阶层	专业管理阶层	0.93	2.93
	专业监理阶层	0.79	1.79
	专业人员阶层	2.31	4.54
	技术管理阶层	1.11	2.67
	技术监理阶层	1.65	3.29
	体力管理阶层	0.97	1.37
	小　　计	7.76	16.59
工人 阶级	体力监理阶层	1.55	2.16
	半技术半体力阶层	7.63	10.81
	体力工人阶级	21.43	22.7
	小　　计	30.61	35.67
自雇阶层		11.51	13.89
农民阶级		46.96	17.91

入的增长速度仍然慢于其他阶级收入的增长速度，那中国收入差距的扩大趋势仍难以扭转。

当然，从阶级分析中得到的另外一个结论是：如果农民阶级的人数构成趋于下降，即加速转移农村劳动力，那么，由于农民阶级人数的下降也会缓解当前收入差距的扩大趋势。农民阶级人数下降速度越快，则收入差距得以控制的时间就会来得越早。

此外，如果排除农业户口的就业人员，只分析城镇户口的就业人员，可以看到，在全国层面，就业人数比重低于收入比重的工人阶级和自雇阶层，在城镇就业人口中则倒转过来，人数比重高于收入比重（见表6-4）。这说明在中国，城乡关系的因素对阶级阶层关系和收入关系的影响很大。

表 6 - 4　城镇户口各阶级阶层的收入分布

单位：%

阶　　　级		各阶级阶层在城镇 总就业人口中所占比重	各阶级阶层在城镇 总收入中所占比重
业主 阶级	业主阶层	0.81	5.30
	小业主阶层	3.40	7.28
	小　　计	4.21	12.58
新中产 阶层	专业管理阶层	2.62	5.34
	专业监理阶层	2.46	3.60
	专业人员阶层	6.62	8.48
	技术管理阶层	3.33	4.58
	技术监理阶层	4.84	6.51
	体力管理阶层	1.33	1.36
	小　　计	21.2	29.87
工人 阶级	体力监理阶层	20.72	19.21
	半技术半体力阶层	3.12	3.26
	体力工人阶层	33.80	23.10
	小　　计	57.64	45.57
自雇阶层		12.41	10.64
农民阶级		4.53	1.34

四　人力资本、阶级位置对收入分配的影响

1. 各阶级阶层的人力资本与收入不平等

在对收入影响因素的研究中，人们对教育收益率进行了很多测算和讨论。近年来，结合明瑟方程，也结合中国城乡劳动力市场分割的现实，还考虑到地区收入差距的影响，学者们从不同角度对收入分配问题进行了深入研究。社会学界虽然也进行过探讨，但从阶级阶层角度考察人力资本和收入不平等关系的讨论还不多见。

在社会学传统的地位获得模型中，很多研究都证明，父辈的阶级位置显著地影响子女的受教育程度，并进而通过劳动力市场的选择影响子女的地位获得和经济收入，这是自布劳和邓肯研究地位获得模型以来社会学领域屡经

验证的事实。虽然在地位获得模型中，子女的社会经济地位也深受其教育获得的影响，但子女自己的阶级位置，在何种程度上影响了其收入，这仍然需要通过经验研究进行说明。在中国社会结构转型中——从农业社会转变为工业社会，从计划经济转变为市场经济，从传统社会转变为现代社会，从以精英教育为主的社会转变为大众教育社会的过程中，阶级结构会从何种程度上影响人们的收入分配问题？这在不同的阶段，应该有不同的结论。

另外，社会学地位获得模型中的社会经济地位，主要是通过布劳—邓肯创立的社会经济指数来度量的，这与我们对人们所属阶级阶层的定义有很大差别。如前所述，我们在这里定义的阶级阶层，是通过人们在劳动生产过程中所处的地位——生产资料占有关系、劳动过程的权力支配关系、劳动岗位的技术含量三个维度来定义阶级阶层位置并划定人们的阶级阶层归属的。

在这里，为对人们的收入状况进行必要的分析，也为进行一定的学术比较，在不同的学术假设下，我们会结合普通线性方程和明瑟方程分别做出量化分析。为将阶级变量作为类别变量引入方程，我们将前文研究中得到的阶级矩阵转变为这样一组阶级变量：雇主阶级（包括业主阶层和小业主阶层）、新中产阶层、工人阶级、自雇阶层和农民阶级。我们想在控制性别、党员身份、户口、家庭出身背景、所在行业是否为垄断行业等变量的基础上，看这些阶级位置变量对人们收入的影响。

明瑟收入方程的基本模型可表示为：

$$Ln(月收入) = \alpha + \beta_1(受教育年数) + \beta_2(工作经验) + (工作经验)^2 + u \qquad (1)$$

在加入控制变量后，方程（1）就可以表述为：

$$Ln(月收入) = \alpha + \beta_1(受教育年数) + \beta_2(工作经验) +$$
$$(工作经验)^2 + \sum_{4}^{6} xi + u \qquad (2)$$

"Ln（月收入）"为个人收入的对数，β_1 为"受教育年数"的系数，β_2 为"工作经验"即工龄的系数，"工作经验"的平方项用来反映工龄与收入的非线性关系，u 为误差项。方程中的"受教育年数"的系数 β_1 表示在不考虑教育成本的情况下就业者从学校教育中获得的人力资本的个人收益率，又简称为教育收益率。x_4、x_5、x_6 分别表示"性别""户口"和"政治身份"。利用方程（1）估计的教育收益率的一个假定条件是劳动力市场是完全竞争的。这个假定意味着个人教育收益率是在劳动力市场上统一决定的，意味着劳动力资源在劳动力市场的流动是没有区别的，显然，这些假定与劳动力市场的现实状况并不一致。劳动力市场的分割会对各阶级阶层的收入及其教育收益率的决定机制产生影响。

表6-5是以方程（2）计算的结果。可以看出，在控制"性别"、"户口"和"政治身份"后，我们区别了不同阶级的教育收益率。农民阶级非常低，只有3.2%；自雇阶层为4.8%；体力工人阶级为6.7%；半技术半体力工人阶层为6%；新中产阶层为9.3%；业主阶层为9.6%。在人力资本对收益的贡献上，总体趋势是，人们所处的阶层位置越高，收益率也越高。但奇怪的是：半技术半体力工人阶层的教育收益率却低于体力工人阶级。根据我们的假设，所处阶级阶层位置越高，教育收益率也应该越高。这个问题需要在以后的研究中继续观察，我们还不能给出完全可信的解释。一个可能的原因是：最初就业的大中专学生，在就业压力下，不情愿地选择了"半技术半体力"劳动岗位。这影响了他们的教育收益率。

但需要注意的是，业主阶层的收益率虽然最高，但模型的解释力却比较低，确定系数R^2只有9.5%。这说明，在对业主阶层收益的解释上，还应该有其他更重要的因素。比如说资产量的大小，或者其所在的社会网络与关系资源等，相对其他阶层来说，对其收入的贡献更为明确。

表6-5　各阶级阶层收入的影响因素

变量	农民阶级	自雇阶层	体力工人	半技术工人	新中产阶层	业主阶层
常数	5.053 ***	6.090 ***	5.809 ***	5.969 ***	5.870 ***	6.900 ***
受教育年数	0.032 ***	0.048 ***	0.067 ***	0.060 ***	0.093 ***	0.096 *
工作经验	0.016 *	0.014	0.017 ***	0.010	0.007	-0.040
工作经验平方	0.000 *	-0.001 **	-0.001 ***	0.000	0.000	0.001
性别（男=1）	0.221 ***	0.374 ***	0.325 ***	0.180 ***	0.263 ***	0.283
户口（非农=1）	0.277	-0.011	-0.036	0.191 ***	0.124	0.069
政治身份（党员=1）	0.127	0.301	-0.062	-0.054	-0.133	-0.048
Adj R^2	0.087	0.126	0.153	0.123	0.229	0.095
F	7.12 ***	13.509 ***	31.498 ***	11.234 ***	19.09 ***	2.45 *
N	1968	521	1017	437	368	141

注：*** $p<0.001$；* $p<0.01$；* $p<0.05$。

但农民阶级正好相反：对他们来说，尽管上学可能带来边际收入的增加，但增加的幅度或边际弹性却可能微乎其微。毕竟，上学越多，其做"农民"的可能性会越小。另外，作为职业和阶级意义的农民，其种植经验可能对其收入贡献有着更大的解释力。另外，市场价格的波动、气候条件的影响、运气等，都可能影响他们的收入。所以，该模型的解释力也比较低。

很明显，对于各个阶级阶层来说，在对收入的影响上，"政治身份"失去了解释力。几乎在 2000 年之前的所有研究中，这个变量都具有很强的解释力。但现代社会的分化过程，市场经济的继续推进，非国有部门的发展，使"党员身份"已不再具有人力资本意义。而且，中国社会对政治的淡化，也在某种程度上淡化了"党员"的政治资本意义。但这绝不是说"党员"身份已失去政治资本意义。因为在国有部门，其政治意义仍然很强。尽管最近几年对非党员或少数党派党员的提拔力度加大，我们也不能完全否定党员的政治资本意义。

虽然户口制度仍然是劳动力市场的主要屏障并继续显著影响着劳动力——尤其是农民工向城市的移民，但在区别阶级身份的前提下，户口对收入的解释力也相对不显著。在这里需要特殊说明的是：虽然户口已经不像20 世纪那样重要，但其统计解释意义的降低，却主要是因为我们这里对人们的阶级身份进行了模型区别。因为农民阶级中的绝大多数，都属于农业户口。但在混合模型中，也就是说，在将中国社会各阶级都置于模型中时，户口的作用就会表现出来。比如说在表 6－7 的模型 1 中，户口的统计意义就很显著。但在加入阶级的虚拟变量之后，户口的显著性就开始降低，以至于在表 6－7 的模型 3 和模型 4 中，其基本失去了解释力。所以，在劳动力市场化程度加深之后，户口对劳动者的社会保障屏障仍然很严重，但对收入的屏障意义，已经不如原来那样强烈。而人们的阶级位置，却极其重要。

"户口"这一变量解释力的降低，还在于我们的收入变量，没有包括各种"社会保障"因素。如果将这些因素包括进来，"户口"的解释力会增加。因为劳动力市场的分割，尤其是体力劳动者劳动力市场的分割，主要限制了进城农民工的各种社会保障。也就是说，最近几年，有些研究认为农民工的收入已经与城市工人的收入相差不大，这一结论也是未包括社会保障在内的结论。

当然，性别之间的收入差距是明显的。男性的收入仍然要高于女性的收入。但在业主阶层那里，性别差异则消失了。这说明，只要一个人将自己转变为业主——不管是继承了这样的身份，还是通过自己的打拼才拥有了自己的企业，到了业主的位置，性别之间的那种收入差距就不明显了。

需要强调的是，在对收入的影响上，显然教育因素开始起越来越重要的作用。所以，学术界有人说的那种"大学生毕业生就业难会造成新读书无用论"的看法，是难以成立的。就业难的真正含义，不是找不到劳动岗位，而是不愿意到自己不喜欢的工作岗位上去。大学生的就业难，体现的是摩擦性失业和季节性失业（突然毕业 400 万~500 万人所带来的就业压力），而不是找不到工作。在中国社会转型过程中，由于大学迅速扩招而带来的就业问题会长期持续。大学生的就业目标岗位和社会实际提供的岗位之间的差距，也会长期存在。但中国劳动力市场之上的就业回报率，却也在明显上升。而且，越是在非体力劳动阶层，收入回报就越高。

因为表 6-5 的收入方程中加入了"户口"和"党员"等虚拟变量，又是在将数据分割为不同阶级阶层后分别计算的，故我们在表 6-6 中只加入受教育年数——教育资本变量和工作经验变量，以求得初始明瑟方程中教育收益率之值。

表 6-6　教育收益率

变　　量	全部：模型 1	女性：模型 2	男性：模型 3
	B 值	B 值	B 值
常数	5.324(80.558)	5.472(61.827)	5.273(54.198)
受教育年数	0.130(27.675)	0.125(19.557)	0.122(17.852)
工作经验	0.013(2.954)	0.020(3.671)	0.003(0.408)
工作经验平方	0.000(-4.939)	-0.001(-5.695)	0.000(-1.643)
调整后 R^2	0.233	0.224	0.238
F	362.74***	207.198***	149.152***
N	3574	2149	1425

注：表中括号内为 T 值。

从这里可以看出，中国的教育收益率为 13%。这个收益率，也高于很多已有的研究。从中国收益率的逐年增长上，也可以看出，收益率已经增长到了较高的幅度。在将男性和女性做了区别后，女性的教育收益率高于男性。女性为 12.5%，男性为 12.2%。这个研究发现与其他发现基本一致。总之，根据国际经验，发达国家的教育收益率应该低于发展中国家。按照邢志杰文章中引用的数据，Psacharopoulos 在 1985 年的研究中证明，非洲的教育收益率达到 13%，亚洲为 11%，拉丁美洲为 14%，地中海国家为 8%，发达国家为 9%（刑志杰，2004）。

工作经验也是一个非常重要的影响收入的变量。但在我们的调查数据中，其重要性却不如受教育程度（获得毕业证书所需的全日制学习时间）。如果我们把受教育年限作为"无差别"的教育资本来看待，那么，这个"无差别"的资本所带来的收益，处于迅速上升态势。

2. 阶级阶层位置、家庭背景与收入不平等

在分析了各个阶级阶层内部的收入不平等之后，我们想知道的是：人们的阶级阶层位置，是否影响了收入不平等。如果阶级阶层位置是一个非常显著的影响因素，那么我们想进一步知道的是：这个因素在何种程度上影响了人力资本的发挥？在何种程度上影响了人们的收入获得？

我们引入方程（3）来观察阶级阶层变量对收入获得的影响。

$$Ln(月收入) = \alpha + \beta_1(受教育年数) + \beta_2(工作经验) + (工作经验)^2 +$$

$$\sum_4^6 xi + \sum_1^5 yi + \sum_1^6 zi + x_7 + u \tag{3}$$

在这里，$y_1 \sim y_5$ 分别表示阶级虚拟变量中的"业主阶层"（包括业主阶层和小业主阶层）、新中产阶级（包括专业管理阶层、专业监理阶层、专业阶层、技术管理阶层、技术监理阶层、体力管理阶层）、半技术半体力阶层、体力工人阶级、自雇阶层。$z_1 \sim z_3$ 分别表示家庭背景变量：其中 $z_1 \sim z_3$ 表示父亲现在或退休前的阶级位置，分别为"干部业主阶层"、"专业技术阶层"、"工人阶级"；$z_4 \sim z_6$ 表示父亲的受教育程度，分别为"中专及以上""高中""初中"。x_7 表示本人所在行业的性质，在垄断行业定义为"1"，不在垄断行业定义为"0"。表 6-7 为我们比较详细地报告了分析结果。

如果只控制"性别""户口"和"政治身份"等变量，中国劳动者的教育回报率大约在 9.1% 左右，但其确定系数却只有 28.2%。在加入阶级虚拟变量之后，中国劳动者总体的教育回报率下降到 6.1% 左右，但模型的解释力却一下提升到 46.9%——比未加入阶级虚拟变量时提高了 18.7%。

而且"阶级变量"的作用极其显著，不仅统计推断意义很强，而且其 beta 系数也很高——比"受教育年数"的标准回归系数要高出很多。所以，人们的"阶级位置"对他们的收入分配具有非常明显的影响作用。即使我们在模型 3 中增加了家庭背景变量——以父亲"现职职业地位"（或终职职

表 6 – 7　阶级阶层位置与家庭背景对收入的影响

变　量	模型 1		模型 2		模型 3		模型 4	
	B	Beta	B	Beta	B	Beta	B	Beta
常　数	5.406 ***		5.036 ***		4.99 ***		4.96 ***	
受教育年数	0.091 ***	0.309	0.061 ***	0.207	0.061 ***	0.205	0.064 ***	0.216
工作经验	0.007	0.076	0.009 **	0.099	0.009 **	0.100	0.010 **	0.108
工作经验的平方	0.000 ***	− 0.216	0.000 ***	− 0.157	0.000 ***	− 0.146	0.000 ***	− 0.148
性别(男 = 1)	0.360 ***	0.174	0.276 ***	0.133	0.300 ***	0.145	0.296 ***	0.143
户口(非农户口 = 1)	0.376 ***	0.176	0.082 **	0.038	0.047	0.022	0.050	0.024
政治身份(党员 = 1)	0.063	0.019	− 0.004	− 0.001	− 0.016	− 0.005	0.012	0.003
阶级位置(农民阶级)								
业主阶层			1.840 ***	0.354	1.85 ***	0.349	1.84 ***	0.348
新中产阶层			1.256 ***	0.377	1.22 ***	0.369	1.25 ***	0.377
半技术半体力阶层			0.982 ***	0.318	0.983 ***	0.322	1.01 ***	0.331
体力工人阶级			0.842 ***	0.375	0.851 ***	0.381	0.861 ***	0.386
自雇阶层			0.967 ***	0.337	0.999 ***	0.347	0.998 ***	0.346
父亲身份(农民阶级)								
父亲干部业主阶层					0.033	0.011	0.058	0.023
父亲专家技术阶层					− 0.018	− 0.004	0.028	0.010
父亲工人阶级					0.049	0.019	0.021	0.007
父亲受教育程度(小学及以下)								
中专及以上					0.196 ***	0.042	0.195 **	0.042
高中					0.131 **	0.036	0.135 **	0.037
初中					0.019	0.007	0.020	0.008
垄断行业(是 = 1)							0.136 ***	0.045
调整后 R^2	0.282		0.469		0.474		0.475	
F	234.287 ***		287.02 ***		182.306		172.576 ***	
N	3568		3568		3224		3224	

注：*** $p < 0.001$；* $p < 0.01$；* $p < 0.05$。

业地位）和父亲"受教育程度"为代表的家庭背景变量，其对"阶级位置"的解释力都未构成比较显著的影响。而且，新加入的家庭背景变量对人们收入的解释力很有限。这就是说，父亲的阶级位置，可能对子女阶级位置的获得具有显著影响，但对子女收入的影响，却并不显著。

可"父亲的受教育程度"却在模型 3 和模型 4 中都很显著。这说明，受教育程度较高的家长，不仅能够给他们的孩子带来较高的受教育程度，支持他们人力资本的积累，而且还会影响孩子收入的增加。对此我们所做的可能解释是：人力资本较高的家长，会为子女提出较好的职业和工作选择建议，帮助他们更为便捷地增加其教育收益——父母亲的教育，对子女的教育和收入，具有代际传承作用。

正如学界已经发现的那样，行业区隔所造成的垄断，能够为受垄断保护的行业的就业者带来较高的收入。在 20 世纪 90 年代国有企业改革、"抓大放小"和"国退民进"之后，国有垄断企业的收入有了长足增长。民航、银行、自来水和电力、通讯等行业的收入，相对于非垄断行业来说，更要高出很多。应该说明的是，我们模型中的垄断行业，还将党的部门、政府部门和其他事业单位包括在内。这就是说，这些部门的平均收入，也要显著高于非垄断部门的平均收入。为什么近年国家公务员考试竞争压力越来越大，收入的稳定性和社会保障的确保性应该是一个非常重要的原因。

为便于比较，表 6 - 8 只将"户口""党员"等虚拟变量带入方程而形成简化的表。从这里可以看出，调整后的确定系数达到 0.441，即能够解释44.1% 的收入原因。这也说明，阶级阶层变量，是一个非常重要的影响收入分配的变量。

所以，不管是在控制多个变量的情况下，还是简化方程，人们所处的阶级阶层位置，对其收入的影响不仅显著，而且还有着很强的统计解释力。家庭背景、所在的就业行业虽然对人们的收入获得有影响，但在我们的研究中，这种影响不如人们所处的阶级阶层位置显著。

表 6 - 8　阶级阶层位置对收入的影响

	B	Std. Error	Beta	t	Sig.
常数	5.384	0.027		198.039	0.000
性别	0.261	0.028	0.123	9.468	0.000
户口（城市 = 1）	0.224	0.033	0.106	6.731	0.000

续表

	B	Std. Error	Beta	t	Sig.
是否党员（党员 = 1）	0.033	0.046	0.010	0.724	0.469
阶级虚拟变量（对照组：农民阶级）					
雇主阶级	2.013	0.075	0.362	26.898	0.000
新中产阶层	1.579	0.056	0.461	28.193	0.000
半技术半体力工人阶层	1.285	0.052	0.400	24.920	0.000
体力工人阶层	0.938	0.039	0.396	24.239	0.000
自雇阶层	1.002	0.044	0.330	22.592	0.000

注：$F = 338.90$，调整后 $R^2 = 0.441$，$N = 3428$。

五　研究结论与政策性建议

1. 扭转收入差距扩大趋势任务艰巨

从阶级分析中可以看出：业主阶层（包括业主阶层和小业主阶层）和新中产阶层，在总就业人数中所占比重差不多为 10% 左右，但却占有将近 33% 的全社会收入。占人数最多的农民阶级，就业比重将近 47%，但在全社会收入中所占比重却不到 18%。如果考虑到社会保障的差距和隐性收入的影响，业主阶层和新中产阶层在全社会收入分配中所占比重还要上升许多。至今为止，农民收入的增长速度，仍然要慢于非农职业群体的增长速度。所以，要扭转收入差距扩大趋势，还要经历一个较长的过程。

在这里，如果以重税限制业主阶层的收入，并增加对整个中产阶层个人所得税的税收征收额度，那么，这会影响人们对投资和对人力资本投入的热情，也不利于技术资本的积累。但收入分配的调整和社会保障覆盖面的扩大，又需要增加税收。这是个两难选择。

在现阶段，一方面，国家需要规范市场的运行，消除非法收入或权力寻租现象，这不仅会限制收入差距的拉大，而且其政治意义将大于经济意义；另一方面，仍然需要鼓励业主阶层的顺利成长，因为业主阶层的成长与经济增长和就业人员数量的增长是密切相关的。另外，新中产阶层也是一个需要培育的阶层。改革开放的基本趋势，就是增加人力资本在收入分配中的份额，唯有如此，才能形成对技术进步和劳动力素质提高的有效激励。

2. 收入差距拉大主要原因在于体力劳动阶层收入过低

体力劳动阶层的主要构成是农民阶级和体力工人阶级。他们的收入较低是中国收入差距较大的主要原因。中国的收入差距，比较集中化地表现为农业劳动者平均收入较低。中国城乡居民年人均收入比，在 2004、2005、2006 年分别是 3.21：1、3.22：1 和 3.28：1，目前城乡居民人均收入的差距仍在扩大。在城镇市场中，人数众多的体力工人阶级仍然收入较低。因此，继续加强新农村建设，并且在此过程中保证农民阶级的收入增长速度不低于非农阶级的收入增长速度，是扭转收入差距扩大趋势的关键。当然，如果把农村市场和城市市场视为两个截然不同且分隔的市场的话，那么，城市内部市场工人阶级收入的提高——尤其是体力工人阶级收入的提高，也是扭转收入差距扩大趋势的关键。

3. 阶级阶层位置显著影响着人们的收入获得

缩小全社会收入差距的一个重要思路，是逐步减少农民阶级在就业人口中的比重。解决"三农问题"的重点，一方面在于新农村建设，另一方面在于农民阶级的非农化。社会学地位获得研究得到的重要结论，就是阶级具有代际继承性。在这种情况下，要通过调整阶级阶层结构去缩小收入差距，就得通过政策引导和创造条件，鼓励农民阶级向工人阶级、工人阶级向中产阶层流动。

在城镇要进一步创造就业岗位，并通过大规模的劳动力培训，使农民阶级转变为工人阶级。加大农村人力资本投资，鼓励企业到农村直接办技工学校，然后有序引导劳动力流动并保证流动人口收入的获得，可以在某种程度上缓解收入差距扩大带来的社会紧张。与此同时，在产业结构转变中，要积极引导体力工人向技术工人转变。

4. 人力资本显著影响着收入水平

在阶级阶层位置对收入具有重要影响作用的同时，人力资本的差异也显著影响着人们的收入所得。所以，缩小收入差距的一个重要途径，就是加大农村公共教育和城市公共教育的政策性投入，并保证这些投入相对均等地分配给贫困地区。这不但会增加工农子女社会流动和社会升迁的机会，而且还能够在社会位置不变的情况下使他们也有提高收入的机会。

在加大对贫困地区和农村地区教育投入的同时，国家应该通过实施积极的就业政策和产业结构调整政策，为接受过大中专教育的人口提供更多的就业岗位。现在，每年毕业的大中专学生数量在迅速增加，他们的就业压力也越来越大，如何发挥人力资本的作用受到新的挑战。

5. 通过再分配调节收入不平等

中国社会的阶级结构，仍然是农民阶级和工人阶级较大、中产阶层和雇主阶级较小的金字塔形结构。在这种情况下，要在不过分触动现有利益格局的前提下缩小收入差距，通过阶级结构的调整来减缓收入差距扩大的速度，会是一个比较积极的政策选择。国家收入分配政策的调节重点，应该放在减少农民阶级的人口比重，促使工人阶级向中产阶层转移，提高低收入阶层的收入水平。就业政策的完善，受雇者社会保障的获得，受雇者收入的稳步提高，都会对低收入者收入的增长有所贡献。

然而，即使农民阶级的缩小、工人阶级的扩大和中产阶层的增加会使低收入阶层的人口逐渐减少，但收入不平等的情况不可能消失，特别是不可能在短期内消失。但伴随农业社会转变为工业社会和后工业社会，伴随农村社会转变为城市社会，中国的阶级转型必然会发生。再分配的一个重要职能，就是防止新社会结构产生过程中出现所谓的社会"断裂"。

第七章
中产阶层的规模、认同和社会态度

在社会学研究中，"中产阶层"始终是一个具有持久魅力但又存在诸多争议的概念。虽然人们已经从职业、收入、教育、声望、消费、性别、种族、品位、认同、社会政治态度等各个层面对中产阶层进行了反复研究，但这些研究结果似乎只是不断提出新的挑战，却难以形成统一认识（Butler and Savage，1995）。尽管在中产阶层的定义和操作性测量方面，不同的，甚至相互对立理论取向的学者，已经更加趋向一致，即把职业分类作为界定中产阶层的最重要测量指标（Goldthorpe，1990；Erikson and Goldthorpe，1993；Wright，1997），但关于中产阶层的角色和作用，经验研究却显示出不同的结果，有的表明中产阶层是当代社会变迁的重要动力（Lash and Urry，1987），有的表明中产阶层是传统秩序的堡垒（Goldthorpe，1982），有的表明中产阶层是稳定渐进的工业化力量（Kerr，Dunlop，Harbins and Myers，1973），也有的表明中产阶层是民主化的激进动力（Huntington，1973）。

中产阶层在东亚新型工业化国家和地区社会变迁中的重要作用也引起了社会学家的广泛关注，但对韩国、新加坡、中国台湾、中国香港社会的相关经验研究，也同样显示出中产阶层既具有激进的特点，也具有保守的性质（吕大乐、王志铮，2003；萧新煌、尹宝珊，1999）。

中国目前正在经历着世界现代化历史上最大规模的社会转型，在全球化背景下这种转型呈现出极其复杂的特征：工业化、城镇化、市场化、国际化全面推进，经济体制转轨和社会结构转型同时进行，工业化初期的资本积累要求、工业化中期的产业升级要求和工业化后期的环境治理要求同时并存。这些复杂的特征也为中产阶级的研究带来一些特殊的难点。

第一，中产阶层比重很小，群体边界不清晰。一方面，中国的城市化水平严重滞后于工业化水平，工业化水平目前已经达到约88%（GDP中工业和服务业的产值比重），但城市化水平还只有44%。这使得某种意义上作为"市民群体"的中产阶层发育很不成熟；另一方面，中国经济主要靠工业推动的特征非常突出，在2005年GDP产值结构中工业和服务业分别占47.5%和39.7%，在就业结构中工业和服务业分别占22.8%和31.4%，这使得某种意义上作为"服务群体"的中产阶层规模与经济发展水平不相适应。

第二，由于转型时期经济、政治、社会地位的不一致性较强，以职业为主要指标定义的中产阶层，在经济地位上呈现偏低的特征，且与民众的主观定性判断产生较大差异，与商业机构从收入消费水平或消费取向界定的中产阶层也存在较大差异。

第三，中国的城乡和地区差异较大，以职业为主要指标定义的中产阶层与主观上认同社会"中层"人群很不吻合，甚至存在背离的现象，如在农民工群体中，也有近42%的人认为自己属于"社会中层"。

在这种情况下，本章试图回答的问题是：在当前中国，如何界定和测量中产阶层才比较符合实际？中国目前的中产阶层究竟有多大规模？客观界定的中产阶层还是主观认同的社会"中层"更具有社会态度认知的一致性？

一　中产阶层的概念

虽然人们都感兴趣于中产阶层的研究，但在对中产阶层的认定、定名和特性刻画上，却大相径庭。比如说，当前中国学术界比较频繁使用的几个概念就是"中产阶层"或"中产阶级"、"社会中间层"和"中等收入阶层"。在很多非学术研究的媒体，这几个词经常混同使用并都指向于中产阶层。所以，这里有必要首先厘清这三个概念的异同，并在这种学理区别的基础上，展开我们的分析。

1. 中产阶层

应该说，中产阶层是工业社会的产物。渔猎社会和农牧社会更多地表现出缺少流动的封闭特征。人们的收入、职业、社会地位和阶级位置等，往往取决于世袭和家庭出身等先赋性因素。一旦工业社会来到世间，教育的社会化和越来越细的职业分化，以及社会劳动的专门化等，就打破了原有的那种固化结构，使人们有可能通过自身的努力（即借助于后致性因素）改变那种与生俱来的既定地位安排。这就出现了人类历史上具有社会学意义的、迅速发生的阶级结构的分化和结构组成的多元化。

马克思正是注意到这种变化①，才在不同著述中用不同笔墨刻画了资本主义社会中既不属于社会上层、也不属于社会下层的那些人——中产阶级的组成人群。② 有时，马克思将小工业家、小商人和小食利者、手工业者和农民等标称为"中等阶级"；有时候，他在前述组成人群的基础上，加入富农、小食利者、自耕农、医生、牧师、律师、老师等；有时候，他明确地将知识的生产者——"学者"等也置于中产阶级之列；而在另外一些时候，他也将企业里当时为数很少的管理人员指称为中产阶级。

后来，波恩斯坦注意到：马克思所说的中产阶级，在西方工业化的进一步发展中，继续发展壮大。于是，波氏为区别中产阶级内部的组成结构，即将那些企业管理人员、国家公务员、办公室工作人员、技术雇员等为代表的所谓"白领"，标称为"新中产阶级"——这标志着劳动过程技术含量的增加导致工人阶级的分化——非体力的技术劳动者的绝对数量和相对数量有了长足增长。这种增长的长期性和稳定性，使 20 世纪中期的米尔斯看到，美国白领工人的数量已经接近整个工人总数的一半并将超过蓝领工人的数量，于是，他就将那些受过一定专业教育、作为企业高级雇员、脱离体力劳动的羁绊、以自己获得的技术资本和管理技能而取得较高收入的人抽象为"新中产阶级"（这与普兰查斯的"新小资产阶级"、马勒的"新工人阶级"、高茨的所谓"非工人的非阶级"等组成人群差不多一致）；而将拥有少量资产、雇佣少量雇员（雇员人数在 10 人以下）并参加一定体力劳动的社会地位居于中层的人们定义为"老中产阶级"。在 20 世纪后期，美国左翼社会学家赖特的阶级类型学划分标准，也基本继承了这种对"新""老"中产阶级的位列。只不过在赖特那里，那些权力资本、技术资本和经济资本（收入）都高度一致地居于中产阶级的最上层的人，极其接近资产阶级，而其下层则接近蓝领工人阶级。

所以，中产阶层的语境，离不开工业化和后工业化这样的时代背景。而中产阶级的定义，也是在与资产阶级、体力工人阶级、农民阶级等的比较过

---

① 其实在马克思之前，就有人研究过中产阶级。详细内容可参考刘长江《中产阶级研究：疑问与探源》，《社会》2006 年第 4 期。

② 根据刘长江的考证，马克思在 1871 年之前，是将资产阶级包括在中产阶级之列的；但在 1871 年之后，才将资产阶级排除在中产阶级之外。

程中逐渐明晰化的。非体力劳动的特性将"新中产阶层"与体力工人阶级区别开来；不拥有资本资产但拥有技术资产又将其与"老中产阶层"和资产阶级区别开来；是否拥有一定资产和雇员又将"新""老"中产阶层区别开来。可见，在这里，单用收入这个指标，是很难区别谁是"中产"谁不是"中产"的。

中国的市场化和工业化，以及由此推动的城市化过程，使得如上所述的"新""老"中产阶层人数，在绝对数量和相对数量上，都如雨后春笋般猛烈地生长。乡村的工业化和商业化，城市企业的民营化，使"老"中产阶层迎来了有史以来的和煦春天。城市第三产业的发展和后工业化趋势的加强，则给"新"中产阶层的增长，注入了前所未有的活力。教育的扩张以及高等教育的大众化，更为"新"中产阶层准备了源源不断的后备军。所以，说中国没有中产阶层，显然与学理不通。但要在 7.7 亿劳动者中，说中产阶层占有很大的比重，却也不合实际。

2. 中等收入层和社会中间层

"中等收入阶层"是由收入这样一个单一指标构建的概念。如果把任何一个社会所有劳动者的收入由高到低地排序，我们都可以相对粗略地把他们（她们）划分为"收入高层""收入中层"和"收入低层"。用来划分层级之间界限的收入额不同，"高""中""低"各层人数的百分比就不同。所以，如果以此作为分层的标准，那么，划分层级的收入额度，就决定了层级之间的结构。收入差距研究中，就经常使用最高 20% 人的收入与最低 20% 人的收入之比值去衡量一个社会贫富分化的趋向。

因此，收入在确定某个人群是否为"中产阶层"时，只是一个必要条件。如果收入达不到一个被社会能够接受的值，其就不可能被认知为"中产阶层"；但收入达到一定的值，则并不必然就成为中产阶层（这里指的是客观中产阶层）。比如说美国的很多蓝领，收入就远远高于白领，但他们很难会被社会学家确认为"中产阶层"。很明显：一个收破烂的人，其收入可以与办公室的白领一较上下，但其阶级属性，却怎么也"攀升"不到中产阶层之列，这正如不能将脱衣女郎极端地确认为舞蹈艺术家一样。"收入"之所以会成为中产阶层的界标泛滥地占有媒体的阵地，其主要原因既在于社会学话语权的低下，也在于经济学帝国主义的四面扩张。要使社会学知识如坚硬的楔子一样打入经济学人的思维体系，并借助他们的"行话"而光大社会学范式，就必须让社会学家花心思修炼经济学"帝国主义"。当然，如果社会学家能够吸引经济学家修炼社会学，则社会学帝国主义的建构，也会如中产阶层的话题一样蒸蒸日上。

相比较而言，"社会中间层"则可以在工业社会的语境中近似地当作"广义"中产阶层的概念被理解，但这仍然不如中产阶层的标称精当。毕竟，社会学的阶级研究，与社会学的社会分层研究和社会流动研究存在很大差异——虽然这三个概念之间联系极其密切。在分层研究的视野，每个社会的人口，都可以被社会学家依据一定的标准，划分为上、中、下或更多的层级。在层级确定之后，再根据影响人们社会流动的"先赋因素"和"后致因素"，确定影响人们从原初社会位置流动到目前社会位置的原因。因此，社会中间层，更具有"定名"意义的社会分层含义。

可惜的是，理论研究往往不能苟同于某一个具体的体系。因此，讨论问题的各方，就必须在同一概念下探索相同的议题。本章基于以上中产阶层的概念，讨论中产阶层问题。所以，我们使用的中产阶层，与平常人们所说的"社会中间层"和"中等收入阶层"是有所差异的。

二　中产阶层的界定、测量和规模

中产阶层研究的主要难点，在于对中产阶层的界定。不同的学者，根据不同的研究目的，往往界定出不同的"中产阶层"概念。至今为止，学术界用于界定中产阶层的指标很多，既有主观指标，也有客观指标。客观指标包括职业地位、收入水平、资产占用量、对下属控制权力的大小、专业技术职级、教育资本、社会声望、消费水准、种族和血统等。主观指标相对简单，可以分为他者的评定和自我的认同：前者来源于社会上的他人对某个具体人物是否属于"中产"的认同；后者属于某个具体人物对自己是否属于中产阶层的认同。经济学家往往用收入来界定人们是否属于中产——把收入介于某个区间的人，划归中产的类别。社会学家更多地从职业角度，将某些职业类别——即主要将那些脱离了体力劳动的、具有某种特别技术水平的社会劳动者划归中产阶层之列。

可见，不同的学者会从不同的学术需要出发来界定其所研究的中产阶层。比如说，20世纪中叶，米尔斯在研究中，主要以职业为标准划分了中产阶级。他认为美国的中产阶级主要由依附于政府机关、大机构大企业、各种事业单位，专门从事行政管理与技术服务工作的人员所构成（米尔斯，

1951/2006)。可美国国家统计局却曾仅仅以家庭人均收入中位数的 75% 为下限、以人均收入中位数的 125% 为上限定义"收入中产"(Kacapyr, Francese, and Crispell, 1996)。最近, 中国国家统计局也以家庭年收入 6 万~50 万作为中产阶层的标准。

虽然职业中产和收入中产都可以满足不同的解释需要, 但在学术研究中, 却有越来越多的人开始综合各种有代表性的、可以被操作的概念来界定中产阶级。在美国, 很少有人只以其中的某个具体指标来界定中产阶级的构成人群, 而倾向于将收入、教育、职业等结合起来以做较为全面的考察(Thompson and Hickey, 2005)。吕大乐教授在研究香港中产阶级的构成时曾经说, 虽然可以把月收入在 2 万~5 万元作为中产阶级上下限, 但职业仍然应该作为一个主要标准用之于界定过程(吕大乐、王志铮, 2003)。在中国, 也有人从消费分层出发界定中产阶层(李培林、张翼, 2000), 可越来越多的人开始从收入中产、职业中产和消费中产等角度来研究中产阶层构成问题(刘毅, 2006)。

的确, 只从某个具体角度界定中产阶层是缺少稳定性的。最典型的例子如三陪小姐, 其收入甚至可以高于普通管理人员, 但社会上很少有人将其划为中产阶层。所以, 只有将教育、职业等因素考虑进来, 才能剔除某个具体指标发生的界定偏误。

为此, 我们的研究策略是, 在界定中产阶层时, 不用某个具体指标对社会人群进行简单归类, 而选择了比较容易操作且对中国目前人们的经济社会地位影响较大的三个指标作为测量标准: 即收入水平、职业类别和教育资本。我们把这三个指标都符合中产阶层标准的人群, 定义为"核心中产阶层", 把其中两个指标符合中产阶层的人群定义为"半核心中产阶层", 把只有一个指标符合中产阶层的人群定义为"边缘中产阶层"。

1. 中产阶层收入标准的界定和测量

中产阶层是工业化和城市化的产物, 从某种意义上说, 它具有"市民阶层"和"服务阶层"的特征。因此, 如果在收入上把全国人口的平均收入或中位数作为定义中等收入的基准, 那么中等收入线就会偏低, 大量的一般农民也会进入收入中产的行列。所以, 我们选择了中国城市户籍人口的平均收入线作为参照基准, 把高于平均收入 2.5 倍及以上的收入群体定义为"高收入者", 把低于平均收入线 50% 及以下的收入群体(这个标准在发达国家通常被定义为"相对贫困")定义为"低收入层"; 把低收入的上限到平均线之间者定义为"中低收入层";把平均线以上到平均线的 2.5 倍的人群定义为"中等收入层",即"收入中产阶级"。由于高收入者在整个被调查人群中所占比重很小,故我们将之并入"收入中产阶层"之中。

根据以上定义和我们 2006 年的调查数据测算,2005 年中国城镇户籍人口年家庭平均收入 9340 元,因此,中国城镇家庭年人均收入在 9341 元之上者为中等收入家庭,在 4671～9340 元之间的为中低收入家庭,在 4670 元以下的为低收入家庭。

另外,根据在中国的调查经验,由于中国人的"不露富"心理以及现实中存在的大量隐性收入,收入水平的问卷调查数据一般都大大低于人们的实际收入水平。例如根据统计数据,2005 年中国城镇家庭居民年人均可支配收入为 10493 元,年人均消费支出为 7942 元,人均收入扣除人均消费后的人均剩余为 2551 元;农村居民家庭人均纯收入 3255 元,人均消费支出 2555 元,农民人均剩余只有 700 元,而 2005 年城乡居民人均人民币储蓄存款余额为 10787 元,按照我们的调查经验,人们的实际收入,平均来看大致是其回答收入的 1.5 倍。因此我们确定实际标准时,把每个收入层的收入水平乘上 1.5 的系数,作为调整后的收入分层标准,并扣除十位以后的零数。这样,根据调整后的收入标准,中国家庭年人均收入在 35001 元以上的为高收入家庭,在 14001～35000 元之间的为中等收入家庭,在 7001～14000 元之间的为中低收入家庭,在 7000 元以下的为低收入家庭。①

表 7 - 1　按照城镇家庭人均收入线确定的收入分层标准

	调查平均线 A	低收入层上限 B = A/2	中低收入层区间 C:(B+1)→A	中等收入层 D:(A+1)及以上
调整前	9340 元	4670 元	4671～9340 元	9341 元以上
调整后(×1.5)	14000 元	7000 元	7001～14000 元	14001 元以上

① 根据国家统计局城镇居民家计调查,2005 年全国城镇居民家庭年人均可支配收入为 10493 元,高收入户人均 22902 元,中高收入户人均 12603 元,中等收入户人均 9190 元,中低收入户人均 6710 元,中下收入户人均 4017 元 [国家统计局:《中国统计提要(2006)》,2006,第 96 页]。

按照这样的收入分层标准进行测算，中国 2005 年低收入层占 57.4%，中低收入层为 24.8%，中等收入层占 17.8% （见表 7 - 2）。

2. 中产阶层职业标准的界定和测量

以职业标准界定中产阶层是目前社会学界的通常做法，有些研究者把小雇主阶层称为"老中产阶层"，而把白领管理阶层和非体力的其他白领阶层称为"新中产阶层"。在本研究中，我们把各种领取薪金的具有一定管理权限或技术水平的非体力劳动者定义为职业中产（不包括体力劳动管理人员），其中也包括了"自雇"和雇主等。把体力劳动的工人、半技术半体力劳动者、体力劳动者的监管人员定义为职业中低层，把农民定义为职业低层。按此标准划分，职业中层占 22.4%，职业中低层占 30.6%，职业低层占 47.0% （见表 7 - 2）。

3. 中产阶层教育标准的界定和测量

很多研究都表明，中国的教育收益率是明显的，而且改革开放以来明显提高，教育的收益率要高于工龄即工作经验的收益率（赵人伟、李实、李思勤主编，1999：455 - 457）。受教育水平与收入水平和职业地位都有很高的相关性。根据中国的具体情况，我们把取得中专和大学本科阶段及以上教育文凭的人员，定义为"教育中层"，把拥有高中及职高、技校等学历的人员定义为"教育中低层"，把初中及以下学历人员定义为"教育低层"。按此标准测算，中国教育中层占 12.7%，教育中低层占 9.5%，"教育低层"占 77.9% （见表 7 - 2）。

表 7 - 2　收入中产、教育中产和职业中产的比较

收入分层	百分比	教育分层	百分比	职业分层	百分比
低　　层	57.4	低　　层	77.9	低　　层	47.0
中 低 层	24.8	中 低 层	9.5	中 低 层	30.6
收入中产	17.8	教育中产	12.7	职业中产	22.4
总　　计	100.0	总　　计	100.0	总　　计	100.0
N = 4998		N = 4998		N = 4998	

注：不包括没有工作的被访。

当我们把按照收入、职业和教育这三个维度分层的测算结果叠加起来之后，我们看到，在三个维度都符合"中层"标准的"核心中产阶层"，实际上只占全部调查对象的 3.2%，符合其中两项"中层"标准的"半核心中产

阶层"占 8.9%，仅仅符合一项"中层"标准的"边缘中产阶层"占
13.7%（参见表 7 - 3）。换句话说，如果把"核心中产阶层""半核心中产
阶层"和"边缘中产阶层"全部视为中产阶层，则整个中产阶层的比重为
25.8%；如果只把"核心中产阶层"和"半核心中产阶层"视为中产阶层，
则其比重仅为 12.1%（见表 7 - 3）。

表 7 - 3　全国核心中产、半核心中产和边缘中产的分布

	频　次	百分比	百分比	百分比
其他阶层	3711	74.2	74.2	74.2
边缘中产	683	13.7		13.7
半核心中产	442	8.9	} 25.8	} 12.1
核心中产	162	3.2		
Total	4998	100.0	100.0	100.0

注：课题组对数据进行了加权。

表 7 - 4　城市核心中产、半核心中产和边缘中产的分布

	频　次	百分比	百分比	百分比
其他阶层	1078	50.3	50.3	50.3
边缘中产	520	24.3		24.3
次核中产	395	18.4	} 49.7	} 25.4
核心中产	150	7.0		
Total	2143	100.0	100.0	100.0

注：课题组对数据进行了加权。

　　从表 7 - 4 还可以看出，如果只将城市劳动者计算在内，则"核心中
产"占 7.0%，"次核中产"占 18.4%，"边缘中产"占 24.3%。同样，如
果把"次核中产"和"核心中产"视为城市中产阶层的构成，则城市中产
阶层所占比重为 25.4%。从这里也可以看出，中产阶层主要积聚在城市。
　　需要说明的是："边缘中产"大于"教育中产"和"职业中产"的主
要原因，是那些所谓的老中产阶层，即雇佣了较少劳动力或以"自雇"身
份经营的那些人，一方面受教育水平较低，另一方面收入水平也不是很高。
当然，在某些情况下，在我们的调查中，这些人因为属于自我经营或家庭作
坊，经常将家庭消费与企业经营混同一起，因此，他们自己给自己发的工

资，往往会较少估计。所以，把中国当前中产阶层占就业人数的比重估计在 12% 左右，应该是一个符合现实的比重。

三　社会中层的认同及其影响因素

经验研究表明，人们所处的客观社会经济地位与认同的主观社会经济地位并不一致，在经济发展水平和收入分配状况差异很大的国家和社会，社会"中层"认同的情况却可能非常相像。例如，远比巴西发达、收入差距也小很多的日本，社会"中层"的认同情况却与巴西很近似；而印度与中国同为收入差距较大的发展中的人口大国，且目前中国的人均 GDP 是印度的两倍以上，但印度认同社会"中层"的比重却远高于中国（参见表7－5）。

表7－5　各国公众主观阶层认同情况比较

单位：%

国　家	主观阶层认同					（个案数）
	上层	中上层	中层	中下层	下层	
西德	1.8	11.2	62.5	20.0	3.6	(1127)
美国	1.9	15.7	60.7	17.4	3.6	(987)
法国	0.4	10.9	57.7	25.2	5.3	(993)
意大利	0.7	7.0	56.9	22.2	8.0	(1000)
澳大利亚	1.1	8.6	72.8	10.4	2.7	(1104)
加拿大	1.2	14.2	68.8	11.8	2.2	(1012)
巴西	4.4	13.1	57.4	17.2	5.5	(1000)
日本	1.1	12.5	56.0	24.4	5.0	(1042)
新加坡	1.0	3.9	74.2	16.2	3.0	(996)
韩国	1.1	14.7	51.0	23.7	9.0	—
印度	1.2	12.0	57.5	21.7	7.5	(1020)
菲律宾	1.3	7.0	67.1	18.5	5.9	(1574)
中国（2002）	1.6	10.4	46.9	26.5	14.6	(10738)
中国（2006）	0.5	6.2	41.0	29.3	23.1	(6789)

说明：世界各国资料根据渡边雅男（1998：333～334）整理，该数据为1979年9～11月之间由盖洛普国际组织（Gallup International）在各国开展面访获得，其中巴西、印度和韩国只在城市调查，其他均为全国性调查。中国2002年数据来自2002年中国城市公众社会冲突观念调查（参见李培林，2005：57），2006年的数据为2006年中国社会状况调查（CGSS2006）结果。

　　由此可见，人们主观的阶层认同，既受到收入、职业、教育、家庭背景等多种客观因素的影响，也受到参照比较体系等主观因素的影响。因此，依据客观指标定义的中产阶级，与人们主观认同的社会"中层"，既存在一致性，也存在差异性。

　　从表7-6可以看出，根据对调查数据的分析，在"核心中产阶层"中，有61.7%的人认为自己的经济社会地位属于社会"中层"；在"半核心中产阶层"中，有53.5%的人认为自己属于社会"中层"；在"边缘中产"中，只有46.8%的人认为自己属于社会"中层"；而在除我们定义的三个中产阶层之外的"其他阶层"中，也有38.6%的人认为自己属于社会"中层"。

　　可见，收入中层、教育中层和职业中层之间越形成聚集，则由此所决定的中产阶层认为自己属于社会"中层"的比例就越高；而收入中层、教育中层和职业中层之间的人群分布越离散，则由此所决定的中产阶层认为自己属于社会"中层"的比例就越低。所以，要使客观指标界定的中产阶级与主观认同的社会"中层"人群一致性增强，就必须增加核心中产阶层的比重，这就需要中国社会在运行过程中增进机会公平，使收入、教育与职业之间增加更多重叠的可能。

表7-6　认同中产与客观中产的交叉分析

单位：%

认同阶层	其他阶层	边缘中产	半核心中产	核心中产	总计
上层	0.3	1.3	0.9	1.9	0.6
中上层	3.5	7.0	13.1	15.4	5.4
中层	38.6	46.8	53.5	61.7	42.4
中下层	31.0	28.6	27.2	18.5	29.8
下层	26.5	16.4	5.4	2.5	21.8
N =	3514	1092	467	162	5235

注：$X^2 = 317.501$，$p < 0.000$。

　　在当前中国，究竟是什么因素在影响着社会成员的阶层认同呢？或者说，除了人口特征因素之外，职业、收入和教育这三个我们用来界定中产阶层的因素，哪一个对人们主观认同社会"中层"的影响更具有决定性意义呢？从表7-7显示的统计分析结果可以看到，"性别"对人们的社会"中层"认同并没有显著的影响，尽管统计到的女性平均收入远低于男性，也尽管女性的平均受教育程度低于男性。经验研究表明，对社会"中层"的个体认同，更多地参考了整个家庭的经济社会地位，个体的阶层认同也深受家庭背景的影响。比如说妻子在阶层认同上，除考虑自身的因素外，还可能结合丈夫的各种社会身份和收入，来综合评价自己的社会地位，并给出自己的认同阶层。毕竟，家庭具有再分配家庭成员收入与其他资本的功能。

表7-7　影响社会成员对社会"中层"认同的因素（Logistic 分析）

	B 值	标准误	Wald 值	自由度	显著性	幂值
性别（男 = 1）	0.029	0.063	0.218	1	0.640	1.030
是否党员（党员 = 1）	0.331	0.115	8.273	1	0.004	1.392
东中西（对照组：西部地区）						
东部地区	-0.083	0.084	0.969	1	0.325	0.921
中部地区	0.170	0.079	4.672	1	0.031	1.186
年龄组（对照组：66 岁及以上）						
25 岁及以下	0.331	0.291	1.291	1	0.025	1.392
26～35 岁	0.339	0.284	1.422	1	0.023	1.403
36～45 岁	-0.029	0.283	0.011	1	0.917	0.971
46～55 岁	0.018	0.286	0.004	1	0.951	1.018
56～65 岁	-0.069	0.297	0.054	1	0.816	0.933
教育分层（对照组：教育低层）						
教育中低层	-0.046	0.108	0.181	1	0.670	0.955
教育中层	0.243	0.107	5.137	1	0.023	1.275
职业分层（对照组：职业低层）						
职业中低层	-0.431	0.083	27.181	1	0.000	0.650
职业中层	-0.206	0.089	5.350	1	0.021	0.814
收入分层（对照组：收入低层）						
收入中低层	0.399	0.077	26.722	1	0.000	1.491
收入中层	0.762	0.097	61.892	1	0.000	2.143
常数	-0.552	0.284	3.778	1	0.052	0.576

注：N = 4655；-2 Log likelihood = 6542.027

　　在政治身份上，"党员"将自己认同为社会"中层"的概率，明显大于非党员，这大概是导源于国有部门管理层中的党员比非党员要多许多。原来我们认为，东部地区的人们，会比西部和中部地区更易于认同为"社会中层"，但这里的检验却并不显著。这说明在地区差距较大的情况下，不同地区的人们对社会"中层"的认同所依据的比较参照标准是不同的。可让人奇怪的是，与西部地区相比，中部地区中却有更多的人将自己认同到了社会"中层"。这是一个以后需要进一步研究的问题。在此的解释是：人们并不是因为现实存在差距而导致阶层认同的分歧，而是因为感受到与参照群体的差距而寻找着自己的阶层归宿。所以，实际存在多大的差距是一回事，人们真正感受到的差距是另外一回事。

　　从年龄因素来看，与"66岁及以上年龄组"比较，"26~35岁年龄组"的人群认同社会"中层"的概率最大，是"66岁及以上年龄组"的1.403倍，"25岁及以下年龄组"的人群认同社会"中层"的概率，也超过了"36~45岁年龄组"和"46~55岁年龄组"。这一方面反映了中国目前在收入状况上"老子不如儿子"的现象，另一方面也反映了不同年龄段人群的消费生活差异。当然，还有一个原因，就是年轻人的平均受教育程度也大大高于中老年人。在现代社会，科学技术的进步与新兴产业的蓬勃发展，总是易于给接受了最新教育的那些人提供收入更高的工作岗位。技能的稀缺程度与收入的高低之间存在极其强的相关关系。所以，代际受教育程度的差异，会造成许多阶层认同的差距。这表现在教育程度这个指标上，与教育低层相比，教育中层的社会中层认同概率更大，大约是教育低层的1.3倍多。

　　但很奇怪的是，我们用来界定中产阶层的最主要指标"职业"，在控制其他变量的影响后，却对社会"中层"的认同产生了负面影响，这是很有意思的社会现象。因为我们定义的职业低层，是农民阶级为代表的种植农。城市体力工人阶级等，在对社会中层的认同上，反倒低于农民阶级。这说明，农民阶级生活状况的边际改善，会带来更多的阶层认同增量。虽然现代中产阶层很难把农民阶级纳入其中去定义和分析，但农民阶级的自我认同，却在经济收入和生活状况的改善中，最容易提高。这还说明，那些被我们定义的中产阶级，与比较组——农民阶级相比，也没有自我阶级认同的显著优势。所以，在当前的中国，在控制其他变量的情况下，工人阶级和职业白领对社会"中层"的阶级认同感，还不像人们想象的那样显著。

　　统计分析显示，相对于职业和教育因素来说，收入分层对人们的主观阶层认同更具解释力。与收入低层相比较，收入中低层认同"社会中层"的概率，是收入低层的 1.491 倍；收入中层认同"社会中层"的概率，是收入低层的 2.143 倍。这说明，在当前的中国，收入状况乃是影响人们社会阶层归属感的最主要因素。

　　所以，正是收入这个变量主要决定着人们的社会中层认同。那些收入达到一定程度的社会成员，不管自己的受教育程度怎样，也不管自己的职业地位如何，他们与其周围的参照群体相比较，更易于将自己归属于社会"中层"。

四　中产阶层社会态度的主要影响因素

　　中产阶层是不是社会的稳定器？中产阶层能够维护社会稳定的假说，其实建立在这样一个前提上，即中产阶层是一个统一的利益或地位群体，他们具有共同的社会态度和行为偏好。那么，是否中产阶层是一个社会态度一致的利益群体呢？

　　为了验证这一点，我们对测度社会态度的 15 个变量进行了因子分析。这 15 个变量如表 7 - 8 所示（按照后文提取到的因子顺序）。

表 7 - 8　用于因子分析的测量人们社会态度的题目

1	政府搞建设要拆迁居民住房,老百姓应该搬走	6	以不正当的手段赚钱	11	财政税收政策
2	老百姓应该听从政府的,下级应该听从上级的	7	家庭背景好	12	工作与就业机会
3	民主就是政府为人民做主	8	有重要的人际关系	13	城乡之间的待遇
4	国家大事有政府来管,老百姓不必过多考虑	9	一些人贪污腐败、侵吞国有/集体资产	14	不同地区、行业之间的待遇
5	老百姓交了税,政府爱怎么花就怎么花	10	富人少缴税	15	养老等社会保障待遇
同意程度 1 很不同意　2 不大同意 3 比较同意　4 很同意		影响程度 1 非常大　2 比较大 3 不太大　4 不影响		不公程度 1 很不公平　2 不大公平 3 比较公平　4 很公平	

对这 15 个四分 Likert 量表，我们采用主成分分析法提取了三个"因子"。在提取到的初始特征值中，因子 1 能够解释的变异百分比为 21.374%，因子 2 为 12.077%，因子 3 为 10.847%，总共能够解释 44.299% 的原始态度变量值。但为了对各个因子所代表的内容进行综合归纳以便于"命名"，我们特以最大变异数法对其进行转轴处理。从表 7 - 9 可以看出，经过转轴调整之后，因子 1 能够解释整个社会态度量表的变异百分比为 15.951%；因子 2 为 14.348%；因子 3 为 14%。转轴后三个因子总共也能够解释原 15 个变量 44.299% 的内容——与转轴前相比，信息并没有损失，但却改变了各个因子对原有变量的解释力，使得因子易于归纳和"命名"。

表 7 - 9　因子的提取

因子（代号）	初始特征值			转轴后各因子解释量		
	各因素特征值	解释变异百分比	累积解释变异百分比	各因素特征值	解释变异百分比	累积解释变异百分比
1	3.206	21.374	21.374	2.393	15.951	15.951
2	1.812	12.077	33.452	2.152	14.348	30.299
3	1.627	10.847	44.299	2.100	14.000	44.299
4	1.095	7.302	51.602			
5	0.926	6.173	57.775			
6	0.863	5.756	63.531			
7	0.841	5.606	69.137			
8	0.734	4.895	74.032			
9	0.674	4.496	78.528			
10	0.628	4.184	82.712			
11	0.606	4.038	86.750			
12	0.581	3.872	90.622			
13	0.529	3.529	94.151			
14	0.468	3.121	97.272			
15	0.409	2.728	100.000			

注：以主成分分析法提取。

另外，从表 7 - 10 的因子矩阵还可以看出，经过转轴之后，这三个因子所代表的内容，主要集中在以下三个方面：因子 1 代表了"对国家有关政策的不公程度评价"，因为其与这些政策评价的相关最高。因子 2 代表了

"对致富原因不公程度的评价"，因为其与该指标集所代表的变量相关最高。因子 3 代表了"对服从政府的认可程度"，因为其与该指标集所代表的变量相关最高。

表 7 - 10　最大变异数旋转后得到的因子系数

因子含义	提取后的因子		
	对国家有关政策不公程度评价（因子 1）	对致富原因不公程度评价（因子 2）	对服从政府的认可程度（因子 3）
政府搞建设要拆迁居民住房,老百姓应该搬走	0.107	- 0.023	**0.585**
老百姓应该听从政府的,下级应该听从上级的	0.088	- 0.051	**0.705**
民主就是政府为人民做主	0.024	- 0.073	**0.563**
国家大事有政府来管,老百姓不必过多考虑	0.068	- 0.045	**0.728**
老百姓交了税,政府爱怎么花就怎么花	0.140	- 0.070	**0.557**
以不正当的手段赚钱	- 0.167	**0.700**	- 0.082
家庭背景好	0.029	**0.548**	0.030
有重要的人际关系	- 0.009	**0.511**	- 0.108
一些人贪污腐败、侵吞国有/集体资产	- 0.128	**0.740**	- 0.091
富人少缴税	- 0.070	**0.694**	- 0.035
财政政策	**0.494**	- 0.153	0.174
工作与就业机会	**0.586**	- 0.177	0.153
不同地区、行业之间的待遇	**0.752**	- 0.012	0.144
城乡之间的待遇	**0.782**	0.031	- 0.003
养老等社会保障待遇	**0.731**	- 0.022	0.024

注：旋转方法为最大变异数法。

在此基础上，我们特以这三个因子作为因变量，在控制性别、年龄、户口后，以职业、收入、教育等因素决定的客观社会分层和主观阶层认同为自变量建立分析模型（这主要为避免单一因变量导致的随机偏误的影响）。分析结果如表 7 -11 所示。

表 7 - 11 影响人们社会态度的因素

自变量	（模型 1）对国家有关政策不公程度的评价		（模型 2）对致富原因不公程度评价		（模型 3）对服从政府的认可程度	
	B	Beta	B	Beta	B	Beta
性别（男 = 1）	0.009	0.004	0.034	0.016	- 0.013	- 0.006
城乡户口（城镇户口 = 1）	- 0.047	- 0.023	0.281	0.133 ***	- 0.216 ***	- 0.104
政治身份（党员 = 1）	- 0.134	- 0.055	- 0.063	- 0.025	- 0.078	- 0.031
年龄组（对照组：66 岁及以上）						
25 岁以下	0.980	0.400	- 0.781	- 0.303	- 0.893	- 0.355
26 ~ 35 岁	0.865	0.419	- 0.787	- 0.362	- 1.015	- 0.479
36 ~ 45 岁	0.887	0.410	- 0.860	- 0.378	- 0.723	- 0.325
46 ~ 55 岁	0.905	0.315	- 0.860	- 0.284	- 0.478	- 0.162
56 ~ 65 岁	0.826	0.155	- 1.007	- 0.179	- 0.224	- 0.041
认同阶层（对照组：社会下层）						
社会上层	0.510	0.039	- 0.725	- 0.053	- 0.040	- 0.003
社会中上层	0.463	0.148 ***	- 0.307	- 0.093 **	- 0.423 ***	- 0.131
社会中层	0.271	0.138 ***	- 0.451	- 0.218 ***	- 0.324 ***	- 0.161
社会中下层	0.266	0.119 **	- 0.228	- 0.097 *	- 0.229 *	- 0.100
客观阶层（对照组：其他阶层）						
边缘中产	- 0.120	- 0.041	0.022	0.007	- 0.168	- 0.056
半核心中产	- 0.070	- 0.034	- 0.019	- 0.009	- 0.079	- 0.037
核心中产	- 0.038	- 0.027	- 0.007	- 0.001	- 0.023	- 0.003
常数	- 1.057		1.075		1.005	
R^2	0.08		0.075		0.083	
N =	4699		4588		4576	

注：*** $p < 0.001$；* $p < 0.01$；* $p < 0.05$。

可以看出，虽然在模型 1 中，"户口"这个变量不显著，但在模型 2 和模型 3 中，却非常显著地具有统计解释力。在这里，具有非农户口——城市或城镇户口的人，对非法致富归因的动机更强烈一些。

从某种程度上可以说，"农民"比"市民"的公平感要强一些。我们另外一项研究有类似结果，即"农民工"比"城市工人"的公平感要高（李培林、李炜，2007）。这大概说明，对人们公平感、满意度、幸福感这类主观感受指标，影响更大的可能不是职业和实际生活水平，而是生活预期、信息获得能力、社会开放水平、比较参照体系等因素。

但"年龄组"这个虚拟变量，却失去了统计解释力。也就是说，在控制其他变量的情况下，在社会态度的比较上，各个年龄组之间不存在显著差异。

客观阶层这个变量，在模型1、模型2、模型3中，都缺少统计意义的显著性。从这里可以得出这样的结论：要么中产阶级其实并不是一个具有统一社会态度的利益群体，要么我们用职业、收入、教育建构的所谓"中产阶级"，实际上只是理论上的一种"虚构"。

但认同阶级却在每个模型中都很显著。这与我们原来的发现基本一致（张翼，2005a）。从模型1可以知道，人们越是将自己认同在"社会中层"或接近"社会中层"的那些人群（"社会中上层"或"社会中下层"），他们就越认为当前国家的各项制度是公平的；人们越是将自己认同在"社会中层"或邻近"社会中层"的位置，就越不会将致富的社会原因归结为"非法致富"或不公平竞争的"致富"。但在对政府的态度上，认同中层也表现出会对政府的不当行政持反对态度。

因为这三个因变量都是我们在因子分析后提取出来的，所以，通过这里的验证，我们基本可以说，社会成员的认同阶层越高，总体上形成的社会公平感就越强，其对社会就越具有积极性的认识。因而，自我认同的"中层"，是一个具有社会稳定意义的变量，他们更容易形成共同的社会态度和行为偏好。

五　结论和讨论

归纳本章以上的分析，我们可以概括出以下几点基本结论。

第一，关于中国中产阶层的规模。用收入这个单一指标来测量，中国目前家庭年人均收入在14001元以上者占16.3%（其中家庭人均收入在35000元以上者占3%左右），在7001~14000元之间的中低收入层占22.8%，在7000元以下的低收入层占60.9%。如果用职业、收入、教育三项指标界定的中产阶层，则比较宽泛定义的中产阶层占社会成员的25.8%（老中产阶层——即私营企业主和个体企业经营者数量抬升了该数字）。其中三个维度都符合"中层"标准的"核心中产阶层"只占 3.2%，符合其中两项"中层"标准的"半核心中产"占 8.9%，仅仅符合一项"中层"标准的"边缘中产阶层"占 13.7%。所以，如果将符合其中两项标准者认定为"中产"，则中国当前的中产阶层大约占 12.1% 左右。

第二，关于"客观中产阶层"和"主观认同中层"的关系。用职业、收入和教育等客观指标界定的中产阶级，越靠近核心层，就越倾向于认同社会"中层"。"核心中产阶层"中，有 61.7% 的人认为自己属于社会"中层"；在"半核心中产阶层"中，有 53.5% 的人认为自己属于社会"中层"；在"边缘中产阶层"中，只有 46.8% 的人认为自己属于社会"中层"；在中产阶层之外的"其他阶层"中，有 38.6% 的人认为自己属于社会"中层"。对人们归属社会"中层"主观选择的影响因素中，最具有显著意义的影响因素是"收入"和"年龄"。与农民阶级相比，体力工人阶级认同于社会中层的概率更低。我们所定义的职业中产阶层，却并不比农民阶级更多地认同于社会中层。教育虽然也具有影响作用，但不如收入的影响强烈。所以，在当前的中国，收入的高低主要决定着人们的"社会中层"认同。

第三，关于"客观中产阶层"和"主观认同中层"在社会态度一致性方面的比较。"主观认同中层"的社会态度一致性非常显著，而"客观中产阶层"却没有显示出统一的社会态度和行为偏好。

值得进一步讨论和探讨的问题是：

首先，中产阶层究竟主要是一个表示社会职业构成的概念，用以解释工薪劳动者技术替代劳动的过程；还是一个生活状态的概念，用以表示收入分配的结构从金字塔形向橄榄形的转变；抑或是一个阶级分析的概念，用以表示走向现代化过程产生的一种新的社会力量。这使我们不得不在未来继续研究中产阶层的定义和分类问题。毕竟，不同的界定标准只满足了不同的需要。如果要从阶层关系和阶层形成的角度分析中产阶层，我们就得从关系角度继续探索中产阶层的类型学问题。

其次，在中国现阶段，在学术研究中怎样界定中产阶层才能更符合民众对中产阶层的认知，而且我们根据某种理论框架和若干客观指标建构的中产阶层，会不会成为一种理论上的"虚构"，对解释现实中人们的价值和行为取向毫无用途。

再次，中国的城乡和地区差距很大，在不同现实境况中生活的所谓"中产阶层"，比如说上海的一个外国银行的职员和西部贫困地区的一个中学教师，可能完全属于不同的天地，因此可能在大体相同发展水平的区域内，对中产阶层的分析才更有意义。

第四，主观认同的"社会中层"，是社会态度的主要决定因素。新的集体行为和社会运动更多是建立在社会认同的基础上，应当加强这个方面的研究，我们此项研究所显示的收入对阶层认同的重要性还需要进一步检验。

最后，中国由于缺乏严格的个人收入和财产申报制度，隐性收入的实际比重很难估算，我们确定的1.5系数的这个经验值，还需要更深入的研究来验证。而这个系数能否平均分配到收入层也值得进一步斟酌，因为理论上隐性收入更多地集中在高收入阶层，但有差异的分配系数也是难以准确界定的事情。

第八章
中产阶层的力量和政治态度

一　中产阶层是"稳定器"
还是"变革器"

1. 中产阶层的社会"稳定器"理论

从理论溯源上说,中产阶层的社会"稳定器"理论源远流长,最早可以追溯到亚里士多德那里。在《政治学》一书中,亚里士多德全面而具体地分析了中产阶层对社会稳定的影响。但亚里士多德所说的中产阶层,与现代社会学所说的中产阶层相差甚远——毕竟,亚里士多德的概念语境,不是现代工业社会或后工业社会的氛围。所以,亚里士多德的中产阶层,是在对一个国家人口进行富裕程度的三分法基础上建立起来的——他将一个国家的人口划分为"极富""极贫"和居于其间的"中产阶层"三个部分。在这一意义上,亚里士多德的中产阶层,很像现在经济学家所说的"收入中产"。

但给予后人以重要影响的,不是他对中产阶层的人口学定义,而是这位政治学先驱对其所定义的"中产阶层"政治特性的刻画。在他看来,富裕阶层和贫困阶层都不具有政治理性,而只有中产阶层才能在所谓的"理性"指导下,按照正义原则适度行事,避免富裕阶层的贪欲和贫困阶层对财产的觊觎。当这个阶级成为国家的领导阶级时,他们会成为富裕阶层和贫困阶层之间的缓冲器和仲裁人。但是,亚里士多德认为,这个职责的承担需要具备一个非常重要的前提——中产阶层必须在人数上足够众多、政治上足够强大。可惜这一点,往往被学术界忽略。

后来的学者,如写下《论美国式民主》一书的法国政治学家托克维尔、

《有闲阶级论》一书的作者——社会学制度学派的创始人凡勃伦、影响巨大的《后工业社会的来临》一书的作者丹尼尔·贝尔等人，都从亚里士多德对中产阶层政治理念的阐发中或多或少地发展了中产阶层的"社会稳定器"学说。

这些理论虽然众多，但周晓虹教授在研究中产阶层时，结合其对中国"中产阶层"的考察，将中产阶层是社会稳定器的主要观点总结如下。[①]

第一，中产阶层自身的特征决定它是维护政治稳定的重要力量。

第二，中产阶层的壮大能够有效缓解社会各阶层之间的矛盾。

第三，中产阶层的扩大有利于推进政治民主化进程。

第四，中产阶层是改革开放的受益者和支持者。

正因为看到中产阶层的这种社会稳定器功能，有人在分析中国中产阶层壮大的作用时，就曾经这样说：从近期看，它有固本培元，缓和社会矛盾、稳定社会的作用；从长远看，它有建设和完善与现代化相匹配的社会阶层结构，开万世之太平的路径取向。

2. 中产阶层的社会"变革器"理论

考察中产阶层的成长史就会发现：在不同历史时期、不同时代背景和社会情境下，中产阶层对社会稳定的"维护"作用也会不同。支持其能够维护社会稳定的重要根据是：中产阶层不仅是一个在政治上相对保守的阶级，而且位居上层阶级和下层阶级之间，能极大缓和来自上层阶级和下层阶级的矛盾冲突。虽然学者们引用这一论断时多少做了点解释，但国内很少有人把中产阶层自己的社会态度和阶级意识置于其中并做出解释。很自然地，这些学者将中产阶层的社会态度和阶级意识，与社会主流态度和阶级意识等同，或者说以中产阶层的阶级意识和社会态度取代了社会主流的政治态度和阶级意识——这无疑暗示说：中产阶层的阶级意识和社会态度，就是其所在社会占统治地位的阶级意识和社会态度。如果不详加考察，这一似是而非的推断，也可以被马马虎虎地接受。可经验研究却不得不建立在假说之验证之上。

另外，中产阶层的跨国研究也为我们提供了另外一幅图景——中产阶层的崛起往往伴生着与该阶层有关的社会冲突的蔓延。也就是说，如果把中产阶层的生成过程与中产阶层既已生成所形成的结构作为两个迥然不同的研究

---

① 虽然别的学人也有论说，但因为周晓虹教授的论述较为系统，故在这里引用他的观点。

对象的话，那么，中产阶层在其生成过程中，绝不会静悄悄地走上历史舞台。但如果中产阶层在一个社会已经占有了举足轻重的地位并能够通过自己的影响配置这个社会的政治资源和经济资源，那无疑他们会大体认同这个社会的既有结构和阶级关系，并会通过这样或者那样的投票法则维持这种对他们——或对这个社会比较有利的既有阶级关系。

比如说，美国中产阶级的崛起，甚至西欧国家的中产阶级化，就曾经风起云涌般掀起了 20 世纪 60 年代的所谓"革命"。美国和法国的学潮以及其后中产阶级大学生的反叛、吸食大麻、性解放运动以及随后的民主思潮等，都与中产阶级队伍的壮大不无关系。如果说这些历史事件代表了中产阶级在其成长过程中与主流社会所发生的思想冲突的话，那么，即使在日常生活中，他们也与其他阶级存在重大矛盾。一方面，作为企业或组织的管理者，中产阶级需要代表雇主对雇员实行管理或曰权力支配；另一方面，作为雇员——尽管是高级雇员，他们还深受雇主的统领。因为这个阶级具有与牛俱来的依附于资本的本性，所以，惯常的冲突易于发生在其与工人阶级之间。芭芭拉在研究美国中产阶级后认为，不管是在 19 世纪末，还是在 20 世纪 60 年代，甚至当代，美国中产阶级，尤其是那些被标称为职业专家和管理人员的中产阶级，都与体力工人阶级存在重大认识冲突（Barbara，1989）。在芭芭拉看来，中产阶级与工人阶级相比较，反倒是工人阶级在政治上更为保守。维纳曼·儒夫和韦伯·加农在《美国人的阶级感知》一书中，也有同样认识（Vanneman Reeve and Lynn Weber Cannon，1988）。

退一步说，即使在注意到中产阶级可能具有的保守性时，还应该看到：当上层阶级的规范与道德准则，或者国家机器的强制性约束与中产阶级所追求的那种"自由"存在差异时，他们对上层阶级或现存社会制度的反抗也会剧烈起来。法兰克福学派——那些标签了中产阶级符号的知识分子，就既不满于所谓工人阶级的保守——革命性的丧失，也极其愤恨上层资产阶级的意识规制枷锁。虽然阿多诺对大众文化的批判屡遭所谓亚文化论者的无情鞭笞，但其所代表的"左派"性质却毋庸置疑。总体来看，"二战"之后西方资本主义国家的政治运动，大都发端于中产阶级的启蒙、鼓动和推进。在近期出版的一些文献中，就有人将 20 世纪 60 年代爆发于巴黎和芝加哥等地的运动描述为中产阶级对资产阶级文化领导权的争夺（程魏，2006）。

如果说西欧和美国中产阶级的生成实践，给我们提供了一幅西方中产阶级的壮大所带来的社会"冲突"画面的话，那么，东欧各国的政治转型过程，则为我们生动勾画了当代中产阶级的政治激进运动。虽然有很多文献反思东欧各国的政治转型，但很少有人注意过中产阶级的成长与东欧剧变之间的关系。事实上，如果对匈牙利、波兰等国社会主义制度的崩溃过程进行阶级分析的话，就会发现：这些国家社会结构的变化所导致的中产阶级人数的扩张，使其有了产生和动员足够大社会力量去反对原有制度配置的可能。尽管执政党历经改革，一再妥协，但结局却极其惨淡。这中间存在的一个重要原因，就是由社会阶级结构的变化所导致产生的企业经理和管理人员阶层向政治反对派的转化（房宁，2002）。

韩国社会在 20 世纪七八十年代的中产化，变相地体现着整个社会的政治改造。与西方社会如出一辙的是，学生运动既吹响了"政治民主化"的号角，也补充和扩张了中产阶级的队伍（Kim Shinil，1989）。另外，中产阶级参与支持之下的学生运动，还直接导致总统直选制的产生。对巴西中产阶级的研究发现——中产阶级的成长，尤其是下层中产阶级的向上流动，紧紧依赖于国家经济的迅速发展和社会设施，比如教育设施的改善。在可以顺利获得经济收益时，他们对财富和生活享乐的渴望消解了他们的政治热情；但在他们的社会收益被经济起伏和动荡阻滞时，中产阶级就开始积极地参与政治运动。为什么巴西在 20 世纪 80 年代无以复加地动荡不安——不但在整个社会建立了众多非政府组织，而且还以极其强烈的政治运动，推进了总统直选制，一个重要原因，就是中下层中产阶级向上社会流动的路径被通货膨胀导致的经济衰退堵窄了（Javier，1995）。

亨廷顿在研究发展中国家的现代化过程时，发现这些国家的中产阶级在其成长阶段总是革命的急先锋，他们在维护个人利益、反对官僚统治、追求平等、迎合全球化等方面，要比体力工人更明确，也更有合法性策略和"自觉"意识。亨廷顿认为，最早出现的中产阶级往往是都市政治的制造者（亨廷顿，1989）。亨廷顿还说，"当中产阶级强大到一定程度，他们参与政治的愿望就开始强烈"。在传统社会转变为现代社会的过程中，"一个中产阶级政治参与水平很高的社会，很容易产生不安定"（亨廷顿，1989：87）。

李普塞特的研究也说明，在发展中国家的现代化过程中，经济成长和人们受教育程度的提高，会带来现代化过程的政治民主化（李普塞特，1997）。另外，在全球化影响下，中产阶级的那种理想主义的、力图拷贝发达国家政治制度的欲望，往往会产生与本国政治——传统统治方式的冲突。如果国家的社会转型，较好地调整了传统与现代的关系，引导了中产阶级的思维取向，并使中产阶级的政治参与具有话语和行动表达的空间，那么，中产阶级的政治抱负就会被政治转型消解，这个社会就会在改革中趋于平稳。但如果中产阶级在强大过程中，其话语和社会行动空间被约束和压制，或者其阶级意识不能被上层建筑整合，任其蔓延，则其所导致的反弹会日趋激烈——这时，政治动荡就会开始。

3. 前期研究的发现

近期，在我们实施的一系列研究中，都对客观阶级的阶级意识和政治属性进行过讨论。不仅研究过中产阶层，而且还分析过其他阶级。比如说，在《社会冲突与阶级意识》一书中①，当把认同阶级和客观阶级都纳入分析模型时，我们发现：认同阶级对各个因变量的解释力比较明显，但客观阶级对各个因变量的解释则不是很明显。查阅中国近期有关阶级意识的研究就会发现，绝大多数严肃的研究，都没有找到客观阶级的力量——即客观阶级在研究中缺少统计解释力。

为什么客观阶级会在实证研究中失去解释力？是客观阶级真的缺少阶级意识吗？事实上，李普塞特在其《政治人：政治的社会基础》一书中，就曾经引用斯威齐的话说："你需要进行阶级分析才能认识我国的资本家阶级，这是全世界有史以来最强大的阶级，但也是一个没有思想、没有自我认识的阶级。"也就是说，的确有些研究在证明客观阶级的消失。如果所有客观阶级都没有意识，或曰他们真的如社会学的唯名论者所说的那样，只是一个社会学家的阶级定名，但却缺少涂尔干意义上的实体结构，那么，为马克思所说的阶级力量会在哪里体现呢？

这个疑问使我们不得不做出这样两个假定。

第一，假定我们借助于数据所得到的实证研究是正确的——那得到的结论就必须被接受：当今的客观阶级的确是缺少阶级意识的阶级。客观阶级不可能团结起来并形成相对一致性的阶级行动。这实际说明了"碎片化"的存在。

第二，假定我们的研究存在某些问题——尤其是客观阶级的分类尚需完善，则原来的研究只解释了部分内容，验证了部分假设，那么，我们尚不能有把握地说：客观阶级是没有意识的阶级，即客观阶级存在其意识；或者客观阶级可以形成为一个相对团结的整体，并做出一致性行动。

---

① 李培林、张翼、赵延东、梁栋著《社会冲突与阶级意识》，社会科学文献出版社，2005。

在仔细推敲前人学术研究的基础上，我们更倾向于接受第二个假定，即阶级是一个实体结构。在这个实体结构中，阶级会表现出其力量。毕竟，中产阶层的"稳定器"理论和中产阶层的"动荡器"理论，都有着非常深厚的理论背景和基础。虽然各位思想大家的出发点不同，研究的重点不同，在研究中借助的资料和数据不同，但得到的结论，却大体上介于"稳定器"和"动荡器"二者之间。

这两派表面看起来矛盾的研究，实际上都表达着同样的意思——中产阶层是一个具有"阶级意义"的力量。我们之所以没有发现中产阶层作为客观阶层的显著性，可能与我们对中产阶层的类型学划分有关。

因此，我们决定从中产阶层的不同界定上讨论其阶级属性和可能存在的政治意识，并进一步研究其对中国未来社会的影响。

以收入、教育和职业构建的中产阶层，在对中国中产阶层人数的估计、在与已有研究成果的比较、在对中产阶层未来发展趋势的解释中，有着重要研究意义。但在对中产阶层的政治态度的预测中，我们却难以发现客观中产的解释力。这在某种程度上说明，中产阶层至少在中国目前，还是一个缺少"阶级意识"的阶级形式的群体。但这个结论是否真实可靠呢？为了进行验证，我们变换研究的理路，尝试以新马克思主义学者赖特的阶级定义方法，去测量中产阶层人群和研究中产阶层的政治态度。

二 新中产阶层与老中产阶层

在这里，我们主要借助图 8-1 来说明老中产阶层和新中产阶层的操作性定义。

在前文的论述中我们知道：赖特首先将有产阶级和受雇阶级做了区别。在有产阶级中，小业主阶层和自雇阶层属于老中产阶级，因为其雇佣人数相对较少。而位列较高的业主阶层，则是雇佣人数达到或高于 8 人以上的企业主。所以，雇佣人数的多少，在有产阶级中决定着人们的阶级位置。在此操作性定义下，业主阶层就成为社会上层阶层，而不会像收入分层或教育分层那样将其划归为中产阶层。

而新中产阶层主要指"非工人的非体力受雇者"。这就是说，如果一个人即使在教育上获得了研究生学历，但如果其属于雇佣了 7 人以下的老板，则会将其划归为小业主阶层。但如果该人受雇于小业主阶层，则会依照其在单位内部的管理权限和劳动中所使用的人力资本状况，将其划归到新中产阶层矩阵中。因此，按照图8-1的结构，我们只将"专业管理阶层""专业监理阶层""专业人员阶层""技术管理阶层""技术监理阶层"和"体力管理阶层"划归为新中产阶层。

其实，在赖特的定义中，有时候也将"体力监理阶层"划归为新中产阶层。因为其在劳动特征上属于监理范畴。其对劳动过程的体验及其阶级意识的指向，都会与普通体力工人阶级有所区别。但在中国，考虑到体力监理阶层平均受教育程度与体力工人阶级极其接近，我们将其划归为工人阶级的范畴。

所以，这里对老中产阶级和新中产阶级的定义，与教育中产、职业中产和收入中产不同。在此操作性定义下，有关新老中产阶级的划分中不考虑其收入的高低。因为社会分工和劳动力市场的选择过程，已经通过技术和权力的稀缺程度分流了劳动力。

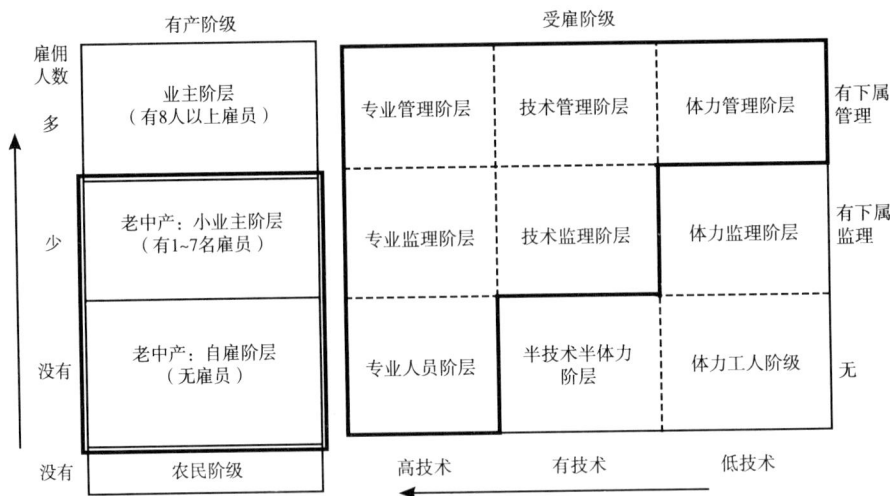

图 8-1   2006 年中国阶级结构状况图示

三   中产阶层的政治态度

1. 研究策略与变量介绍

本章将在区别新老中产阶层的基础上，分别分析各阶级的政治态度及其对未来社会稳定性的潜在影响。为此设计了两个进程的量化分析：第一，以三组变量为基本测量工具，将这些变量进行合成，如表 8 - 1 所示。为控制其他变量的影响，我们又将最终得分进行二分变量处理。将 - 10 ～ - 1 分者赋值为 "0"，即定义为负面评价；将 1 ～ 10 分之间者赋值为 "1"，即定义为正面评价，由此分别得到 "对当地政府工作是否满意"、"对当地政府是否信任"，以及 "当前社会是否公平" 三个二分变量。力图在控制其他因素影响的情况下，以 logistic 模型分析各阶级阶层的政治态度，当然，重点会放在新中产阶层和老中产阶层那里。第二，在进行政治态度分析的基础上，研究设计了另外三个因变量："您认为我国现在是否存在社会群体之间的利益冲突？" "您认为当前我国社会是否和谐？" "您认为今后我国社会群体之间的利益冲突是否会激化？" 力图据此分析以阶级关系为取向定义的各个客观阶级，尤其是中产阶层的心理感知，并以此预测他们在未来的政治态度。但在分析时，文章会将第一步分析中得到的那三个二分变量作为自变量，检视其在 logistic 模型中对 "社会冲突是否会激化" 等的影响。

表 8 - 1　测量各阶层政治意识的三组问题

	对当地政府以下工作满意程度的评价	对当地政府以下各项信任程度的评价	对社会以下各项问题公平程度的评价
1	树立良好社会风气	政府新闻媒体	财富及收入分配
2	维护社会治安	政府公布的统计数字	高考制度
3	依法办事	当地政府	提拔干部
4	发展经济	所在社区或村委会	公共医疗
5	实现社会公正	当地法官、警察	司法与执法
赋值	很不满意 = -2,不满意 = -1,不确定 = 0,满意 = 1,很满意 = 2	很不信任 = -2,不信任 = -1,不确定 = 0,信任 = 1,很信任 = 2	很不公平 = -2,不公平 = -1,不确定 = 0,公平 = 1,很公平 = 2

采用这种测度的基本出发点是美国社会学家托马斯（Thomas）的 "情境预定假说"：如果人们定义其所处的情境是 "真"，则其最终会按照这种定义去行动。[①] 在我国这样一个政府主导发展的大国，各个阶层对当地政府的信任程度，对当地政府工作的满意程度，以及对当前社会是否公平的评价

---

① 社会学家默顿（Merton）的自我实现预期假说（Self-fulfilling prophecy），也是一个可资解释的根据。

等，就与其可能的社会整合心理密切相关。无疑，在这一指标体系中，越是负面评价的人和阶层，其对当前社会的不满程度就越高；而越是正面评价的人和阶层，则其对当前社会现状就越认同，对当前社会秩序所维持的发展方向越认可。

2. 中产阶层与其他阶层的政治态度比较

表 8 - 2 为我们报告了数据分析结果。在控制"性别""年龄""上月总收入"等变量的影响后，作为政治资本的"党员身份"在各个模型中都失去了统计影响力。这是一个极其有意思的发现：在以往的研究中，尤其是在以社会分层和社会流动为核心内容的研究中，"党员身份"这个具有政治资本符号的变量，都具有非常显著的影响意义。但在对"当地政府工作是否满意的评价"、在对"当地政府各部门是否信任的评价"、在对"当前社会是否公平的评价"中，这个政治身份不起作用了。这一方面说明党员的增加，尤其是党员数量的迅速增长给党的思想整合带来了重大压力；另一方面也说明党员的质量在数量扩张中深受影响。

表 8 - 2　中产阶层与其他阶层政治态度比较

	对当地政府各项工作是否满意的评价		对当前社会各项制度是否公平的评价		对当地政府各机构是否信任的评价	
	B	Exp(B)	B	Exp(B)	B	Exp(B)
性别(男 = 1)	- 0.135	0.873	- 0.038	0.962	- 0.259 ***	0.772
年龄组(对照组:65 岁及以上)						
25 岁及以下	- 0.014	0.986	- 0.641	0.527	- 0.178	0.837
26 ~ 35 岁	- 0.069	0.933	- 0.628	0.533	- 0.325	0.722
36 ~ 45 岁	0.207	1.230	- 0.579	0.560	- 0.071	0.931
46 ~ 55 岁	0.098	1.103	- 0.497	0.608	0.032	1.033
56 ~ 64 岁	0.290	1.336	- 0.498	0.608	0.261	1.298
是否党员(党员 = 1)	- 0.047	0.954	- 0.081	0.922	0.171	1.186
教育程度(对照组:未受正式教育)						
小学	- 0.033	0.968	0.121	1.129	0.064	1.066
初中	- 0.014	0.986	0.075	1.077	- 0.130	0.878
高中/技校/职高	- 0.277	0.758	0.004	1.004	- 0.070	0.932
中专/大专/本科及以上	- 0.142	0.868	0.077	1.080	- 0.361 *	0.697

续表

	对当地政府各项工作是否满意的评价		对当前社会各项制度是否公平的评价		对当地政府各机构是否信任的评价	
	B	Exp(B)	B	Exp(B)	B	Exp(B)
上个月的月收入	0.000	1.000	0.000 *	1.000	0.000	1.000
认同阶级(对照组:认同下层)						
认同社会中下层	0.160	1.174	0.220 *	1.246	0.275 *	1.317
认同社会中层	0.348 ***	1.417	0.408 ***	1.504	0.643 ***	1.903
认同社会上层	0.549 ***	1.731	0.827 ***	2.285	0.594 ***	1.812
客观阶级(对照组:农民阶级)						
业主阶层(雇员在8人及以上)	0.538	1.713	-0.163	0.850	-0.720	0.487
老中产阶层上层(雇员7人以下)	0.038	1.038	-0.640 ***	0.527	-0.072	0.931
老中产阶层下层(自雇阶层)	-0.466 ***	0.628	-0.378 ***	0.685	-0.221 *	0.802
新中产阶层	-0.453 ***	0.636	-0.644 ***	0.525	-0.273 *	0.761
工人阶级上层(半技术/半管理)	-0.409 ***	0.664	-0.683 ***	0.505	-0.116	0.890
工人阶级下层(体力工人阶级)	-0.202	0.817	-0.428	0.652	-0.118	0.888
常数	0.954	2.597	0.726 *	2.068	1.337 **	3.809
-2 Log likelihood	4113.508		4700.412		3636.545	
N	3309		3309		3309	

注: *** $p < 0.001$; ** $p < 0.01$; * $p < 0.05$。

　　但我们尚不能得出结论说政治资本失去了意义,尽管学术界有人这样说。因为政治资本起作用的社会空间已经发生变化。关于这一点,我们在后文还会讨论。

　　最初我们假定,人们的收入越高,则预示人们在现制度下获得较多的收益;收益越高,则其对现制度的支持和拥护感就越强。但有意思的是,在我们的模型中,该变量没有任何解释力。这使我们不得不思考这样一个话题:人们不是因为实际收入高而对现状产生满足感,而是在与参照群体的比较中,在自己的心理预期与实际达到的目标的比较中产生满足感的。从这个意义上说，提高人们的收入，并不必然增加其对当前社会的好感或对当前社会制度的拥戴感。所以，"扩大中等收入阶层"的政策指向所达到的目的，在收入分配方面的意义，将大于维护社会稳定的政治意义。

"文化程度"本身是一个非常重要的变量。当我们将其视为虚拟变量来看待时，与"未受正式教育者"相比，其在前两个模型失去了解释力。但在"对当地政府各部门是否信任的评价"模型中，受过较高教育者——"中专/大专/本科及以上受教育程度者"显示出了负面影响，即与"未受正式教育者"相比，其选择"不信任"的概率增加了。也就是说，文化程度较高的群体，对当地政府的信任感较低。而这个群体，则正符合"教育中产"的标准。

与前文的研究发现相一致的是：当人们将自己认同在"社会中层"或"社会中上层"时，他们对现实社会各方面的评价会更积极一些。不管是在"对当地政府各项工作是否满意"的评价模型，还是在"对当前社会各项制度是否公平"的评价模型和"对当地政府各机构是否信任"的评价模型中，认同阶级都极其显著地表现了解释力。人们对自己所处的阶层认同得越高，则对政府工作满意程度的评价越高，对社会公平感的感受越高，对政府各机构也越信任。这就是说，人们实际所处的阶级阶层位置，与人们认同的阶级阶层位置不同，因而人们得到的心理感受也会不同。而正因为如此，人们的政治态度才深受多方面因素的影响。

关于这一点，我们过去所进行的一系列研究都已有证明。在我们对下岗职工的政治态度进行研究时，发现虽然下岗，但却将自己认同在社会中层的那些人的社会态度会更为积极；在我们于2005年出版的《社会冲突与阶级意识》一书中，我们也发现认同阶级是最具社会稳定维护性的阶级——当人们将自己认同在社会中层或中层以上的时候，他们的社会态度就开始积极起来。这就是说，认同阶级是一个可以独立起作用的变量。不管人们的阶级属性如何，也不管他们是否真的在社会中层之位列，只要他们在主观上将自己认同在社会中层，他们的社会态度就会变得越来越具有"稳定性"。相反，如果人们的生活水平居于社会的中上层，但他们在与对照组的比较中（即参照群体）将自己认同在下层阶层，那么，他们的态度就会越来越趋于激进，并对社会制度产生不满心理。

与原有研究发现不同的是：在我们将具有阶级关系意义的客观阶级引入模型后，客观阶级或理论阶级的变量在这里变得显著起来。在"对政府各项工作是否满意"的评价模型中，与农民阶级相比较，老中产阶层的下层、新中产阶层和工人阶级的上层都显示：这些阶级阶层中有相对较多的人选择了"负面评价"。在"对当前社会各项制度是否公平"的评价模型中，老中产阶层的上层也有了统计解释力，也显示了比农民阶级更多概率的负面评价。但在对政府的信任程度上，老中产阶层的上层和新中产阶层比农民阶级更具有负面评价倾向——显示出了更低的发生比。

这是在已有有关中国阶级阶层的定量研究中很少被揭示的现象。中产阶层——新中产阶层更具有社会批判意识，更对政府和社会制度具有怀疑心理，他们对政府工作的要求可能更严格。我们可以说，在现今中国，与其他各阶级相比，农民阶级和体力工人阶级相对比较满意于当前社会制度配置和政府工作的既定方向。国家解决"三农"问题、减免义务教育学杂费的努力与新农村建设方略的推进，大大改善了农民阶级对国家的亲和心理；城市就业形势的改善、体力劳动者工资待遇最近几年的相对提高、城市"低保"政策的贯彻，也给体力工人阶级物质生活的改善提供了机遇。

但工人阶级的上层——半技术/半管理阶层，却与中产阶层的状况极其相近。虽然在"对政府各级机构的信任程度"评价上不显著，但在另外两个模型中，这个阶层都十分显著地显示出了负面评价意向——即与农民阶级相比，他们对政府不满意的发生比更高，他们感受到了更多的不公平。这个阶层中的成员，如果不是管理人员，则其在技术资本上，与中产阶层很相近；如果不是半技术人员，则在管理权力上，也与中产阶层很相近。临近阶级位置之间的互相比较，很容易使其在参照群体的变换中，产生更多的不满。另外，一部分新毕业的大学生，虽然拥有较高的文化程度，但却在就业竞争中不幸落入了蓝领阶层。这种暂时的挫折感，也助长了这一阶层的不满情绪。

在老中产阶层内部，拥有雇员的老中产阶层，更加接近业主阶层。他们在位置上，本来就与业主阶层临近。虽然他们对当前社会的公平感较低，但对政府的满意度和信任程度，却并不显著，而与业主阶层相一致。如果市场经济的发展，为其提供了继续扩大再生产的机遇，或者为其资本的积累继续创造了条件，他们仍然会与业主阶层一样，维护现实社会的制度配置。但某些制度配置影响他们的发展时，其也会怀疑制度配置的公正性。

而中产阶层的下层——不拥有雇员的自雇阶层，主要由城市里自主创业的灵活就业者和来自农村的夫妇经营店面组成。他们具有某种程度的劳动自主性，但劳动时间却可能很长，市场竞争力也很弱。在这种情况下，其从劳动自主性上，偏向于中产阶层，但在收入水平和生活方式上，与工人阶级的上层相仿。这种阶级位置，使其转变为雇主阶层的愿望经常受阻，其发展预期与发展现实之间的矛盾，使其易于产生不满心理。

新中产阶层虽然不拥有生产资料，但却拥有权力资本和技术资本。他们在社会生产过程中，不但继续再生产着自己的权力和技术技能，而且还再生产着影响整个社会的思想文化意识和社会舆论。从职业上说，他们本身就是知识的生产、使用和再生产者，也是媒体和大众传播的主要操作者和受众——相对于农民阶级和工人阶级而言，他们的受教育程度决定了他们对媒体的依赖和易接收性；相对于业主阶层和老中产阶层而言，他们的工作内容和精神追求易与社会意识相关。虽然他们的经济收入远远高于农民阶级和体力工人阶级，但他们改善生活状况的心理预期，却也远远高于农民阶级和体力工人阶级。最近几年城市房屋价格的飞涨、医疗费用和教育费用的居高不下，大大阻滞了他们迅速提高生活水准之欲望的满足。某些新就业的大学生，虽然进入了白领阶层的大门，但其工资水平却与其所预期的人力资本回报相距甚远。这一切，都是新中产阶层易于对现实社会的稳定运行形成潜在风险的原因。

这正应验了发展风险论：在原制度配置下，人们本可以忍受某些制度局限，但在改革改进了制度配置，将机会带给社会成员时，那些欲求过高但在现实中得不到满足的阶层的不满就有了表达的渠道，其对社会合法性和合理性的怀疑就会在发展所提供的空间中生出胚芽。

3. 中产阶层的社会冲突意识

中产阶层对当前社会的负面评价，是否影响了其社会冲突意识？学术界已有的研究曾经发现：越是社会地位较低的阶级，越会比较强烈地产生社会冲突意识。学术界已有的研究还发现，认同阶级对社会冲突意识更具解释力，而客观阶级基本不具解释力。这些发现在我们的模型中会得到验证吗？

表 8-3 向我们提供了详细的报告。与表 8-2 的信息相似，性别、年龄、党员、收入等变量不具显著解释作用。这也从另外一个方面验证了：在控制其他变量的情况下，收入对人们的社会冲突感的解释力是很有限的。不是收入越高，其所具有的社会冲突感就越弱，其间不存在必然线性关系。当然也就是说，不是收入越低的人，越会产生社会冲突感。在国家干预有效缩减绝对贫困人口的数量、在社会保障为绝对贫困人口提供起码的物质维生资

料后，来自社会最底层的反抗就被社会发展消解。

但受教育程度是一个十分显著的变量。在这里，与对照组相比较，受教育程度越高，则越认为"当前各社会群体之间的冲突"越严重、"当前社会越不和谐"和"未来社会冲突会越激化"。令人惊讶的是，那些拥有中专、大专和本科及以上文凭者与"未受正式教育"者相比：其认为"当前各社会群体有冲突或有严重冲突"的发生比要高出 3.105 倍；其认为"当前社会不和谐或很不和谐"的发生比要高出 1.445 倍；其认为"未来社会冲突会激化或绝对会激化"的发生比要高出 2.510 倍。是受教育程度较高的人具有天然的社会关怀，还是受教育程度本身提高了人们的社会冲突感和社会的不和谐感？这是两个性质不同的问题。我们倾向于认为，现代化过程造就的

表 8 - 3　中产阶层与其他阶级阶层的社会冲突和矛盾激化感比较

	对当前各社会群体的冲突感(有冲突或有严重冲突 =1)		对当前社会的不和谐感(不和谐或很不和谐 =1)		对未来社会冲突的激化感(会激化或绝对会激化 =1)	
	B	Exp(B)	B	Exp(B)	B	Exp(B)
性别(男 =1)	- 0.110	0.896	0.127	1.136	- 0.026	0.974
年龄组(对照组:65 岁及以上)						
25 岁及以下	- 0.142	0.867	- 0.176	0.839	0.033	1.034
26 ~ 35 岁	- 0.329	0.719	- 0.155	0.856	- 0.037	0.964
36 ~ 45 岁	- 0.111	0.895	- 0.221	0.801	- 0.034	0.967
46 ~ 55 岁	- 0.299	0.742	- 0.217	0.805	- 0.100	0.905
56 ~ 64 岁	- 0.127	0.881	- 0.088	0.915	- 0.094	0.911
是否党员(党员 =1)	0.039	1.040	- 0.331	0.718	- 0.062	0.940
教育程度(对照组:未受正式教育)						
小学	0.116	1.124	0.012	1.012	0.079	1.083
初中	0.141	1.151	0.142	1.152	0.252	1.286
高中/技校/职高	0.598 ***	1.819	0.527 ***	1.694	0.516 ***	1.676
中专/大专/本科及以上	1.133 ***	3.105	0.368 *	1.445	0.920 ***	2.510
上月总收入	0.000	1.000	0.000	1.000	0.000	1.000
认同阶级(对照组:认同下层)						
认同社会中下层	- 0.300 *	0.741	- 0.583 ***	0.558	- 0.192	0.825

续表

	对当前各社会群体的冲突感(有冲突或有严重冲突 = 1)		对当前社会的不和谐感(不和谐或很不和谐 = 1)		对未来社会冲突的激化感(会激化或绝对会激化 = 1)	
	B	Exp(B)	B	Exp(B)	B	Exp(B)
认同社会中层	− 0. 522 ***	0. 593	− 0. 785 ***	0. 456	− 0. 196 *	0. 822
认同社会上层	− 0. 420 **	0. 657	− 0. 589 **	0. 555	− 0. 321 *	0. 726
客观阶级(对照组:农民阶级)						
业主阶层(雇员在 8 人及以上)	0. 208	1. 231	0. 145	1. 156	0. 103	1. 108
老中产阶层上层(雇员 7 人以下)	0. 973 ***	2. 646	0. 063	1. 065	0. 234	1. 264
老中产阶层下层(自雇)	0. 515 ***	1. 674	0. 163	1 177	0. 481 ***	1. 617
新中产阶层	0. 452 ***	1. 572	0. 654 ***	1. 924	0. 359 **	1. 433
工人阶级上层(半技术/半管理)	0. 487 ***	1. 627	0. 176	1. 192	0. 367 **	1. 444
工人阶级下层(体力工人阶级)	0. 290	1. 277	0. 105	1. 111	0. 302	1. 251
对当地政府工作是否满意(满意 = 1)	− 0. 779 ***	0. 459	− 0. 633 ***	0. 531	− 0. 320 ***	0. 726
认为当前社会是否公平(公平 = 1)	− 0. 490 ***	0. 612	− 0. 674 ***	0. 510	− 0. 498 ***	0. 608
对当地政府是否信任(信任 = 1)	− 0. 437 ***	0. 646	− 0. 776 ***	0. 460	− 0. 443 ***	0. 642
常数	− 0. 026	0. 974	0. 102	1. 107	0. 413	1. 512
− 2 Log likelihood	3216. 575		2897. 045		3679. 536	
N	2889		3151		2697	

注: *** $p < 0.001$; ** $p < 0.01$; * $p < 0.05$。

教育大众化,增加了受教育者的社会反思意识,也提高了受教育者对物质生活之外其他权力的追求水准。所以,教育的普及与人们受教育水平的提高,一方面会为现代中产阶级的成长提供社会温床,另一方面也为中产阶级之阶级意识的萌发进行了必要的知识装备。这也正是李普塞特所一再告诫的内容。

同样，在这里，认同阶级也是一个非常具有解释力的变量。越是将自己认同在较高的阶层，人们就越是具有较少的社会冲突感、社会不和谐感和未来社会矛盾的激化感。认识到这一点非常重要：说中产阶层具有社会稳定作用得具备这样一个前提，即中产阶层自己得认识到自己是中产阶层，并将自己定位在社会中层或中上层以发出自己的社会行动。即使是那些在职业分层、收入分层或教育分层中不在中产阶层之列的人，如果他们将自己认同在中产阶层之列，那么，他们的行动就具有他们所定位的中产阶层的取向——比如说富裕农民，就是如此。

而客观阶级中的中产阶层，却给我们提供了非常悲观的解释：与对照组相比，"新中产阶层"是一个具有显著解释力的变量——这个阶层的社会冲突感更强、社会不和谐感更显著、认为未来社会群体之间矛盾会激化的可能性也最大。这里的发现再一次验证了前文得出的结论——在关系取向的阶级结构类型学中，"客观阶级"会变得显著起来。这具有重要的理论意义和现实意义，因为在某种程度上，其代表了阶级意识的形成和阶级一致性看法的同构，这也预示着客观阶级转变为行动阶级的社会动员成本被大大降低。如果我们不能拒绝这一点的话，我们就不得不更加注意新中产阶层的那种社会批判性。

老中产阶层的上层——小业主阶层，认为当前社会有冲突和严重冲突的发生比，比农民阶级要高 2.646 倍，但这个阶层对未来社会冲突会激化这个因变量却失去了解释力。这说明，老中产阶层的上层，仍然是一个接近业主阶层的人群。业主阶层的性质，会多多少少地表现在他们身上。而老中产阶层的下层——自雇阶层，除在"社会不和谐感"中不显著外，在"当前社会群体的冲突感"和"未来社会群体冲突会激化感"中，都具有显著解释力。他们与工人阶级的上层一样，具有与新中产阶层下层较为接近的本性，所以其社会不稳定感会比较显著。

在这种情况下，新中产阶层政治态度的取向，必然会对整个社会的稳定运行形成潜在影响——在社会经济形势顺利发展时，其负面影响会被控制在一定范畴内。但如果某个环节出现了某种程度的脱节或矛盾，其所造成的影响就可能显化，就可能对既有社会的常态运行表示怀疑并力图去改造。

在将表 8-2 的三个因变量引入表 8-3 作为自变量之后，我们发现其具有很强的统计解释力。这就是说，人们越是"对当地政府各项工作感觉满意"，越是认为"当前社会公平"，越是"对当地政府各机构表示信任"，就越会较少地滋生社会冲突感、社会不和谐感和未来社会矛盾的激化感。显而易见：人们的政治态度不是抽象的，而是具体的。只要各级政府的工作能够让大多数老百姓满意，只要各级政府的制度配置维持起码的公正，只要各级政府的各机构能够取得老百姓的信任，那么，社会的冲突感就会被抑制在可控范围内，国家的长治久安也就会更有保障。即使某些阶层会对现实产生一些不满，并造成小范围冲突的发生，但只要国家在冲突中调整利益秩序，整合不同价值观的负面影响，则社会在总体上也会安全运行。

中国最近 30 年来的发展，是在政府主导之下所形成的飞速发展。不管是人们对东亚奇迹的论述，还是对中国经验的总结，都不得不提及政府的推动作用。而政府之所以有这样强大的力量，与人民对政府的信任和依赖关系极其密切。要维持既有的发展成果，除在政治改革上需渐进推进外，树立政府的良好形象、贯彻执政为民以人为本的思想、高举社会公正的旗帜，对维护社会的长治久安，具有重要的现实意义。

四 社会中层的认同及其影响因素

从这里的分析中我们可以看出，在以阶级关系取向定义中国社会各阶级时，中产阶层首先被区别为老中产阶层和新中产阶层。在老中产阶层内部，其可以被区别为有少量雇员的小业主阶层和没有雇员的自雇阶层；在新中产阶层内部，其可以区别为管理阶层、监理阶层和专业技术人员阶层。

由此可见，中产阶层，其实就是一个在多元社会分层体系中介于社会中间位置的阶层联合体。因为其所处的相对一致的位置和相对一致的工作类同性，以及相对一致的权力资本、技术资本和雇佣关系，而被划归于"中产"之位置。这个中产，就不仅仅是经济学意义上的中产，而且还包括社会劳动过程中的人力资本、权力支配性及对劳动所得的分配份额。正如前文所指出的那样，对于老中产阶层而言，其拥有少量雇员的小雇主阶层，类似于业主阶层——不仅具有劳动自主性、对剩余分配的自主性，而且还对他人的劳动具有权力支配性。自雇阶层，虽然具有劳动自主性，但却不能保障自己的收入，每天要工作很长时间才能达到预期收入。在新中产阶层中，居于管理位置的阶层，虽然不拥有生产资料等资产，并且也受业主阶层的管理和支配，但其反过来，也具有对下属的劳动支配性，其自己也具有一定程度的劳动自主性，故能够保障自己获得一定程度的社会收益。同样，监理阶层的权力支配性虽然小于管理阶层，但却高于纯粹的专业人员阶层。当然，在这里，没有下属管理、只以自己的人力资本提高了自己社会位置的专业人员阶层，是新中产阶层的下层。

正因为如此，我们才需要继续考察中产阶层的自我认同问题，即在这种取向构建的客观中产阶层里，人们的阶级认同问题如何？

表 8 - 4　客观阶级与主观阶级之间的对比

单位：%

认同阶层	业主阶层	老中产阶层上层：小业主阶层	老中产阶层下层：自雇阶层	新中产阶层	半技术半体力工人阶层	体力工人阶级	农民阶级	总计
上　层	7.7	1.5	0.9	0.8	—	0.4	0.6	0.6
中上层	30.8	14.6	8.6	14.1	6.0	3.5	4.6	5.6
中　层	34.6	54.6	41.7	55.2	52.2	37.2	43.2	42.4
中下层	26.9	26.2	28.7	22.9	29.9	33.4	29.0	29.8
下　层	—	3.1	20.1	7.0	11.8	25.5	22.7	21.7
总　计	100	100	100	100	100	100	100	100
N =	26	130	561	384	448	1062	2278	4839

注：$X^2 = 294.61$，$p < 0.000$。

从表 8 - 4 可以看出，在以阶级关系取向的分类体系中，业主阶层中有 7.7% 的人认同于社会"上层"；有 30.8% 的人认同于社会"中上层"；有 34.6% 的人认同于社会"中层"；有 26.9% 的人认同于社会"中下层"。在老中产阶级的上层——小业主阶层中，认同于社会"上层"的人数百分比为 1.5%；认同于社会"中上层"的人数百分比为 14.6%；认同于社会"中层"的人数百分比为 54.6%；认同于社会"中下层"的人数百分比为 26.2%；认同于社会"下层"的人数百分比为 3.1%。但在老中产阶级的下层——"自雇阶层"中，则只有 0.9% 的人认同于社会"上层"；但却有 20.1% 的人认同于社会"下层"。这说明，自雇阶层是一个结构十分复杂的人群集合。其认同于社会"中层"的人数百分比仅为41.7%，甚至比工人阶级的上层——半技术半体力工人阶层认同于社会"中层"的比重都要低！

但在新中产阶层中，认同于社会"中层"的人数百分比却达到55.2%——在所有客观阶级中比重最高。其认同于社会"中上层"和社会"上层"的比重也相对较高，仅仅比老中产阶层的上层——小业主阶层低一点。

在工人阶级的上层——半技术半体力工人阶层，其认同于社会"中层"的比重也相对较高，达到52.2%。虽然其认同于社会"中上层"和社会"上层"的比重很低，但认同于社会"中层"的比重却远远高于"体力工人阶层"和"农民阶级"。这就是其政治态度更偏向于"新中产阶层"的主要原因。

从总体上说，体力工人阶级和农民阶级认同于社会"中层"的比重较低。让我们稍感诧异的是，体力工人阶级认同于社会中层的比重只有37.2%，甚至比农民阶级认同于社会"中层"之比重的43.2%还要低。

与第七章中的表7-6相比较我们会发现，"核心中产"认同于社会中层的比重更高，为61.7%。而"半核心中产"和"边缘中产"的"社会中层"认同率却相对较低，分别为53.5%和46.8%。在赖特的分类框架下，新中产阶层的"社会中层"认同率最高，为55.2%，老中产阶层的上层——小业主阶层的"社会中层"认同率次之，为54.6%；工人阶级的上层——半体力半技术工人阶层的"社会中层"认同率第三，为52.2%。

如果说业主阶层"社会中层"认同率低下的主要原因，在于其更多地认同到社会"中上层"和"上层"的话，那么，体力工人阶层"社会中层"认同率的低下，则可能与这个阶层所处的社会位置及生活体验有重大关系。

那么，是什么因素影响了人们的"社会中层"认同状况呢？

与第七章比较可以看出，"性别"变量都不显著。"党员"这个变量在两个模型中都具有统计解释力。事实上，"党员"除可以被解释为政治资本变量外，还具有人力资本变量的性质。毕竟，"党员"是经过"选择"和"竞争"而获得的身份。如果没有一定的竞争力，人们就得不到这样一种政治身份。

从地区分布上来说，与西部地区的被访问者相比较，东部地区不是一个显著变量。但中部地区的被访问者，在对社会中层的认同上，却比西部地区被访问者的认同发生比要高。

　　但收入却并不显著。这也说明，收入——作为绝对值意义的收入，并不会对"社会中层"认同起到显著影响。但收入的比较差异，或者人们对自己的收入与其他参照群体收入的比较，却会对"社会中层"的认同产生解释力。

　　但与第七章的分析不同的是：年龄这个变量，在这里的模型中，全部不显著；但客观阶级这个变量，却变得显著起来。与农民阶级相比较，小业主阶层、新中产阶层和半技术半体力工人阶层的"社会中层"认同发生比很高且具有统计显著性。这说明，在以赖特的理论框架进行阶级阶层结构划分时，客观阶级是具有解释力的。

表 8 - 5　社会中层认同的影响因素分析

	B 值	标准误	Wald 值	自由度	显著性	幂值
性别(男 = 1)	0.008	0.073	0.012	1	0.915	1.008
是否党员(党员 = 1)	0.281	0.124	5.191	1	0.023	1.325
东中西(对照组:西部地区)						
东部地区	-0.004	0.097	0.002	1	0.966	0.996
中部地区	0.244	0.094	6.702	1	0.010	1.277
年龄组(对照组:66 岁及以上)						
25 岁及以下	-0.005	0.392	0.000	1	0.990	0.995
26~35 岁	0.090	0.387	0.054	1	0.816	1.094
36~45 岁	-0.344	0.386	0.797	1	0.372	0.709
46~55 岁	-0.228	0.389	0.342	1	0.559	0.796
56~65 岁	-0.241	0.405	0.354	1	0.552	0.786
月收入	0.000	0.000	0.579	1	0.447	1.000
客观阶级(对照组:农民阶级)						
业主阶层	0.076	0.466	0.027	1	0.871	1.079
小业主阶层	0.548	0.204	7.196	1	0.007	1.729
自雇阶层	0.109	0.114	0.915	1	0.339	1.115
新中产阶层	0.550	0.137	16.141	1	0.000	1.733
办技术半体力工人阶层	0.411	0.125	10.863	1	0.001	1.508
体力工人阶级	-0.123	0.098	1.555	1	0.212	0.885
常数	-0.411	0.391	1.108	1	0.293	0.663

　　注：原始数据经过 2005 年 1% 人口抽样调查数据的加权。-2 Log likelihood = 2247.88。

五　结论和讨论

1. 中国有 10% 以上的人属于中产阶层

不管是从教育、职业和收入角度所做的分析，还是从阶级关系角度所做的划分，中国中产阶层的数量都在 10% 左右。考虑到农民阶级在整个社会劳动者中占据很大比重，中产阶层所占有的这个 10% 的份额，已经不小了。在阶级关系角度所做的划分中，如果将小业主阶层和业主阶层包括在内，中产阶层和整个雇主阶层所占份额，会达到 12% 以上，这与我们重叠了教育、职业和收入指标之后得到的估计百分比极其接近。

其实，一个阶层力量的大小，或者说一个阶层对整个社会的影响和左右能力，不仅应该从人数百分比上考虑，还应该从其对社会资源的掌握程度及其对其他阶级的影响上去考虑。老中产阶层掌握着重要的资产资源，新中产阶层是整个社会文化资源和权力资源的重要占有者。因此，中产阶层已经成为对我们这个社会具有举足轻重影响的力量。这一点，必须被政策制定者认识到。

2. 中产阶层并不必然是社会稳定器

我们在教育中产、职业中产和收入中产中，没有发现一致性很强的显著性；在阶级关系取向构建的中产阶层中，发现了一致性很强的中产阶层的显著性。这使我们有理由说：中产阶层并不必然是社会的稳定器。

在对中产阶层做出阶级取向的类型学划分后，我们发现：不管是老中产阶层，还是新中产阶层，都具有相对较大的社会改造风险。他们对当地政府工作满意程度的评价较低，对当地政府也表现了较差的信任程度，感受到的社会公平感也不高。他们对未来社会发生冲突的心理感受也最强烈。按照情境预设假设，如果这个阶层普遍认为未来社会冲突会激化，那么，在真的发生社会冲突的时候，其就会视之为理所当然的结果，其态度就会很容易演化为"参与"或"听之任之"。所以，我们没有理由认为中产阶层会是社会稳定器。把中产阶层的扩大当作稳定社会的必由之路的思想是不可靠的。

但中国经济的迅速发展，却为现代中产阶层制造了孵化的温床。虽然这个阶层人数增长所带来的阶级结构和各阶级力量对比的变化，会严重影响未来的时局；也虽然中产阶层对原有主导社会发展的价值观和权力结构表现出了疑问，但中产阶层——尤其是新中产阶层的出现，是中国社会开万古之变局的新事。所以，为增加未来社会的稳定几率，摆在我们面前的任务，就只能是完善社会整合机制。如何加强社会意识的整合作用，将中产阶层的意识，与国家的主流意识相结合，是我们应该迫切思考的议题。

另外，为对中产阶层的政治性格做出必要的讨论，这里需要指出的是：中产阶层成为社会稳定器需具几个必要前提：①中产阶层的利益追求与国家的发展方向一致；②中产阶层是一个比较成熟的阶层，其不盲动并远离暴力；③国家或政府的社会政策，要能够充分吸收中产阶层的参与，给其以发展空间；④中产阶层的自我发育与国外文化的输入之间，要有一个基本的和谐关系；⑤工作在国外的华人中产阶层，与国内中产阶层在对时局的看法上，应该达致基本一致。

那种假设中产阶层是社会上层阶层与社会下层阶层冲突的缓冲器的观点，是一个未经实证研究验证的观点。在这里，以下条件必须具备，其"缓冲"矛盾的作用才可能发挥：①社会上层与社会下层的矛盾必须是惯常的，即为亚里士多德所说的富人阶级的寡头制和穷人阶级的极端民主制存在一定的社会基础；②中产阶层的利益诉求必须是不偏不倚的；③在上述两个条件存在的同时，中产阶层还必须既能够抑制上层阶层也能够非常有影响力地抑制社会下层阶层，即这个由很多不同职业阶层所组成的所谓中产阶层联盟，既能够协调上层阶层对国家专政机器的借用，也能够压制下层阶层有组织的暴力反抗，使之能够将这两个处于两端的阶层的矛盾限制在一定社会空间，使其不至于导致社会的分裂。

但是，在现代社会，①上层阶层与下层阶层的矛盾已经被国家的干预有效缓解。所以，经验观察得到的现象是：上层阶层与下层阶层并不持续性地处于阶级暴力状态。②中产阶层的利益诉求并不是不偏不倚的。这本身就既是一个理论问题，也是一个实践问题。说其会协调上层阶层与下层阶层之矛盾的判断忽视了社会情境和社会情绪对中产阶层的影响。中产阶层在其形成时期，往往很希望国家政策的配置符合其与生俱来的那种诉求与渴望。如果这种诉求被国家政策保护或顺应，其自然会支持执政党统治的合法性与合理性。但如果其阶层利益被损害，或者其发展空间被抑制，则其往往会与下层阶层相结合，并成为促使下层阶层团结起来并与之形成阶层联盟的组织力量。在下层阶层没有自己的阶级意识时，中产阶层往往会移植进一种新的、外生的意识以改变原有的社会文化和思想，并鼓励整个社会怀疑国家政策配置的合理性和合法性。

总之，中产阶层在未来 20 年可以想见的高歌猛进中，将对中国社会的经济生活、消费观念和政治制度以非常重大的影响。政府、企业和社会等组织单元，如果不能很好地引导或适应这种变化，就会在矛盾来临时无法从容面对。

3. 下层阶级向中产阶层的认同增强了社会的稳定性

认同中产阶层，虽然与客观中产阶层的人群结构很不一致，但我们的多项研究发现，认同中产阶层都对人们的社会态度具有积极而重要的影响作用。

的确，在传统社会中，对社会稳定的最大威胁，经常来自下层社会——贫困阶层因为不能解决温饱问题而发生的反抗。但现代社会，由于国家强有力的干预，下层阶级——作为阶级概念的、由于物质生活资料的极度匮乏而被迫进行的反抗，已经被消除了。"二战"之后主要国家的发展史说明：只要国家加强社会保障建设，下层阶级对统治合法性和合理性的反抗就是可控的。

所以，在工业化和现代化过程中，工人阶级和农民阶级，反倒会成为比较保守的阶级。如果说他们会形成某些有组织的反抗活动的话，那么，这些活动都将仍然指向于物质生活资料的满足。他们很少会对政府统治的合理性和合法性形成质疑。在此前提下，农民阶级和工人阶级虽然处于客观阶级的"非中产之位置"，但在生活状况的改善过程中，其将自己一旦认同到"社会中层"之位置，其维护社会稳定的那种情怀就会强烈起来。在这一点上，农民阶级比工人阶级的表现更为显著。所以，在我们认识到客观阶级对社会具有重要影响作用的同时，还应该看到，认同阶级越来越影响着社会意识和阶级态度的形成。这是我们一系列近期研究所得到的共同结论。

4. 政府形象的改善有助于增加社会稳定性

事实上，这一结论是不言而喻的。我们的研究只是再一次验证了这一假设而已。但这个结论的得出，却要求我们的政府一方面加强"反贪"力度，约束党政官员的权力"寻租"，严厉打击官商勾结行为，在吏治和司法等关乎群众基本生活的领域，树立廉洁为公、执政为民的形象；另外一方面继续改革一系列不合理的规章制度，建立公平、公正的和谐社会。需要知道，人们越是对政府各项工作满意，越是对政府各部门信任，越是较多地感受到社会公平，就越感受不到当前社会的冲突，就越感觉当前社会是一个应该珍惜的社会，也就越对"未来社会各阶级冲突会加剧"的判断持否定态度。所以，这是一个很现实的、很具有政策结论的量化研究的发现。

5. 在对阶级形成的影响上政治资本的意义难被发现

在本章的量化研究中，当认同阶级和客观阶级都被控制的时候，以"党员"为表征的政治身份，不再张显其重要价值。所以，党员队伍的扩张，不是越大越好。队伍越大，整合成本也越大；人数越多，集体一致性行动的能力就越小。以时下形势计，质量应重于数量。这一点，应该被党建部门重视。

在整个社会政治资本意义降低的同时，可能在某些特殊领域，尤其是国有单位和政府部门，政治资本仍然具有重要影响作用。这一点，不能被忽视。

6. 收入多寡并不直接影响人们的社会态度

把提高收入看做发展经济手段的意义，远远大于进行社会整合的意义。本章研究发现，并不是收入越高，其对社会的评价就越积极；也并不是收入越低的贫困阶层，更易于产生不满情绪。人们的主观感受，深受很多社会因素的复杂影响。所以，收入只有通过某些中介变量的影响，才能与社会态度发生联系。收入差距的拉大、社会不公的表现，只有在那些认识到此问题严重性的阶级那里，才可能生成为变革的动力。应该注意到，在常态社会中，是人们对现实的解释，而非现实本身，引发着集体行动。勤劳致富、智力致富等不会产生"仇富"心理；但非法致富、越轨致富抑或腐败致富和权力裙带致富等所引起的社会不公感，却会点燃"仇富"之火。

7. 阶级关系取向的阶级阶层分类发现了中产阶层的作用

不同的学术需要，不同的理想型，会产生不同的解释作用。这是吸取以往研究经验得到的改进。这里的研究结论是：客观的中产阶层，不但是一个具有明显政治解释力的力量，而且还是一个可能对未来中国的稳定具有批判性影响的力量。即使是在对"社会中层"的认同上，以赖特理论所构造的客观阶级，也具有显著的统计解释力。

8. 要避免大学生社会经济地位向下跌落

大学扩招所形成的就业压力，与大学生毕业不能顺利转变为白领职员之间的矛盾，正影响着"初职工作"的教育收益。如果其劳动回报低于或与比其人力资本低的那些人员的工资相仿，则其普遍萌生的不满会逐渐淤积，并会寻找发泄途径。那些半技术半体力劳动者的平均文化程度较高，但其劳动的白领性质却不明显——显然是进入他们并不愿进入的劳动力市场，这是这个阶层"社会不满"的最主要原因。在这种情况下，各级政府应该把大学生的就业作为一项非常重要的政治任务来抓。

在社会转轨过程中，大学毕业生——尤其是本科生，仍然将自己认同在中产阶级的后备军那里。这种阶级认同与实际就业所获得的真实阶级位置之间的差距，是一个严重的社会意识问题。这个问题不解决，大学生就会在就业过程中一直存在这种认识差距。

第九章
农民工的经济地位和社会态度

　　中国在改革和发展中产生的大量从农业向非农产业转移的农民工，通过推动劳动力市场的形成，为中国的市场化转型和现代化发挥了重要而特有的作用。本章基于对 2006 年在中国 28 个省市区进行的大规模问卷调查资料的分析，发现农民工的收入地位，更多地是由教育、工作技能等获得性因素决定，而不是身份歧视因素决定；同时还发现收入和经济社会地位相对较低的农民工，却意外地具有比较积极的社会态度。影响农民工态度和行为的因素，更重要的可能不是社会横向利益比较，而是自身的纵向利益比较，因而更显著地遵循历史决定逻辑，而不是经济决定逻辑。

　　中国的转型包括两个方面，一是从计划经济体制向社会主义市场经济体制转轨，二是从一个农业的、乡村的、封闭半封闭的社会向一个工业的、城市的、开放的现代社会转型。过去的研究，更多集中在阐述改革开放对社会结构变迁的推动，而对于社会结构转型本身带来的社会收益还研究得不够。中国经济的快速成长，其要素之一是劳动力的比较优势，而这种优势很大程度上依赖于中国农村劳动力大规模地向非农产业的转移。如中国与苏东国家相比，除了政治体制、意识形态、改革的步骤和目标的巨大差异，还有一个容易被人们忽视的巨大差异，就是社会结构的差异。苏东国家在改革之前，基本已经实现了工业化，农业也基本完成了技术对劳动的大规模替代，社会结构产生了变动的瓶颈和整体的刚性。而中国在改革之初，社会结构的弹性依然很大，社会结构变动具有很大的空间，在基层运作中也存在很大的灵活性。所以，当改革调动起人们的积极性和创造力的时候，整个社会就很快充满了活力。农业中技术对劳动的替代，农村劳动力向非农产业的迅速转移，乡村人口向城市的大量集中，都给社会带来巨大的收益。过去在测算中国

GDP 增长的贡献因素时，除了资本和劳动的贡献，剩下的一块，我们称为全要素生产率的贡献，而且往往简单地认为全要素生产率的贡献主要来自技术进步和体制改进。但最近据专家测算，仅劳动力从农业向非农产业的转移，对中国 1978～1998 年 GDP 增长的贡献就占 20% 以上，要远高于体制改进因素的贡献（蔡昉、王美艳，2002）。

但西方国家一直有很多学者对中国大规模的民工流动可能造成的社会后果表示担忧，中国也有学者把进城的农民工视为对社会稳定的一种威胁。如早在 1994 年民工潮初起的时候，中国就有学者预言，"流民潮几乎就是社会的一个火药桶。……反社会的心理将长久地影响曾一度处于流民潮的每一个人。……中国社会如果发生大的动荡，无业的农民一定是动荡的积极参与者和主要的破坏性力量"（王山，1994：62～63）。

然而，现在人们更多地把农民工视为经济建设的主力军，而不是社会稳定的破坏者。据专家估计，农民工每年给城市经济创造 1 万亿～2 万亿元人民币的 GDP 增量，并为农村增加 5000 亿～6000 亿元人民币的收入（国务院研究室课题组编，2006：62）。另据北京市统计局的测算，目前北京市农民工的劳动力贡献，在建筑业占 83%，在批发零售业占 49%，在制造业占 29%（国务院研究室课题组编，2006：365）。

中国把从农业向非农产业转移的劳动力称为"农民工"。"农民工"这个概念主要指户籍身份还是农民、有承包土地，但主要从事非农产业工作、以工资为主要收入来源的劳动者。2006 年 1 月 18 日，中国国务院通过了《国务院关于解决农民工问题的若干意见》的文件，这是"农民工"的概念第一次写入中央政府具有行政法规作用的文件。农民工包括两大部分：一部分是在家乡附近乡镇企业工作的、"离土不离乡"的农民工；另一部分是离开家乡到外地去打工的农民工，也称"流动民工"。

近十几年来，"农民工"在中国一直是学术界、政策制定部门和新闻界关注的热点。在 1984 年以前的改革初期，中国农村劳动力向非农产业转移的主要方式是通过乡镇企业，其主要特点是"离土不离乡、进厂不进城"，这曾经被称为"中国式的城市化道路"。1984 年，国家放宽了对农民进城的限制，拉开了农民大规模进城务工经商的序幕。1985～1990 年，从农村迁出的总人数还只有约 335 万，而同期乡镇企业新吸纳的农村劳动力为 2286 万人，乡镇企业仍是农民在职业上"农转非"的主渠道。但 1990～1995 年情况就大不一样了，根据多项大规模的全国抽样调查结果，外出打工的流动

民工占农村劳动力总数的比例平均在 15% 左右，据此推算 1995 年达到 6600
多万，同期乡镇企业新吸纳农村劳动力 2754 万人。乡镇企业吸纳农村劳动
力的能力开始下降，而进城流动民工的人数仍在快速增加。根据 2004 年中
国国家统计局在全国 31 个省（自治区、直辖市）对 6.8 万农户和 7100 个行
政村的调查，当年外出就业农民工约 1.2 亿人，占农村劳动力 24% 左右。
加上在乡镇企业就业的农村劳动力，2004 年全国农民工总数大约为 2 亿人，
他们平均年龄 28 岁左右，绝大多数初中教育水平，主要从事制造业、建筑
业和服务业工作（国务院研究室课题组，2006：3~4）。

　　本章要回答的问题是，为什么大规模的农民工流动没有引发社会的动荡？
处于城市低收入地位的农民工，为什么没有产生强烈的社会不满情绪？在城市
聚集居住并经常受到不公正待遇的农民工为什么没有产生大规模的集群行为？

一　农民工[①]的经济地位：收入、劳动时间和社会保障

　　从月工资收入的比较来看，农民工和城市工人的收入差距十分明显。农
民工平均月工资为 921 元，只相当于城市工人平均月工资 1346 元的 68.4%，
而且近 80% 的农民工月工资在千元以下，甚至有 27.1% 的农民工月工资在
500 元及以下（见表 9-1）。

表 9-1　农民工与城市工人的月收入比较

单位：%

月　薪	农民工（N = 738）	城市工人（N = 1126）
500 元及以下	27.1	17.1
501 ~ 1000	52.2	37.0
1001 ~ 1500	13.9	21.8
1501 ~ 2000	3.8	11.2
2000 以上	3.0	12.8
总　　计	100.00	100.00
平均月薪：元	921	1346
$X^2 = 111.83, p < 0.001$		

---

① 本章中农民工的界定是具有农业户籍身份从事二、三产业劳动的工资收入者；城市工人指
非农户籍身份的从事二、三产业劳动的工资收入者。两者的职业主要包括产业工人、商业
服务业员工、办事人员、专业技术人员和经理人员。

　　从劳动时间上看，农民工在平均收入远远低于城市工人的情况下，平均劳动时间却大大高于城市工人。尽管中国实行8小时工作制，但农民工平均每周工作56.6小时，比城市工人每周平均47.9小时的劳动时间要多8个小时。有81.4%的农民工劳动时间超出法定的每周40小时，有约34%的农民工每周工作在60小时以上（见表9-2）。

表9-2　农民工与城市工人的周工作时间比较

单位：%

每周工作时间	农民工（N=762）	城市工人（N=1146）
不足20小时	2.31	2.59
21~40小时	16.29	44.22
41~60小时	47.83	39.50
61~80小时	25.85	10.32
80小时以上	7.71	3.37
总　计	100.00	100.00
平均每周工作时长：小时	56.6	47.9
$X^2 = 199.53, p < 0.001$		

　　对调查数据的分析表明，农民工与城市工人的工资收入差距，在年龄、职业、地域、教育等各种影响因素中，最重要的因素是人力资本，即受教育水平和工作技术水平。从受教育情况看，农民工中有45%具有初中教育水平，但也有25%只有小学教育水平，还有13.3%未受过正式教育；而在城市工人中，约70%都具有高中以上的教育水平，有34%具有大学教育水平。从所从事工作的技术水平来看，农民工中从事体力和半体力劳动的比例高达83.4%，而城市工人有近一半（49.2%）从事需要专业技能的工作。

　　多元回归分析进一步证明：当引入人力资本、工作状况、就业地点等因素来考察农民工和城市工人的工资收入差异时，农民工身份因素对收入的影响竟然消失了（见表9-4）。从表9-4的分析结果可以看出，受教育年数较多、能从事专业技能工作、男性、有管理职位、就业于东部地区和大中城市市区的农民工和城镇工人，都会得到较高的工资；在人力资本、工作状况、就业地点相同的条件下，农民工的工资收入和城市工人并无显著差别。

表 9 - 3　农民工与城市工人的工作技能比较

单位：%

工 作 技 能	农民工（N = 769）	城市工人（N = 1152）
需要很高专业技能的工作	3.63	14.03
需要较高专业技能的工作	12.99	35.18
半技术半体力工作	43.03	31.33
体力劳动工作	40.35	19.46
总　　计	100.00	100.00

$X^2 = 226.51, p < 0.001$

表 9 - 4　各类因素对农民工和城市工人工资收入的线性回归分析

变量类型	自　变　量	非标准回归系数	标准误	标准回归系数
	常数	- 447.84 *	228.69	
身　　份	农民工（对照组：城市工人）	36.80	76.69	0.015
人力资本	劳动技能（对照组：体力工作）			
	高级专业技能工作	656.41 ***	109.90	0.167
	较高专业技能工作	264.44 **	83.23	0.098
	半技术半体力工作	154.25 *	69.75	0.061
	受教育年数	64.97 ***	9.78	0.205
	年龄	1.67	2.86	0.014
	男性（对照组：女性）	256.03 ***	54.49	0.102
工作状况	周工作时长	4.04 *	1.83	0.052
	管理职位（对照组：无管理职位）	342.82 ***	73.81	0.105
就业地点	就业场所（对照组：乡村）			
	大中城市市区	330.37 ***	83.47	0.136
	小城镇	- 107.52	79.66	- 0.040
	就业区域（对照组：西部）			
	东部	413.43 ***	71.04	0.171
	中部	- 99.41	76.48	- 0.038
	N = 1713 $R^2 = 0.223$			

注：* $p < 0.05$；** $p < 0.01$；*** $p < 0.001$。

农民工和城市工人因为身份差异而造成的工作待遇差异，主要不在工资收入方面，而在社会保障方面。如在养老保险方面，农民工拥有养老保险的占 16.3%，城市工人占 67.3%；在失业保险方面，农民工拥有失业保险的占 6.2%，城市工人占 44.5%；在医疗保险方面，农民工能够报销部分或全部医疗费的占 28.4%，城市工人占 66.3%。

表 9 - 5　农民工与城市工人的社会保障待遇比较

单位：%

社会保障	农民工（N = 769）	城市工人（N = 1152）	X^2	P
有养老保险	16.3	67.3	485.72	0.000
有失业保险	6.2	44.5	365.98	0.000
有医疗报销	28.4	66.3	307.72	0.000

回归分析进一步证明，即使在同样的人力资本、工作状况、就业地点的条件下，农民工和城市工人拥有的社会保障也有着明显差异（见表 9 - 6）。城市工人享有养老保险、失业保险和医疗费报销的机会分别是农民工的 2.99 倍（1:0.335）、3.22 倍（1:0.311）和 1.62 倍（1:0.619）。

表 9 - 6　各类因素对农民工和城市工人享有社会保障的 Logistic 回归分析

变量类型	自　变　量	模型 1：养老险		模型 2：失业险		模型 3：医疗费报销	
		B	Exp(B)	B	Exp(B)	B	Exp(B)
	常数	- 3.321 ***	0.036	- 2.289 ***	0.101	- 2.866	0.057
身份	农民工（对照组：城市工人）	- 1.092 ***	0.335	- 1.168 ***	0.311	- 0.479 **	0.619
人力资本	劳动技能（对照组：体力工作）						
	高专业技能工作	0.397	1.488	0.650 *	1.916	0.873 **	2.394
	较高专业技能工作	0.481 *	1.617	0.263	1.300	0.358	1.430
	半技术半体力工作	0.308	1.361	0.043	1.044	0.132	1.141
	受教育年数	0.101 ***	1.106	0.103 ***	1.109	0.127 ***	1.135
	年龄	0.033 ***	1.034	0.012	1.012	0.044 ***	1.045
	男性（对照组：女性）	0.211	1.235	0.321 *	1.378	0.279 *	1.322

续表

变量类型	自变量	模型1:养老险		模型2:失业险		模型3:医疗费报销	
		B	Exp(B)	B	Exp(B)	B	Exp(B)
工作状况	周工作时长	-0.018***	0.983	-0.030***	0.971	-0.014**	0.986
	管理职位	0.138	1.148	0.216	1.241	0.357	1.429
	单位类型(对照组:个体单位)						
	公有制单位	1.916***	6.793	1.602***	4.962	1.583***	4.868
	私营单位	1.050***	2.857	0.824**	2.279	0.377*	1.457
就业地点	就业场所(对照组:乡村)						
	大中城市市区	1.032***	2.808	0.739***	2.093	0.013	1.013
	小城镇	0.378	1.459	-0.007	0.993	-0.466*	0.627
	就业区域(对照组:西部)						
	东部	0.410*	1.506	-0.058	0.943	0.162	1.175
	中部	-0.384*	0.681	-0.631***	0.532	-0.787***	0.455
N		1594		1559		1519	
-2 Log Likelihood		1568.87		1473.23		1644.84	

注：$*p<0.05$；$**p<0.01$；$***p<0.001$。

二　农民工的社会态度

按照一般的社会分层理论，人们的经济状况和经济地位，决定着人们的社会态度。这也是一些学者把农民工视为威胁社会稳定的因素的重要原因。但我们的调查却发现，农民工并没有因其经济地位而表现出更加突出的社会不满情绪，反而呈现出积极的社会态度。

在社会安全感方面，农民工的社会安全感明显高于城市工人。我们在调查中把社会安全感分为人身安全、财产安全、劳动安全、医疗安全、食品安全、交通安全、隐私安全七个方面，农民工的评价较高，七项社会安全感均明显高于城市工人，其中只有在"劳动安全"感方面，农民工与城市工人差异较小（见表9－7）。

在社会公平感方面，农民工的总体社会公平感也明显高于城市工人（见表9－8）。在13个社会领域的社会公平感评价中，农民工的公平感明显高于城市工人的有11个领域，包括政治权利、财政税收政策、就业机会、收入分配、教育、地区/行业待遇等领域，只有在司法执法、社会保障、城乡待遇三个领域，农民工的公平感低于城市工人。特别值得注意的是，在与就业、收入分配、发展有关的社会领域——如每个人的发展机会、工作与就业机会、财富及收入的分配、不同地区/行业间的待遇——农民工的公平感更是大大高于城市工人，均高出10个百分点以上。而人们通常认为，这些领域恰恰是农民工受到社会歧视之所在。

表9－7　农民工与城市工人的社会安全感比较

单位：%

社会安全感	农民工	城市工人	X^2	P
个人信息、隐私安全	89.74(N=714)	78.93(N=1099)	65.27	0.000
人身安全	87.18(N=744)	75.79(N=1136)	68.37	0.000
财产安全	83.95(N=742)	77.28(N=1133)	43.79	0.000
劳动安全	79.14(N=734)	77.47(N=1127)	23.81	0.000
医疗安全	70.07(N=721)	60.11(N=1093)	39.78	0.000
食品安全	65.57(N=735)	45.30(N=1131)	104.47	0.000
交通安全	65.24(N=740)	60.54(N=1139)	39.98	0.000

表9－8　农民工与城市工人的社会公平感比较

单位：%

公平认同的领域	农民工	城市工人	X^2	P
高考制度	85.70(N=662)	82.02(N=1065)	16.51	0.001
义务教育	80.83(N=730)	77.31(N=1129)	14.84	0.002
实际享有的政治权利	73.90(N=691)	67.57(N=1055)	11.59	0.009
财政和税收政策	66.05(N=675)	58.65(N=987)	19.27	0.000
每个人的发展机会	63.48(N=730)	53.04(N=1097)	32.52	0.000
司法与执法	62.81(N=668)	63.76(N=1034)	11.81	0.008
公共医疗	57.10(N=707)	52.48(N=1091)	14.69	0.002
工作与就业机会	53.71(N=735)	40.99(N=1109)	35.56	0.000
财富及收入的分配	45.20(N=718)	33.46(N=1083)	34.98	0.000

公平认同的领域	农民工	城市工人	X^2	P
养老等社会保障待遇	42.68（N=682）	48.60（N=1072）	24.47	0.000
不同地区、行业之间的待遇	41.43（N=682）	31.31（N=1041）	23.02	0.000
提拔干部	38.46（N=660）	33.77（N=1027）	16.23	0.001
城乡之间的待遇	30.96（N=712）	30.54（N=1053）	7.50	0.058
总体上的社会公平状况	67.10（N=708）	58.70（N=1096）	38.80	0.000

在对地方政府工作的满意度（很满意＋比较满意）方面，农民工总体上也同样一般高于城市工人；特别是对地方政府在义务教育、树立良好社会风气、维护社会治安、实现社会公正、依法办事等六个方面，满意度明显高于城市工人（见表9－9）。

表9－9　农民工与城市工人对地方政府工作满意度的比较

单位：%

对地方政府的满意度	农民工	城市工人	X^2	P
义务教育	80.53（N=713）	72.73（N=1101）	17.95	0.000
科技发展与推广	78.31（N=658）	76.12（N=1020）	25.92	0.000
发展经济	77.01（N=717）	78.54（N=1088）	18.35	0.000
树立良好社会风气	72.48（N=721）	64.98（N=1101）	23.35	0.000
维护社会治安	68.48（N=743）	62.15（N=1129）	29.47	0.000
实现社会公正	67.56（N=693）	60.16（N=1063）	25.44	0.000
依法办事	65.62（N=705）	60.82（N=1062）	25.57	0.000
医疗卫生服务	62.11（N=734）	60.53（N=1103）	7.67	0.053
环境保护	59.76（N=740）	52.43（N=1128）	15.85	0.001
社会保障和救助	54.62（N=680）	55.66（N=1034）	8.76	0.033

特别令人意外的是，收入较低，通常被人们认为在城市受到不公正待遇的农民工，在社会群体间利益冲突的感知方面，不如城市工人强烈，回答"有严重冲突"和"有较大冲突"的比例仅为城市工人的一半；认为社会群体利益冲突"绝对会激化"和"可能会激化"的比例也比城市工人低16个百分点。当然，对这一问题"说不清"的农民工比例也大大高于城市工人（见表9－10）。

表 9 - 10　农民工与城市工人对地方政府工作满意度的比较

单位：%

我国是否存在社会群体之间的利益冲突	农民工 (N = 769)	城市工人 (N = 1152)	社会群体之间的利益冲突是否会激化	农民工 (N = 769)	城市工人 (N = 1152)
有严重冲突	4.21	7.29	绝对会激化	2.90	8.34
有较大冲突	14.42	30.10	可能会激化	35.89	46.08
有一点冲突	49.55	44.91	不太可能激化	32.21	27.94
没有冲突	16.92	9.30	绝对不会激化	5.96	5.07
说不清	14.90	8.41	说不清	23.03	12.57
总　　计	100.00	100.00	总　　计	100.00	100.00
$X^2 = 77.95, p < 0.001$			$X^2 = 32.45, p < 0.001$		

三　对农民工具有的积极社会态度的解释

为什么收入较低、被人们认为在城市受到不公正待遇的农民工会具有比较积极的社会态度呢？如何解释这种不符合经济地位决定社会态度的现象呢？

解释之一是与农民工对自身境遇的归因有关。虽然农民工的经济状况和社会待遇低下，但他们倾向于认为这是自身的素质与能力所致，而非社会性因素造成的后果。从表 9 - 4 的回归分析中可知，农民工的工资收入的制约因素主要是人力资本（受教育程度和劳动技能），因户籍身份导致的劳动报酬歧视并不明显。面对这种境遇，要提升自己的经济收入，他们只有依靠自己的勤勉努力和知识技能的提高。这也反映在调查中，农民工比城市工人更重视努力程度和教育对个人成功机会的影响（见图 9 - 1）。社会保障待遇方面的户籍差异虽然普遍存在，但对农民工而言，这毕竟不如获得就业岗位和增加收入来得直接与重要。因此，即便农民工被社会公众视为"弱势群体"，但他们自身还是认为存在着"个人发展"和"工作与就业"的机会公平，他们并未将经济、社会地位的不平等（inequality），归因于社会的不公正（injustice）。

解释之二是和农民工的生活期望与权利意识有关。一方面，农民工由于受教育水平较低，生活需求层次较低，期望也低，因而更容易得到满足，所以他们的社会安全感、公平感、满意感、信任感等社会评价也就更加积极。

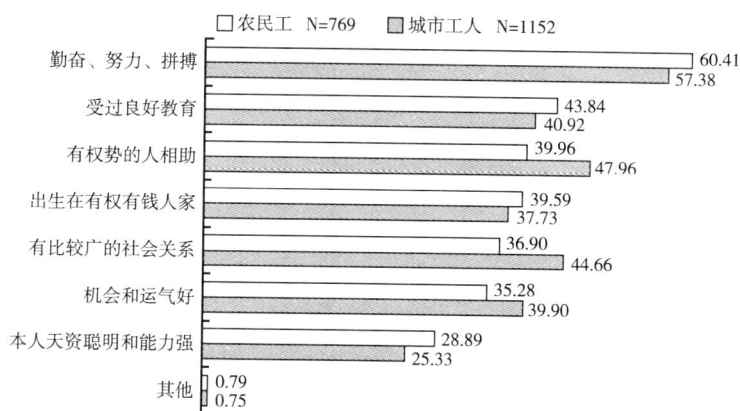

图 9 - 1　农民工与城市工人对个人成功的归因比较（%）

　　相关分析表明，上述的社会评价对社会群体的利益冲突的感知存在着负相关。也就是说，社会安全感越高、公平感越高、满意度越高、社会信任感越高、教育程度越低的人，对当前社会群体利益冲突的感受就越弱，就越不容易认为社会利益冲突有强化的趋势（见表 9 - 11），而农民工正是这样的对社会高评价的群体。

　　另一方面，农民工也缺乏自我权利意识和社会参与性。比如根据调查结果，在民主意识方面，和城市工人相比，农民工表现出较低的社会参与性，较高的权威服从。如"公共场所个人不必负责"和"投稿报纸参加讨论的人是出风头"的赞同率农民工均高于城市工人；而对"民主就是政府为人民做主"、"国家大事有政府来管，老百姓不必过多考虑"、"政府搞建设要拆迁居民住房，老百姓应该搬走"等判断，农民工赞同的比例也都高于城市工人（见表 9 - 12）。相关分析也表明，民主 - 权利意识和对社会群体的利益冲突的感知存在正相关（见表 9 - 11），也就是说，民主 - 权利意识越低的人，对社会群体利益冲突的严重性就越不敏感。

　　解释之三是与农民工的比较参照体系有关。农民工更容易与家乡的农民相比较，与自己的过去生活相比较。换句话说，农民工的利益曲线是向上走的，更容易产生比较积极的社会态度。比如在主观认同上，农民工与城市工人相比，更倾向于认为自己属于"群众""乡下人""低学历者"和"体力劳动者"，与此同时，我们却发现，农民工却并不比城市工人更倾向于认为自己是"穷人""雇员"和"被管理者"；和农民相比，农民工对自己是

表 9 – 11　农民工与城市工人社会利益冲突感知与社会评价的相关分析

(Pearson 相关系数 r)

	社会安全感	对政府工作满意度	社会信任度	社会公平感	民主 – 权利意识	受教育年数
对社会群体之间的利益冲突程度的感知	– 0.265 ** (N = 1472)	– 0.300 ** (N = 1220)	– 0.258 ** (N = 965)	– 0.281 ** (N = 1112)	0.200 ** (N = 1443)	0.221 ** (N = 1709)
对社会群体之间的利益冲突激化趋势的感知	– 0.205 ** (N = 1397)	– 0.258 ** (N = 1149)	– 0.242 ** (N = 915)	– 0.219 ** (N = 1049)	0.170 ** (N = 1362)	0.185 ** (N = 1599)

　　注：表 9 – 11 中，社会安全感由七项有关社会各领域的安全度评分题目合成；对政府工作满意度由 10 项有关政府工作的评分题目合成；社会信任度由 13 项对政府、政府信息、政府人员、社区、社会组织、传媒等方面的信任评价题目合成；社会公平感由涉及 13 个社会生活层面公平程度的评分合成；民主 – 权利意识由七项有关政府 – 个人权利、社会参与的陈述题目合成。上述题目的分值越低，表示某方面的程度越低（弱），分值越高，表示某方面的程度越高（强）。

　　** $p < 0.01$。

表 9 – 12　农民工与城市工人在民主 – 权利意识方面的比较

单位：%

民主 – 权利观念（赞同率）	农民工	城市工人	X^2	P
公共场所就是个人不必负责的场所	17.78(N = 740)	8.72(N = 1145)	49.18	0.000
政府搞建设要拆迁居民住房，老百姓应该搬走	52.48(N = 699)	47.02(N = 1092)	9.85	0.020
老百姓应该听从政府的，下级应该听从上级的	66.11(N = 738)	53.80(N = 1108)	29.46	0.000
给报社投稿参加讨论的人是喜欢出风头的人	24.60(N = 674)	13.02(N = 1098)	40.87	0.000
民主就是政府为人民做主	77.45(N = 725)	61.60(N = 1117)	51.21	0.000
国家大事有政府来管，老百姓不必过多考虑	44.61(N = 742)	26.11(N = 1136)	71.75	0.000
老百姓交了税，政府爱怎么花就怎么花	14.41(N = 747)	8.92(N = 1135)	29.86	0.000

"穷人""乡下人""低学历者"和"体力劳动者"的认同更少一些（见表9-13）。特别是在经济社会地位认同的比较中，农民工甚至并不比城市工人更倾向于认为自己是下层，虽然认为自己属于"中层"的农民工略少于城市工人，而认为自己属于"中下层"和"下层"的农民工略高于城市工人，但差异很小（见表9-14）。

表9-13　农民、农民工与城市工人在身份认同上的比较

单位：%

身份认同	农民（N=2703）	农民工（N=769）	城市工人（N=1152）	X^2	P
穷人	80.83	71.82	70.20	8.94	0.011
群众	98.79	96.25	86.77	253.03	0.000
乡下人	98.89	89.83	15.31	3358.83	0.000
雇员	42.03	84.68	88.05	229.59	0.000
被管理者	47.04	80.50	81.02	52.66	0.000
低学历者	94.23	88.04	59.18	805.66	0.000
体力劳动者	96.56	77.52	44.14	1330.20	0.000

表9-14　农民工与城市工人在经济社会地位认同上的比较

单位：%

社会经济地位认同	农民工（N=769）	城市工人（N=1152）
上	0.70	0.36
中上	5.15	5.60
中	41.93	43.82
中下	30.63	31.61
下	21.26	18.34
不好说	0.33	0.27
总　计	100.00	100.00

$$X^2 = 3.55, p = 0.471$$

正是由于农民工的利益曲线是向上走的，他们对未来的发展也抱有更加乐观的态度。调查显示，农民工对过去五年来生活水平变化的评价和对未来生活水平的期望，都比城市工人更积极。有72.3%的农民工认为过去五年的生活水平有所上升，有62.7%的农民工认为未来五年的生活水平会有所上升，都比城市工人高出约10个百分点。

表 9 – 15 农民工与城市工人在生活评价、生活预期方面的比较

单位：%

五年来 生活水平	农民工 （N = 769）	城市工人 （N = 1152）	未来五年 生活水平	农民工 （N = 769）	城市工人 （N = 1152）
上升很多	10.94	8.09	上升很多	11.49	10.21
略有上升	61.38	53.13	略有上升	51.27	43.77
没变化	18.81	22.71	没变化	12.33	18.63
略有下降	6.21	10.69	略有下降	4.48	8.75
下降很多	2.18	4.67	下降很多	1.52	2.59
不好说	0.50	0.72	不好说	18.91	16.06
总　计	100.00	100.00	总　计	100.00	100.00
$X^2 = 30.75, p < 0.000$			$X^2 = 31.95, p < 0.000$		

四　结论和讨论

根据以上的分析，我们可以得出以下几点结论：第一，农民工作为一个群体看待，其收入水平低于城市工人，而其劳动时间多于城市工人；第二，农民工与城市工人的收入差异主要是由于受教育水平和劳动技能的差别；第三，农民工的社会保障水平远远低于城市工人，这种社会保障的差异，与农民工的户籍身份以及农民工的社会保障制度设计有关；第三，农民工并没有因为较低的收入水平和经济社会地位而表现出消极的社会态度，反而呈现出预料之外的积极社会态度，这种状况更重要是由于农民工向上走的利益曲线，以及他们更容易把农民作为比较的参照体系。

由此我们可以得出的具有社会政策含义的结论是：

第一，提高农民工收入水平的渠道，最重要的是提高农民工的受教育状况，加强农民工的职业培训，提高农民工的工作技能。也就是应当主要通过加大对农民工的人力资本投入来提高农民工在劳动力市场上的收入地位，而不是仅仅依赖最低工资标准的提高。

第二，农民工与城市工人最大的非市场化差异或身份差异，集中在社会保障状况方面。户籍体制的改革如果不与养老、医疗、失业等社会保障待遇相联系，对改善农民工的生活状况是有限的。应当抓紧建立适合于农民工流

动特点的社会保障体制，消除农民工在劳动力市场上的机会不平等。

　　第三，应当促进和保护农民工的积极社会态度，把农民工作为新市民看待，取消农民工融入城市社会生活的体制性障碍，加强农民工对城市社会的认同。

　　最后，中国的城市化不可能完全靠农民进城生活来解决，新农村建设的最终归结点，是生活在乡村地区的绝大多数人，其生活主要不再依靠土地种植收益，也能过上城市水准的生活。

　　中国在改革和发展中产生的大量农民工，不仅因为最早进入真正的劳动力竞争市场而极大地推动了中国从计划经济向市场经济的转轨，也因为承担起中国工厂制造的主力军角色而极大地推动了中国从农业社会向工业化社会的转型。收入和经济社会地位相对较低的农民工，却意外地具有比较积极的社会态度。真正从深层决定农民工社会态度和行为取向的，可能不是经济决定逻辑，而是历史决定逻辑。

第十章
贫困群体分析

改革开放以来，中国贫困问题的焦点一直是农村贫困。改革开放初期，中国农村贫困人口达到 2.5 亿人的庞大规模。经过近 30 年的反贫困实践，中国农村贫困人口终于有了大幅度减少。据官方统计，到 2006 年末，全国农村绝对贫困人口 2148 万人，绝对贫困发生率为 2.3%；初步解决温饱问题但尚未稳定脱贫的相对贫困人口 3550 万人，占农村人口的 3.7%；合计5698 万人，占农村人口的 6.0%（国家统计局农村社会经济调查司，2007）。如果说，改革开放初期中国贫困问题的背景是计划经济时代形成的普遍贫困，那么，进入 20 世纪 90 年代中期以来，中国的贫困问题就有了新的背景条件，这就是国民经济持续高速发展，国民收入分配差距日益拉大。正是在这样的背景下，农村反贫困难度日益加大，而城市贫困又日渐成为中国贫困问题的重要组成部分。按照国家统计局关于城镇人口贫困面为 8% 的估计推算，2006 年全国城镇贫困人口总数可达 4616 万人；另据估计，中国进城农民工中有超过 2500 万人属于收入仅够维持生存的贫困人口（中国社会科学院城市发展与环境研究中心，2007）。这样，2006 年中国贫困人口总量将达到 1.3 亿人左右，约占总人口的 10%。因此，今天，在理论和实践上，中国的反贫困更加具有促进社会公平的性质和意义。本章将基于本次调查数据，实证地探讨中国现阶段贫困现象成因和贫困群体状况、特征以及相关理论问题。

一 问题与方法

在中国，贫困研究的焦点往往是贫困的度量和发生率问题，或者是从社会管理的角度出发来分析政府的反贫困政策效应。因此，沈红（2000）在对中国学术界的贫困研究文献进行回顾后认为，以往的研究很少能给读者提供充分的理论阐释。这样的研究取向也不仅存在于中国的贫困问题研究中。萨马德（Samad，1996）就曾经抱怨说，整个亚洲的贫困研究都缺乏理论深度。无论是否恰当，这些评论都隐含着一个共同的要求，即对贫困的研究不应仅停留在经验描述和政策分析的层次上。

对贫困进行理论探讨，总是离不开这样三个基本问题：①什么是贫困；②贫困的成因和机制是什么；③是否可以以及如何消灭贫困。什么是贫困的问题实质上也就是如何测量贫困的问题：应当按照什么标准判断什么人是贫困的？阿玛蒂亚·森认为，贫困的测量涉及两个步骤，一是对贫困者的识别，二是汇总贫困者的特征以得出综合的贫困指数（森，2006）。迄今为止，对贫困者的识别都是以在一定的价格水平下满足生计所需的收入水平或消费水平作为标准的，这一处于生计水平的收入或消费就是通常所说的贫困线。一个人的收入如果低于该贫困线，就可以说是贫困的。这并不是一种令人满意的贫困测量方式，因为正如阿玛蒂亚·森指出的，在贫困线以下的收入分布仍然可能是很不平等的，一些人的收入接近贫困线，一些人的收入则可能远离贫困线，因而基于某条贫困线"一刀切"地统计出来的贫困人口发生率会掩盖很多问题，包括贫困人口内部的不平等，相关指标对穷人中的收入再分配不敏感，以及不能反映穷人的贫困状况的恶化等问题（Sen，1976）。除此以外，贫困线的确定本身也一直是一个有争议的问题，关于把低收入作为营养不足的决定因素究竟有多么重要，就存在争议（Lipton and Ravallion，1995）。中国政府大致根据热量标准确定的农村贫困线更是经常受到各方面的争议，要求至少提高农村收入贫困线的呼声一直不绝于耳（陈光金，2005）；而世界银行提出的日均收入或消费 1 美元的绝对贫困线和 2 美元的相对贫困线则成为竞争的标准（World Bank，2001），尽管也有一种说法认为，中国政府确定的农村绝对贫困线按照购买力平价计算已经接近 1 美元的世界银行标准。而关于特征汇总的问题，阿玛蒂亚·森建议运用一种公理化方法的更为复杂的贫困指标（Sen，1976）。一个人口的福利状况及其贫困状况（即不充分福利的反映），既取决于货币变量也取决于非货币变量。可以肯定，拥有较高收入或消费水平的人有能力改善其货币和非货币属性中某些状况。然而，与此同时，对于各种货币性的属性来说，市场可能是高度不完善的；而对于某些非货币属性来说（如公共品），则不存在什么市场。因此，收入作为福利的唯一指标是不合适的，还应以其他属性或变量加以补充，例如住房、识字情况、预期寿命、公共品供给等等（Kolm，1977；Atkinson and Bourguignon，1982；Maasoumi，1986；Tsui，1995）。拉法里翁认为，有四组指标可以作为测度贫困的合适方法的组成要素：单个成年人在市场物品上的实际花费；像非市场物品的可及性这样的非收入指标；像儿童营养状况这样的住户内部分配指标；以及像身体残障这样的对个人能力造成约束的个人特征指标（Ravallion，1996）。另外，按照阿玛蒂亚·森的观点，从"能力"（capabilities）和"机能"（functionings）的角度看，福利内在地具有多维性；所谓机能指的是一个人最终能够做什么，能力指的是一个人根据机能而享有的自由（Sen，1985，2006）。像识字状况等这样的属性非常接近于机能，而收入本身则不具有这样的属性。UNDP建议的人文发展指数就是根据机能成就对福利进行多维测度的一个例子（UNDP，1990），该指数在国家层次上聚合了根据预期寿命、人均实际GDP和教育获得率形成的机能成就。总之，贫困的全面测量，应当既依赖于收入指标，也依赖于那些有助于识别收入所不反映的福利层面的非收入指标。同一时期，世界银行也开始接受关于贫困的综合性观点，1990年的《世界发展报告》扩充了基于收入的传统贫困概念，加入了能力因素，即缺少达到最低生活水准的能力，例如健康、教育和营养等；2001年又加入了脆弱性和无助性等特征。

关于贫困的原因，在社会科学领域也存在种种不同的解释。梳理贫困研究领域出现的理论思考，大体上可以看到两个基本研究视角，即个体视角与集体视角。在每一种视角下，又存在不同的论说方式。这些论说或者是相互补充的，或者是相互对立的。在个体视角下，贫困被看做是贫困者在个体层面存在的某种欠缺的结果。具体地说，贫困者所欠缺的，可能是各种能够有助于摆脱贫困的经济性资源，包括物质的与技术的资源（姜德华等，1989；沈红、周黎安等，1992）；也可能是适应现代经济变迁的个人素质和能力（王小强、白南风，1986）。阿玛蒂亚·森最早也是从能力贫困的角度来解释贫困现象的（Sen，1976），只不过他后来更多地从结构—制度的角度（即社会对他们的能力的剥夺）来解释贫困者的能力贫困。个体视角的观点走向极致，甚至产生了具有贬损穷人人格意味的各种"学说"，如"穷人懒惰""穷人愚昧""穷人不愿接受教育""穷人酗酒""穷人多生子女""穷人破坏生态环境"等等（赵俊臣，2003）。总之，这种视角的贫困成因理论倾向于把贫困的责任归结于贫困者个人（及其家庭）。在当代，这种"理论"已经越来越没有说服力，因而逐渐被抛弃。

所谓集体视角，也就是把贫困放到一种集体的环境中进行考察。这种考察并不意味着完全拒绝个体视角所发现的那些体现于个人或其家庭的致贫因素，但在解释这些个体因素的形成时，更倾向将其归因于集体性的环境。集体视角下的各种贫困成因理论，大体上又可以划分为两种取向，即结构—制度取向与文化取向。在这两种理论取向下，汇聚了大量理论和主张。虽然文化取向的贫困理论有着丰富内涵并且颇具启发意义，但又或隐或显地包含着一个命题，即贫困者总是生活在自己的亚文化之中，即使帮助他们摆脱了物质上的贫困，也难以减少他们的贫困文化，因为那是一种完整的生活方式（Moynihan，1968；周怡，2002，2004）。关于贫困的这种文化悲观主义很容易滑向上述个体主义贫困观，尽管所谓贫困文化其实也是在一定的社会结构中形成的。因此，我们更加关注贫困解释的结构—制度取向。

结构—制度取向的论说在不同的社会科学中有不同的侧重点。在秉承新古典经济学传统的发展经济学看来，发展中国家的贫困是一定经济结构形态下就业均衡被打破的结果。就业均衡的破坏意味着一部分劳动力失业，失业人口无法通过就业获得生存工资而陷入贫困，而某些制度例如最低工资制度则进一步恶化了失业，导致更多的贫困。例如，一种对20世纪90年代中期以来中国城市贫困问题日趋严重的新古典经济学解释认为，农村的准自耕农制度和城乡分割首先导致农村工业的发展，农村工业以其低劳动力成本赢得了市场竞争优势，使得城市工业因失去竞争力而萎缩，从而降低其就业吸纳能力，导致城市失业；然后农业劳动力和农村人口进城，在城市特权制度以及最低工资制度的影响下，城市劳动力无法与进城农业劳动力竞争，城市失业进一步增长，城市贫困也随之进一步加剧。因此，在中国这样的发展中国家，在把城市贫困定义为失业和低工资的结果时，它是在城市人口与农村人口互动，尤其是农村人口进城的过程中产生的一种特殊现象（胡景北，2004）。这种解释可能是有问题的。例如，中国农村工业快速发展于20世纪80年代中期，而城镇失业现象激增于90年代中期以后；而且城镇贫困的迅速发展既与城镇国有企业改制导致的下岗失业相关，也是改制过程不完善、相关政策不兑现的恶果（劳动科学研究所，2000）；另外，就业只能是解决贫困问题的必要条件而不是充分条件，世界各国包括发达国家普遍存在的"工作着的穷人"（working poor）现象就是一个明证。至于最低工资政策是否必然导致失业，也是一个经验上没有得到证明的假设，相反的例证倒是经常被发现。

而社会学的或者具有社会学意味的结构—制度取向贫困理论（包括新古典经济学传统之外的经济学理论），则更多地强调贫困者的陷入贫困，是他们的资源、能力、权利在特定的结构—制度条件下被剥夺的结果。这里所说的结构和制度，一方面是指一个国家内部的社会经济政治结构。在国际上，一种观点认为，第三世界国家按照发达国家提供的药方搞发展，正是贫困者贫困的根本原因，因为这种发展剥夺了地方社区尤其是农民的生存资源，破坏了他们赖以生存的环境，同时又没有真正把他们纳入发展的过程，让他们分享发展的成果（UNDP，2003）；甚至一些发展中国家的反贫困措施，由于许多背后的政治经济因素的影响，变成了反对穷人从而使穷人更加贫困的措施（Bamford，2003）。另一方面也包括全球化背景下的国际经济政治结构。第三世界国家的边缘化尤其引起了这些国家的强烈关注和不满，认为第三世界国家普遍存在的贫困和饥饿，是它们在国际经济结构中被边缘化、不良发展、被剥夺和剥削的历史过程的产物（Asia Pacific Civil Society Forum，2003）。关于全球化的负面影响的这些看法可能过于尖锐，但对发展中国家来说，确实存在两种可能，即关信平所说的双轨发展模式。一个方向将是在高科技领域与发达国家的竞争。这实际上是一场受过高等教育的专业人才的竞争，这就涉及为这些人提供比一般水平要高的收入。这样，它就参与了一场"向顶点的赛跑"。而另一场竞争则将在国际市场中与其他发展中国家展开，其目标是为了获得更大份额的国际投资和在劳动密集型产业中获得更大的贸易额。为了赢得这场竞争，无论是中国自己的劳动密集型产业，还是其国际竞争者，都会努力保持低廉的劳动力成本。因此，这将是一场"向底线的赛跑"，贫困将在这个过程中增加（Guan，2003）。

实际上，马克思是最早从剥夺的视角来认识资本主义社会的贫困问题的。到了20世纪70年代，汤森提出了相对剥夺概念，强调贫困的原因不仅在于资源短缺，还在于分配不公正和相对剥夺，以纠正早些时候阿玛蒂亚·森仅仅看到绝对贫困问题的偏向（Townsend，1971，1985）。90年代以后，森修正了早先的看法，认为贫困的真正含义是贫困人口创造收入能力和机会的贫困，而贫困人口能力贫困的原因则在于他们获取收入的能力受到剥夺以及机会的不平等，疾病、人力资本不足、社会保障系统的软弱无力、社会歧视等都是造成人们收入能力丧失的不可忽视的因素（森，2006，第二部分）。迪帕·纳拉扬等人从穷人的视角定义贫困，认为贫困不仅仅是物质的缺乏，在穷人看来，缺乏权力和发言权是他们定义贫困的核心因子（纳拉扬等，2001）。这种观点逐渐成为贫困理论的主流认识，并从 20 世纪 90 年代起开始影响一些国际组织和机构对世界范围贫困问题的界定。例如，联合国开发计划署在《人类发展报告（1997）》中提出了人文贫困的概念，认为人文贫困是指人们在寿命、健康、居住、知识、参与、个人安全和环境等方面的基本条件得不到满足，从而使人们的选择受到限制的状况。亚洲开发银行也认为，"贫困是一种对个人财产和机会的剥夺。每个人都应该享有基础教育和基本健康服务。穷人有通过劳动获取应得报酬供养自己的权利，也应该有抵御外来冲击的保护。除了收入和基本服务之外，如果他们不能参与直接影响自己生活的决策，那么，这样的个人和社会就处于贫困状态"（沙里温，2000）。在中国的贫困研究领域，社会剥夺作为贫困者陷入贫困的结构—制度的原因，也日益受到重视。例如，关信平在研究城市贫困问题时认为，贫困是在特定的社会背景下，部分社会成员由于缺乏必要的资源，而在一定程度上被剥夺了正常获得生活资料和参与经济和社会活动的权利，并使他们的生活持续性低于社会的常规生活标准（关信平，1999）。

还有一些研究从社会阶级阶层结构视角来分析贫困原因。有人直接指出，贫困是社会阶层化的表征（Øyen，1996）。伦斯基则从社会权力结构角度提出，穷人在经济领域里缺乏资本和技术等生产要素，因而难以获得较多的经济收入；在政治领域里他们缺乏政治活动的参与能力和机会，因此不可能对决策、投票等产生实际的影响；在社会生活中，他们无力影响教育、传媒和社区组织，普遍受到社会的歧视和排斥。总之，权力结构的不平等、不合理，迫使社会部分成员"失能"而陷入贫困或长期陷于贫困（Lenski，1966）。甘斯曾从功能论视角解释贫困何以经久不灭，认为贫困和穷人为美国社会其余部分尤其是富人发挥着 15 种功能。究其实质，他的分析仍然以社会阶级结构为基础，他发现，人们曾经提出种种替代贫困的功能并使贫困成为不必要的办法，但最重要的替代办法要求收入和权力的某种再分配，这就使得这样的替代办法行不通（Gans，1971）。一项关于中国改革开放以来阶级阶层结构变化的研究认为，改革开放前中国的阶层分化相当模糊，因而相对贫困并不显著；而经济改革重构了社会等级，形成了所谓"新型的以国家为中介的阶层分化社会"，一边是各种新老中产阶级的崛起，另一边则是贫困的农民和城市工人（So，2003）。国内也有学者持类似观点。林卡、范晓光认为，改革开放以来中国社会阶层的分化强化了阶级关系的紧张度，加剧了贫困问题的严重性。另外，市场经济的开放性允许农民进入城市，但在社会二元结构中，他们在许多方面为城市生活所排斥，从而成为城市贫困群体中的基本群体，这也表现出中国城市贫困的制度性特征。因此，研究中国的贫困问题，必须把贫困现象与阶级分析联系起来（林卡、范晓光，2006）。孙立平相信，贫困是一定社会利益结构的产物。静态地看，导致贫困的结构性因素综合地表现为社会排斥。动态地看，各种结构性因素共同作用的结果是贫困的再生产。当社会分层结构相对凝固之后，结构再生产倾向会更加强化。因此，贫困首先是一种物质生活状态，但又绝非仅仅是一种简单的物质生活状态。贫困同时是一种社会结构现象，是改革开放以来利益结构变化的结果（孙立平，2003）。

近年来，欧洲学术界有关贫困及社会不平等的研究大都把注意力集中于反对社会排斥、增加社会融合（石彤，2004）。社会排斥主要是指相对贫困者缺乏正常的活动和参与，处于被社会排斥的地位。社会排斥是一个多元概念，不仅指经济资源的长期匮乏，还指社会关系、心理、文化和政治参与上的长期被隔绝。这种匮乏和隔绝不仅导致贫困人口日常生活质量下降，更重要地是被排斥者不能享受到公民权所赋予的公民政治社会权利，而这种权利不可能依靠提供经济援助和保障救济来赋予。社会排斥作为一个社会的总体力量压迫某些个体或群体，制造出贫困。德哈安认为，社会排斥是一个动态的过程，一些人所处的劣势地位导致社会排斥，社会排斥又导致更多的劣势和更大的社会排斥，并形成持久的多重（被剥夺）劣势，这一过程最终导致社会纽带的断裂（De Haan，2000）。由于社会排斥把贫困群体与主流社会隔离，使他们陷入孤立境地。影响社会排斥形成的因素是多方面的，如缺少工作机会、缺少技能、缺乏政治和社会参与、体弱、学历低，等等，这些因素进而会导致他们丧失社会关系网络而陷入边缘化困境。

上述简要理论回顾尚未涉及反贫困的理论探讨——这将留待本章结论进行讨论，但对于我们理解贫困问题提供了若干重要启示和路径。一方面，我们需要综合地考察现阶段中国贫困群体的状况和特征，这样才能对贫困问题给出一个较为完整的认识；另一方面，则要对贫困的影响因素做出分析，尤其是实证的分析。特别要回答这样四个问题：①中国城乡贫困人口贫困面有多大？贫困人口的贫困程度如何？②贫困者自身或其家庭的特征对他们的贫困造成了怎样的影响？③失业在多大程度上形成了城市的贫困？④中国的城乡贫困人口是否面临社会排斥？在识别贫困的时候，我们尚难以形成一个非常综合的指标作为标准，仍然只能依靠收入和消费水平来进行识别；但在把贫困群体识别出来以后，各种综合的描述和分析将会使贫困群体的基本状况和主要特征变得丰满起来。

二 贫困群体的识别与规模

本节首先确立城乡贫困识别的标准，然后对城乡贫困发生状况进行统计描述。贫困标准的确定基于收入/消费水平，因为迄今为止我们还没有找到能够综合考虑贫困的各种特征的计量方法和量化的标准。

1. 城乡住户贫困识别标准

识别贫困群体的第一步，是确定贫困标准或贫困线。按照惯例，贫困人口的识别应当分城乡进行。关于农村贫困，国家统计局基于所谓"食品篮"制定了一条绝对贫困线和一条低收入线（相当于相对贫困线），并且根据物价逐年提高。2005 年，农村居民家庭人均收入绝对贫困线为 683 元，相对贫困线为 944 元。如果以国际通行的每日 1 美元和每日 2 美元为绝对贫困线与相对贫困线标准，按国际货币基金组织测算的 2005 年购买力平价计算，分别相当于当年人民币 829.86 元与 1659.72 元，分别取整数为 830 元与 1660 元。

对于城市，国家没有统一的贫困线。2005 年，王有捐曾按每人每日 2100 大卡热量的食品贫困线加上通过回归分析确定的非食品贫困线计算出 2004 年全国城镇贫困线为 2985 元（转引自中国发展研究基金会，2007），考虑物价因素，则 2005 年的城镇贫困线约为 3033 元，相当于当年全国城镇居民人均家庭收入的 28.9% 或 1/4 强，大概可以视之为城镇相对贫困线。另外，国家统计局计算的 2005 年城镇 5% 困难住户的人均可支配收入为 2496 元，相当于当年全国城镇居民家庭人均可支配收入的 23.8%。中国发展的一个重要特点是地区间不平衡，在消费方面也同样表现出较为突出的地区差异。根据"国城调"的一项研究（国城调，1997），可以利用 2005 年各省份城镇住户人均生活消费支出与全国城镇住户的人均生活消费支出水平的差额指数（即各省份人均支出与全国人均支出之比）进行调整，估计出各省份 2005 年城镇居民收入或消费贫困线，结果表明，分省调整的相对贫困线为人均年收入/消费 2264～5259 元，分省调整的绝对贫困线为人均年收

入 1983～4606 元。另据民政部统计，2005 年全国城镇最低收入保障线为
155 元/人·月，全年 1860 元。"国城调"还认为，在设定城镇贫困线时需
要考虑家庭人口规模的影响。根据"国城调"的测算，以三口之家为标准
（即设为1），一人户的影响系数为 1.13，二人户的系数为 1.01，四人户的
系数为 0.98，五人及以上住户的系数为 0.94（国城调，1997）。因此，我们
在基于调查数据进行贫困识别时，将根据省际差异和住户人口规模影响系数
对本章设定的贫困线以及国家统计局公布的城镇 5% 困难户人均收入线进行
两次调整，目的是使识别尽可能合理。

2. 农村住户贫困发生率分析

在开始分析之前，先要说明的是，这里的城乡划分是以被调查住户的居
住社区类型而不是户籍为基础的。下面先分析农村住户的贫困发生情况。如
上所述，对于农村住户（以居住地点划分），我们至少有四种标准来识别农
村贫困户和贫困人口，即国家制定的贫困线（绝对贫困标准）、低收入线
（相对贫困标准）、人均日收入 1 美元线以及人均日收入 2 美元线；基于收
入与消费基本均衡的假定，它们也是划分消费贫困的标准。另外，我们还可
以考虑以农村住户人均收入均值一半和人均消费均值一半作为参考的贫困
线。按照这些标准计算的农村住户贫困发生率，如表 10－1 所示。

表 10－1　根据本次调查数据计算的农村住户收入和消费贫困发生率

单位：%

		贫困线	低收入线	1 美元线	2 美元线	人均收入均值一半	人均消费均值一半	N
划分标准（元）		683	683～944	830	1660	2283	2197	—
收入	户头比例	7.1	4.3	10.0	28.4	41.7	—	3643
	人头比例	8.8	5.2	12.0	32.3	46.2	—	13455
消费	户头比例	3.3	2.8	4.4	20.4	—	33.1	3580
	人头比例	3.8	3.9	5.7	24.3	—	37.7	13206

从收入看，按照官方标准，调查样本中按人头计算的绝对贫困人口发生
率与相对贫困人口发生率（按低收入线计算）合计达 14.0%，高于按人均
日收入 1 美元这一国际绝对贫困线计算的绝对贫困发生率，但远低于按日收
入 2 美元线计算的贫困发生率。如果以人均收入均值的一半为标准，则中国

农村人口的贫困发生率就超过 40%。从消费看，按相同贫困线计算的贫困发生率，远低于按收入计算的贫困发生率；尤其是按官方标准计算的绝对消费贫困发生率，仅相当于按人头计算的收入绝对贫困发生率的 43.2%。据国家统计局农村住户调查，2005 年，中国农村贫困人口总计 2365 万人，贫困发生率为 3.2%；农村低收入人口总计 4067 万人，占农村总人口的比例为 4.6%（国家统计局农村社会经济调查司编，2007）。比较起来，国家统计局按收入计算的农村贫困发生率与本次调查按消费计算的农村人口贫困发生率比较接近。

3. 城镇住户贫困发生率

城镇住户和人口的贫困识别标准，则有这里设定的绝对贫困线与相对贫困线，国际通行的 1 美元线与 2 美元线，还有 2005 年民政部统计的全国平均最低生活保障线，以及人均收入均值一半和人均生活消费支出一半等七种。表 10 - 2 反映了根据这七种标准划分的城镇贫困发生率。

表 10 - 2　根据本次调查数据计算的城镇住户收入和消费贫困发生率

单位：%

		困难户收入线	相对贫困线	1 美元线	2 美元线	最低保障线	人均收入均值一半	人均消费均值一半	N
划分标准（元）		双重调整值	双重调整值	830	1660	1860	4377	3935	—
收入	户头比例	10.3	5.7	2.5	8.8	11.2	36.9	—	3244
	人头比例	13.0	6.7	3.3	11.4	14.1	42.3	—	10960
消费	户头比例	6.6	6.0	0.8	5.1	7.2	—	30.4	3226
	人头比例	8.8	7.2	1.3	6.9	9.5	—	36.1	10899

显而易见，无论从收入看还是从消费看，1 美元线已经不足以作为测量城镇绝对贫困的标准，甚至 2 美元线也不是能够恰当反映城镇贫困发生状况的标准。按照最低生活保障线计算的城镇收入贫困户头比例和人头比例均显著高于国家统计局估计的城镇贫困面（即 8%），消费贫困户头比例略低于该估计值，人头比例则比该估计值高出 18.8%。而按照基于王有捐的计算设定的相对贫困线标准，则城镇收入贫困的户头比例达 16.0%，人头比例达 19.7%，其中大部分属于按 2005 年 5% 困难户的收入水平界定的贫困；

城镇消费贫困的户头比例和人头比例也分别达到 12.6% 与 16.0%，其中属于绝对贫困的也占多数。如果按照国家统计局公布的 5% 困难户的收入线计算，则消费贫困人口比例略高于该部门估计的城镇人口贫困面，但收入贫困人口比例则比 8% 的官方估计高出 62.5%。总的来说，就像在农村住户中一样，城镇消费贫困发生率也低于收入贫困发生率。

另外，李实和奈特根据 1999 年调查数据计算出，当年城镇人口贫困率为 9.4%（李实、Knight，2004），这与我们基于最低生活保障线计算的人口贫困发生率接近。他们是按照王有捐的方法确定贫困线的，而且有所调整，即在食物贫困线的基础上加上该贫困线的 90%（作为非食物消费贫困线），而在王有捐的计算方法中，非食物消费贫困线相当于食物贫困线的 2/3。可见，如果以我们基于分省调整并以家庭人口规模影响因素做校正而确定的贫困线计算的贫困发生率与李实等人的发现相比较，则中国城镇贫困在五年中确实有所加剧，至少消费贫困的人头比例上升了 2.7 个百分点。

4. 城乡贫困者的贫困类型

按照一些学者的看法，截面调查数据所显示的收入贫困高于消费贫困的现象表明，一部分住户的收入贫困可能是暂时性的，亦即从当期收入来看是贫困的，但从过去若干年的收入流或者未来的收入预期来看他们是不贫困的，否则就无法解释一些住户的当期收入贫困而消费不贫困的现象，也无法解释一些住户的当期收入不贫困而当期消费贫困的问题。根据这样的假设，可以结合收入贫困与消费贫困，重新对住户的贫困进行分类，分成持久性贫困、暂时性贫困与选择性贫困三种类型。持久性贫困是指收入和消费同时处于贫困状态，暂时性贫困是指收入贫困但消费不贫困，而选择性贫困则是指收入不贫困而消费贫困（李实、Knight，2004）。这一分类的意义是，在政策上可以确定真正急需扶助的贫困户对象：无论是选择性贫困还是暂时性贫困可能都不是真性贫困，相关住户可通过自身选择或努力迅速摘掉其贫困帽子；而持久性贫困则是真性贫困，相关住户是真正需要外部力量扶助的贫困住户，没有这种外部扶助，他们就可能无法走出贫困。

根据这一分析，我们分别以国定农村贫困线、1 美元线和国定农村低收入线对农村三种类型贫困人口发生率进行估计，同时以全国城镇平均最低生活保障线、5% 困难户人均收入线以及本章设定的城镇贫困线对城镇三种类型贫困人口发生率进行估计。选择这些贫困线作为依据的理由在于，2005 年城镇家庭人均可支配收入相当于农村家庭人均纯收入的 3.22 倍，而城镇平均最低生活保障线是农村贫困线的 2.72 倍；城镇 5% 困难户人均收入线经过两次调整后的均值为 2608 元，相当于农村 1 美元线的 3.14 倍；本章设定的城镇相对贫困线经两次调整后的均值为 3183 元，相当于农村低收入线的 3.37 倍。这些比例之间比较接近，因而大体可以农村贫困线对应城镇平均最低生活保障线，以农村 1 美元贫困线对应城镇 5% 困难户人均收入线，以农村低收入线对应本章设定的城镇相对贫困线。最后，分别根据持久性贫困人口的调查发生率估计了全国城乡持久性贫困人口规模。结果如表 10 - 3 所示。

表 10 - 3　城乡三种类型贫困人口发生率

单位：%，万人

		选择性贫困	暂时性贫困	持久性贫困	全国持久性贫困人口估计
农村	国定贫困线	1.26	6.00	2.62	1953
	1 美元线	1.96	7.78	3.73	2780
	国定低收入线	2.78	8.51	4.98	3712
城镇	最低生活保障线	3.23	7.66	6.26	3519
	5% 困难户收入线	3.26	7.26	5.53	3109
	本章设定贫困线	5.77	9.28	10.15	5706

可以看到，在城乡住户中，选择性贫困的发生率相对较低。在农村住户中，随着贫困线水平的提高，三种类型贫困人口的发生率都有所提高。在城镇住户中，5% 困难户收入线经过两次调整后，尽管省际均值提高了，但一些省份其水平反而降低了，因而三种贫困发生率总体上低于最低生活保障线下的发生率。另外，当贫困线提升到本章设定的相对贫困线水平时，持久性贫困人口的发生率变成最高。最后，按照三组城乡对应的贫困线，全国城乡持久性贫困人口总量估计数分别达到 5472 万人、5889 万人与 9418 万人，分别占当年全国总人口的 4.2%、4.5% 与 7.2%。他们应当成为扶贫工作的主要对象。

三　城乡贫困的深度、强度与扶贫力度

在研究城乡贫困时，已经形成共识的是，仅仅考虑贫困发生率（贫困广度）是不够的。人口贫困的典型特征是其三维性，即广度、深度和差异度。贫困广度是指贫困人口的数量规模，穷人越多，贫困发生越频繁，扶贫范围越大。贫困深度是指穷人收入相对于贫困线的缺口，缺口越大，穷人生

活水准越低，扶贫成本越大。贫困差异度是指穷人收入分布的不均度，收入差距越大，收入分布的均衡性越差，扶贫难度越大。贫困程度的三维表现可以是一致的，也可能是背离的：贫困人数的增加未必伴随着贫困缺口的扩大，穷人收入差距的缩小也未必意味着穷人收入的提高（陆康强，2007）。因此，需要对贫困问题进行综合分析。

1. 概念与方法

阿玛蒂亚·森首先倡导对贫困问题进行综合研究和测量。他认为，理想的贫困指数应能包含和反映贫困的三个维度，即广度、深度和强度。为了克服传统的人头指数和贫困缺口比例指数在综合反映这些维度方面的不足，森构建了一个公理：$P = H[I + (1 - I)G]$。式中，P 是贫困度量，H 是贫困人口比率，I 是收入缺口比率（即贫困人口收入与贫困线间的差距与贫困线之比），G 是穷人之间收入分配的基尼系数（森，1976）。通常，这被称为 Sen 指数，是一种描述贫困深度的指数。Sen 指数把贫困人口的数量、收入及收入分布结合在一起，它的特点是关注贫困者之间的收入分配，对贫困人口的收入与贫困线的差距比较敏感。

Sen 指数确立了此后贫困度量研究的基调和在测量贫困程度时应该考虑贫困人口之间的收入分配。但 Sen 指数本身也存在一些问题，因此，后来不少学者纷纷沿着森的思路对贫困程度测量指数进行改进研究，其中最著名的是 FGT 指数（Foster，Greer，Thorbecke，1984）。尽管这些指数在具备综合测量优点的同时也有各自的缺点（陆康强，2007），迄今为止人们在研究贫困问题时还是比较普遍地使用它们。

FGT 指数的计算公式为：$P_\alpha = \dfrac{1}{N}\sum_{i=1}^{q}\left(\dfrac{z - y_i}{z}\right)^\alpha$，其中，$N$ 是样本人口总数，q 为贫困人口，z 为贫困线，y_i 为样本中贫困人口的实际收入，α 是权重系数。运用这个公式，可以根据不同分析的需要选取 α 值，从而体现对极度贫困人群收入差异的不同重视程度，计算不同的指标。当 $\alpha = 0$ 时，P_0 就是贫困发生率。当 $\alpha = 1$ 时，P_1 是贫困差距比例指标，是测量总人口贫困深度的一个指标；当 $\alpha = 2$ 时，P_2 就是贫困严重程度指标，中国统计部门又称之为贫困强度指数。

另外，$(z - y_i)$ 是第 i 个贫困人口的收入与贫困线的差距，加总的值就是所谓扶贫力度指数，即在假定不存在扶贫成本时为使每个贫困人口脱贫所需的投入总量；以扶贫力度指数除以贫困人口数可得到所谓贫困距，即每一个贫困人口实现收入脱贫的平均收入缺口。如果使用统一的贫困线，则可以用贫困人口收入均值 μ_y 替代 y_i 直接计算贫困距，以贫困距乘以贫困人口总数就得到扶贫力度指数。

陆康强提出一种 R 指数，其计算公式为：$R = \frac{1}{n}\sum_{i=1}^{n} max\left(\frac{z-y_i}{z+y_i}, 0\right)$，其中，$z$ 为贫困线，y_i 为人均收入水平。形式上，R 指数是每个人的脱贫难度系数的平均数（非穷人的脱贫难度系数定义为 0）：R 指数大，表明脱贫难度大，贫困程度高；反之，R 指数小，表明脱贫难度小，贫困程度低（陆康强，2007）。根据陆康强的论证，该指数能够最好地反映贫困程度。

2. 农村贫困人口的贫困程度

首先分析中国农村贫困的程度。表 10-4 是基于不同贫困线计算的各种贫困程度指数（3643 户，13455 人）。从中可以看到，第一，中国农村的贫困程度仍然是比较高的，在国定贫困线上的贫困距相当于贫困线的 33.53%（即所谓贫困差率）。

表 10-4 农村住户人口贫困程度分析

指 标	贫困线	1 美元线	低收入线	2 美元线	收入均值一半
贫困标准	<683 元	<830 元	<944 元	<1660 元	<2283 元
贫困户头发生率（%）	7.1	10.0	11.4	28.4	41.7
贫困人口发生率（%）	8.8	12.0	14.0	32.3	46.2
农村贫困人口（万人）	6560	8945	10436	24078	34439
贫困人口收入基尼系数	0.1962	0.2002	0.2035	0.2267	0.2498
贫困距（元）	229	285	358	674	987
贫困差率	0.3353	0.3434	0.3792	0.4060	0.4323
Sen 指数	0.0331	0.0475	0.0576	0.1535	0.2394
贫困深度指数（FGT_1）	0.0237	0.0344	0.0435	0.1150	0.1802
贫困强度指数（FGT_2）	0.0118	0.0174	0.0223	0.0625	0.1034
R 指数	0.0133	0.0236	0.0299	0.0807	0.1291
扶贫力度（亿元）	150.2	254.9	373.6	1622.9	3399.1

注：本表计算农村贫困人口总数和扶贫力度指数时使用了贫困人口发生率，而计算其他贫困指数时则使用贫困户头发生率。下文的类似计算与此相同。

第二，农村贫困的深度和强度都有提高的趋势。有研究者基于官方贫困线和统计数据计算出，1995 年的贫困差率仅为 0.2805，Sen 指数、贫困深度指数、贫困强度指数分别为 0.0243、0.0168、0.0078（王祖祥、范传强、何耀，2006），这里的这四个指数分别上升了 19.5%、36.2%、41.0% 和 51.3%；同时，贫困人口内部的收入分配也有所恶化，据王祖祥等人的计算，1995 年中国农村贫困人口的收入基尼系数为 0.1712，相比之下，这里的贫困人口收入基尼系数提高 14.6%。当然，该项研究的数据基础是不同的，我们还不能肯定这些上升比例就是中国农村贫困程度深化的精确定量反映。不过，从王祖祥等人对 1995 ~ 2004 年农村贫困程度变化趋势的研究看，其结果也表明农村贫困的程度有在波动中提高的趋势。

第三，农村收入贫困对贫困线的变化有一定的敏感性。各种指数都随着贫困线的提高而增长（见表 10 - 5）。比较起来，多数指数对 2 美元收入线的敏感性最突出。如果不考虑 2 美元及以上贫困线，则贫困距、贫困差率和 Sen 指数对低收入线比较敏感，表明贫困线提高之后，较多的新增贫困人口集中在 1 美元线附近；而贫困深度指数、贫困强度指数和 R 指数对 1 美元线更敏感一些，表明收入处于贫困线与 1 美元线之间的贫困人口比处于从 1 美元线到低收入线的贫困人口脱贫更难一些。当然，贫困线以下的贫困人口的贫困深度和强度都是最大的，脱贫难度也最大。概括地说，扶贫工作首先要关注这一部分贫困人口，同时还要充分注意收入介于贫困线与 1 美元线之间的贫困人口。

表 10 - 5　基于贫困线变化的农村贫困程度指数的变化指数

指　标	1 美元线	低收入线		2 美元线		收入均值一半	
	贫困线=100	贫困线=100	1 美元线=100	贫困线=100	低收入线=100	贫困线=100	2 美元线=100
贫困标准	121.5	138.2	113.7	243.0	176.0	334.3	137.5
贫困户头发生率(%)	140.8	160.6	114.0	400.0	249.1	587.3	146.8
贫困人口发生率(%)	136.4	159.1	116.7	367.0	230.7	525.0	143.0
贫困人口收入基尼系数	102.0	103.7	101.6	115.5	111.4	127.3	110.2
贫困距(元)	124.5	156.3	125.6	294.3	188.3	431.0	146.4
贫困差率	102.4	113.1	110.4	121.1	107.1	128.9	106.5
Sen 指数	143.5	174.0	121.3	463.7	266.5	723.3	156.0
贫困深度指数(FGT$_1$)	145.1	183.5	126.5	485.2	264.4	760.3	156.7
贫困强度指数(FGT$_2$)	147.5	189.0	128.2	529.7	280.3	876.3	165.4
R 指数	177.4	224.8	126.7	606.8	269.9	970.7	160.0
扶贫力度(亿元)	169.7	248.7	146.6	1080.5	434.4	2263.0	209.4

最后，我们注意到，扶贫力度要求在提高（如果与王祖祥等人的研究结果相比），但在适当的贫困线下，其要求还是国家所能承担的。例如，采用官方贫困线，2005 年只要追加 150.2 亿元即可使得收入处于该线以下的贫困人口实现脱贫；采用日收入 1 美元线，则需要追加 254.9 亿元。事实上，进入 21 世纪以后，中国投入农村的扶贫资金每年都在 300 亿元以上，只是由于其中大多数未能直接到达贫困人口手上，贫困人口脱贫才显得越来越难（柳拯、郭洪泉、朱勋克，2005）。当然，使用 2 美元及以上贫困线给中国农村反贫困提出了几乎是不可能的任务。所以，虽然近年来不断有人呼吁采用 2 美元的国际贫困线，但从政府能力角度看，这实际上是难以承受的。

3. 城镇贫困人口的贫困程度

日收入或消费 1 美元作为贫困线无疑对城镇住户没有意义，以城镇住户人均收入的一半作为贫困线则可能过高，因此我们在分析城镇贫困人口的贫困程度时，将不考虑这两条贫困线。表 10 - 6 是根据各种指数对城镇贫困人口的贫困程度进行分析计算的结果。

表 10 - 6　城镇住户人口贫困程度分析

指　　标	2 美元线	低保线	困难户收入线	相对贫困线
标准值	<1660 元	<1860 元	<2496 元	<3033 元
贫困户头发生率（%）	8.8	11.2	10.3	16.0
贫困人口发生率（%）	11.4	14.1	13.0	19.7
城镇贫困人口（万人）	6408	7926	7307	11073
贫困人口收入基尼系数	0.2000	0.2009	0.2802	0.2857
贫困距（元）	596	662	1231	1437
贫困差率	0.3591	0.3558	0.4910	0.4715
Sen 指数	0.0429	0.0543	0.0653	0.0996
贫困深度指数（FGT_1）	0.0318	0.0397	0.0507	0.0753
贫困强度指数（FGT_2）	0.0161	0.0201	0.0286	0.0418
R 指数	0.0218	0.0273	0.0360	0.0532
扶贫力度（亿元）	381.9	524.7	899.5	1583.3

注：本表中的困难户收入线与相对贫困线都是分省并按住户人口规模进行了调整的，因而各省有不同标准，人口规模不同的户也有不同标准，故相关指数的计算不是基于统一贫困线，而是基于调整贫困线。

城镇贫困的程度看来确实比较高，贫困范围大，贫困深度和强度也都比较明显。在全国城镇平均最低生活保障线下的贫困差率为 35.6%，在城镇

5%困难户人均收入线下的贫困差率更是高达49.1%。如以三组城乡对应的贫困线下的各种贫困程度指数进行比较，我们甚至发现，三组对应贫困线下的城镇贫困程度均显著高于农村贫困程度。因此，城镇扶贫力度要求也大大高于农村扶贫力度，即使按2美元线测算，2005年也需要追加381.9亿元的投入才能使该贫困线下的贫困人口脱贫；而如果按本章设定的贫困线测算，则该项投入将需要1583.3亿元，略低于2美元线下的农村扶贫力度需求。最后，分析表明（见表10-7），各贫困程度指数对贫困线的选择都比较敏感，其中敏感性最强的是本章设定的相对贫困线，其次是最低生活保障线，比较贫困线提升幅度与各程度指数的相应增长幅度，就可以看出这一点。这说明，与5%困难户收入线比较，在本章设定的相对贫困线下增加的贫困人口的收入更多地靠近5%困难户收入线；同样，与2美元线比较，在最低生活保障线下增加的贫困人口的收入更多地靠近2美元线。

表10-7　基于贫困线变化的农村贫困程度指数的变化指数

	低保线	5%困难户收入线		本章设定的相对贫困线	
	2美元线=100	2美元线=100	低保线=100	2美元线=100	困难户线=100
标准值	112.0	150.4	134.2	182.7	121.5
贫困户头发生率(%)	127.3	117.0	92.0	181.8	155.3
贫困人口发生率(%)	123.7	114.0	92.2	172.8	151.5
城镇贫困人口(万人)	123.7	114.0	92.2	172.8	151.5
贫困人口收入基尼系数	100.5	140.1	139.5	142.9	102.0
贫困距(元)	111.1	206.5	186.0	241.1	116.7
贫困差率	99.1	136.7	138.0	131.3	96.0
Sen指数	126.6	152.2	120.3	232.2	152.5
贫困深度指数(FGT_1)	124.8	159.4	127.7	236.8	148.5
贫困强度指数(FGT_2)	124.8	177.6	142.3	259.6	146.2
R指数	125.2	165.1	131.9	244.0	147.8
扶贫力度(亿元)	137.4	235.5	171.4	414.6	176.0

4. 城乡持久性贫困人口的贫困程度

如上所述，贫困人口中的持久性贫困问题特别值得关注，因为这种分类综合考虑了他们的收入与消费状况，更能反映他们的贫困生活实际。这就有必要集中分析一下城乡持久性贫困人口的贫困程度。在这里，对农村，我们将分别考察国定贫困线、国际通行的 1 美元线与国定低收入线下的持久性贫困；对城镇，则将分别考察对应的城镇平均最低生活保障线、城镇 5% 困难户收入线和本章设定的城镇相对贫困线下的持久性贫困，分析结果见表10 − 8。

表 10 − 8　城乡持久性贫困人口的贫困程度分析

	农村			城镇		
	贫困线	1 美元线	低收入线	低保线	困难户收入线	相对贫困线
贫困户头发生率(%)	1.72	2.74	3.6	4.68	4.02	7.88
贫困人口发生率(%)	2.62	3.73	4.95	6.26	5.53	10.15
农村贫困人口(万人)	1953	2780	3690	3519	3109	5706
贫困人口收入基尼系数	0.1781	0.2221	0.2195	0.2066	0.2835	0.2930
贫困距(元)	255	316	383	723	1329	1579
贫困差率	0.3734	0.3807	0.4057	0.3892	0.5121	0.4992
Sen 指数	0.0083	0.0142	0.0193	0.0241	0.0360	0.0509
贫困深度指数(FGT_1)	0.0064	0.0104	0.0148	0.0182	0.0206	0.0393
贫困强度指数(FGT_2)	0.0035	0.0057	0.0082	0.0095	0.0118	0.0226
R 指数	0.0045	0.0074	0.0104	0.0126	0.0148	0.0281
扶贫力度(亿元)	49.8	87.8	141.3	254.4	413.2	901.0

从农村来看，三种贫困线下的持久性贫困人口的贫困程度，与表10 − 4 所显示的相比，相对轻一些，也就是说，那些暂时性贫困人口的当期收入所体现出来的"贫困"程度可能要高一些；但如果结合消费来考察，则他们的贫困问题也不是那么难以解决。进而言之，如果国家扶贫工作的重点对象是持久性贫困人口，那么只要能够切实提高扶贫工作的瞄准程度，解决贫困可能也不是那么困难的事情。例如，如果以国定农村低收入线作为贫困线，解决按照该标准识别出来的持久性贫困人口的贫困问题，就 2005 年而言，所需追加的投入为 141.3 亿元，低于按 683 元贫困线识别的全部贫困人口脱贫所需追加投入量。还要注意到，三种贫困线下的贫困人口收入分配形势是，国定贫困线下的持久性贫困人口的收入分配基尼系数小于全部贫困人口的收入分配基尼系数，而 1 美元线和国定低收入线下贫困人口的收入分配基

尼系数则大于相应的全部贫困人口收入分配基尼系数。这表明在这两种贫困线下，贫困人口的收入分配格局是，一部分人的收入靠近贫困线，更多人的收入距离贫困线较远，这也是在这两种贫困线下的持久性贫困人口脱贫难度更大一些的原因所在。

从城镇来看，情形也大体相同。三种贫困线下的持久性贫困人口的贫困程度，显著低于全部贫困人口的贫困程度，而且他们的收入分配基尼系数也大于相应的全部贫困人口收入分配基尼系数。与对应的农村贫困线下持久性贫困人口的贫困程度相比，城镇持久性贫困人口的贫困程度也更高一些，脱贫难度更大一些。例如，按照城镇平均最低生活保障线测算，城镇持久性贫困人口的扶贫力度需求是 254.4 亿元，是农村国定贫困线下持久性贫困人口扶贫力度需求的 5.11 倍。

四　城乡贫困人口的特征与贫困影响因素

对城乡贫困人口特征的描述，大抵可以从两个方面进行，一是贫困人口的分布特征，包括他们的地区分布以及阶层分布状况；二是贫困人口自身的社会经济特征。为了更好地了解这些特征的特殊性，还需要对贫困人口与非贫困人口进行比较。由于我们更倾向于使用比官方确定的最低限度贫困线高一些的贫困线——大多数研究者也认为官方制定的这些最低限度的贫困线不能很好地反映中国城乡贫困的实际状况，我们的分析对象，在农村是处于低收入线以下的贫困人口，在城镇是处于本章设定的相对贫困线以下的贫困人口。

1. 农村贫困的主要特征

在分析农村收入贫困的地区与阶层分布特征时，这里仅仅考虑贫困户的人头比例。另外，还将同时分析三种类型贫困人口的分布状况，从而也把消费贫困问题加以综合考察。分析结果见表 10-8，在表中，N 表示的是某一类别被调查者家庭人口数。本章提及的贫困人口发生率，都是以被调查者家庭人口合计作为计算基础的。

从表 10-9 看，就农村收入贫困人口的地区分布而言，一个明显趋势是，东部农村收入贫困人口比例很小，不到 6%；西部农村收入贫困人口比例非常大，超过 1/4；中部贫困人口比重居中，接近 1/7。这大体反映了经济社会发展水平对农村人口是否陷入贫困的影响力，或者可以初步得出结论说，经济社会发展是有助于减少贫困的（但并不意味着经济发展可以消灭贫困）。

表 10-9 农村贫困人口的地区与阶层分布

单位：%

	收入贫困人口		三种类型贫困人口分布			
	比例	N	选择性贫困	暂时性贫困	持久性贫困	N
东部	5.5	4413	1.1	4.1	1.4	4290
中部	13.7	5631	3.2	6.6	5.8	5404
西部	25.4	3403	4.2	17.2	8.3	3379
农村干部	12.5	80	8.8	12.5	0	80
企业经营管理人员	0	33	0	0	0	33
私营企业主	0	65	0	0	0	57
专业技术人员	8.3	121	3.3	0	8.3	121
办事人员	0	166	0	0	0	163
个体工商户	5.8	1030	1.0	3.4	1.6	994
商业服务业员工	3.2	1230	1.0	1.9	1.1	1189
产业工人	4.0	224	0	2.2	1.8	223
农业劳动者	16.8	10412	3.3	10.3	6.0	10136
无业失业半失业人员	0	85	0	0	0	85

在社会职业阶层方面，分析基于被调查者个人的职业阶层地位，因此，这只是农村贫困人口的阶层分布的一种粗略描述。不过，考虑到农户职业相对简单一些，例如，在全部 13446 名农村住户人口中，从事农业的占了 77.4%，从事非农职业的占 21.9%，因而，对农村地区而言，被调查者本人的职业地位能够在较大程度上代表其家庭的社会地位。另外，对于被调查者中的在校学生的社会阶层地位，这里以其父亲在调查时的职业阶层来代表。从表 10-9 看，办事人员以上职业阶层的被调查者中，陷入收入贫困状态的较少。当然，由于他们的人数较少，这里的结果并不一定具有普遍意义。个体工商户、商业服务业员工和农业劳动者三个阶层被调查者的家庭人数较多。其中，商业服务业员工阶层被调查者的家庭人口处于低收入线以下贫困状态的比重不算大，而且多数是暂时性贫困。个体工商户阶层被调查者的家庭人口中贫困人口比重接近 6%，但也同样以暂时性贫困为主。农业劳动者阶层被调查者的家庭人口

贫困面就相当大了，处于国定低收入线以下的收入贫困人口发生率高达16.8%，虽然其中也以暂时性贫困为主（占61.3%），但属于持久性贫困的也超过1/3，占这个阶层被调查者的家庭人口总数的6%以上。有意思的是，在农村无业失业半失业被调查者中，竟然不存在任何形式的贫困，这可能是因为他们的家庭中有其他就业人员获得足够使他们摆脱贫困的收入。当然，我们还不能由此断定，失业不是人们陷入贫困的影响因素，因为在其他阶层被调查者的家庭劳动力中，可能有无业失业半失业人员。

除了地区、阶层分布上的这些特征外，农村贫困人口还有其他一些特征。表10-10从被调查者的性别、年龄、婚姻状况、受教育程度、政治面貌、宗教信仰这六个方面考察了其中的贫困者的特征，并与非贫困者进行比较（在分析不同类型贫困时，这里没有包括选择性贫困，它与收入贫困不相干）。从表10-10的分析结果可以得到以下发现。①总的来看，性别与被调查者是否处于收入贫困状态基本无关，与收入方面的非贫困被调查者的性别构成相比，收入贫困者的性别构成没有什么差异。但是，在综合收入与消费进行考察时，持久性贫困被调查者中的女性所占比例却明显低于非贫困者中的女性比例。考虑到在全部被调查者中女性占53.7%，这样，在持久性贫困者中女性比例低了10.3个百分点，相应地，持久性贫困者中的男性比例将比其在全部样本中所占比例高出10个多百分点。总之，从本次调查结果来看，农村女性总体上似乎并非比男性更容易陷入贫困，而在持久性贫困中反倒是男性更容易陷入贫困。②年龄在收入贫困被调查者与非贫困被调查者之间的分布有一些差异，前者的平均年龄比后者高了3.6岁，而在持久性贫困被调查者与非贫困被调查者中，前者的平均年龄比后者高4.1岁。看来，年龄大是一个不利因素，这样的被调查者更容易陷入贫困。③受教育程度低看来也是一个不利因素，收入贫困被调查者的平均上学年限比非贫困被调查者低1.7年，持久性贫困被调查者的上学年数也低1.6年。④婚姻状况对持久性贫困被调查者的影响要大一些，其中已婚者比例比非贫困者中的相应比例低9个百分点。⑤中共党员比例显示出一些差异，不过由于党员的比例本来就不高，我们还难以据此断定，没有入党的人更容易陷入贫困。⑥是否信仰宗教，与人们是否陷入贫困的关系看来也不是很大。

表 10 - 10　农村收入贫困被调查者的人口—社会特征与比较

	全部相关样本	非收入贫困者	收入贫困者	贫　困　类　型		
				选择性贫困	暂时性贫困	持久性贫困
女性比例(%)	52.8	52.8	52.2	52.6	56.3	43.4
平均年龄(岁)	45.4	45.0	48.6	45.0	48.3	49.1
平均上学年数(年)	5.4	5.6	3.9	5.6	3.8	4.0
已婚者比例(%)	87.8	88.1	85.4	88.1	88.5	79.1
中共党员比例(%)	5.2	5.5	2.4	5.7	1.5	3.1
宗教信仰者比例(%)	15.0	14.9	16.0	14.4	16.7	16.1

2. 城镇贫困的主要特征

以与上面相同的方式，我们基于本章设定并根据分省情况和家庭人口规模进行调整的城镇居民收入相对贫困线，对城镇贫困的主要特征进行了分析。表 10 - 11 反映的是城镇贫困的地区、城市级别与社会阶层分布状况。

表 10 - 11　城镇贫困人口的地区与阶层分布

单位：%

	收入贫困人口		三种类型贫困人口比例			
	比例	N	选择性贫困	暂时性贫困	持久性贫困	N
东部	19.0	4455	7.4	7.2	11.5	4342
中部	16.7	3758	4.8	9.3	7.4	3721
西部	24.7	2698	4.5	12.7	11.8	2669
城市	10.9	4652	4.4	5.4	5.4	4576
县镇	26.2	6294	6.8	12.1	13.7	6192
国家与社会管理者	7.7	208	5.5	0	8.0	200
企业经营管理人员	3.4	237	2.5	1.3	2.1	237
私营企业主	3.5	145	1.4	0	3.5	145
专业技术人员	6.1	987	4.6	2.7	3.1	964
办事人员	5.1	1226	4.9	2.6	2.4	1204
个体工商户	20.4	1267	7.0	9.0	11.7	1252
商业服务业员工	16.8	2026	6.5	8.9	8.0	1995
产业工人	16.5	1257	6.8	6.9	9.3	1241
农业劳动者	42.1	1410	4.5	17.4	24.1	1379
无业失业半失业人员	27.6	2183	6.4	15.2	12.0	2150

从地区分布来看，不考虑消费情况时的收入贫困人口发生率，呈现出西部最高、东部次之而中部最低的趋势，这与经济发展水平对于减少贫困的作用假设不一致。实际上，对这种分布特征的解释，还是应当到地区收入分配模式差异中去寻找。在本书第四章，我们已经指出，三大地区收入分配差距的基本格局是，西部最大，东部次之，而中部相对最小。因此，这也进一步表明，经济发展必须与合理的收入分配相结合，才能产生较好的减贫效果。

贫困发生率在地级市及以上城市与县级市及以下城镇之间的分布也有显著差异。从收入贫困来看，县镇人口贫困发生率是城市贫困人口发生率的2.4倍强；从综合了消费状况的三种贫困类型来看，县镇人口的选择性贫困、暂时性贫困和持久性贫困的发生率分别是城市的1.55倍、2.24倍和2.54倍。这意味着城镇的减贫工作重点应当放在县镇一级。

在阶层分布方面，首先我们注意到，每一个阶层都存在一定比例的贫困人口；其次，不同阶层的贫困人口发生率是非常不同的。总的格局仍然是，办事人员以上阶层被调查者的家庭人口贫困发生率普遍较低，企业经营管理人员和私营企业主两个阶层尤其如此，其他阶层的家庭人口贫困发生率普遍较高。从持久性贫困来看，企业经营管理人员、私营企业主、专业技术人员和办事人员中的家庭人口贫困发生率都不大，但国家与社会管理者的家庭人口持久性贫困比例则似乎有点偏高。在个体工商户以下的五个阶层中，家庭人口贫困发生率都达到两位数的水平。即使在考虑消费状况时划分出来的持久性贫困中，这些阶层的家庭人口贫困发生率也非常高。这当然与我们使用的贫困线有关，由于我们是以居住社区作为划分城乡的基础，而不是考虑职业问题，所以，在农村住户中，那些除农业劳动者以外的职业阶层的收入水平，无疑将远远高出农村国定低收入线。另外，我们同样看到，在这里的城镇住户中还有不少农业劳动者，其实他们大多数是城市郊区或建制镇所在地农民，刚刚因为"村改居"而成为"城镇居民"，但实际上还在从事农业生产活动，他们的收入水平按本章设定的城镇相对贫困线去衡量当然会是很低的了；然而随着"村改居"的深化，这些"城居农民"的土地越来越少，而其生活消费则日益进入城镇居民范畴，因此把他们当作城镇居民对待还是有理由的。另外，在个体工商户中，家庭人口贫困发生率之高仅次于农业劳动者中的相应发生率。实际上，在被划分为个体工商户阶层的被调查者中，大多数都是从事简单小买卖的自雇者，他们的收入并没有保障，很容易陷入贫困。

接下来，我们再以被调查者（3244 人）的个人特征为基础来分析其中贫困者的特征。由于当前中国城镇居民中既有从农村农业转移到城市非农业的农民工家庭，也有不少城中村类型的社区，还有刚刚实现"村改居"以及相关居民尚未实现职业和身份转移的"城居农民"，因此，我们将在分析中增加户籍类型作为分析对象。表 10 - 12 是分析的结果，从中可以得到以下初步发现。①在城镇被调查户中，女性似乎不再像在农村住户中那样拥有相对于男性的优势，她们陷入贫困的比例要略高于她们在全部相关样本中所占比例。例如，在收入贫困以及综合消费状况的暂时性贫困与持久性贫困中，女性的比例比全部样本和非贫困样本中的相应比例高出3.1~3.5 个百分点。②在年龄方面，贫困人口的平均年龄高于非贫困人口的平均年龄，这可能也同样意味着年龄大是一个不利因素。③受教育程度表现出一定的差异，贫困人口的平均上学年数低于全部相关被调查者的平均上学年数，也低于非贫困的被调查者的平均上学年数。其中，处于持久性贫困状态的被调查者的平均上学年数最低，仅相当于全部相关样本被调查者平均上学年数的67.4%，相当于非贫困的被调查者平均上学年数的63.9%。④婚姻状况与被调查者是否陷入贫困没有关系。⑤中共党员的比例，在贫困的被调查者中明显要低一些。收入贫困的被调查者中的党员比例分别相当于全部相关被调查者和非贫困的被调查者中党员比例的43.9%与40%，而持久性贫困者中党员比例也仅相当于考虑消费状况时非贫困者中党员比例的41.4%。⑥宗教信仰者在贫困的被调查者中所占比例也高于他们在全部相关样本以及非贫困的被调查者中所占比例。当然，不能认为他们信仰某种宗教是他们更多地陷入贫困的原因，实际情况可能刚好相反，他们是因为生活状况不好而投身宗教。⑦最后，不少进城的农业户籍者明显不成比例地陷入贫困状态：在3244 名城镇住户被调查者中农业户籍者占 16.8%，而在收入贫困的被调查者中，他们占了 28.0%，比前者高出 2/3；而在综合考虑消费状况的贫困类型划分中，农业户籍的被调查者在持久性贫困的被调查者中所占比例更是比其在非贫困的被调查者中所占比例高出 1 倍以上。

3. 城乡贫困影响因素分析

关于贫困的成因，从前面的理论回顾看，概括地说，可以从家庭的人力资本、物质资本和社会资本三个方面去考察。所谓人力资本，一般包括家庭人口数、劳动力数、劳动力的平均年龄和受教育水平以及劳动力的体质状况，有的研究则用户主的年龄和受教育程度作为主要人力资本变量；所谓物

表 10 – 12　城镇收入贫困被调查者的人口—社会特征与比较

	全部相关样本	非收入贫困者	收入贫困者	贫困类型		
				选择性贫困	暂时性贫困	持久性贫困
女性比例(%)	54.5	54.0	57.1	53.9	57.1	57.4
平均年龄(岁)	45.4	43.8	45.4	42.2	44.4	46.7
平均上学年数(年)	9.2	9.7	6.6	9.8	7.1	6.2
已婚者比例(%)	82.9	82.7	83.6	83.1	84.9	83.3
中共党员比例(%)	13.2	14.5	5.8	15.0	13.1	6.0
宗教信仰者比例(%)	11.5	10.9	14.7	10.6	5.6	16.3
农业户籍者比例(%)	16.8	14.6	28.0	14.1	26.2	29.5

质资本，则主要是指家庭拥有的生产性资源和资产，例如农户的土地与农业机械拥有量，城乡住户的非农产业生产性资产以及金融资产等（李实，2004）；而所谓社会资本，实际上可以理解为家庭在一定的社会关系结构中所处的地位，例如，家庭劳动力的就业或失业状况、家庭所在地区的特征、家庭的社会支持网络、家庭成员享有的政治—经济—社会权利（如社会保障状况、入党状况等），以及其他与社会制度相关的地位特征（如户籍地位等）。由于主题的限制，本次调查对被调查者的家庭信息的收集不够系统，但仍然可以通过各种替代变量来获得相关信息。

基于上述理论上的考虑，我们构造了下面的半对数回归分析模型，分别对城乡贫困的影响因素进行分析。

$$Logistic(Y) = a + \beta_i X_h + \beta_j X_c + \beta_k X_s$$

式中，Y 是一个关于贫困的二分变量，贫困 = 1，非贫困 = 0。

X_h 是一组与家庭人力资本状况相关的变量，即家庭人口数、家庭主要劳动力受教育年限。家庭有上学人口以及家庭劳动力体质状况对家庭人力资本具有重要影响，在进行回归分析时理应将其纳入模型。本次调查虽未收集直接有关信息，但调查了家庭教育支出和医疗支出，故我们分别把人均教育支出比重和医疗支出比重作为替代变量纳入模型。另外，一般认为，家庭主要劳动力的年龄和性别结构或者户主的年龄与性别对家庭的经济社会发展有一定影响，但本次调查未收集相关数据，我们不能确知家庭劳动力的年龄和性别结构，并且缺乏户主信息，也无法做到以户主的年龄和性别来替代，只能付诸阙如。

X_c 是一组与家庭物质资本相关的变量，主要是家庭人均生产性资产和人均金融资产。本次调查未收集农户占有土地的数据，对这里的分析来说是一个遗憾。

X_s 是一组与家庭社会资本相关的变量，其中大多数是虚拟变量。一是家庭居住地区虚拟变量，以西部为 0，东部和中部分别为 1；另外，对城镇住户而言，还有一个城镇等级虚拟变量，以县镇为 0，城市为 1。二是家庭主要劳动力就业状况，以有失业劳动力的住户为 1，无失业劳动力的住户为 0。三是关于家庭政治地位的虚拟变量，以家庭成员中是否有党员作为指标，有党员为 1，无党员为 0。四是关于家庭社会经济地位的虚拟变量，包括三个结构性—制度性变量。①家庭社会职业阶层地位变量，当被调查者是一人户时，即以被调查者本人的阶层地位为准；当被调查者未婚时，将以其本人与其父母（对于未婚者）中职业阶层地位最高者为代表；当被调查者已婚时，则将以其本人与其配偶中职业阶层地位最高者为代表。考虑到若干职业阶层人数较少，而且前面的分析表明，在是否陷入贫困的问题上，办事人员及以上阶层与个体工商户及以下职业阶层分别具有相同的趋势，我们将把前者合并为一个职业阶层地位变量，命名为中上职业阶层，属于该阶层集合的为 1，不属于该集合的为 0；把个体工商户及以下非农职业阶层合并为一个职业阶层集合，命名为中下非农职业阶层，属于该集合的为 1，不属于该集合的为 0；农业劳动者单独成为一个阶层作为对照组。至于无业失业半失业阶层，由于已经设置一个就业—失业虚拟变量，这里就不再考虑。②户籍虚拟变量，以农业户籍为 0，非农业户籍为 1，该变量主要适用于城镇贫困影响因素分析。③社会保障虚拟变量。由于本次调查未收集家庭全部成员的社会保障参与情况，这里姑且以被调查者的参保情况作为替代。五是有关社会支持网络的变量，这是一组主观变量，包括被调查者对三类社会支持系统的支持力度的评价。最后，我们还将把有关公平问题的几个变量纳入模型，作为从一个方面测量社会排斥的影响的主观变量（关于这些变量的说明，参见本书第三章）。值得注意的是，在社会资本相关变量中，除了地区变量外，其他变量大体都可以作为社会排斥的测量指标来理解。

先对农村贫困的影响因素进行分析（贫困标准为国定低收入线），相关结果如表 10-13 所示。从表中可以看到，首先，地区对农村贫困的影响是非常突出的。相对于西部地区农村住户，东部地区和中部地区分别可使农户陷入贫困的概率降低 56.8% 与 45.3%。其次，就家庭人力资本状况而言，家庭成员是否有疾病未产生显著影响，而家庭有学龄子女（由教育支出表示）则可以降低其陷入贫困的概率（边际影响度为 -1.3%），这些结果与一般预期不符；家庭主要劳动力的平均上学年数同样具有降低农户陷入贫困的概率的作用，其边际影响度达到 -11.6%（即平均上学年数每增加一年，家庭陷入贫困的概率降低 11.6%）。然而，家庭人口数则具有显著增加贫困风险的影响，其边际影响度达到 39.2%。第三，在家庭物质资本方面，从显著度看，三个变量都是有影响的，但其中家庭人均生产经营固定资产的影响程度微乎其微，可以忽略不计；人均生产经营流动资产和人均金融资产则具有降低贫困风险的作用，其边际影响度都相当大，前者为 -63.9%，后者为 -69.2%。这实际上意味着，增加农户的现金收入形成流动资产和金融资产，是降低农户贫困风险的重要因素。第四，从户籍身份到医疗报销水平这 10 个标志人们社会结构性地位和制度性地位的变量来看，只与家庭主要成员的最高职业阶层地位相关的两个虚拟变量产生了统计上显著的影响，相对于农业劳动者而言，家庭主要成员的最高阶层地位处于中上阶层的，其陷入贫困的概率将降低 91.3%；而处于中下阶层的，其贫困风险亦将降低 62.5%。即使失业或无业，也未能产生显著影响。最后，旨在间接测量农村被调查者的社会排斥感的六个变量，无一产生统计上显著的影响。当然，如果我们放宽统计显著性要求（例如 10%），则可以看到，机会与财富分配公平感是有影响的，贫困人群的公平感更低一些。

表 10 - 13　农村贫困影响因素分析

	B	S. E.	Wald	df	Sig.	Exp(B)
Constant	-0.965	0.463	4.346	1	0.037	0.381
东部	-0.839	0.216	15.136	1	0.000	0.432
中部	-0.603	0.155	15.175	1	0.000	0.547
家庭人口数(人)	0.331	0.040	66.760	1	0.000	1.392
家庭主要劳动力平均上学年数	-0.123	0.026	23.025	1	0.000	0.884
家庭人均医疗支出比重(%)	0.002	0.004	0.189	1	0.664	1.002
家庭人均教育支出比重(%)	-0.013	0.006	5.108	1	0.024	0.987
家庭人均生产经营固定资产(千元)	0.000	0.000	6.872	1	0.009	1.000
家庭人均生产经营流动资产(千元)	-1.019	0.501	4.147	1	0.042	0.361
家庭人均金融资产(千元)	-1.177	0.301	15.287	1	0.000	0.308
非农户籍	0.946	1.268	0.557	1	0.455	2.577
家庭成员失业	-0.007	0.683	0.000	1	0.992	0.993

续表

	B	S. E.	Wald	df	Sig.	Exp(B)
家庭成员中有党员	-0.275	0.298	0.848	1	0.357	0.760
家庭主要成员阶层地位:中上	-2.443	1.021	5.731	1	0.017	0.087
家庭主要成员阶层地位:中下	-0.981	0.209	21.986	1	0.000	0.375
被调查者有养老保险	-0.657	0.628	1.093	1	0.296	0.519
被调查者有失业保险	-17.496	0.581	0.000	1	0.998	0.000
被调查者能报销一点医疗费	0.280	0.177	2.511	1	0.113	1.324
被调查者能报销一半以上医疗费	0.299	0.460	0.423	1	0.516	1.349
被调查者能报销70%以上医疗费	-18.145	5.883	0.000	1	0.998	0.000
县乡村干部与当地居民融洽度	-0.002	0.004	0.330	1	0.566	0.998
党政组织和工作单位支持度	0.007	0.006	1.413	1	0.235	1.007
诉求型组织支持度	-0.006	0.007	0.868	1	0.351	0.994
私人网络支持度	-0.005	0.004	2.068	1	0.150	0.995
机会与财富公平感	-0.008	0.005	3.469	1	0.063	0.992
公民权利制度安排公平感	0.005	0.005	1.268	1	0.260	1.005
模型总结	-2 Log likelihood = 1402.066; Cox & Snell R^2 = 0.138; Nagelkerke R^2 = 0.278; N = 2623					

表10-14则是基于本章设定相对贫困线对城镇贫困影响因素进行logistic回归分析的结果。观察该表，可以得出以下主要发现。首先，从地区变量看，相对于西部，东部没有影响，而中部则能够降低住户的贫困风险（相对影响度达到 -39.9%），这与前面的分析是一致的。而城镇级别则具有显著影响，相对于县镇，城市住户的贫困风险将会降低27.6%。

表10-14　城镇贫困的影响因素 logistic 回归分析

	B	S. E.	Wald	df	Sig.	Exp(B)
Constant	0.321	0.712	0.204	1	0.652	1.379
东部	0.183	0.204	0.806	1	0.369	1.201
中部	-0.510	0.193	7.011	1	0.008	0.601
城市	-0.322	0.177	3.308	1	0.069	0.724
家庭人口数	0.406	0.049	68.780	1	0.000	1.500
家庭主要劳动力平均上学年数	-0.144	0.026	29.860	1	0.000	0.866
家庭人均医疗支出比重(%)	0.016	0.005	11.155	1	0.001	1.016
家庭人均教育支出比重(%)	0.012	0.005	6.607	1	0.010	1.013
家庭人均生产经营固定资产(千元)	0.000	0.000	3.786	1	0.052	1.000
家庭人均生产经营流动资产(千元)	-0.208	0.139	2.228	1	0.136	0.813

续表

	B	S. E.	Wald	df	Sig.	Exp(B)
家庭人均金融资产(千元)	-0.184	0.054	11.769	1	0.001	0.832
非农户籍	-0.036	0.211	0.029	1	0.864	0.964
家庭成员失业	0.661	0.180	13.495	1	0.000	1.938
家庭成员中有党员	-0.514	0.238	4.643	1	0.031	0.598
家庭主要成员阶层地位:中上	-1.208	0.292	17.185	1	0.000	0.299
家庭主要成员阶层地位:中下	-0.588	0.218	7.287	1	0.007	0.555
被调查者有养老保险	-0.866	0.208	17.266	1	0.000	0.420
被调查者能报销一点医疗费	-0.239	0.223	1.150	1	0.284	0.787
被调查者能报销一半以上医疗费	-0.549	0.363	2.284	1	0.131	0.577
被调查者能报销70%以上医疗费	-0.802	0.374	4.611	1	0.032	0.448
县乡村干部与当地居民融洽度	0.001	0.005	0.028	1	0.868	1.001
党政组织和工作单位支持度	0.014	0.007	3.671	1	0.055	1.014
诉求型组织支持度	-0.010	0.008	1.563	1	0.211	0.990
私人网络支持度	-0.012	0.004	9.085	1	0.003	0.988
致富:政策偏向与制度缺陷	-0.004	0.003	1.349	1	0.245	0.996
致富:人力资本	-0.005	0.003	3.268	1	0.071	0.995
致富:社会资本	-0.005	0.002	3.810	1	0.051	0.995
机会与财富公平感	-0.010	0.005	3.147	1	0.076	0.990
公民权利制度安排公平感	0.001	0.006	0.062	1	0.803	1.001
总体公平感:不大公平	0.171	0.382	0.200	1	0.655	1.186
总体公平感:比较公平	0.209	0.390	0.286	1	0.593	1.232
总体公平感:很公平	0.606	0.596	1.033	1	0.309	1.833
模型总结	-2 Log likelihood = 177.313;Cox & Snell R^2 = 0.222;Nagelkerke R^2 = 0.402;N = 2297					

其次,从家庭人力资本状况看,家庭主要劳动力平均上学年数能够降低贫困风险,而家庭人口数、家庭人均教育支出和家庭人均医疗支出则都会增加这种风险,这就与它们对农村贫困的影响有所差异。

第三,从城镇住户的物质资本方面看,唯一有统计上显著影响的是人均金融资产,其边际影响度达到 -16.8%。

第四,从户籍身份到医疗报销水平这10个标志人们社会结构性地位和制度性地位的变量,影响各不相同。户籍在表10-14的模型中未能产生影响,但这可能与数据结构有关。例如,当我们把人均金融资产纳入模型时,农村户籍的贫困户样本只有121个,而在城镇住户中,拥有农村户籍的样本145个,有24个农村户籍样本未能进入模型。失业则成为一个突出的影响因素，家庭主要劳动力中有失业的，其贫困风险将会增加 93.8%。以家庭主要成员中有无中共党员表示的家庭政治地位，以及以家庭主要劳动力的最高阶层代表的家庭阶层地位，都产生了显著影响。家中有党员的，其贫困风险将降低 40.2%；家庭阶层地位越高，其贫困风险则相对越低：相对于农业劳动者，中上阶层家庭的贫困风险将降低约 70%，中下阶层家庭的这一风险将降低 44.5%。在保障地位方面，失业保险由于既无显著影响反倒降低模型解释力而被删除；养老保险的作用则比较突出，相对于没有这一保险的被调查者，其家庭陷入贫困的可能性将降低 58%；医疗保险总的来讲能够降低贫困风险，但其影响在统计上显著的只有医疗费报销 70% 这一虚拟变量，相对于完全自理者，该变量可以使贫困风险降低 55.2%。

第五，在各种可以间接反映社会排斥问题的各主观变量中，私人网络支持度的影响最突出，被调查者对其评价的指数每增加 1 个百分点，其家庭的贫困风险可以降低 1.2%。如果将显著度要求放松到 10%，那么，党政组织和工作单位支持度与贫困风险的增加相伴随，但这不能被理解为该项支持导致了贫困，而应当认为正是贫困者在困难时更多地得到了该项支持；社会资本和人力资本对先富者致富的影响度以及机会和财富分配公平感则都产生了降低贫困风险的作用，它们的边际影响度分别为 −0.5%、−0.5% 与 −1%，换句话说，贫困者的人力资本和社会资本更少，得到的机会也更少。

五　结论和讨论

以上我们从多个方面对城乡贫困群体进行了描述和分析，总结起来，可以得到以下几个概括性结论，其中不少属于本次调查研究的新发现。

首先，从调查数据看，现阶段中国城乡的贫困面都比较大，城市贫困面尤其显得大一些。

其次，无论使用何种贫困线进行分析，城镇贫困程度都显得比农村更大，城镇贫困人口脱贫的难度和扶贫力度要求相应也更大。

第三，农村贫困的地区分布趋势是，东部贫困面最小，中部次之，西部最大；而城镇贫困的分布则以西部最多，东部次之，中部最少。值得注意的是，就农村贫困而言，西部的贫困面过大，接近 1/4；中部贫困面也相当可观，接近 1/7；而东部农村贫困面就比较小，仅为 5%。就城镇贫困而言，三大地区的贫困面都不可小视，但西部城镇贫困仍然需要特别予以关注。

第四，对于城镇贫困来说，城市与县镇的贫困面显示出巨大差异。县镇贫困人口发生率，尤其是持久性贫困人口发生率，都远远高于城市。这就意味着，城镇反贫困的重心应当在县镇而不是城市。尤其是，城市的持久性贫困发生率仅为5.4%，而县镇持久性贫困人口发生率高达13.7%。

第五，通过对贫困人口的特征分析，可以看到，性别问题在农村可能并不突出，亦即女性贫困问题在当下的中国农村情境中还不是一个突出问题。在城镇，女性贫困也许可以说是初露端倪，但也不是非常明显。这与一些研究的发现不同（例如，国家农调总队，2005）。说到底，中国的贫困问题主要还是家庭问题，而不是个人问题。

第六，城乡贫困都具有社会结构性特征以及一些制度性特征。包括农业劳动者在内的中下阶层的贫困风险，远远大于办事人员以上的中上阶层的相应风险。在城镇，失业问题是重要的贫困影响因素；如果能够改进数据质量，那么，户籍因素的影响也会突出出来。实际上，前面的分析已经表明，在城镇贫困人口中，拥有农业户籍的贫困人口发生率远高于他们在城镇常住人口中的比例。在社会保障方面，农村的相关问题尚不显著，因为农民中获得如养老保险、失业保险和医疗保险的人非常之少，不足以对人们是否面临贫困风险造成影响。但在城镇，至少养老保障已经产生了突出影响，贫困人口得到养老保障的更少；另外，医疗保险产生的影响，贫困人口得到报销70%以上医疗费的机会少得多。

第七，在各种能够间接反映社会排斥问题的因素方面，城乡贫困的一个比较相似的问题是，贫困人口在机会获得方面普遍处于劣势。这体现在一般意义上的机会分配公平感以及（在城镇）致富影响因素的评价上，也体现在贫困者入党特别少这样一个问题上。对于城镇来说，贫困者对社会网络尤其私人关系网络在其困难时提供的支持度的评价明显较低。因此，大概可以说，在结构、制度和社会生活网络等方面，贫困人口确实面临社会排斥问题，尽管这种排斥并不是全面的，例如，党政组织和工作单位在某种程度上并未漠视贫困者的困难。

基于上述结论，这里需要进一步讨论的问题是，中国下一步反贫困工作的重点究竟是什么？人们曾经认为，经济发展即使不是减贫的唯一路径，也是最主要的路径（康晓光，2002）。但目前更多人倾向于认为，经济增长与分配对于反贫困都是重要的（胡兵，2007）。本章的分析也表明，首先，经济增长是减少贫困的重要因素，例如，农村贫困发生率表现出从东部到西部降低的趋势。其次，解决好分配问题现在已经显得特别重要。贫困的阶层差异，以及城镇贫困中东部城镇贫困面甚至大于中部地区，都是分配不平等导致贫困增加的重要证据。第三，我们还要指出，减少各种制度性和社会性的排斥，增加贫困人口的社会参与，同样是反贫困的基础性任务。第四，反贫困投入的合理使用，可以更好地发挥其反贫困的作用。至少，前面基于最低贫困线的分析表明，其扶贫力度要求并不是特别高，与国家已经投入的资源相比，解决贫困并不是非常困难的问题。重要的是，要更好地识别贫困，反贫困时才能更好地瞄准贫困（李小云等，2005）。在这方面，持久性贫困应当成为今后反贫困工作的主要对象。

第十一章
利益矛盾和冲突

近几年来，贫富差距问题，买房贵、上学贵、看病贵等新民生问题，就业问题，社会保障问题一直成为公众关注的焦点；由土地征用、住房拆迁、下岗安置、社保救助、劳动纠纷等引发的上访和群体性事件增多。据历年中国统计年鉴，全国刑事案件立案数由 1995 年的 1621003 件增至 2005 年的 4648401 件，增长了 1.87 倍；劳动争议受理案件数也由 1996 年的 47951 件上升至 260471 件，增长了 4.43 倍。

社会转型中出现的社会群体的利益分化，以及社会成员间的利益格局和利益关系的明显改变，是当前中国社会矛盾和社会冲突的主要原因。面对普遍存在的社会利益矛盾和冲突，公众是如何认知的？影响他们社会冲突意识的机制是什么？对社会利益矛盾和冲突的感受是否会影响到人们对社会和谐稳定形势的判断？这些问题都是本章分析的主要内容。

一 利益冲突认知及其影响因素

调查结果显示，对社会群体之间利益冲突的现实感知和对利益冲突未来趋势的判断有明显关联，二者的 Somers'd 定序相关系数为 0.526（见表 11 - 1）。从表 11 - 1 和图 11 - 1 可以看出，越是认为当前社会群体之间利益冲突严重的人，越是认为未来利益冲突激化的可能性会增强。认为社会群体间存在严重或较大利益冲突的人，分别有 83.23% 和 76.63% 认为未来社会群体利益冲突会激化；而认为社会群体间利益冲突不大或不存在的人，对未来利益冲突激化的判断则大幅度下降，分别只有 40.9% 和 8.6%。由此可见，人们对未来社会冲突的判断，很大程度上是现实利益冲突感知的延伸。

表 11－1 利益冲突的现实感知和未来趋势判断的交互分析

单位：%

		社会群体间利益冲突的未来趋势判断						
		绝对会激化	可能会激化	不大可能激化	绝对不会激化	说不清	行百分比总计	人数
社会群体间利益冲突的现实感知	有严重冲突	43.60	39.63	8.23	2.47	6.08	100.00	339
	有较大冲突	9.33	67.30	15.35	1.11	6.91	100.00	1285
	有一点冲突	1.79	39.12	43.41	4.69	11.00	100.00	3172
	没有冲突	1.67	6.93	41.93	36.21	13.26	100.00	1149
	说不清	0.71	5.00	5.55	2.05	86.68	100.00	1118
	总计	4.98	33.63	30.39	8.64	22.36	100.00	7063

$X^2 = 6476.9$, sig $= 0.000$; Somers'd $= 0.526$, sig $= 0.000$

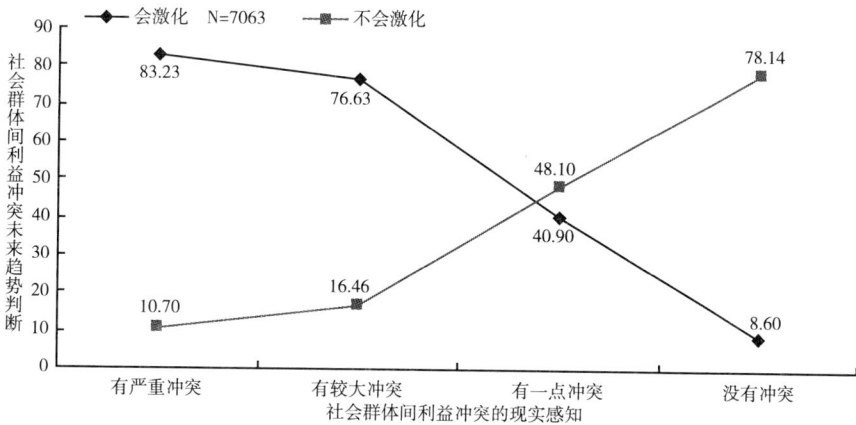

图 11－1 利益冲突的现实感知和未来趋势判断的关联（%）

从表 11－1 和图 11－1 中还可以看出，公众对社会群体利益冲突未来形势的判断是较为严重的。即使是现实没有感受到社会利益冲突，或感受到"有一点"社会冲突的人，也分别有 8.6% 和 40.9% 的比例认为未来社会利益冲突可能或绝对激化；反之，现实感受到有较大或严重社会利益冲突的人中，认为未来不大和绝对不可能激化的人数的比例分别只有 16.46% 和 10.7%。因此，在公众眼中，社会群体间的利益关系，存在着恶化的趋势。

公众对社会群体之间利益冲突的现实感知和对利益冲突未来趋势的判

断，有着明显的群体差异。下面我们从公众的个人特征、客观阶层属性、主观地位认同、生活状况变化感受、社会冲突经历状况几个方面进行分析（见表 11 – 2）。

表 11 – 2   利益冲突意识和未来趋势判断的个人特征影响因素

单位：%

	社会群体间利益冲突的现实感知				社会群体间利益冲突的未来判断			
	冲突大	冲突小	不清楚	样本量	可能激化	不会激化	不清楚	样本量
男	24.29	63.02	12.69	3543	40.57	40.98	18.45	3543
女	21.68	59.34	18.98	3519	36.63	37.07	26.30	3518
18 ~ 29 岁	26.21	63.11	10.67	1422	45.02	38.43	16.56	1421
30 ~ 39 岁	24.27	60.61	15.11	2035	40.71	38.83	20.45	2034
40 ~ 49 岁	21.50	62.96	15.53	1609	38.32	40.12	21.56	1610
50 ~ 59 岁	19.72	60.30	19.98	1254	32.78	38.24	28.98	1253
60 ~ 69 岁	22.08	56.67	21.26	742	31.03	39.68	29.29	741
初中及以下	17.96	63.49	18.56	5147	33.77	40.65	25.57	5147
高中、中专	31.77	57.91	10.32	1237	47.30	37.27	15.44	1236
大专及以上	45.27	49.68	5.05	672	59.58	29.85	10.58	673
300 元以下	17.41	64.23	18.36	2060	31.75	42.56	25.70	2059
301 ~ 500	19.67	64.50	15.83	822	36.09	41.06	22.85	823
501 ~ 800	21.19	64.04	14.76	717	42.18	37.76	20.06	718
801 ~ 1200	25.10	63.80	11.10	741	44.85	37.89	17.26	741
1201 ~ 2000	32.50	59.38	8.11	504	47.89	37.66	14.46	504
2000 元以上	38.54	52.49	8.97	324	53.49	32.88	13.63	323

注：此表中各列联分析均经过 X^2 检验，显著性水平均小于 0.001。

1. 个人特征的影响

从性别特征来看，无论在社会群体间利益冲突的感知还是未来趋势判断方面，男性公众都比女性更为强烈。男性中有 24.29% 的人认为当前社会群体间的利益冲突较大或严重，有 40.57% 的人认为未来社会群体间的利益冲突可能激化，而女性的相应比例分别为 21.68% 和 36.63%。

不同年龄组公众的社会利益冲突意识有明显差别。年纪越轻，对社会利益冲突的感知和判断也就越为强烈。如 18～29 岁组的人中有 26.21% 认为社会群体利益冲突较大，有 45.02% 的人认为利益冲突将会激化，但在高龄的 60～69 岁组中，相应比例则分别低了约 4 个百分点和 14 个百分点。

教育程度也对社会利益冲突意识有显著影响。教育程度越高，对社会群体间利益冲突的现实感知和未来激化趋势的判断也就越为强烈。初中及以下教育程度的公众中，认为社会利益冲突较大的比例不到 18%，而在大专及以上文化程度的人中，这一比例大幅上升到 45.27%，认为社会群体利益冲突会激化的比例甚至逼近 60%！

收入水平和社会利益冲突意识呈现明显的正向关系。随着收入水平的逐级上升，对社会利益冲突的现实感知和未来激化趋势的判断也在上升。在月收入为 300～800 元区间的公众中，认为社会利益冲突较大的比例大约在 17%～21% 之间，但在 1200～2000 元以上区间，相应比例增加到 32%～39% 之间；对社会群体间利益冲突未来激化趋势的判断，也呈现同样的态势。

综上所述，我们可以大致勾画出具有较强社会利益冲突意识的人群特征：年轻、受过中等以上教育、收入偏高。

2. 客观阶层属性的影响

如果把公众划分为 10 个阶层，调查结果显示，各社会阶层对社会群体利益冲突的感知，按照感知的强烈程度从高到低可划分为四级：第一级是经理人员、专业技术人员、办事人员三个阶层，他们认为存在较大社会利益冲突的比例在 37%～42% 之间，高于整体比例至少 15 个百分点；第二级为国家及社会管理者、商业服务业员工、无业失业半失业者、个体户四个阶层，相应比例在 26%～31% 之间；第三级是工人和私营企业主，相应比例分别为 23.98% 和 22.35%；第四级是农业劳动者，其社会利益冲突的感知最低，仅为 16.32%。各社会阶层对社会群体利益冲突激化的趋势判断，也可划分为从高到低的四级：第一级为经理人员、专业技术人员、办事人员，认为社会群体利益冲突可能激化的比例在 52%～55% 之间；第二级为商业服务业员工、国家及社会管理者、工人和个体户，相应比例在 40%～48% 之间；第三级为农业劳动者，比例为 31.3%；第四级为私营企业主，其比例仅为 23.88%，低于整体平均水平约 15 个百分点。

表 11 - 3   不同社会阶层的利益冲突意识和未来趋势判断的比较

单位：%

	社会群体间利益冲突的现实感知				社会群体间利益冲突的未来判断			
	冲突大	冲突小	不清楚	样本量	可能激化	不会激化	不清楚	样本量
国家和社会管理者	30.48	67.71	1.81	69	43.06	51.06	5.87	69
经理人员	41.45	54.04	4.51	65	52.31	40.02	7.67	65
私营企业主	22.35	65.95	11.70	30	23.88	54.82	21.30	29
专业技术人员	37.50	54.21	8.29	334	54.87	31.89	13.24	333
办事人员	37.49	55.75	6.75	379	52.77	36.35	10.88	379
个体户	26.53	60.98	12.49	596	40.43	39.71	19.86	596
商业服务业劳动者	28.91	59.69	11.40	470	47.80	32.69	19.52	471
工人	23.98	61.43	14.59	952	42.44	37.09	20.47	952
农业劳动者	16.32	63.59	20.09	3416	31.30	41.44	27.26	3416
无业失业半失业者	27.43	56.81	15.76	613	43.39	36.76	19.85	613
总　体	22.67	61.28	16.04	6924	38.40	39.09	22.52	6923

注：此表中各列联分析均经过 X^2 检验，显著性水平均小于 0.001。

如果将不同阶层群体在社会群体利益感知和激化趋势判断两方面的位序结合起来，可以更加明显地看出社会利益冲突意识的阶层图谱。专业技术人员、经理人员和办事人员阶层有着高度的社会利益冲突的现实感知以及未来激化趋势判断，他们构成社会群体利益冲突意识最强的队列，这些阶层有着明显的"白领"特征，这和我们在个人特征中所得到的结果相呼应；国家与社会管理者、商业服务业人员、无业失业半失业人员、个体户和工人，在现实感知和未来激化趋势判断上居于中等强度位置；私营企业主和农民在上述两个方面都处于低位（见图 11 - 2）。

3. 主观阶层认同的影响

以往关于市民社会冲突感知和阶级意识的研究曾经发现，人们的主观阶层认同是影响自身社会冲突意识的因素之一，自我认同为"社会底层"的人们往往有着更强烈的社会冲突意识（李培林、张翼、赵延东、梁栋，2005）。在我们此次的全国城乡调查中，发现就城乡居民整体而言，主观阶层认同为"上"和"中上"的群体，有着最强的社会冲突意识（见表11 - 4）。在主观认同中认为自己处于上和中上地位的人中，有 28.17% 认为社会群体间有较大的利益冲突，有 44.48% 认为社会群体间的利益冲突可能激化，均比整体平均水平高出 5 个多百分点。其次是主观认同为下层的人，其

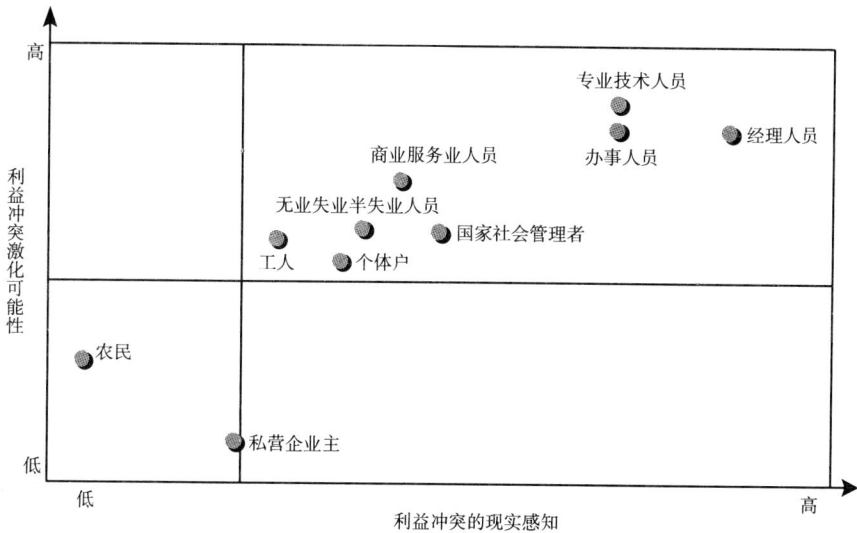

**图 11 - 2　不同社会阶层对利益冲突感知和未来激化
趋势判断的位置图谱**

社会群体利益冲突意识也高于整体平均水平，但相差不大，只有约1~2个
百分点。主观认同为中和中下层的人，其社会群体利益冲突意识最低。

表 11 - 4　主观阶层认同与利益冲突意识的交互分析

单位：%

社会经济地位的主观认同	社会群体间利益冲突的现实感知				社会群体间利益冲突的未来判断			
	冲突大	冲突小	不清楚	样本量	可能激化	不会激化	不清楚	样本量
上和中上	28.17	62.26	9.57	415	44.48	44.17	11.35	415
中	21.08	64.79	14.13	2794	38.48	39.99	21.53	2793
中下	22.68	60.22	17.10	2057	37.32	39.75	22.93	2058
下	25.24	57.25	17.51	1728	39.44	36.12	24.44	1728
总　　体	23.00	61.43	15.57	6994	38.73	39.21	22.06	6994

注：在调查中主观阶层认同中回答"上"的人数过少，仅有35人，因此归并为"上和中上"；
此表中各列联分析均经过 X^2 检验，显著性水平均小于0.001。

　　但进一步的分析表明，在主观阶层认同和利益冲突感知之间，存在着较
大的城乡差异。从表 11 - 5 可以看出，在城镇居民中，和前述以往研究中的

发现相同，主观认同的下层的确有着最强的社会群体利益冲突意识；在农村居民中却恰恰相反，自我认同于中上层的群体社会群体利益冲突意识最强。

表 11 - 5　主观阶层认同与利益冲突意识的交互分析

单位：%

社会经济地位的主观认同		社会群体间利益冲突的现实感知				社会群体间利益冲突的未来判断			
		冲突大	冲突小	不清楚	样本量	可能激化	不会激化	不清楚	样本量
城镇	上和中上	32.90	59.01	8.09	164	50.95	40.97	8.08	164
	中	28.66	62.14	9.20	1165	43.85	40.09	16.07	1165
	中下	29.55	58.90	11.56	938	43.88	38.67	17.45	939
	下	34.54	51.24	14.22	785	48.20	32.34	19.46	785
	总　体	30.67	58.17	11.15	3052	45.36	37.71	16.93	3053
乡村	上和中上	25.07	64.40	10.54	250	40.22	46.27	13.50	251
	中	15.66	66.69	17.65	1628	34.63	39.92	25.44	1628
	中下	16.92	61.33	21.75	1118	31.81	40.66	27.53	1119
	下	17.51	62.25	20.25	943	32.16	39.26	28.57	945
	总　体	17.06	63.96	18.99	3939	33.60	40.38	26.03	3943

注：此表中各列联分析均经过 X^2 检验，显著性水平均小于 0.001。

4. 生活变迁的影响

个人生活状况的变迁对社会群体利益冲突意识也有显著影响。调查数据显示，那些近五年来生活状况有所下降的人（包括略有下降和下降很多），对社会群体利益冲突的感受更加明显，也更加认为利益冲突有激化的趋势（见表 11 -6）。

5. 社会冲突经历的影响

在调查中我们设计了 12 种个人生活中的社会纠纷和冲突情况，向公众询问了他们近年来遇到过的情况。调查结果显示，在任何一类社会纠纷和冲突中，凡是有过亲身经历的人，在利益冲突感知和利益冲突激化趋势的判断方面都表现得更为强烈。为了简要起见，我们在表 11 -7 中计算了四种不同等级的经历者（亲身经历过、听周围人谈论过、从新闻媒体上接触过、从来没有接触过）的利益冲突意识的平均百分比。结果表明，在 12 种社会纠纷和冲突中有过亲身经历的人，有 33.23% 认为社会群体间利益冲突较大，

表 11 - 6　生活变迁与利益冲突意识的交互分析

单位：%

五年来的生活变化	社会群体间利益冲突的现实感知				社会群体间利益冲突的未来判断			
	冲突大	冲突小	不清楚	样本量	可能激化	不会激化	不清楚	样本量
上升很多	25.14	60.23	14.63	683	38.88	40.78	20.33	682
略有上升	20.89	63.77	15.33	3793	37.06	40.22	22.72	3793
没有变化	22.73	59.48	17.79	1561	36.96	38.77	24.27	1561
略有下降	29.20	57.12	13.67	636	46.63	35.39	17.99	635
下降很多	31.93	53.45	14.61	350	48.59	32.71	18.70	349
不好说	18.77	30.61	50.62	40	30.54	19.21	50.25	40
总体	22.99	61.18	15.82	7063	38.61	39.03	22.36	7060

注：此表中各列联分析均经过 X^2 检验，显著性水平均小于 0.001。

表 11 - 7　不同社会冲突经历者的利益冲突意识的比较分析

单位：%

社会冲突经历状况	社会群体间利益冲突的现实感知			社会群体间利益冲突的未来判断		
	冲突大	冲突小	不清楚	可能激化	不会激化	不清楚
亲身经历过	33.23	54.59	12.18	50.59	31.15	18.26
听周围人谈论过	28.74	58.36	12.91	44.65	36.56	18.79
从新闻媒体上接触过	24.97	63.49	11.54	41.61	41.09	17.30
从来没有接触过	16.04	62.46	21.50	30.44	40.44	29.12
平均	22.99	61.18	15.82	38.61	39.03	22.36

注：此表是根据 12 项社会冲突事件中各类经历状况与利益冲突意识的列联表综合而成，由于每类社会冲突事件经历者的人数不一，因此无法进行统计检验，特加以说明。

高出整体平均百分比近 11 个百分点；有过间接经历的人（听周围人谈论过自己的亲身经历），相应的百分比低于亲身经历者，为 28.74%，也高于整体的平均百分比近 6 个百分点；仅在新闻媒体上得知 12 种社会纠纷或冲突的，相应的百分比为 24.97%；从不知晓这些社会纠纷和冲突的人，只有 16.04% 认为社会群体间利益冲突较大。公众对社会群体间利益冲突未来激化趋势的判断，也有着同样的趋势。这一结果说明，公众对于社会纠纷和冲突的亲身感受越深，社会利益冲突意识也就愈为强烈；人们生活中社会冲突的体验，很大程度上塑就了他们的社会冲突意识。

通过对上述社会利益冲突意识的群体差异分析，可以看出，公众的社会利益冲突意识实际上是社会认知的产物。它和认知者的社会视野有关：那些受过较多教育、具有白领特征的社会成员，有着较高的社会期望和较宽的社会视野，对社会利益冲突也就越为敏感；它和认知者的个人境遇有关：那些在生活中遭遇到社会纠纷和冲突的人，那些个人生活水平有下降趋势的人，大多会产生相对剥夺感，从而强化他们的社会冲突意识；它和认知者的社会关系地位有关：那些在社会生产和社会管理中处于支配地位的群体，往往会"淡化"社会利益冲突的表述。

二 利益冲突意识影响因素的多元回归分析

我们在前面描述了当前公众的社会群体利益冲突意识的基本特征，并且逐个分析了不同社会群体在利益冲突意识方面的差异。但要全面分析那些影响社会群体利益冲突意识形成的诸因素，并比较它们的"净影响力"，还需借助更为综合、高级的统计分析方法。为此，我们将公众对社会群体利益冲突的现实感知和未来趋势的判断合并成"社会群体利益冲突意识"变量，以此作为因变量；将作为自变量的影响因素分为以下五个大类：个人基本特征（性别、年龄、受教育程度、收入）、社会阶层地位（客观阶层地位和主观地位认同）、社会态度（对政府的满意度、社会公平感）、个人境遇（生活状况变化、社会冲突的经历程度）、地域（区域及地区类型），采用多元回归的方法进行了统计分析（见表 11-8）。

在个人特征中，受教育程度是主要影响因素，在其他因素被控制的条件下，教育程度越高（在回归方程中即受教育年数的增加），冲突感知越强；男性的群体利益冲突感知弱于女性，这一点在城镇居民中更为明显；年龄对冲突意识的影响不明显；总体看来，收入对冲突意识的影响作用不大，但对城镇居民而言，收入越低，则冲突意识越强。

在社会阶层地位因素中，无论是客观阶层归属还是主观阶层认同，对群体利益冲突的感知的影响都不显著（显著度均大于 0.10）。这和以前的同类研究中曾经发现主观的阶层地位认同是社会冲突意识的影响因素之一的结果不太一致。但进一步分析发现，主观地位认同对群体利益冲突感知的影响不

表 11 - 8　利益冲突意识影响因素的多元回归分析

	总　　体		城镇居民		农村居民	
	回归系数	标准回归系数	回归系数	标准回归系数	回归系数	标准回归系数
常数	4.294**	—	3.681**	—	4.494**	—
性别(参照 = 女性)	-0.131**	-0.047	-0.203**	-0.072	-0.056	-0.021
年龄	-0.003	-0.022	0.002	0.014	-0.005	-0.044
教育年数	0.025**	0.077	0.041**	0.117	0.010	0.027
个人月收入	0.000	0.024	0.000**	0.086	0.000	-0.003
区域(参照 = 西部)						
东部	-0.085	-0.030	-0.173	-0.062	-0.018	-0.006
中部	-0.206**	-0.073	-0.165	-0.058	-0.197**	-0.073
地区类型(参照 = 农村)						
大中城市	0.286**	0.089	0.370	0.135	—	—
小城镇	-0.130	-0.039	0.035	0.013	-0.189	-0.026
阶层(参照 = 无业失业阶层)						
国家和社会管理者	-0.076	-0.007	-0.297	-0.031	0.159	0.012
经理人员	0.274	0.023	0.101	0.012	1.350	0.062
私营企业主	-0.164	-0.008	-0.126	-0.008	-1.238	-0.032
专业技术人员	0.222	0.041	0.240	0.060	-0.349	-0.034
办事人员	0.055	0.011	0.009	0.003	0.309	0.031
个体户	0.019	0.004	-0.033	-0.009	0.045	0.010
商业服务业员工	-0.056	-0.012	-0.040	-0.011	-0.012	-0.001
工人	-0.061	-0.017	—	—	-0.171	-0.039
农民	—	—	-0.139	-0.027	—	—
主观社会经济地位认同	0.021	0.014	0.110**	0.070	-0.031	-0.021
政府的满意度	-0.060**	-0.223	-0.073**	-0.254	-0.052**	-0.206
社会公平感	-0.020**	-0.088	-0.014	-0.061	-0.023**	-0.105
五年来生活变化	0.075**	0.048	0.048	0.032	0.096**	0.061
社会冲突的经历程度	0.029**	0.142	0.035**	0.147	0.025**	0.118
R^2	0.191		0.223		0.140	

　　注：社会群体利益冲突意识为 0 ~ 6 分的尺度，分数越大表示冲突意识越强。因此此表中非标准和标准回归系数的正值，表明该变量的增长导致冲突意识的上升；反之，回归系数的负值表示变量的增长导致冲突意识的下降。

　　** 表示回归系数的显著性水平小于 0.05。

明显，其实是城乡居民合计后，差异被掩盖的结果。主观地位认同对社会冲突意识的影响模式，在城乡居民之间颇为不同。城镇居民中，越是认为自己的社会经济地位属于下层，越是有强烈的社会冲突意识；而农村居民中主观的地位认同对社会冲突意识不产生明显的作用。

在社会态度中，政府的满意度由一组对地方政府 10 个方面的工作的满意评价组成①，分值越高，表示对政府的满意度越高；社会公平感由公众对当前社会 13 个方面的公平程度的评价组成，分值越高表示公平感越高。② 回归分析表明，对政府的满意度和社会公平感对社会群体冲突意识具有负向的影响作用。即对政府的满意度越高，社会公平感越强，社会群体利益的冲突意识就越弱。

在个人境遇中，个人生活状况变化的度量采用的是询问被访者五年来生活水平变化的程度，社会冲突经历程度是对公众在 12 项社会冲突的卷入程度的综合测量，分值越高，表示经历的社会冲突越多或越为直接。③ 回归分析的结果显示，社会冲突经历程度对公众的社会群体冲突意识的影响极为显著，即社会冲突经历越多、越为直接的人，会愈加感受到社会群体间的利益冲突及激化可能性。生活水平变化对社会群体利益冲突意识也存在一定影响，那些近年来生活水准有所下降的人们，更易感受到社会群体间的冲突性。

在前面的分析中已经发现，公众在社会群体的利益冲突感知和未来趋势判断上都有着明显的地域差异。但和其他个人层面的因素不同，地域属于宏观层面的背景要素，它本身不能直接塑就公众的社会冲突意识，而是体现了不同地域间经济和社会生活的环境差异。因此在回归分析中，我们将地域作为有助于比较分析的控制变量纳入。地域因素分为两类，一为按经济社会发展水平划分的东部、中部和西部，一为按城乡关系划分的大中城市、小城镇

---

① 这 10 个方面是医疗卫生服务、社会保障和救助、义务教育、环境保护、科技发展与推广、树立良好社会风气、维护社会治安、依法办事、发展经济、实现社会公正。

② 这 13 个方面是财富及收入的分配、财政和税收政策、工作与就业机会、每个人的发展机会、高考制度、提拔干部、公共医疗、义务教育、实际享有的政治权利、司法与执法、不同地区或行业之间的待遇、城乡之间的待遇、养老等社会保障待遇。

③ 调查中我们设计了 12 种公众可能经历到的社会冲突（详细内容见本章第四节），并分别询问了是亲身经历（自己经历过）、间接经历（周围人经历过）、媒体经历（只是从媒体上得知）还是从未经历四种不同的经历程度。对于上述四种经历程度分别赋值为 3、2、1、0，而后汇总得出 12 种社会冲突的经历程度总分。

和农村，并将此两类变量处理为虚拟变量。统计结果显示，和中部相比，东部与西部的居民对社会群体间利益冲突的感知更强；和小城镇和农村居民相比，大中城市的居民对社会群体间利益冲突的感知更强。这一结果和东部与西部居民、大中城市居民社会冲突的经历程度较高有明显关系。

　　综合以上的分析，我们可以根据标准回归系数的大小，给出社会群体冲突意识影响因素的"净影响力"顺序：对政府的满意度（标准回归系数为 -0.223）、社会冲突的经历程度（标准回归系数为 0.142）、社会公平感（标准回归系数为 -0.088）、教育程度（标准回归系数为 0.077）和生活水平变化程度（标准回归系数为 0.048）。

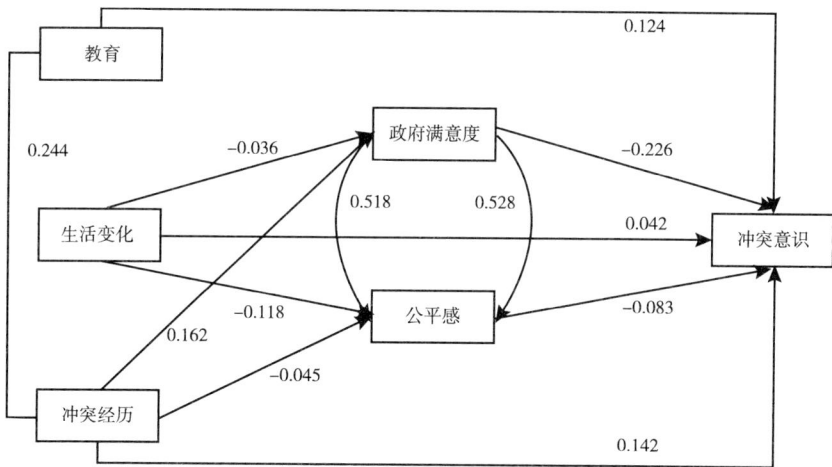

图 11 - 3　影响社会冲突意识因素的路径分析

　　上述这些主要的影响因素，既包括个人特征，也包含和社会冲突相关的个人经历和社会态度，那么这些因素对社会冲突意识影响的逻辑关系是怎样的呢？通过路径分析，我们可以看出，个人的受教育程度和个人境遇，是影响公众社会冲突意识形成的根本性因素（见图 11 - 3）。其中，教育不仅直接影响社会冲突意识（直接效应系数为 0.124），而且还影响了人们的社会冲突经历程度。换言之，那些受教育程度较高的公众，对身边发生的或者是大众传媒传播的社会冲突事件更为敏感，从而有着更高的卷入程度。教育程度对社会冲突经历程度的影响，一方面间接地作用于人们的社会冲突意识，另一方面又传递到对政府的满意度和社会公平感，再次间接地影响了人们的社会冲突意识。在个人境遇因素中，社会冲突经历程度一方面受教育程度影响，另一方面也直接影响着社会冲突意识（直接效应系数为 0.142），同时也通过对政府满意度和社会公平感的影响，间接作用于社会冲突意识。个人生活状况的变化也同样如此，对社会冲突意识产生着直接和间接的（通过政府满意度和社会公平感的传递）影响力。

至此，我们可以对塑就人们社会冲突意识的因素做这样的表述：教育开阔着人们对于社会冲突现象感知的视野，提升着人们对于社会利益冲突的敏感度；人们对社会冲突事件的经历，则成为社会冲突感知的现实经验来源；生活水平下降带来的相对剥夺感，则引发了人们的心理失衡和对社会的不公平感。

三 社会群体间的利益分化和冲突

既然公众普遍认为当前社会存在着社会群体间的利益分化与冲突，那么在现实中人们对这种利益差异和利益矛盾的判断集中在什么问题上呢？在调查中我们采用了两组问题，其一是考察公众对获益群体的判断，其二是考察不同社会群体间利益分化与冲突的可能性。

1. 公众对获益群体的感知

调查中我们从职业阶层等级中选出了八类职业群体，向公众询问"近10 年来哪个群体获得的利益最多"。表 11 - 9 的结果表明，近 70% 的公众认为，国家干部是近年来受益最多的群体；其次为演艺人员和私营企业主，认为他们是受益最多的群体的比例分别为 53.71% 和 52.13%；再次为国有/集体企业经营管理者（47.98%）、专业技术人员（44.11%）。上述获益群体的排序，恰恰体现了权力、经济、文化这几类社会资源在当前中国社会分层中的重要次序。公众对不同社会群体获益感知的比例甚为悬殊，正反映了近年来社会群体间利益差异不断扩大的态势。

公众对获益群体的感知也存在群体间的差异，其中最为明显的是不同社会阶层对获益群体的排列有较大差异。从表 11 - 10 可以看出以下几个特点：第一，处于较高和中层社会阶层的群体（如国家和社会管理者、经理人员、私营企业主、专业技术人员、办事人员）都把演艺人员排在获益群体的首位，把国家干部排在第二位（国家和社会管理者阶层除外）；而处于较低社会阶层地位的个体户、商业服务业劳动者、工人、农业劳动者、无业失业半失业者，则把国家干部排在第一位，演艺人员排在第二位（农业劳动者除

表 11 – 9 公众对近年来获益最多的职业群体的感知

单位：%

近 10 年来获益 最多的群体	人数	百分比	近 10 年来获益 最多的群体	人数	百分比
国家干部	4931	69.84	工人	203	2.88
演艺人员	3792	53.71	农民工	115	1.62
私营企业主	3681	52.13	其他	64	0.91
国有、集体企业经营管理者	3388	47.98	说不清	941	13.33
专业技术人员	3114	44.11	总人数	7061	
农民	253	3.59			

注：此题为多选题，其百分比是选择某项的人数占总人数的比例，因此百分比总和会大于100%。

外）。这说明下层群体中更多感受到的是权力等级和自身群体间的利益分化。第二，部分阶层倾向于降低自身群体的获益程度。比如尽管公众将国家干部排为最大的获益群体，但国家和社会管理者阶层的人，却把自己排为第三（53.34%），比全体公众的比例 69.95% 低了 16 多个百分点；私营企业主阶层认为自身是获益最多群体的比例也比整体低了 5 个百分点；专业技术人员中认为自身是最大获益群体的比例为 27.76%，而整体的相应比例为43.95%，也相差甚远。虽然公众认为工人、农民是获益者群体的比例甚低，但工人、农业劳动者阶层中也出现了对自身获益状况评价更低的现象。这种状况体现的是一种社会群体的"相对剥夺感"。

2. 公众对不同分组群体间利益差距和冲突的感知

在调查中我们设计了七对社会群体，即穷人与富人、干部与群众、城里人与乡下人、雇主与雇员、管理者与被管理者、高学历者与低学历者、体力劳动者与脑力劳动者，分别考察由贫富分化、劳资矛盾、干群矛盾、城乡差别、脑体差别等因素造成的社会群体间的利益分化和冲突。统计结果表明（见表 11 – 11），对社会群体间差异的感知，有 50.68% 的公众认为"穷人与富人之间"的差异最大，其次为干部与群众之间（17.46%）、城里人与乡下人之间（9.55%）和体力劳动者与脑力劳动者之间（7.07%）。这说明社会的贫富分化现象已成为普遍的社会共识，干群之间、城乡之间、脑体之间的利益分化也成为公众关注的焦点。公众对群体间矛盾冲突的感知和群体

表11-10 不同社会阶层对获益最多的社会群体的感知

单位：%

认为10年来获益最多的群体	被访者的社会阶层										
	总体	国家和社会管理者	经理	私营业主	专业技术人员	办事人员	个体户	商业服务业劳动者	工人	农业劳动者	无业失业半失业者
国家干部	69.95 (1)	53.34 (3)	66.88 (2)	62.16 (2)	61.28 (2)	65.30 (2)	72.30 (1)	73.31 (1)	71.99 (1)	69.31 (1)	75.73 (1)
演艺人员	53.43 (2)	72.52 (1)	69.86 (1)	69.42 (1)	73.27 (1)	68.54 (1)	58.59 (2)	60.02 (2)	57.72 (2)	43.98 (5)	64.58 (2)
私营企业主	52.36 (3)	64.44 (2)	57.62 (3)	47.16 (3)	59.38 (4)	55.99 (3)	43.50 (5)	47.76 (4)	53.62 (3)	53.84 (2)	46.55 (4)
国有集体企业经营管理者	47.89 (4)	42.77 (5)	46.46 (4)	46.53 (4)	59.42 (3)	50.46 (4)	52.30 (3)	50.38 (3)	52.44 (4)	44.13 (4)	48.54 (3)
专业技术人员	43.95 (5)	43.21 (4)	44.13 (5)	41.70 (5)	27.76 (5)	43.47 (5)	49.52 (4)	46.19 (5)	41.93 (5)	45.27 (3)	41.87 (5)
农民	3.53 (6)	5.40 (6)	6.09 (6)	11.40 (6)	4.57 (6)	5.04 (6)	3.57 (6)	2.99 (6)	3.31 (6)	3.11 (7)	4.22 (6)
工人	2.89 (7)	0.0	0.0	2.07 (8)	0.56 (8)	0.48 (8)	1.58 (7)	0.70 (8)	1.76 (7)	4.61 (6)	1.44 (7)
农民工	1.57 (8)	0.0	0.0	2.35 (7)	1.09 (7)	0.78 (7)	1.25 (8)	0.95 (7)	1.56 (8)	1.94 (8)	1.39 (8)
其他	0.89	2.87	0.0	0.0	2.65	0.89	0.72	1.77	0.80	0.70	0.50
说不清	13.52	10.29	2.90	3.79	3.75	5.11	10.16	9.84	8.18	19.20	8.74
人数	6924	69	65	30	334	379	596	470	952	3416	613

注：表内百分比为列百分比，（）内数字是某一社会阶层群体对获益群体的排序。

差异感知有所不同，干群之间的矛盾和冲突上升为第一位（28.26%），其后依次是穷人和富人之间的矛盾冲突（24.02%）、管理者和被管理者之间的矛盾冲突（13.4%）、雇主与雇员之间的矛盾冲突（11.98%）。

表 11 – 11　公众对不同群体之间的差异和矛盾的感知

单位：%

	您认为哪两类人之间的差异最大？	您认为哪两类人之间最容易出现矛盾和冲突？
	N = 7061	N = 7061
穷人与富人之间	50.68	24.02
干部与群众之间	17.46	28.26
城里人与乡下人之间	9.55	5.05
雇主与雇员之间	2.69	11.98
管理者与被管理者之间	3.03	13.40
高学历者与低学历者之间	4.50	2.28
体力劳动者与脑力劳动者之间	7.07	2.11
说不清	5.02	12.90
总　　计	100.00	100.00

比较公众的社会群体差异感知和社会群体冲突感知，可以看出几个有意义的现象。

第一，社会群体差异感知和社会群体冲突感知的强度发生了较大的变化。人们普遍认为贫富之间差距大，但穷人和富人之间并不是最易发生群体冲突的；干群之间的差异排在第二位，但发生冲突的可能性却上升为第一位；人们也认为存在着城乡之间、脑体之间的社会差异，但认为可能引发群体间冲突的可能性都较低；管理者与被管理者之间、雇主与雇员之间，虽然在群体差异上居于较后位置，但发生群体冲突的可能性却上升到 3、4 位。总之，凡是存在着管理与被管理关系的群体，其冲突可能性都上升了，反之，不发生直接的管理与被管理关系的群体间的冲突，可能性都下降了。这一现象可能说明，社会群体差异感知和社会群体冲突感知，其形成有着相互不同的逻辑。前者基于社会群体间各类社会资源占有范围和数量的比较（如收入、财富、教育、权力、地位、机会等等），而后者则来源于公众对社会活动中支配—被支配、管理—被管理的关系张力的体认。

第二，公众对贫富之间差距的感知和冲突可能性的感知有较大反差。这一差距颇有些出乎意料。为什么被认为利益差距分化最大的两个社会群体，它们之间的社会冲突可能性会大幅度下降？除了上述穷人和富人之间的关系不属于直接支配关系，因而冲突可能性较小的解释之外，还有其他原因吗？在分析中我们得到一个极有意义的发现：虽然人们普遍认为贫富差距过大，但对那些"先富群体"致富手段的评价却主要是正面的。如图11-4所示，当问到"目前社会上有一部分人先富起来了，您认为他们致富的原因主要有哪些"，公众认为主要原因还是在于致富者自身的能力和素质——如努力拼搏（68.61%）、致富能力强（61.16%）、教育程度高（48.82%），以及社会关系的运用——如有重要的人际关系（58.44%）、家庭背景好（56.78%）；那些不为法理所接受的致富方式，如贪污腐败或侵吞国有/集体资产、以不正当的手段赚钱等，并不是"先富起来"的主要原因。因此，对于富人群体的整体认可，也是人们认为贫富差距不易导致穷人与富人之间冲突的原因之一。

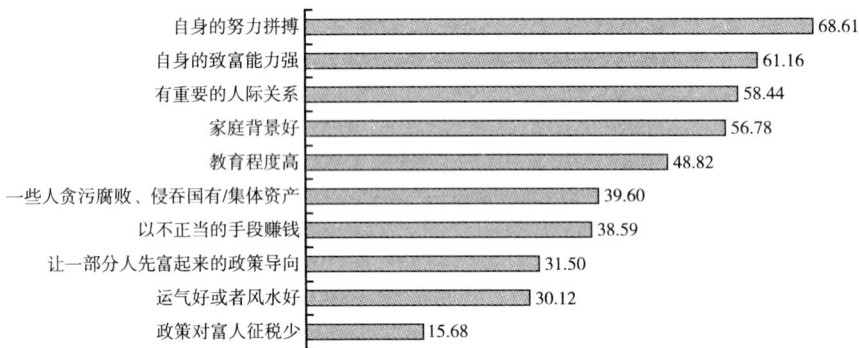

图11-4　公众对先富群体成功因素的归因（%，N=7056）

第三，不同社会群体对群体间的差异和冲突的感知，存在着群体间的明显差异。在调查中我们让公众分别选择他们在上述七对社会群体中的归属（比如，认为自己是属于穷人还是富人，是干部还是群众），而后我们分析比较每一对社会群体的双方是如何感知他们所处的群体之间的差异和冲突的。

如图11-5和图11-6所示，不同组的群体双方的感知有着较大差异。比如，对"你认为哪些群体之间的差异最大"这一问题的回答，自我认同为"富人"的人中有30.07%认为"穷人与富人之间差异最大"，但对立的

哪两类人之间的差异最大？ 群体的自我归属

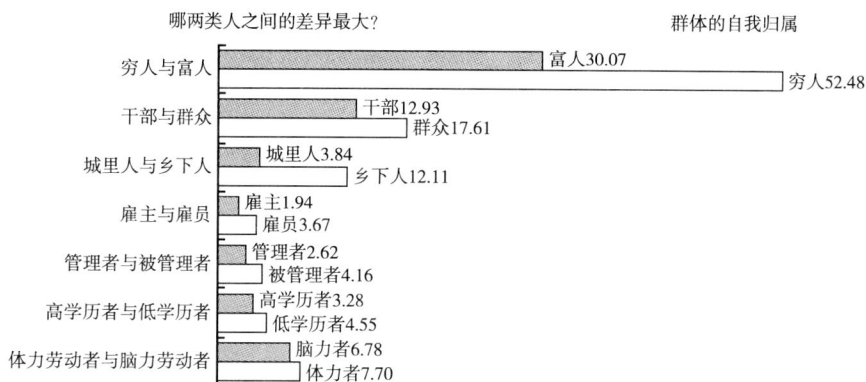

图 11 - 5 不同组社会群体在自身组群体差异认知上的对比 （%）

哪两类人之间最容易
出现矛盾与冲突？ 群体的自我归属

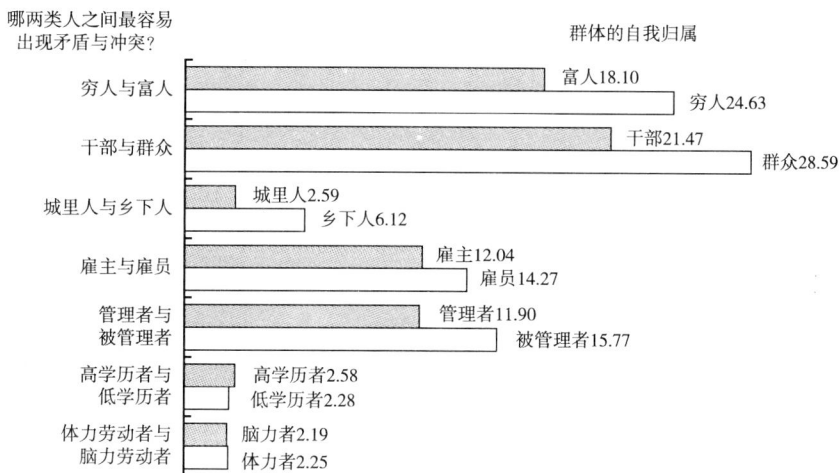

图 11 - 6 不同组社会群体对自身组群体冲突感知的对比 （%）

"穷人"群体中，认为"穷人与富人之间差异最大"的比例为 52.48%，高
出 22 多个百分点。同样，干部中认为"干部与群众之间差异最大"的比例
要更比群众低，城里人中认为"城里人和乡下人之间的差异最大"的比例
也低于乡下人（见图 11 - 5）。对"哪些群体间最容易发生冲突"的回答，
也有同样的特征：自认为"穷人"的人中，有 24.63% 认为"穷人与富人之
间最容易发生冲突"，而"富人"同意此项的百分比则只有 18.10%；自我
认同"群众"的人，有 28.59% 认为"干部与群众之间最容易发生冲突"，
而相对的"干部"群体，同意此项的百分比下降了 7.12，为 21.47%（见

图 11-6）。这种差距存在于每一对对立的群体中，几乎成为一种普遍现象。也就是说，在对立的社会群体中，凡是处于优势或支配地位的一方，总是"淡化"双方的差异和冲突的可能性；反之，处于弱势或被支配地位的一方，总是"强化"群体间的差异和冲突性。这一现象给我们的启示是，社会成员对社会群体间差异和冲突的意识，一定程度上受到自我归属与群体认同的影响。在对立的群体关系中，将自己归为弱势的一方，会有更强的群体冲突感受和不公平感。

四　社会群体利益冲突的事件分析

从前面的分析中我们看到，社会成员对社会利益冲突事件的经历，对社会冲突意识形成有重要影响。因此，有必要对当前公众所经历的社会利益冲突事件的类型、频率和应对机制加以进一步分析。

在本研究中，我们设计了一组 12 个能够较为典型地反映当前社会群体利益冲突的事件，了解公众对这些事件的经历程度、解决办法和对问题解决的认可程度。这些典型事件的设计，主要出于三个角度，其一是能够体现当前的重大社会利益关系，其二是关系民生、为民众所普遍关注的突出社会问题，其三是具有群体间的矛盾和冲突性。从反映重大社会利益关系的角度，我们围绕劳资矛盾设计了"拖欠/克扣工资/超时工作"和"工作环境恶劣，老板/经理管理粗暴"的事件，围绕干群关系设计了"政府有关部门乱收费""司法不公、执法粗暴""贪污腐败、侵占国家集体资产""征地、拆迁、移民及补偿不合理"等题目。从反映公众关注的民生问题的角度，我们设计了"学校乱收费""医患纠纷""下岗失业没得到妥善安置""社会保障纠纷""购房等大额消费中的纠纷"等题目。近年来环境问题日益成为公众的焦点，因此，"环境污染影响居民生活"也成为我们考察的主题。

1. 利益冲突事件的特征描述

在调查中，我们向公众询问了他们近五年来对于上述 12 种社会利益冲突事件的经历情况，这些经历情况分别为"亲身经历过""没有亲身经历但听周围人谈过他们的经历""只从新闻媒介上听/见过""从来不知道"四种不同程度。为了简便起见，我们将之称为"直接经历""间接经历""传媒经历"和"从未经历"。

从表 11-12 的结果可以看出，人们经历的社会利益冲突事件中，直接经历比例较高的是"学校乱收费""环境污染影响居民生活"和"政府部门乱收费"三项，分别为 18.96%、18.44% 和 16.75%，可见这些社会冲突涉及的人群比例还是相当大的；其次为"下岗失业没得到妥善安置"和"拖欠/克扣工资/超时工作"（10.99% 和 10.45%），其余冲突事件的直接经历比例都低于 10%。值得关注的是，尽管这些冲突事件的直接经历高低不等，但在被调查者周边人际中的发生率都相当高，而且保持在一个相对稳定的水平。在上述 12 种事件中，有 11 件的间接经历比例都在 16% ~ 26% 之间。因此，如果考虑到间接经历，则可看出社会利益冲突的事件是相当广泛的。上述冲突事件中，有一半的直接经历 + 间接经历的比例超过了 30%——如有 43.84% 的人亲身经历过或知道身边人经历过"学校乱收费"的事件，有 42.26% 的人亲身经历过或知道身边人经历了"政府部门乱收费"的事件；有 10 件的比例超过 20%（见图 11 - 7）。

当然，和直接经历与间接经历相比，大多数公众对社会冲突事件的接触还是来自大众传媒。在上述 12 种社会冲突事件中，来自直接经历的

表 11 - 12 利益冲突事件的经历状况

单位：%

社会利益冲突事件	直接经历	间接经历	传媒经历	从未经历	人数
学校乱收费	18.96	24.88	24.4	31.76	7061
环境污染影响居民生活	18.44	17.44	31.82	32.3	7061
政府有关部门乱收费	16.75	25.51	25.76	31.99	7061
下岗失业没得到妥善安置	10.99	21.65	27.51	39.85	7061
拖欠/克扣工资/超时工作	10.45	21.42	34.09	34.04	7061
征地拆迁移民及补偿不合理	7.84	22.75	25.89	43.51	7061
司法不公、执法粗暴	5.33	20.7	32.89	41.07	7061
工作环境恶劣,老板/经理管理粗暴	4.21	19.27	33.06	43.46	7061
医患纠纷	3.43	19.5	35.54	41.53	7061
贪污腐败、侵占国家集体资产	3.2	23.75	45.97	27.07	7061
社会保障纠纷	2.82	16.48	30.69	50.02	7061
购房等大额消费中的纠纷	1.61	12.56	28.86	56.97	7061

比例平均为 8.67%，来自间接经历的为 20.49%，而来自大众传媒的则高达 31.37%；有七种事件来自大众传媒的比例甚至高过直接经历与间接经

历的比例总和，其中最为突出的是"贪污腐败、侵占国家集体资产"，其直接经历为 3.2%，间接经历为 23.75%，而传媒经历为 45.97%。

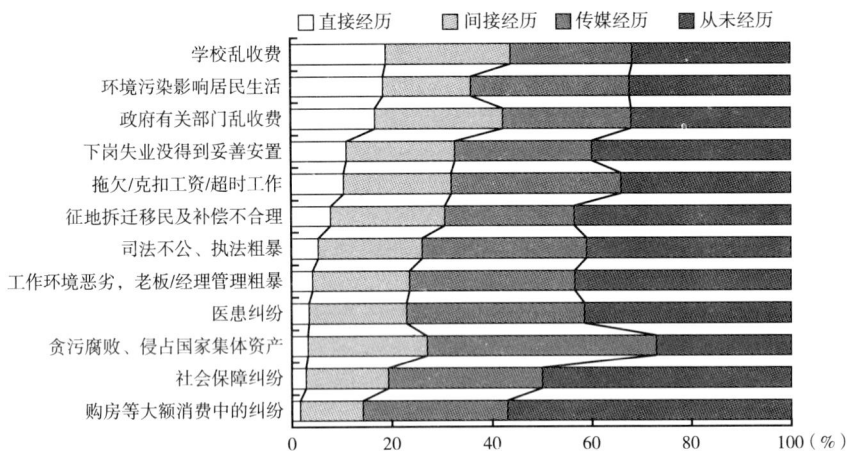

图 11-7　利益冲突事件的经历状况（%）

由于社会冲突事件涉及的社会群体并不相同，因此某类社会冲突事件往往更加频繁和集中地反映在某些社会群体的遭遇中，这些社会群体也就成为此类社会冲突事件的"焦点群体"。通过统计分析发现，下列社会冲突事件和社会群体间有着较高的关联。

政府有关部门乱收费——个体户和私营企业主。总体中亲身经历和间接经历过"政府部门乱收费"的比例分别为 16.75% 和 25.51%，但在个体户群体中，有过亲身经历的占 24.37%，高出整体水平约 8 个百分点；私营业主的亲身经历比例虽然不高，但间接经历却高达 40.15%，高出整体水平约 15 个百分点。这说明政府部门乱收费这一现象对非公有制经济的影响甚大。

学校乱收费——已婚有子女家庭。总体中亲身经历过"学校乱收费"的比例为 18.96%，但在已婚有子女、年龄在 30~39 和 40~49 岁的人群中，这一比例上升到 22.7% 和 25.9%，特别是在小城镇的 40~49 岁的已婚有子女的家庭中，亲身经历过的比例高达 28.9%。

征地、拆迁、移民及补偿不合理——小城镇居民。总体中亲身经历过"征地、拆迁、移民及补偿不合理"的比例较低，仅有 7.84%，但在小城镇居民中，这一比例上升到 11.49%，特别是在西部的小城镇居民中，这一亲历比例达到 17.3%。这说明近年来因征地拆迁引发的纠纷，主要和中小城市扩张有密切关联。

司法不公、执法粗暴——私营企业主、个体户与商业服务业员工。对"司法不公、执法粗暴"事件亲身经历和间接经历的比例，在总体中为5.33%和20.7%，但在私营企业主、个体户和商业服务业员工中亲历的比例分别上升为6.58%、8.46%和6.65%，间接经历的比例上升为29.04%、24.37%和21.03%。特别是在乡村中的个体户和商业服务业员工中，亲历的比例达到9.6%和12.4%。

下岗失业没有得到妥善安置——无业失业半失业者。下岗失业的针对群体是原有的国有/集体企业职工，因此在总体人口中直接经历过此类事件的比例不高，为10.99%。但在目前处于无业失业半失业状态的群体中，直接经历过下岗失业并没有得到妥善安置的人比例竟高达43.36%！另外在当前的商业服务业员工和个体户中，经历过此类事件的人的比例也分别为19.30%和15.03%。这反映了遭受下岗失业的公有制企业职工，目前多处于无业失业状态，他们中其余的人目前又进入了个体户和从事商业服务业的劳动者队伍中。

拖欠/克扣工资/超时工作——生产工人及商业服务业员工。总体中亲身经历过"拖欠/克扣工资/超时工作"的比例为10.45%，但在生产工人及商业服务业员工群体中，这一比例上升到19.42%和13.06%。特别是在私营机构中，亲历"拖欠/克扣工资/超时工作"事件的生产工人比例上升到26.16%，商业服务业员工上升到13.06%。这在一定程度上也体现了私营企业中劳动关系的紧张。

上述社会冲突事件，除了在不同社会群体中的经历程度不同外，在区域和城乡之间的分布也有很大差异。通过表11-13可以看出，东部地区人口对社会冲突的经历，来自大众传媒的比例最高（为36.18%），而来自直接经历的平均比例最低，平均为7.49%；而中西部地区直接经历社会冲突事件的平均比例要高于东部地区，平均为9.21%和9.62%。特别是西部地区的居民，社会冲突经历的主要来源是直接经历和间接经历（二者之和为36.21%）。从城乡分布来看，社会冲突事件在小城镇的影响面最大，其直接经历的平均百分比为10.67%，间接经历为27.7%，二者合计为38.37%；而大中城市的居民经历社会冲突事件最主要的来源则是媒介（高达46.56%），乡村居民在各方面的经历都是最低。由此我们可以得出这样的结论，西部和小城镇地区，是当前社会冲突事件的集中地带。

表 11 - 13   社会冲突事件在区域和城乡之间的分布比较

单位：%

		直接经历	间接经历	传媒经历	从未经历
区　域	东　　部	7.49	20.60	36.18	35.73
	中　　部	9.21	16.91	30.87	43.01
	西　　部	9.62	26.59	24.50	39.29
城　乡	大中城市	9.33	22.94	46.56	21.17
	小 城 镇	10.67	27.70	31.10	30.53
	乡　　村	7.61	16.65	24.90	50.84

注：此表是根据 12 项社会冲突事件中各类经历状况与区域、城乡的列联表综合而成，由于每类社会冲突事件经历者的人数不一，因此无法进行统计检验，特加以说明。

社会冲突事件按区域和城乡交互进一步分析，可以看出：①对社会冲突事件直接经历的比例，按照东部—中部—西部的顺序递增；在每一地区之内，小城镇居民的社会冲突事件的直接经历比例又高于大中城市和乡村，但在西部有所例外，呈现出依大中城市—小城镇—乡村次序直接经历递减的趋势。②与直接经历相似，社会冲突事件间接经历的比例也呈现出依东部—中部—西部的顺序递增，以及小城镇高于大中城市和乡村的特点。尤其是在西部的大中城市和小城镇中，社会冲突事件的间接经历比例，平均值大大高于其他地区，分别为 33.17% 和 35.37%。③社会冲突事件的媒介经历趋势则恰恰相反，其比例依东部—中部—西部的顺序递减，而且在每一地区中，又按大中城市—小城镇—乡村的次序递减。由此我们可以看出，社会冲突事件的高发区在西部，尤其是西部的大中城市和小城镇中。对于东部地区和大中城市的居民而言，他们对社会冲突事件的感知，大多来自大众传媒的传播（见图 11 - 8）。

2. 利益冲突事件的解决渠道和解决效率

除了探查公众所经历到的社会利益冲突事件的发生率，我们在调查中还询问了他们在面对这些冲突事件时的解决途径以及对事件解决的评价。解决途径包括双方直接沟通（"与对方当事人/单位协商"）、利用社会关系（"找关系疏通"）、利用行政渠道（"上访或向政府有关部门反映"）、利用法律（"打官司"）、利用媒体（"找媒体帮助"）、利用集体行动（"罢工、静坐、示威"）和利用暴力（"暴力反抗""找人报复"）等方式。统计结果表明（见表 11 - 14），面临这些社会利益冲突事件，绝大部分公众采取的是

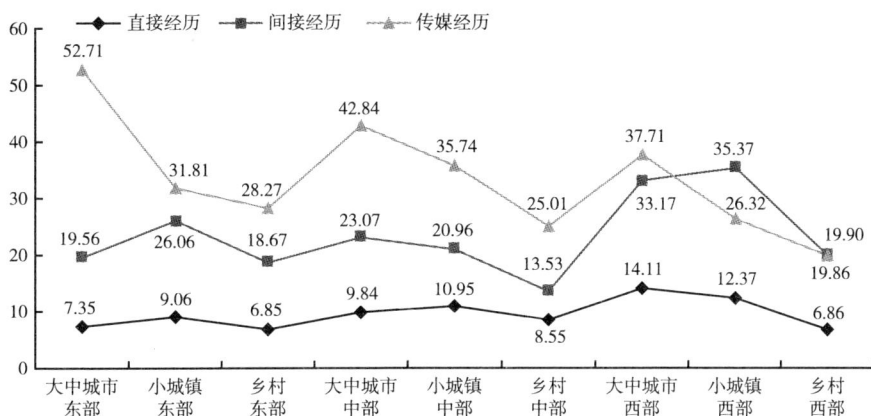

图 11-8 分地区分城乡的社会冲突事件的经历分布比较（%）

忍让和退避的方式，12 项事件中平均有 73.19% 的公众 "没有采取任何办法"，并表示 "无可奈何只好忍了" 的态度。对那些主动寻求解决冲突方法的公众而言，主要采取的是 "与对方当事人/单位协商" 的双方直接沟通方式（平均 12.12%）和 "上访或向政府有关部门反映" 的依靠行政渠道解决的方式（平均 11.2%），也有少数公众利用 "打官司" 的司法途径（平均 4.23%）。其余解决途径的选择比例均不足 2%。从这些数据可以看出，当前公众面临社会利益冲突时，普遍具有无力感，缺乏解决问题的良好预期，因而惮于采取行动来维护权益；同时，即便采取行动寻求问题的解决，在现有的解决途径中，除了直接面对，更多是集中于 "找政府"。这一方面说明当前我国社会群体利益冲突的解决之道依然以行政方式为主导，一方面也透视出社会利益冲突解决途径的单一。

更为值得关注的是，当前社会利益冲突事件的解决效率极为低下。上述 12 种社会冲突事件亲历者普遍反映，他们所遭遇到的问题没有得到妥善解决。平均有 80.19% 的公众反映这些问题 "至今没有解决"，平均有 10.76% 的人认为 "有关部门做了处理，但很不公正"，仅有 9.05% 的人表示 "问题解决得比较公平"。遭遇到社会利益冲突事件敢怒而不敢为，敢为者在现有的合法解决途径中又极难得到满意的处理，这便是当前公众面临社会利益冲突矛盾时的境遇。下面我们将对上述社会利益冲突中的一些主要事件的解决途径和效率加以分析。

政府有关部门乱收费。政府部门乱收费是公众直接经历较多的社会冲突事件，和其他社会冲突事件相比，公众对此更多采取的是忍让退避的方式。有81.96%的人表示"没有采取任何办法"或"无可奈何只好忍了"，只有18%左右的人会寻求解决办法。由于冲突的对方就是具体的政府部门，公众解决的途径最多的是"上访和向政府有关部门反映"（占亲历此类事件人群的8.10%，占谋求解决问题的人群的44.9%），即希望上级政府部门或主管单位予以解决。其次是"与对方当事人/单位协商"（占亲历此类事件人群的5.8%，占谋求解决问题的人群的32.15%），即与乱收费的执法人员或机构直接交涉。另外还有部分公众采取了利用社会关系私下疏通的方式解决（占亲历此类事件人群的3.22%，占谋求解决问题的人群的17.85%）。公众对政府乱收费事件解决的评价较低，有80.86%的人表示他们遭遇到的这类问题没有得到解决，10.88%的人认为解决得不公正，认为得到公平解决的人只占亲历者的8.25%。

学校乱收费。学校乱收费是公众经历最多但也最无可奈何的冲突事件，有90.42%的亲历者没有采取任何办法来应对。在谋求解决之道的公众中，主要采取的办法是"上访和向政府有关部门反映"（占亲历此类事件人群的4.35%，占谋求解决问题的人群的45.40%）和"与对方当事人/单位协商"（占亲历此类事件人群的4%，占谋求解决问题的人群的41.75%）的方式。对于学校乱收费事件的解决效率公众更为不满。有85.02%的人表示遭遇到的这类问题没有得到解决，6.92%的人认为解决得不公正，认为得到公平解决的人只占亲历者的8.06%。

征地、拆迁、移民及补偿不合理。由于征地、拆迁及移民事关公民的重大财产，因此有近1/3的亲历者采取了积极的解决行动。其中有57.39%的人采取"上访和向政府有关部门反映"方式，成为所有社会冲突事件中利用行政渠道最多的；有33.52%的人采取了"与对方当事人/单位协商"的方式，这一解决方式虽然在此类事件中排位第二，但和其他社会事件中采取同样方式的比例相比，要低12个百分点；采用"打官司"的司法途径解决的比例居第三，为18.37%。另外面对征地、拆迁、移民的利益冲突事项，采用激烈手段的公众比例增多，在采取解决行动的人中，有7.82%的人有过"暴力反抗"的举动，大大高于其他社会冲突事件中采取同样手段的比例。公众对征地、拆迁、移民所引发的冲突事件的解决评价也较低。有78.14%的人表示问题没有得到解决，14.74%的人认为解决得不公正，是认为得到公平解决比例（7.13%）的2倍多。

表 11-14　利益冲突事件的解决渠道及效果

单位：%

		总平均	政府有关部门乱收费	学校乱收费	征地拆迁移民及补偿不合理	医患纠纷	司法不公执法粗暴	下岗失业没得到妥善安置	贪污腐败侵占国家集体资产	拖欠克扣工资超时工作	工作环境恶劣、老板经理管理粗暴	社会保障纠纷	环境污染影响居民生活	购房等大额消费中的纠纷
解决途径	打官司	4.23	1.92	0.19	6.09	7.51	15.71	0.58	5.02	1.61	1.55	4.68	1.46	4.43
	与对方当事人/单位协商	12.12	5.80	4.00	11.11	23.15	6.96	10.47	5.11	18.51	12.76	16.74	10.09	20.76
	上访/向政府有关部门反映	11.20	8.10	4.35	19.02	5.45	11.58	12.16	16.05	8.40	4.60	21.78	17.03	5.93
	找关系疏通	1.66	3.22	0.41	0.82	0.53	5.59	1.99	1.83	1.84	0.94	0.68	0.89	1.13
	找媒体帮助	1.07	1.21	0.53	1.45	0.23	2.09	1.49	1.61	1.15	1.04	0.00	2.02	0.00
	暴力反抗	0.64	0.40	0.18	2.59	0.40	1.21	0.08	0.45	0.35	0.92	0.28	0.00	0.78
	罢工/静坐示威	0.86	0.59	0.10	1.65	0.00	0.16	1.03	1.59	2.99	2.27	0.00	0.00	0.00
	找人报复	0.08	0.00	0.14	0.31	0.00	0.00	0.00	0.00	0.17	0.25	0.00	0.11	0.00
	其他办法	0.85	1.09	0.60	0.41	0.97	0.46	3.06	0.00	0.67	1.63	0.69	0.63	0.00
	没有采用任何办法，无可奈何，只好忍了	73.19	81.96	90.42	66.86	70.40	66.41	74.63	75.65	68.59	76.17	63.78	72.59	70.86
	人数总计		1181	1335	553	242	376	774	222	736	294	198	1295	112
解决效果	至今没有解决	80.19	80.86	85.02	78.14	70.18	67.65	91.63	85.57	71.95	80.55	85.02	84.98	80.74
	有关方面做了处理，但很不公平	10.76	10.88	6.92	14.74	15.81	22.87	5.13	8.37	11.21	11.33	5.58	6.96	9.29
	问题解决得比较公平	9.05	8.25	8.06	7.13	14.01	9.48	3.24	6.05	16.83	8.12	9.40	8.06	9.97
	人数总计		1115	1246	534	228	361	746	206	690	274	196	1235	110

注：此题中"解决途径"为多选题，其百分比是选择某项的人数占总人数的比例，因此百分比总和会大于100%。

医患纠纷。亲身经历过医患纠纷的人中，有 70.4% 的人未采取任何方式谋求问题解决。在剩余近 30% 的人中，主要采取的方式是直接与当事的医护人员或医疗机构交涉（占谋求解决问题的人群的 78.21%），其次是打官司（占谋求解决问题的人群的 25.37%），也有少部分公众采用向政府有关部门反映的方式（18.41%）。这种以直接交涉和诉诸法律为主的解决方式，是和医患双方属于消费领域的合约关系相对应的。医患纠纷的解决效率虽然也不尽如人意，有 70.18% 的人认为纠纷没有得到解决，但和其他类型的社会冲突相比情况要好一些，认为纠纷处理得不公平和比较公平的人数比例相近，分别为 15.81% 和 14.01%。

司法不公、执法粗暴。此类事件的直接经历虽然不高，但和其他社会冲突事件相比，公众谋求解决的比例相对要高一些，有 33.59% 的亲历者采用不同的手段来应对。其中最为突出的方式是诉诸法律（占谋求解决问题的人群 46.77%），而后依次为"上访和向政府有关部门反映"（34.47%）、直接协商（20.72%）。面对此类冲突，"找关系"私下解决的方式也比较突出（16.64%）。司法不公、执法粗暴一类的冲突事件的解决效果是极差的，有 67.65% 的公众反映问题没有得到解决，22.87% 的人认为处理的结果很不公平，是认为得到公平解决的人的比例（9.48%）的 2.2 倍。

拖欠、克扣工资和超时工作。对于此类事件，有 68.59% 的亲历者未采取任何行动。在谋求解决问题的人中，大部分是和就职机构直接协商（占谋求解决问题的人群的 58.93%），其次是"上访和向政府有关部门反映"（26.74%），还有近 1/10 的人采取了"罢工/静坐/示威"等集体抗议行动。拖欠、克扣工资和超时工作一类事件，有 71.95% 的亲历者表示没有解决，有 11.21% 的公众认为解决得不公正，表示得到公平解决的比例为 16.83%。在所有 12 种社会冲突中，它被公平解决的比例是最高的。

环境污染影响居民生活。环境污染也是公众遭遇较多的社会冲突事件。在亲历这类事件的人中，仅有 27.41% 的人采取了解决问题的行动。其中主要方式是"上访和向政府有关部门反映"（62.13%），其次是"与对方当事人/单位协商"（36.81%），还有 7.37% 的人寻求媒体的帮助。环境污染事件的解决效果也较差，有超过 85% 的人反映根本没有得到解决，近 7% 的人表明问题解决得不公正，认为得到公正解决的人只有 8% 左右。

综合上述各类利益冲突事件的解决途径，可以概括出这样的特征：①与当事人及其机构直接交涉的方式，主要运用在消费领域（如医患纠纷、大额消费中的纠纷）和劳动关系领域（如拖欠/克扣工资、超时劳动；工作环境恶劣，老板经理管理粗暴）。这些领域中当事人是市场条件下平等的主体，确定双方权益的准则是市场化的契约关系。因此一旦发生纠纷，本着服务契约或劳动契约的条款，当事人自身便可谋求问题的解决。②利用行政资源解决冲突的方式（如"上访、向政府部门反映"）主要适用于和政府行为、公共服务、社会政策相关的领域，如"政府部门乱收费""学校乱收费""征地、拆迁、移民及补偿不合理""下岗失业没有得到妥善安置""贪污腐败侵占国家集体资产""社会保障纠纷"等。在这些领域中，公众面对的是政府机构和公务人员，身份的不对等使得他们难以仅靠自己的能力来维护权益，因而会更多采用"找上级政府""找主管单位"的方式来解决纠纷。③诉诸法律"打官司"的方式往往是前两种解决冲突途径的延续，多出现在当事人重大财产、人身、健康等受到侵害，而直接交涉和寻求行政资源帮助均不奏效的情况下，如"司法不公、执法粗暴""征地、拆迁、移民及补偿不合理""医患纠纷"等。④利用社会关系私下疏通以解决冲突的方式，突出地体现在公众和政府部门、公务人员的纠纷解决过程中。比如在面对"政府部门乱收费"和"司法不公、执法粗暴"的事件时，公众除了直接交涉和向上级政府部门反映外，往往还采取"找关系疏通"的方式来化解危害。这也从一个侧面反映了"关系"在权力运作中的特殊地位。

3. 利益冲突事件的经历对社会态度的影响

公众对于社会冲突事件的经历在很大程度上是当前社会群体利益冲突的现实反映。那么这种对社会事实的体验，在多大程度上影响了人们的社会意识？或者说，公众对社会冲突事件的经历是否使得他们在主观心理层面形成的对于社会状况的感知、判断和态度具有某种倾向性？本部分将通过对社会冲突事件的经历与公众社会态度的相关分析，来解答这一问题。

我们在调查中设计了公众的社会冲突意识、对社会稳定状况的感知、对社会和谐状况的感知、对政府的满意度、社会公平感、社会信任感等一系列社会态度量表。

社会冲突意识。由公众对社会群体利益冲突的现实感知和未来趋势的判断两个题目合并而成，为0~6分的尺度，分数越高表示冲突意识越强。

社会稳定状况感知。问卷中的题目为"您认为当前我国的社会形势是否稳定"，答案为1~4分的尺度，最低分表示社会状况"非常不稳定"，最高分表示"非常稳定"。

社会和谐状况感知。问卷中的题目为"对当前我国社会状况的总体感受",答案为 1~4 分的尺度,最低分表示社会状况"非常不和谐",最高分表示"非常和谐"。

政府满意度。由一组对地方政府工作的满意评价组成。具体包括医疗卫生服务、社会保障和救助、义务教育、环境保护、科技发展与推广、树立良好社会风气、维护社会治安、依法办事、发展经济、实现社会公正等 10 个方面。分值越高,表示对政府的满意度越高。

社会公平感。由公众对当前社会 13 个方面的公平程度的评价组成。这些方面是:财富及收入的分配、财政和税收政策、工作与就业机会、每个人的发展机会、高考制度、提拔干部、公共医疗、义务教育、实际享有的政治权利、司法与执法、不同地区及行业之间的待遇、城乡之间的待遇、养老等社会保障待遇。分值越高表示公平感越高。

社会信任感。由一组对当前社会角色、社会机构 13 个方面的信任评价组成,具体包括政府新闻媒体、政府公布的统计数字、互联网信息、小道消息、地方政府、中央政府、信访机构、宗教组织、行业/专业协会、社区(居委会)或村委会、消费者协会等维权组织、环境保护等社会公益组织、法官/警察。分值越高表示社会信任感越高。

为了便于相关分析,我们将公众在前述社会冲突事件中的直接经历、间接经历、媒介经历、从未经历分别赋值为 3~0 分,而后将 12 种社会冲突事件的经历加总,综合成"社会冲突卷入程度"的测量尺度。分值越高,表明社会冲突事件的经历范围越广或经历程度越深。

Pearson 相关分析统计结果表明,社会冲突卷入程度和上述六种社会态度之间的相关都达到显著水平(见表 11 - 15)。社会冲突的卷入程度越高,对政府的满意度越低、社会公平感越弱、社会信任感越差,也就越倾向于认为当前社会状况不稳定和不和谐,社会冲突意识也就越强。这说明公众所经历的社会冲突事件,的确对人们的社会态度和对社会现状的评价产生了负面影响。具体而言,社会冲突卷入程度对政府满意度的影响最高(相关系数为 -0.318),其次为社会公平感和社会冲突意识(相关系数分别为 -0.293 和 0.261),再次为社会信任感(相关系数为 -0.198)、对社会和谐状况和稳定状况的感知(相关系数分别为 -0.180 和 -0.140)。社会冲突事件的卷入程度之所以对政府满意度和社会公平感有较高影响,可能有以下几方面的解释:首先,当前社会冲突中政府部门与公众的社会矛盾较为突出(如对

"政府有关部门乱收费"有直接经历和间接经历的公众比例高达42.26%）；其次，当前公众在解决社会利益冲突时过多依赖行政渠道，"找政府"成为主要的冲突解决方式，这样就更容易把矛盾焦点集中于政府；第三，当前社会利益冲突的解决效率低下、公众对解决问题公正程度的评价甚低，则易于形成对整个社会公平状况的负面态度。

表 11－15　社会冲突经历与社会态度的相关分析（Pearson 相关系数 R）

	冲突意识	稳定感知	和谐感知	社会信任	政府满意度	社会公平感
社会冲突卷入情况	0.261 **	-0.140 **	-0.180 **	-0.198 **	-0.318 **	-0.293 **
直接经历	0.214 **	-0.111 **	-0.143 **	0.172 **	-0.323 **	-0.220 **
间接经历	0.143 **	-0.069 **	-0.088 **	-0.076 **	-0.141 **	-0.121 **
媒介经历	0.009	-0.029 *	-0.036 **	-0.049 **	0.001	-0.101 **
从未经历	-0.190 **	0.114 **	0.145 **	0.163 **	0.215 **	0.262 **
样本量	5333	6585	6482	3251	4629	3851

注：** 表示 Pearson 相关系数的显著性水平小于 0.01，* 表示显著性水平小于 0.05，无 * 则表示显著性水平大于 0.05。

进一步的分析表明，公众对社会冲突事件的不同经历类型，对社会态度影响的意义是不同的。我们将公众在 12 种社会冲突事件中的四种经历类型（直接经历、间接经历、媒介经历和从未经历）分别计次，而后和上述六种社会态度进行相关分析（见表 11－15 及图 11－9）。

结果表明，直接经历对各类社会态度的影响都是最大的，也就是说，在诸多社会冲突事件中，直接经历次数越多的人，其对社会的负面评价也就越强。从图 11－9 中可以看出，四种经历类型和六种社会态度之间的相关系数，大都呈现出随直接经历、间接经历、媒介经历和从未经历的顺序递增或递减的线性变化趋势，其中直接经历和各类社会态度的相关程度居于最高端或最低端，其 Pearson 相关系数的绝对值在 0.111～0.323 之间。公众对社会冲突事件间接经历的多少，也对社会态度的变化有所影响，其方向和直接经历是一致的；但影响强度则逊于前者，其 Pearson 相关系数的绝对值在 0.069～0.143 之间。对社会冲突事件的媒介经历的频率，对社会态度变化的影响甚微，Pearson 相关系数的绝对值在 0.001～0.101 之间，可以近似地看做是 0 相关。这说明如果公众不是从实际生活环境中亲身经历或间接经历

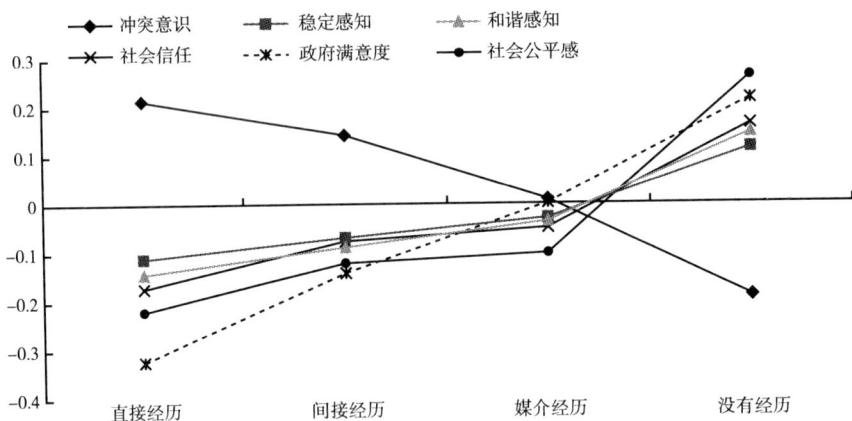

图 11 - 9   社会冲突经历与社会态度的相关分析（Pearson 相关系数 R）

过社会冲突事件，仅以大众传媒作为接触社会冲突事件渠道的话，其了解范围的宽狭，并不足以导致他们在上述各类社会态度上的变化。和直接经历、间接经历、媒介经历相比，对社会冲突事件从未经历的数量，对社会态度变化的影响则呈现截然不同的趋势。正如图 11 - 9 显示，以 0 相关系数为轴，从未经历和前三种经历形式与各类社会态度的相关关系处于相反的位置。也就是说，越缺乏对社会冲突事件了解的人，他们的社会冲突意识越低，对政府的满意度越高，社会公平感和社会信任度越强，对社会稳定与和谐的感知也就越为积极。

五   结论和讨论

1. 干群关系问题应当引起高度重视

根据调查结果，公众认为近 10 年获益最多的群体依次为国家干部（近 70% 公众这样认为）、演艺人员（53.71%）、私营企业主（52.13%）、国有/集体企业经营管理者（47.98%）、专业技术人员（44.11%）等。上述获益群体的排序，恰恰体现了权力、经济、文化这几类社会资源在当前中国社会分层中的重要次序。

当然，公众对获益群体的感知也存在明显的群体差异，处于较高和中层社会阶层的群体（如国家和社会管理者、经理人员、私营企业主、专业技术人员、办事人员）都把演艺人员排在获益群体的首位，把国家干部排在第二位（国家和社会管理者阶层除外）；而处于较低社会阶层地位的个体户、商业服务业劳动者、工人、农业劳动者、无业失业半失业者，则把国家干部排在第一位，演艺人员排在第二位（农业劳动者除外）。多数职业群体都倾向于降低自身获益状况的评价，这一现象与调查结果显示的阶层认同普遍偏下的情况是一致的。

公众认为国家干部是获益最多的群体，说明干群关系问题应当引起高度关注。这个问题一方面反映了在市场竞争风险加剧的情况下，公务员职业在稳定的就业、收入和社会保障方面的优势更加凸显，另一方面也反映了干群关系在某些方面值得警惕的情况。例如调查结果表明，在贫富关系、劳资关系、干群关系、城乡关系、脑体关系等一系列基本社会关系中，公众认为在"群体差异"方面是贫富之间差异最大，但在"群体冲突"方面是干群之间最容易发生群体冲突。

2. 公众没有表现出具有普遍性的"仇富心理"

根据调查结果，公众普遍认为贫富之间的差异最大，但并不认为二者之间最容易发生群体冲突。这种情况的出现，一个方面的原因是，容易发生冲突的基本社会关系都是具有支配—被支配或管理—被管理的关系，如干群之间、管理者与被管理者之间、劳资之间，其发生群体冲突的可能性的位次都高于其群体差异的位次，而贫富之间、城乡之间、脑体之间，其发生群体冲突的可能性的位次都低于群体差异的位次；另一个方面的原因是，虽然人们普遍认为贫富差距过大，但对那些"先富群体"的致富手段的评价却主要是正面的。当问到"目前社会上有一部分人先富起来了，您认为他们致富的原因主要有哪些"，公众认为主要原因还是在于致富者自身的能力和素质——如拼搏努力（68.61%）、致富能力强（61.16%）、教育程度高（48.82%），以及社会关系的运用——如有重要的人际关系（58.44%）、家庭背景好（56.78%）；那些不为法理所接受的致富方式，如"贪污腐败""侵吞国有/集体资产""以不正当的手段赚钱"等，并不被认为是先富群体的主要致富原因。这也说明，"仇富心理"并不是在公众中存在的普遍现象。

3. 社会利益冲突意识主要受教育水平和个人境遇的影响

根据路径分析的结果，个人的受教育程度和个人境遇，是影响公众社会冲突意识形成的根本性因素。教育不仅直接影响社会冲突意识（直接效应系数为0.124），而且还影响了人们的社会冲突经历程度。换言之，那些受教育程度较高的公众，有着较高的社会期望和较宽的社会视野，对社会利益冲突也就越敏感。与此同时，个人境遇对社会冲突意识也有非常显著的影响，那些在生活中遭遇到社会纠纷和冲突的人，那些个人生活水平有下降趋势的人，大多会产生相对剥夺感，从而强化他们的社会冲突意识。

4. 人们的社会冲突经历对其社会态度的影响甚大

调查显示，在各种社会冲突事件中，直接经历次数越多的人，其对社会的负面评价也就越强。四种经历类型和六种社会态度之间的相关系数，大都呈现出随直接经历、间接经历、媒介经历和从未经历的顺序递增或递减的线性变化趋势。对社会冲突事件的媒介经历的频率，对社会态度变化的影响甚微，Pearson 相关系数的绝对值在 0.001 ~ 0.101 之间，可以近似地看做是 0 相关。这说明如果公众不是从实际生活环境中亲身经历或间接经历过社会冲突事件，仅以大众传媒作为接触社会冲突事件渠道的话，其了解范围的宽狭，并不足以导致他们在各类社会态度上的明显变化。

5. 社会冲突事件的卷入程度对政府满意度和社会公平感有较大影响

Pearson 相关分析统计结果表明，社会冲突的卷入程度越高，对政府的满意度越低、社会公平感越弱、社会信任感越差，也就越倾向于认为当前社会状况不稳定和不和谐，社会冲突意识也就越强。其中，社会冲突卷入程度对政府满意度的影响最高（相关系数为 - 0.318），其次是对社会公平感的影响较大（相关系数为 - 0.293）。社会冲突事件的卷入程度之所以对政府满意度和社会公平感有较高影响，可能一是因为当前在社会事件中政府部门与公众的社会矛盾较为突出（如对"政府有关部门乱收费"有直接经历和间接经历的公众比例高达 42.26%）；二是因为当前公众在解决社会利益冲突时过多依赖行政渠道，"找政府"成为主要的冲突解决方式，这样就更容易把矛盾焦点集中于政府；三是因为当前社会利益冲突的解决效率较低，公众对解决问题的公正程度的评价较低，易于形成对整个社会公平状况的负面态度。

结　语
主要发现和政策建议

一　研究的主要发现和基本结论

1. 缩小收入差距将是一个艰难的长期过程

中国在经过近 30 年的时间，从一个收入分配受到平均主义困扰的国家，变化成收入差距过大的国家。根据我们调查数据的测算，收入差距扩大的态势非常明显，人均年收入差距的基尼系数达到 0.496，家庭人均资产差距的基尼系数则更是达到 0.653。

收入差距的扩大当然并非都是分配不公的问题，教育等人力资本的收益率也在不断提高，中国社会目前充满活力，这在一定程度上也反映了分配机制激励作用，即分配的结果比改革开放以前更密切地与人们的劳动、资本、技术和管理等生产要素的贡献相挂钩。

在影响收入差距扩大的因素中，除了城乡和区域差距，比较显著的还有阶级阶层的位置。换句话说，资本差距的扩大，其速度比收入差距的扩大快得多。当经过 30 年的快速变动，社会结构开始逐步走向定型化时，学者们开始担心，这种贫富的不平等会通过代际传递而得以复制，导致不平等关系的再生产。

我们从收入差距拉开中获得了提高资源配置效率的收益，但为此也付出沉重的代价，这种代价的严重后果正逐步显现出来。即便我们付出巨大的努力，缩小收入差距在中国都将是一个艰难的长期过程。

2. 收入分配问题对社会的和谐稳定影响甚大

收入分配问题已经成为影响人们社会态度与行为的深层次因素。分析结果表明，收入差距过大成为公众高度不满的社会问题，特别是权钱交易、贪污腐败、各种非法致富行为对收入分配的影响，使人民群众产生强烈的社会不公平感，已经成为影响他们社会态度的一个重要因素。

3. 收入多寡并不直接影响人们的社会态度

我们的研究发现，并不是收入越高，其对社会的评价就越积极，也并不是收入越低的贫困阶层，更易于产生不满情绪。人们的主观感受，受很多社会因素的复杂影响。所以，收入只有通过某些中介变量的影响，才能与社会态度发生联系。勤劳致富、智力致富本身不会导致"仇富"心理，但非法致富和贪污腐败等则会引起强烈的社会不满。

4. 职业位置显著影响着人们的收入获得

缩小全社会收入差距的一个重要思路，是逐步减少农民在就业人口中的比重。解决"三农问题"的重点，一方面在于新农村建设，另一方面在于农民收入的非农化。社会地位获得研究得到的重要结论，就是社会位置具有代际继承性。在这种情况下，要通过调整社会结构去缩小收入差距，就需要通过政策引导和创造条件，鼓励农民向其他社会位置流动，保持社会结构的变动弹性。

在城镇要进一步创造就业岗位，并通过大规模的劳动力培训，使农民转变为技术半技术工人和市民。要加大农村人力资本投资，鼓励企业到农村直接办技工学校，有序引导劳动力流动，缓解收入差距扩大带来的社会紧张。与此同时，产业结构转变中，要大力促进体力工人向技术工人转变。

5. 教育水平显著影响着收入水平和维权意识

以教育水平为主要内容的人力资本差异，显著影响着人们的收入所得。所以，缩小收入差距的一个重要途径，就是加大农村公共教育和城市公共教育的投入，并保证这些投入相对均等地分配给贫困地区和贫困人口。这不但会增加工农子女社会流动和社会升迁的机会，而且还能够使其在社会位置不变的情况下也有提高收入的机会。在加大对贫困地区和贫困人口教育投入的同时，应通过实施积极的就业政策和产业结构调整政策，为接受过大中专教育的人口提供更多的就业岗位。现在，每年毕业的大中专学生数量在迅速增加，他们的就业压力也越来越大，如何发挥人力资本的作用受到新的挑战。

与此同时，通过路径分析我们发现，个人的教育程度和个人境遇，是影响公众社会冲突意识形成的根本性因素。教育直接影响社会冲突意识（直接效应系数为 0.124），那些受教育程度较高的公众，对身边发生的或者是大众传媒传播的社会冲突事件更为敏感。教育程度对社会冲突经历程度的影响，一方面间接地作用于人们的社会冲突意识，另一方面又传递到对政府的满意度和社会公平感，再次间接地影响了人们的社会冲突意识。在个人境遇因素中，社会冲突经历程度一方面受教育程度影响，另一方面也直接影响着社会冲突意识（直接效应系数为 0.142），同时也通过对政府满意度和社会公平感的影响，间接作用于社会冲突意识。教育水平的提高，一方面开阔着人们的比较视野，提高了人们的认知水平，另一方面也提升着人们对于社会利益冲突的敏感度，增强了人们的维权意识和冲突意识。

6. 扩大中等收入者比重任务艰巨

"扩大中等收入者比重"，是当前建立合理收入分配制度的一项重要措施。但直到目前，我们对"中等收入者"还没有一个像"贫困人口"那样的正式的操作性定义。

按照现在人们的一般理解，"中等收入者"是在两种意义上使用的。一种是作为收入分配的概念，中等收入者比重的提高，其前提条件是收入差距的缩小，中等收入者的扩大是收入分配结构从金字塔形向橄榄形转变的结果；二是作为发展的概念，是从达到某种生活水平（如小康生活）来说的，也就是说随着经济的发展，收入在一定贫困线以下的人口比重将缩小，收入在一定中等收入线以上的人口比重将扩大。

如果认为"中等收入者"是完全相对的概念，不把这个概念纳入发展的进程来理解，认为"中等收入者"就是接近一定收入平均线的一定比例的收入群体，在普遍贫困的情况下，"中等收入者"也可以占多数，那是错误的。同时，如果认为"中等收入者"仅仅是高于一定生活水平的概念，与收入分配状况没有任何关系，也是不确切的。

"中等收入者"的扩大，依赖于两个前提条件：一是缩小收入差距，避免两极分化，走共同富裕道路。如果没有收入差距的显著缩小，平均收入水平的提高并不会带来中等收入者比重的扩大。二是随着经济的发展和人民生活水平不断提高，能够过上小康生活和现代化生活水平的人数越来越多。

"中等收入者"的概念是我们进入全面建设小康社会阶段提出的，是用以描述我们期望的多数人未来生活状况的概念。如果用目前全国城乡平均收入线作为基线来描述"中等收入者"，则"中等收入者"的收入标准会偏低，与一般人对"中等收入者"的理解差距太大。因此，我们选择了中国城镇家庭年人均收入线作为参照基准，把高于这个平均收入线 2.5 倍及以上的收入群体定义为"高收入者"（世界银行专家使用的标准），把低于平均收入线 50% 及以下的收入群体（这个标准在发达国家通常被定义为"相对贫困"）定义为"低收入者"；把低收入的上限到平均线之间者定义为"中低收入者"；把平均线以上到平均线的 2.5 倍的人群定义为"中等收入者"。

根据以上定义和我们 2006 年的调查数据，以及根据收入普遍低报的调查经验，我们对收入水平用 1.5 的系数加以调整，获得以下测量标准和衡量结果：中国家庭年人均收入在 35001 元以上的为高收入家庭，在 14001 ~ 35000 元之间的为中等收入家庭，在 7001 ~ 14000 元之间的为中低收入家庭，在 7000 元以下的为低收入家庭。按此标准进行测算，中国目前家庭年人均收入在 35000 元以上者占 3.3%，在 14001 ~ 35000 元以上的"中等收入者"占 13.0%，在 7001 ~ 14000 元之间的"中低收入者"占 22.8%，在 7000 元以下的低收入者占 60.9%。

这样的测算结果告诉我们，如果仅仅把"中等收入者"作为一个发展的概念和生活水平提高的概念，像设定"贫困线"那样设定一个相对固定的"中等收入线"，那么随着城乡家庭人均收入以年均 7% ~ 8% 左右的速度增长，中等收入者到 2020 年达到人口的多数或就业者的多数是可能的，但按这样标准界定的"中等收入者"，可能与一般民众的理解有较大差异。但如果我们把"中等收入者"同时作为一个收入分配的概念，即随着平均收入线的提高，"中等收入者"的收入标准也不断提高，只有缩小收入差距才能扩大"中等收入者"的比重，那么在未来十几年或到 2020 年实现"中等收入者"占多数，就要大大缩小城乡之间、区域之间和社会成员之间的收入差距。这个任务是非常艰巨的。

7. 社会经济地位认同普遍偏下的现象反映了分配制度认同较低

根据调查结果，当按照惯例把社会经济地位划分为五层时（即下层、中下层、中层、中上层和上层），认为属于上层的仅占 0.5%，把自己归入中上层的占 5.4%，归入中层的占 39.6%，归入中下层的占 29.1%，归入下层的占 24.5%，还有 1% 的被调查者说不清自己的地位层级归属。换句话说，认为自己属于中层的还不到 40%，认为自己属于中下层和下层的达到近 54%，这就是我们所说的社会经济地位认同普遍偏下的现象。

根据其他国家的调查经验，不管一个国家的实际收入分配状况如何，在划分为五层的社会经济地位认同调查中，认为自己属于中层的都占到近 60%。收入分配差距较小的日本是这样，贫富比较悬殊的巴西和贫富对照鲜明的印度也是这样。这说明，社会经济地位认同的结果与一个国家的实际分配状况没有直接的因果关系。即便是贫富悬殊的国家，长期实行并且被普遍默认，也可以把现实的不平等制度化。但中国作为一个改革开放以后分配制度变化巨大的国家，在制度变迁过程中，有些不合理不合法的因素影响了收入分配，造成了群众的不满。社会经济地位认同普遍偏下反映了分配制度认同较低，即不仅是收入地位较低的人群不满意，就是那些已经处于中层的人也不满，而且不满程度不仅取决于实际经济社会地位，更取决于实际地位与个人预期的差距。

这说明，调整收入分配是一个涉及起点公平、机会公平、过程公平、结果公平的复杂工程，单纯地调整结果不能起到显著降低不满的作用，更重要的是建立公平合理的收入分配制度，增加人们对分配制度的认同度。如果说市场经济是一个公平竞争的游戏，那么首先要保证有一个公众认同的公平竞争的市场规则和社会规则。

8. 社会支持网发生从单位到社区的变化

人们在日常生活中总是会碰到这样那样的困难，这种困难靠个人力量难以克服，需要有一个社会支持网络。在计划经济时期，我们国家的主要社会支持来自"单位"，机关、事业单位、国有企业、人民公社都是这样的"单位"组织。"单位"组织不仅仅是工作部门，也是共同生活、社会管理和社会控制的基础单位。各种社会事务，生老病死、社会保障和救助，甚至婚姻、计划生育、征兵、献血、防疫防火防盗、社会捐助等等，都是通过"单位"落实到基层。改革开放以后，为了提高组织效率，对单位办社会的做法进行了改革，先后实行了住房自有化、就业聘用制、社会保障社会化、后勤服务市场化等一系列改革。改革中新产生的市场就业部门都实行了"非单位"的新体制，整个社会出现从"单位人"到"社会人"的巨大变化。

这样，在组织效率提高的同时，"单位"作为一种传统的把社会问题解决在基层的机制，社会支持的作用也大大弱化，而新的替代机制还没有形成。这种制度过渡产生的真空一方面造成大量问题在基层解决不了，通过"上访"向上层政府集中，另一方面造成社会支持更多地依赖家庭、家族和私人网络。人们在解决各种家庭困难时（子女入托上学、看病求医、就业找工作等等），更多是求助于私人关系网而不是制度化渠道。调查数据的分析显示，在现阶段，"家庭"的支持最大，其支持度达到87.3%；其次是"家族、宗族"，其支持度为63.8%；第三是"私人关系网"，其支持度为

55.5%；排在其后的依次是"社区组织""工作单位""地方政府"和"党组织"等。对私人关系网的依赖，使生活的人情成本大量增加，"人情费用"成为群众家庭生活的六大压力之一。

一个具有趋势意义的积极变化，是"社区组织"的社会支持力度开始超过"工作单位"。这可能预示着，中国的社会管理体制正在经历一个转型，即从以"单位"为基础，经过一个"单位"和"社区"共同为基础的阶段，逐步转向以"社区"为基础。因此，在新的发展阶段必须大力进行社区建设，社区建设对于重建社会支持网，对于重建把社会问题解决在基层的新机制，都具有非常重要的意义。

9. 医疗问题涉及整个非营利机构的改革

在此次关于社会问题的调查中，我们列出包括就业失业、收入差距、养老保障、教育收费、贪污腐败、环境污染等17个社会问题。调查结果表明，排在第一至第三位的社会问题依次为"看病难、看病贵""就业失业"和"收入差距过大、贫富分化"。医疗方面的问题被排在社会问题的第一位，这不仅在改革开放以来历次调查中没有，在其他国家的社会问题调查中也未见。

"看病难、看病贵"之所以成为严重的社会问题，并不是一个简单的服务态度或公共产品供给短缺的问题，而是涉及整个非营利机构的改革问题。医院、学校、文艺团体等被称为事业单位的非营利机构，不同于国家机关，不可能再像计划经济时期那样完全由国家财政包起来，但也不能像企业那样完全以营利为目的。建立一种以公共服务为目的，又能有预算约束和成本约束，并且能提供较好的大众服务和持续发展的非营利机构，是一项与国有企业改革同样艰巨的任务，也是健全和完善公共产品供给机制必须完成的任务。

10. 中产阶层是个新兴的复杂矛盾体

在社会学研究中，虽然人们已经从职业、收入、教育、声望、消费、性别、种族、品位、认同、社会政治态度等各个层面对中产阶层进行了反复研究，但这些研究结果似乎只是不断提出新的挑战。经验研究显示出不同的结果，有的表明中产阶层是当代社会变迁的重要动力，有的则表明中产阶层是传统秩序的堡垒，还有的表明中产阶层是稳定渐进的工业化力量，也有的表明中产阶层是民主化的激进动力。

我们在本项研究中采用了两种办法来测量中产阶层：方案一是以经济社

会地位为主线，通过收入、职业、教育三项指标的综合值测量；方案二是以阶级关系取向为主线，通过资产占有、权力支配和专业技术三个方面的矩阵来测量。这两种测量办法得出的中产阶层的比重极为相似。根据前者，中产阶层比重为 12.1%；而根据后者，所谓新中产阶层加上小业主老中产阶层的比重为 11.9%。

关于中产阶层的社会态度，用方案一界定的"客观中产阶层"，没有显示出统一的社会态度和行为偏好。这使我们不得不承认，这个我们界定的"客观中产阶层"，也有可能只是一种理论上的"虚构"，在现实中他们并不是一个统一的"阶级"。另一个可能性是，所谓中产阶层是一个新兴的社会群体，来自不同的社会阶层，他们的社会态度更多地受原来所属阶级的影响，没有统一的阶级意识，出现阶级结构和阶级意识"碎片化"的现象。运用方案二测量的"客观中产阶层"，不管是老中产阶层，还是新中产阶层，都具有较为明显的社会态度的一致性，但这个社会态度却表现为社会满意度较低、社会信任度较差、社会公平感不高和强烈的对未来社会冲突的预期。换句话说，他们的社会态度表现出与中产阶层"社会稳定器"假设相反的特征。反倒是"主观中产阶层"（认同社会中层），不仅呈现显著的社会态度的一致性，而且越是将自己认同在"社会中层"或接近"社会中层"的那些人群（"社会中上层"或"社会中下层"），就越具有较高的社会公平感。

这些研究结果表明，中国现阶段的中产阶层，是一个新兴的复杂矛盾体，根据各种理论对他们的种种判断，都还需要更进一步的研究来验证。

11. 农民工具有较低的经济地位但具有较积极的社会态度

调查结果显示，2005 年农民工的月平均工资 921 元，远低于城市工人的 1346 元，27.1% 的农民工月工资在 500 元以下；而且，农民工每周平均工作时间 56.6 个小时，远高于城市工人的 47.9 个小时，有 1/4 以上的农民工每周工作时间为 61~80 个小时；农民工的社会保障覆盖率也远低于城市工人，有养老保险的占 16.3%，有失业保险的占 6.2%，有医疗报销待遇的占 28.4%。但是，工资水平和社会保障待遇的影响因素有根本性差异。统计分析表明，农民工的工资水平主要受教育水平和劳动技能影响，而社会保障待遇主要受户籍身份的影响。这意味着，提高农民工收入水平的渠道，最重要的是加大对农民工人力资本的投入，提高农民工的受教育状况，加强农民工的职业培训，提高农民工的工作技能；而改善农民工的社会保障待遇，则要依靠政策法规法律来消除户籍身份的差异性对待，消除农民工在劳动力市场上的机会不平等。

与人们的一般判断相反，调查数据的分析表明，收入和经济社会地位相对较低的农民工，却意外地具有比较积极的社会态度。在安全感、公平感、满意度、过去生活评价和未来生活预期等多项指标中，农民工都表现出更加积极的社会态度。这说明，真正从深层决定农民工社会态度和行为取向的，可能不是经济决定逻辑，而是农民工利益曲线上扬的历史决定逻辑。

12. 建设服务型政府对促进社会和谐意义重大

调查结果显示，人们对政府公共服务工作满意程度的高低，直接而又有力地影响着民众的社会态度和行为取向，并且满意度越高的人，社会态度越是积极乐观。在现实生活中，被调查者经历的各种矛盾纠纷和问题，多数与政府行为存在的不足和弊端相关。因此，改进政府行为，转换政府职能，加强服务型政府的建设，提高人民群众对公共服务的满意度，是促进社会和谐稳定的一个至关重要的因素。

二　促进社会和谐的政策建议

1. 未来五年，要注重解决人民群众最直接的现实利益问题

（1）完善医疗、教育、社会保障等公共服务。从调查结果来看，医疗、教育、社会保障等公共服务存在的问题，成为人民群众不太满意的一个重点，这是我国人民生活实现温饱以后，人民群众日益增长的需求带来的新问题。在这方面，要从解决机会公平入手，坚持低水平、广覆盖，利用增长的财力，重点解决农村、贫困和低收入人口的问题。要注意到，经济增长和福利增长的规律不同，经济增长呈现周期性起伏的规律，而福利增长则遵循刚性上升规律。所以社会保障体制的设计总体上要依靠自身的量入为出，保持收支平衡，不能过于依赖财政的转移支付，特别是要防止超越发展阶段的过快福利增长，那样会使经济社会发展背负过重的负担，一旦经济形势恶化造成社会保障和福利支出困难，就会产生社会风险。中国正处于并将长期处于社会主义初级阶段，人们快速增长的福利需求与满足这种需求的矛盾将长期存在。而随着社会主义市场经济的深入发展和市场竞争的加剧，人们社会生活的风险显著增加。在这种情况下，中国社会保障体制应该坚持低水平、广覆盖、权利和义务对等的原则，使社会保障制度既有利于规避各种社会生活风险，促进社会公平和谐，又有利于激发社会活力，提高效率。

（2）解决好收入分配问题。收入分配问题也成为当前人民群众关系和不太满意的一个方面。调整收入分配结构，理顺收入分配秩序，需要抓好以下几个方面。

一是要调整国民收入结构，扩大公共产品和公共服务供给，提高转移支付的效率，转移支付向基层、农村、困难地区、低收入者倾斜。近些年来，国家财政的增长大大高于 GDP 的增长，这为转移支付提供了财力保障。但很多转移支付效率较低，中间流失较多，转移支付的配置还不均衡。要强调转移支付向基层、农村、困难地区、低收入者倾斜，特别是注重使转移支付发挥在扩大就业、增强摆脱贫困的能力、提高教育和健康水平等方面的作用，从而以积极的办法提高低收入群体的消费能力。

二是要帮助务农农民普遍兼业，千方百计提高农民现金收入。目前城镇居民的人均收入和农民人均现金收入都与人均 GDP 基本保持同步增长，但农民的人均纯收入，却远远落后于人均 GDP 的增长，这就使还占我国人口近 60% 的农民家庭人口，消费水平难以快速提高。在我国人均耕地太少、农村富余劳动力转移受到就业形势限制的情况下，要大力扶持务农农民普遍兼业，使他们的收入和消费也能够主要依赖兼业的现金收入。这是促进农民收入增长的根本途径。

三是研究制定个人所得税征收与消费挂钩的办法。世界各国为了鼓励居民扩大消费，普遍采用个人所得税征收与消费挂钩的办法，即用消费份额来抵扣个人所得税的缴纳基数。这样同样收入的家庭，因抚养人数和消费支出的差异，个人所得税的缴纳份额也有差异，从而形成对低收入、负担重家庭的税收优惠。而我国目前的个人所得税征收，完全与消费脱钩，形成对中低收入家庭的消费抑制。因此，应尽快研究制定个人所得税征收与消费挂钩的办法。

四是研究开征财产税。开征财产税的问题，包括开征遗产税、赠予税等，已经讨论多年。有的学者思想有顾虑，即担心开征财产税会造成大量私人资金外流。但实际情况是，一些非法收入没有财产税也会外逃，而只要财产税控制在合理范围，合法收入就不会外流，因为资金是往投资收益高、收益预期稳定的地方流动。贫富差距的问题，收入差距只是一个方面，财产差距才是更重要的。对财产的税收调节比对收入的税收调节更能对消费产生积极影响。

五是完善社会捐赠的免税制度。要扶持慈善事业的发展，健全有关社会捐赠的法律法规，规范可以接受社会捐赠的领域和部门，放宽社会捐赠的免税范围，加强对社会捐赠使用情况的监督，发挥慈善事业在扶贫济困、扩大内需中的作用。

六是抓紧建立家庭和个人财产资料的数据库。详细的家庭和个人财产统计数据，是个人所得税和财产税的统计资料，但目前关于这方面的资料很不完整，全社会的隐性收入较多，每年新增的城乡个人储蓄余额大大超过城乡居民收入扣除消费后的余额。对于全社会私人财产在个人和家庭中的分布，我们掌握的信息很不完整。所以，应当抓紧建立个人收入和财产申报统计制度，实行统一的纳税人编码。

（3）完善土地征用的补偿法规。当前的上访事件中，土地征用和房屋拆迁引起的矛盾和冲突比较突出，关键问题是土地征用的补偿标准过低。现在土地出让金是很多地方政府的最大收入来源，在一些地方已经成为预算内财政和预算外财政之外的"第三财政"。土地用途的改变与 GDP 增长和政府收入的紧密联系，使房地产过热难以控制。一些地方试行的"土地换保障"做法，收到很好的效果。应该加强对"土地换保障"思路的研究，在这方面鼓励进行积极探索，中央应当提高与地方在土地收益上的分成比例。过去曾考虑过依赖国有股权出让和国有资产变现的渠道积累部分社会保障基金的思路，但实践结果表明，这样做不仅对股市造成冲击，而且由于企业债务，变现的资金很难转为社会保障资金。可以考虑把土地收益作为筹集社会保障基金的重要渠道。中国的社会保障由于历史上的欠账过多，资金缺口很大，寅吃卯粮的个人账户空转也非长久之计。特别是目前人口老龄化的速度加快，中国第一代独生子女已经进入婚育年龄；中国传统大家庭的金字塔结构，正在向反向发展；中国延续了数千年的家庭代际养老模式正受到前所未有的挑战，而中国目前的基本养老保险体制，大约只能够覆盖全社会从业人员的15%。因此，迫切需要加快针对不同人员的养老保障体制建设，特别是加快农村养老保障体制的设计。

（4）注重大学生就业工作，积极推行志愿者活动。调查结果显示，高校在校学生对未来发展趋势的评价与其他社会群体相比较低，这可能是大学生就业难问题造成的。我国目前大学生的比例仍然较低，变人口大国为人力资源大国也要求继续稳步发展高等教育。目前经济的高增长虽然有所缓解就业问题，而且劳动力短缺的情况可能到来的时间比原来预测的要早。但随着资本、技术增密和经济增长的就业弹性持续降低，可能会出现技术劳动力短缺和失业率较高并存的局面。在这种情况下，为了缓解大学生就业形势，可以考虑通过大力宣传、政府补贴和就业优先等措施，积极推动志愿者活动，使志愿者行动成为扩大公共服务、转变社会风气、缓解大学生就业困难的一种普遍形式。

3. 未来十五年，从完善体制机制入手，加强和谐社会建设

（1）缓解基层财政的困难，改善基层干群关系。目前我国县乡两级的财政收入约占全国财政总收入的 20% 多，而县乡两级财政供养的人员却约占全国财政供养人员总数的 70%。中央财政收入和省级财政收入占全国财政收入的比重从 1994 年分税制以来翻了一番还多。据测算，全国乡级财政要支付的乡公务人员工资、村干部补贴、公共品维护和建设、办公费、困难户补助、债务利息等约 2500 亿元，而乡镇能够合法获得的财政收入还不到 1000 亿元，所以只能依靠所谓"创收"和巧立名目向下面收费来维持政权运转，结果造成基层干群关系的紧张。

现在穷乡镇和富乡镇财政收入差异巨大，负债运营的乡镇财政估计占全国乡镇的 2/3。相当多乡镇困难的财政不得不依靠"财政空转""买税"（花钱挖其他地方的税源）和"垫税"过日子。根据这次调查，民众对"政府有关部门乱收费"的意见较大，对"干群关系"评价较低，这与部分地区农村基层财政紧张、缺乏服务能力有关。因此，控制中央和省级的财政支出，加强社会主义新农村建设，缓解基层财政的紧张局面，是目前调节基层干群关系的必要措施。

（2）顺变而治，推动社会管理方式从单位到社区的转变。近些年来，一方面，原有的单位组织随着改革的深入，特别是住房自有化、就业市场化、社会保障社会化、后勤服务市场化等改革，单位组织解决社会问题的能力在弱化；另一方面，就业方式的多样化使社会流动加快，越来越多的社会成员由"单位人"变成"社会人"。这样，政府过去是通过"单位"来管理分散的个人，而现在往往要直接面对分散的个人，治理的成本增加。近年来上访事件的增多，其实也与原来单位管理方式的变化有关，很多问题现在难以在基层解决，而要政府直接出面。这次调查结果显示，目前社会支持网络主要依赖家庭和私人关系，但社区的作用在显著增强。要顺变而治，加快城乡社区建设，重建把社会问题解决在基层的体制机制，充分发挥社区在社会整合中的基础作用。

（3）提高管理水平，使社会组织快速、健康、有序发展。根据国际上的发展经验，在市场经济条件下，为了避免政府直接面对分散的个人而造成的管理成本过高，要通过社会组织的发展，来使社会组织成为政府与分散的个人之间的中介。我国近年来社会管理方式的变化，使各种连接政府与个人的民间社团组织快速发展。这些社会组织在创造就业机会、提供社会服务、发展第三产业方面，都发挥着重要作用，但从国际比较和社会需求看，仍然存在很大的差距。现在不少干部对发展社会组织存有疑虑，因为现实中社会组织鱼龙混杂的情况的确存在。一些打着各类旗号的邪教、迷信、传销和带有黑社会性质的非法组织，虽屡经打击，但仍暗中存在，另外一些国外敌对势力也往往通过资助民间组织的形式培育反政府力量。不过，在"社会发育"初期出现的这种情况，在"市场发育"初期也曾有过，我们管理市场也曾有过一个"一放就乱、一乱就统、一统就死"的过程。所以，不能因为社会组织发展中存在这样那样的问题就放弃促进社会发育的方向，因为这个方向是走向现代社会管理绕不过去的。对社会组织，只能在不断发展的同时，逐步提高管理水平，依法加强管理，促使其规范、健康、有序的发展，发挥其积极作用，限制其消极影响。

4. 未来20~30年，从长治久安出发，需要考虑的几个重大问题

（1）健全社会主义民主法制是百年大计。随着中国经济的快速增长和社会结构的深刻变化，中国政治生活的进一步民主法制化也会成为更加紧迫的要求。一些国家和地区，虽然在形式上完成了所谓"西方民主化"，但政治生活实际上仍存在盘根错节的裙带关系、腐败和既得利益集团的联盟，而且为"转变"都付出了社会混乱的代价。中国近若干年来，在完善社会主义基本民主制度的同时，也在积极探索基层民主和党内民主道路，更加注重依法治国、依法执政、依法管理。在这方面我们应当有百年大计和总体设计，通过渐进式的改革和不断推进，在实践中探索一条有利于中国保持长期快速稳定发展的政治体制改革道路。

（2）建立严格的监管制度，从制度上杜绝腐败。国家和地方财政要保证政权正常运转的支出，不允许国家全额财政供给的部门进行所谓的"创收"和进行工资外的收入分配，差额拨款的事业部门和政府购买服务的领域也要有保证公益目标的监管制度。要着手建立个人财产登记制度，并建立公务人员的就职、离职和换岗的财产审查制度。进一步完善个人所得税制度，改变目前所得税征收与家庭消费脱钩的状况，建立普遍的个人所得税年度申报制度。增加税务征收力量，提高税务管理和监督的技术水平，加强对偷税、漏税、避税行为高发领域的监管力度。

（3）塑造社会主义核心价值体系。中国的快速发展以及同时经历的工业化、城镇化、市场化、全球化，使不同的地域人群、不同的社会阶层和不同的年龄段人口，在一些社会的重要价值认同方面，都出现了较大的差异。在新的历史条件下，塑造中国特色社会主义的社会核心价值体系，是一项紧迫而重要的任务。要加强和改进思想政治工作，发扬中华民族的优良道德传统，形成爱国守法、诚信友爱、积极向上、努力拼搏的道德风尚。

（4）探索社会建设的运行规律。中国在发展社会主义市场经济的过程中，在正确处理政府和市场的关系、发挥市场资源配置的基础作用、稳妥地进行经济宏观调控等方面，有了丰富的经验。在构建社会主义和谐社会的过程中，也要积极探索社会建设的规律，正确处理政府和社会的关系，发挥社会的自组织作用，稳妥地进行社会宏观调控。要扩大社会中间层，减少低收入和贫困群体，理顺收入分配秩序，严厉打击腐败和非法致富，实行积极的就业政策，努力改善社会关系和劳动关系，正确处理新形势下的各种社会矛盾，为建立一个更加繁荣富强、公正和谐和充满活力的社会主义现代化国家而奋斗！

参考文献

爱玲(编辑)，2004，《社会学家解读"和谐社会"》，《金陵瞭望》11 月 23 日。

白重恩等，2004，《地方保护主义及产业地区集中度的决定因素和变动趋势》，《经济研究》第 4 期。

毕先萍、简新华，2002，《论经济结构变动与收入分配差距的关系》，《经济评论》第 8 期。

边燕杰、张展新，2002，《市场化与收入分配——对 1988 年和 1995 年城市住户收入调查的分析》，《中国社会科学》第 5 期。

蔡昉、都阳，2000，《中国地区经济增长的趋同与差异——对西部开发战略的启示》，《经济研究》第 10 期。

蔡昉、王美艳，2002，《中国经济增长究竟有多快?》，《新视野》第 4 期。

陈光金，2005，《反贫困：促进社会公平的一个视角——改革开放以来中国农村反贫困的理论、政策与实践回顾》，载景天魁、王颉主编《统筹城乡发展》，哈尔滨：黑龙江人民出版社。

——，2007，《劳资关系：通过协调走向劳资两利》，载《浙江经验与中国发展·社会卷》，北京：社会科学文献出版社。

陈冠任、易扬，2004，《中国中产者调查》，北京：团结出版社。

陈佳贵、黄群慧等，2007，《中国工业化进程报告》，北京：社会科学文献出版社。

陈佳贵、黄群慧、钟宏武，2006，《中国地区工业化进程的综合评价和特征分析》，《经济研究》第 6 期。

陈文玲，2007，《我国消费需求发展趋势及深层次矛盾》，《宏观经济研究》

第 1 期。

陈宗胜，1994，《经济发展中的收入分配》，上海：上海三联书店、上海人民出版社。

——，2002，《再论改革与发展中的收入分配》，北京：经济科学出版社。

陈宗胜、周云波，2001，《体制改革对城镇居民收入差别的影响》，《中国社会科学》第 6 期。

陈立中、张建华，2006，《中国城镇主观贫困线测度》，《财经科学》第 9 期（总 222 期）。

崔传义，2004，《推进户籍制度改革，创造农民工转化为城市产业工人的制度环境》，国务院发展研究中心《调查研究报告》第 206 期。

高宣扬，2005，《当代社会理论》，北京：中国人民大学出版社。

"工业化与城市化关系协调发展研究"课题组，2002，《工业化与城市化关系的经济学分析》，《中国社会科学》第 2 期。

国城调，1997，《中国城镇居民贫困的测量》，《中国统计》第 3 期（总第 182 期）。

国家统计局，1998，《1998 年中国统计摘要》，北京：中国统计出版社。

——，2005，《2004 年中国农村贫困监测公报》，《经济日报》4 月 22 日。

国家农调总队，2005，《2004 年我国贫困地区妇女贫困程度更为严重》，中国三农信息网。

国家统计局农调总队课题组，1994，《城乡居民收入差距研究》，《经济研究》第 12 期。

国家统计局农村社会经济调查总队，2003，《中国农村贫困监测报告（2003）》，北京：中国统计出版社。

国家统计局农村社会经济调查司，2007，《中国农村住户调查年鉴（2007）》，北京：中国统计出版社。

关信平，1999，《中国城市贫困问题研究》，长沙：湖南人民出版社。

何伟，2006，《资源分配不公决定收入分配不公——再论公平与分配不能联姻》，《中国流通经济》第 7 期。

郝大海、李路路，2006，《区域差异改革中的国家垄断与收入不平等——基于 2003 年全国综合社会调查资料》，《中国社会科学》第 2 期。

胡兵、赖景升、胡宝娣，2007，《经济增长、收入分配与贫困缓解——基于中国农村贫困变动的实证分析》，《数量经济技术经济研究》第 5 期。

胡景北，2004，《中国经济发展过程中的城市贫困的理论分析》。载李实、佐藤宏主编《经济转型的代价——中国城市失业、贫困、收入差距分析》，北京：中国财政经济出版社。

胡联合、胡鞍钢，2006，《中国贫富分化对违法犯罪活动的影响》，载权衡主编《收入分配与社会和谐》，上海：上海社会科学出版社。

——，2007，《中产阶层："稳定器"还是相反或其他——西方关于中产阶层社会政治功能的研究综述》，《中国社会科学内刊》第 6 期。

黄祖辉、王敏、万广华，2003，《我国居民收入不平等问题：基于转移性收入角度的分析》，《管理世界》第 3 期。

贾西津，2006，《公民社会制度环境的国际比较》，载俞可平等著《中国公民社会的制度环境》，北京：北京大学出版社。

姜德华等，1989，《中国的贫困地区类型及开发》，北京：旅游教育出版社。

金亮贤，2002，《改革开放以来法律文化变迁述评》，《政治与法律》第 5 期。

康晓光，1999，《权力的转移——转型时期中国权力格局的变迁》，杭州：浙江人民出版社。

——，2002，《90 年代中国贫困与反贫困战略》，中国扶贫信息网。

李培林，1996，《农民工的社会网络和社会地位》，《社会学研究》第 4 期。

李培林主编，2003，《农民工：中国进城农民工的经济社会分析》，北京：社会科学文献出版社，

李培林、李炜，2007，《农民工在中国转型中的经济地位和社会态度》，《社会学研究》第 3 期。

李培林、张翼，2000，《消费分层：启动经济的一个重要视点》，《中国社会科学》第 1 期。

李培林、张翼、赵延东，2000，*Job Searching, Employment and Institutional Change*，杭州：浙江人民出版社。

李培林、张翼、赵延东、梁栋，2005，《社会冲突与阶级意识》，北京：社会科学文献出版社。

李强（社会学者），2005，《"丁字型"的社会结构与"结构紧张"》，《社会学研究》第 2 期。

——，2006，《职业共同体，今日中国社会整合之基础——论"杜尔克姆主义"的相关理论》，《学术界》第 3 期。

李强（法学学者），2004，《中国土地征收法律制度研究》，中国民商法律网
　　7月18日。

李实，2003，《中国个人收入分配研究回顾与展望》，《经济学（季刊）》第
　　2卷第2期。

——，2004，《20世纪90年代末中国城市贫困的恶化及其原因》，载李实、
　　佐藤宏主编《经济转型的代价——中国城市失业、贫困、收入差距分
　　析》，北京：中国财政经济出版社。

——，2007，《收入分配体制变迁与差距演变——改革30年回顾》，"中国
　　改革步入30年回顾与展望"国际研讨会会议论文。

李实、罗楚亮，2007a，《收入差距与社会公平》，中国改革研究院（海南）
　　2007年中国改革评估报告。

——，2007b，《中国城乡居民收入差距的重新估计》，《北京大学学报》（哲
　　学社会科学版）第2期。

李实、John Knight，2004，《中国城市贫困中的三种类型》，载李实、佐藤宏
　　主编《经济转型的代价——中国城市失业、贫困、收入差距分析》，北
　　京：中国财政经济出版社。

李实、岳希明，2006，《中国个人收入分配》，天则经济研究所253次双周
　　学术讨论会报告。

李实、张平、魏众、仲济根等著，2000，《中国居民收入分配实证分析》，
　　北京：社会科学文献出版社。

李实、赵人伟，1999，《中国居民收入分配再研究》，《经济研究》第4期。

——，2006，《市场化改革与收入差距扩大》，《洪范评论》第3卷第2辑。

李亚杰、魏武，2007，《中国不断改进信访工作 扭转群体性事件高发势头》，
　　新华网3月28日。

李小云、张雪梅、唐丽霞，2005，《当前中国农村的贫困问题》，http：//
　　super. aweb. com. cn 9月20日。

李燕琼、嘉蓉梅，2006，《城市化过程中土地征用与管理问题的理性反
　　思——对我国东、中、西部1538个失地农户的调查分析》，《经济学
　　家》第5期。

柳拯、郭洪泉、朱勋克，2005，《我国城乡贫困问题预测分析》，《中国社会
　　保障》2005年第9期

林卡、范晓光，2006，《贫困和反贫困——对中国贫困类型变迁及反贫困政

策的研究》，《社会科学战线》第 1 期。

林毅夫、蔡昉、李周，1998，《中国经济转型时期的地区差距分析》，《经济研究》第 6 期。

——，1999，《中国的奇迹：发展战略与经济改革（增订版）》，上海：上海三联书店。

林幼平、张澍，2001，《20 世纪 90 年代以来中国收入分配问题研究综述》，《经济评论》第 4 期。

刘长城，2001，《经济发展与犯罪峰值关联性初探》，《中国经济快讯周刊》第 47 期。

刘海波，2004，《中央与地方政府间关系的司法调节》，《法学研究》第 5 期。

刘精明，2006，《市场化与国家规制——转型期城镇劳动力市场中的收入分配》，《中国社会科学》第 5 期。

刘毅，2006，《中产阶层的界定方法及实证测度——以珠江三角洲为例》，《开放时代》第 4 期。

鲁凤、徐建华，2004，《中国区域经济差异——来自基尼系数和泰尔系数的实证》，《中国东西部合作研究》第 1 卷。

陆学艺，2005，《构建和谐社会与社会结构的调整》，《江苏社会科学》第 6 期。

陆学艺主编，2001，《当代中国社会阶层结构研究报告》，北京：社会科学文献出版社。

——，2004，《当代中国社会流动》，北京：社会科学文献出版社。

吕大乐、王志铮，2003，《香港中产阶级的处境观察》，香港：三联书店（香港）。

《马克思恩格斯全集》，第一卷，北京：人民出版社，1956。

《马克思恩格斯全集》，第二十一卷，北京：人民出版社，1965。

《马克思恩格斯选集》，第一卷，北京：人民出版社，1972。

茅于轼，2006，《真正懂经济学的人不会被很多危机吓唬住》，《新青年·权衡》7 月 5 日。

农业部，2006，《中国农业统计年鉴（2006）》，农业部网站。

——，2007，《2006 年全国乡镇企业经济运行情况分析》，农业部网站 1 月 24 日。

彭国华，2005，《中国地区收入差距、全要素生产率及其收敛分析》，《经济研究》第 9 期。

乔健，2006，《中国劳动关系的转型及当前特征》，载《2007 年：中国社会形势分析与预测》，北京：社会科学文献出版社。

秦晖，1999，《政府与企业以外的现代化》，杭州：浙江人民出版社。

——，2002，《既要 WTO，也要 NGO》，《中国改革》第 6 期

秦威，2005，《社会组织在构建和谐社会中的作用与功能》，《学会》第 6 期。

秦交锋，2007，《专家谈如何"让更多群众拥有财产性收入"》，《半月谈》11 月。

魏杰，2006，《收入差距不要迷信基尼系数》，《人民日报（海外版）》，7 月 14 日。

沈坤荣、付文林，2006，《税收竞争、地区博弈与增长绩效》，《经济研究》第 6 期。

沈红，2000，《中国贫困研究的社会学评述》，《社会学研究》第 2 期。

沈红、周黎安、陈胜利，1992，《边缘地带的小农：中国贫困的微观解理》，北京：人民出版社。

石彤，2004，《社会转型时期的社会排挤——以国企下岗失业女工为视角》，北京：北京大学出版社。

孙立平，2003，《贫困是什么?》，中国三农信息网。

孙立平等，1994，《改革以来中国社会结构的变迁》，《中国社会科学》第 2 期。

唐钧，1994，《中国城市居民贫困线研究》，上海：上海科学出版社。

童大焕，2007，《提高劳动者工资告别国富民穷》，中国网 5 月 15 日。

童星、林闽纲，1993，《中国农村贫困线标准》，《中国社会科学》第 3 期。

涂晓芳，2004，《地方政府的行为博弈与其外在性》，《云南行政学院学报》第 3 期。

万广华，1998，《中国农村区域间居民收入差异及其变化的实证分析》，《经济研究》第 5 期。

——，2006，《经济发展与收入不平等：方法和证据》，上海：上海三联书店、上海人民出版社。

王洪亮、徐翔，2006，《收入不平等孰甚：地区间抑或城乡间》，《管理世

界》第 11 期。

王山，1994，《第三只眼睛看中国》，太原：山西人民出版社。

王绍光、何建宇，2004，《中国的社团革命——勾勒中国人的结社的全景图》，《浙江学刊》总第 149 期。

王天夫、王丰，2005，《中国城市收入分配中的集团因素：1986 – 1995》，《社会学研究》第 3 期。

王小鲁，2007，《中国的灰色收入与居民收入分配差距》，《中国改革》第 7 期。

王小强、白南风，1982，《富饶的贫困》，成都：四川人民出版社。

王祖祥、范传强、何耀，2006，《中国农村贫困评估研究》，《管理世界》第 3 期。

魏后凯，2001，《从重复建设走向有序竞争——中国工业重复建设与跨地区资产重组研究》，北京：人民出版社。

向书坚，1998，《全国居民收入分配基尼系数的测算与回归分析》，《财经理论与实践》第 1 期。

肖宾，2006，《官商勾结拿地现象正处在高发期》，《京华时报》6 月 19 日。

萧新煌、尹宝珊，1999，《台湾、香港和新加坡中产阶级的集体社会政治意识》，社会阶层研讨会（香港），香港中文大学亚太研究所。

谢嗣胜、姚先国，2006，《农民工工资歧视的计量分析》，《中国农村经济》第 4 期。

新华网，2006，《中央社会治安综合治理委员会会议实录》，11 月 6 日。

——，2007，《千差万别求相宜——如何统筹协调各方面的利益关系》，《理论热点面对面·2007》10 月 3 日。

刑志杰，2004，《关于教育收益率研究的国际比较》，《北大教育经济研究》（电子季刊）第 2 卷第 1 期。

许嘉猷主编，1994，《阶级结构与阶级意识比较研究论文集》，台北："中研院"出版。

许学强、周一星、宁越敏，1997，《城市地理学》，北京：高等教育出版社。

薛进军、魏众，2004，《中国城市失业、贫困和收入差距》。载李实、佐藤宏主编《经济转型的代价——中国城市失业、贫困、收入差距分析》，北京：中国财政经济出版社。

薛兆丰，2006，《别拿所谓基尼警戒线吓自己》，《世界经济学人》7 月 18

日。

姚洋，2004，《建立一个中国的社会公正理论》，中国政治经济学教育科研网 11 月 15 日。

尹呐，2007，《地方保护主义的成因与对策》，《重庆教育学院学报》第 5 期。

于建嵘，2005，《转型期中国的社会冲突——对当代工农维权抗争活动的观察和分析》，《凤凰周刊》第 7 期。

俞德鹏，1995，《省际城市化进程的定量比较》，《人口研究》第 1 期。

俞可平，1993，《马克思的市民社会理论及其历史地位》，《中国社会科学》第 3 期。

——，2003，《增量民主与善治》，北京：社会科学文献出版社。

俞可平等，2006，《中国公民社会的制度环境》，北京：北京大学出版社。

张东生主编，2007，《中国居民收入分配年度报告》，北京：中国财政经济出版社。

张乃剑，2004，《靠牺牲农民利益推进城市化将是一场灾难》，"中国农民权益保护国际研讨会"［中国改革研究院（海南）3 月 12 日］论文。

张车伟，2006，《人力资本回报率与收入差距："马太效应"及其政策含义》，《经济研究》第 12 期。

张文宏、阮丹青，1999，《城乡居民的社会支持网》，《社会学研究》第 3 期。

张孝德、钱书法，2002，《中国城市化过程中的"政府悖论"》，《国家行政学院学报》第 5 期。

张平，1998，《中国农村居民区域间收入不平等与非农就业》，《经济研究》第 8 期。

张翼，2004，《中国人的社会流动：阶级继承与代内流动》，《社会学研究》第 4 期。

——，2005a，《中国城市社会的阶级冲突意识研究》，《中国社会科学》第 4 期。

——，2005b，《中国人口的阶级分层：利用第五次人口普查数据所做的分析》，《中国人口科学》第 6 期。

赵俊臣，2003，《论几个"农民致贫说"的荒谬性》，《红旗文稿》第 18 期。

赵人伟，1985，《劳动者个人收入分配的若干变化趋势》，《经济研究》第 3

期

——，2005，《收入分配、财产分配和渐进改革》，《经济社会体制比较》第
　　5 期。

——，2007，《中国居民财产分布研究》，载《紫竹探真——收入分配及其
　　他》，上海：上海远东出版社。

赵人伟、基斯·格里芬主编，1994，《中国居民收入分配研究》，北京：中
　　国社会科学出版社。

赵人伟、李实、Carl Riskin，1999，《中国居民收入分配再研究》，北京：中
　　国财政经济出版社。

赵人伟、李实，1999，《中国居民收入差距的扩大及其原因》，载赵人伟等
　　主编《中国居民收入分配再研究》，北京：中国财政经济出版社。

赵人伟、李实、丁赛，2005，《中国居民财产分布研究》，《中国经济时报》
　　4 月 25 ~ 26 日。

赵延东、张化枫、邓大胜，2007，《西部城乡居民的贫困状况》，载汝信、
　　陆学艺、李培林主编《2007 年：中国社会形势分析与预测》，北京：社
　　会科学文献出版社。

郑毓盛、李崇高，2003，《中国地方分割的效率损失》，《中国社会科学》第
　　1 期。

中国发展研究基金会，2007，《中国发展报告 2007》，北京：中国发展出版
　　社。

中国劳动科学研究院劳动科学研究所，2000，《利用样本数据对沈阳和武汉
　　下岗职工状况的分析报告》，《研究论坛》第 19 期。

中国社会科学院非政府组织研究课题组，2007，《英国非政府组织的发展及
　　其监管》，《中国社会科学院要报》6 月（总第 2904 期）。

中国社会科学院城市发展与环境研究中心，2007，《中国城市发展报告
　　No.1》，北京：社会科学文献出版社。

中国土地政策改革课题，2006，《土地解密：政府征用农民土地全程解析》，
　　《财经》第 1 期。

周诚，2005，《再论我国农地征收的合理补偿》，《中国经济时报》10 月 17
　　日。

周为民、卢中原，1986，《效率优先、兼顾公平——通向繁荣的权衡》，《经
　　济研究》第 2 期。

周晓虹主编，2005，《全球中产阶级报告》，北京：社会科学文献出版社。

——，2005，《中国中产阶层调查》，北京：社会科学文献出版社。

周业安、赵坚毅，2004，《市场化、经济结构变迁和政府经济结构政策转型——中国经验》，《管理世界》第 5 期。

周怡，2002，《贫困研究：结构解释与文化解释的对垒》，《社会学研究》第 3 期。

——，《解读社会：文化与结构的路径》，北京：社会科学文献出版社。

周玉清，2006，《职工工资收入过低严重影响社会和谐稳定》，《中国经济时报》7 月 28 日。

朱力，2006，《变迁之痛——转型期的社会失范研究》，北京：社会科学文献出版社。

布劳，彼特，1991，《不平等与异质性》，王春光、谢圣赞译，北京：中国社会科学出版社。

戴约，F. C. 编，1991，《经济起飞的新视角》，北京：中国社会科学出版社。

渡边雅男，1998，《现代日本的阶层差别及其固定化》，陆泽军等译，北京：中央编译出版社。

费希尔，朱莉，2002，《NGO 与第三世界的政治发展》，邓国胜、赵秀梅译，北京：社会科学文献出版社。

弗里德曼，米尔顿、罗斯·弗里德曼，1998，《自由选择，个人声明》，胡琦、席学媛、安强译，北京：商务印书馆。

哈贝马斯，1994，《交往行动理论》，洪佩郁、蔺青译，重庆：重庆出版社。

——，1999，《公共领域的结构转型》，曹卫东、王晓珏、刘北城、宋伟杰译，南京：学林出版社。

哈耶克，弗里德利希，2000，《法律、立法与自由》，邓正来、张守东、李静冰译，北京：中国大百科全书出版社。

黑格尔，1961，《法哲学原理》，范扬、张企泰译，北京：商务印书馆。

亨廷顿，1988，《变化社会中的政治秩序》，王冠华等译，北京：华夏出版社。

吉登斯，安东尼，1998，《社会的构成》，李康、李猛译，北京：三联书店。

——，2000，《第三条道路：社会民主主义的复兴》，郑戈、渠敬东、黄平译，北京：北京大学出版社。

具海根，2004，《韩国工人——阶级形成的文化与政治》，梁光严、张静译，北京：社会科学文献出版社。

卡罗瑟斯，托马斯，2000，《市民社会》，蒲燕译，《国外社会科学文摘》第7期。

克里西，汉斯彼得、鲁德·库普曼斯、简·威廉·杜温达克、马可·G.朱格尼，2006，《西欧新社会运动——比较分析》，张峰译，重庆：重庆出版集团、重庆出版社。

科瑟，L.，1989，《社会冲突的功能》，北京：华夏出版社。

库兹涅茨，西蒙，1991，《现代经济增长》，北京：北京经济学院出版社。

拉瓦里昂，马丁、陈少华，2004，《中国减贫工作取得不平衡的进展》，世界银行发展研究部。

罗尔斯，1988，《正义论》，何怀宏、何包钢、廖申白译，北京：中国社会科学出版社。

罗奇，史蒂芬，2007，《美中贸易关系的政治化》，中国发展高层论坛学术峰会文章（3月17日）。

梅尔文·科恩，2007，《社会变革与稳定》，北京：社会科学文献出版社。

米尔斯，C.W.，2006，《白领：美国的中产阶级》，周晓虹译，南京：南京大学出版社。

莫塞利茨，N.，1997，《社会整合和系统整合：洛克伍德、哈贝马斯、吉登斯》，李猛译，《社会理论论坛》第3期。

纳拉扬，迪帕、拉伊·帕特尔、凯·萨福特、安妮·拉德马赫、萨拉·科克舒尔特，2001，《谁倾听我们的声音》，付岩梅译，北京：中国人民大学出版社。

诺齐克，罗伯特，1991，《无政府、国家与乌托邦》，何怀宏等译，北京：中国社会科学出版社。

诺斯，道格拉斯·C.，1994，《经济史中的结构与变迁》，陈郁、罗华平等译，上海：上海三联书店、上海人民出版社。

帕森斯，T.，2003，《社会行动的结构》，张明德、夏遇南、彭刚译，南京：译林出版社。

钱纳里等，1989，《发展的格局》，李小青等译，北京：中国财政经济出版社。

青木昌彦，2001，《比较制度分析》，周黎安译，上海：上海远东出版社。

萨拉蒙，莱斯特·M. 等，2007，《全球公民社会——非营利部门视界》，贾
　　西津等译，北京：社会科学文献出版社。

森，阿马（玛）蒂亚，2002，《以自由看待发展》，任赜、于真译，北京：
　　中国人民大学出版社。

——，2001，《贫困与饥荒》，王宇、王文玉译，北京：商务印书馆。

——，2006，《论经济不平等/不平等之再考察》，北京：社会科学文献出版
　　社。

沙里温，2000，《亚洲开发银行与中国扶贫——在"21 世纪初中国扶贫战略
　　国际研讨会"上的致辞》，载《开发与致富——21 世纪初中国扶贫战略
　　国际研讨会资料专辑》，第 5 期。

西季威克，亨利，1993，《伦理学方法》，廖申白译，北京：中国社会科学
　　出版社。

斯科特，詹姆斯，2001，《农民的道义经济学》，程立昱、刘建等译，南京：
　　译林出版社。

世界银行，1991，《1990 年世界发展报告》，北京：中国财政经济出版社。

——，2000，《2000 年世界发展报告》，北京：中国财政经济出版社。

——，2003，《中国促进均衡增长——国别经济备忘录》。

——，2004，《中国：推动公平的经济增长》，北京：清华大学出版社。

涂尔干（迪尔凯姆），1995，《社会学方法的准则》，狄玉明译，北京：商务
　　印书馆。

——，1989，《自杀论》，冯韵文译，杭州：浙江人民出版社。

——，2000，《社会分工论》，渠东译，北京：三联书店。

——，2001，《职业伦理与公民道德》，渠东、傅德根译，上海：上海人民
　　出版社。

亚洲开发银行，2004，《亚洲开发银行与中华人民共和国：共同致力于扶贫
　　事业》。

——，2007，《关键指标 2007：亚洲的分配不均等》，北京：人民出版社。

奈特，约翰、李实、赵人伟，1999，《中国城镇工资和收入差异的区域分
　　析》，载《中国居民收入分配再研究——经济改革和发展中的收入分
　　配》，北京：中国财政经济出版社。

Amsden，Alice H. 1989 *Asia's Next Giant：South Korea and Late Industrialization.*
　　New York：Oxford University Press.

Freeman, eds. 1992. *Immigration and the Work Force: Economic Consequences for the United States and Source Areas.* Chicago: University of Chicago Press.

Asia Pacific Civil Society Forum. 2003. "Statement of the Asia-pacific Civil Society Forum on Millennium Development Goals and the Eradication of Extreme Poverty and Hunger". Bangkok, Thailand.

Atkinson, A. B. 1999. "Is Rising Inequality Inevitable? A Critique of the Transatlantic Consensus". WIDER Annual Lecture, 3, UNU/WIDER: Helsinki.

Atkinson, A. and F. Bourguignon. 1982. "The Comparison of Multidimensioned Distributions of Economic Status". *Rev. Econom. Stud.* 49: 183 −201.

Bamford, Chanida Chanyapate. 2003. *War on Poverty in Thailand: A Political Will and Won't.* Bangkok, Thailand.

Bauman, Zygmunt. 1976. *Socialism: Active Utopia.* London: George Allen & Unwin Ltd.

Beveridge, William. 1942. *Social Insurance and Allied Services.* London: HMSO.

Bian, Yanjie and John R. Logan. 1996. "Market Transition and the Persistence of Power: The Changing Stratification System in Urban China". *American Sociological Review*, Vol. 61 (Oct.): 739 −758.

Blau, Peter and Otis Dudley Duncan. 1967. *The American Occupational Structure.* New York : Wiley.

Branko, Milanovic. 2005. *Worlds Apart.* Princeton University Press.

Braverman, Harry. 1974. *Labor and Monopoly Capital: The Degradation of Work in the Twentieth Century.* New York: Monthly Review Press

Buchanan, James. 1993. *Property as a Guarantor of Liberty.* New York: Edward Elgar Publishing Ltd.

Bulter, Tim and Mike Savage (eds.) 1995. *Social Change and the Middle Class.* London: UCL Press.

Cai, Fang and Dewen Wang. 2003. "Migration as Marketization, What Can We Learn from China's 2000 Census Data?" *The China Review* 3 (2).

Campbell, K. E., et al. 1986. "Social resources and socioeconomic status". *Social Networks*, Vol. 8.

Chang, G. H. 2002. *China's Urbanization Lag and Its Economic Costs.* Department of Economics, The University of Toledo.

Cohen, Jean L., Andrew Arato. 1992. *Civil Society and Political Theory*. Cambridge: MIT Press.

Dahrendorf, Ralf. 1958. "Toward a Theory of Social Conflict". *Journal of Conflict Resolution*, 2: 170 −183.

——. 1959. *Class and Class Conflict in Industrial Society*. Stanford: Stanford University Press.

——. 1966. *Power and Privilege*. New York: McGraw-Hill.

——. 1968. *Essays in the Theory of Society*. Stanford: Stanford University Press

David, Miller. 1982. "Arguments for Equality". *Midwest Studies in Philosophy* (7).

Davis, James C. 1962. "Toward A Theory of Revolution". *American Sociological Review*, Volume 27, No. 1, pp. 5 −6.

De Haan, A. 2000. "Social Exclusion: Enriching the Understanding of Deprivation". *Issue* 2, March, pp. 22 −40. .

Deyo, Frederic C. 1995. "Capital, Labor, and State in Thai Industrial Restructuring: The Impact of Global Economic Transformations". In Jozsef Borocz and David Smith, eds., *A New World Order? Global Transformation in the Late Twentieth Century*. Westport, CT: Praeger.

——. 2000. "Reform, Globalization, and Crisis: Reconstructing Thai Labour". *Journal of Industrial Relations* (Australia) 42, 2 (June).

Erikson, Robert, and John H. Goldthorpe. 1993. *The Constant Flux: A Study of Class Mobility in Industrial Societies*. Oxford: Clarendon Press.

Eyal, Gil, Ivan Szelenyi and Eleanor Townsley. 1998. *Making Capitalism without Capitalist: Class Formation and Elite Struggles in Post-Communist Central Europe*. London: Verso.

Foster, J., J. Greer, and E. Thorbecke. 1984. "A class of decomposable poverty measures". *Econometrica*, 42.

Foster, J. E., A. F. Shorrocks. 1991. "Subgroup Consistent Poverty Indices". *Econometrica*, vol. 59.

Gans, Herbert J. 1971. "The Uses of Poverty: The Poor Pay All". *Social Policy*, July/August, pp. 20 −24.

Goldthorpe, John H. 1982. "On the Service Class, Its formation and Future", in *Classes and the Division of Labour: Essays in Honor of Ilya Neustadt.* A. Giddens and G. MacKenzie (eds.). Cambridge: Cambridge University Press, pp. 162 −185.

——. 1990. "A Response", in *Consensus and Controversy*, J. Clark, C. Modgil, and S. Modgil (eds.). London: Falmer Press, pp. 399 −440.

Guan, X. P. 2003. "Policies Geared to Tackling Social Inequality and Poverty in China", in Jones Finer, C. (ed.) *Social Policy Reform in China. Views from Home and Abroad.* Aldershot: Ashgate, pp. 69 −87.

Hausman, Daniel. 1998. "Problems with Supply-side Egalitarianism". In Samuel Bowles and Herbert Gintis. *Recasting Egalitarianism.* London and New York: Verso.

Gans, Herbert J. 1972. "The Positive Functions of Poverty". *The American Journal of Sociology*, Vol. 78, No. 2 (Sep), pp. 275 −289

Hirschman, Albert O. 1981. *Essays in Trespassing: Economics to Politics and Beyond.* Cambridge University Press.

Huang, G., and M. Tausig. 1990. "Network range in personal networks". *Social Networks*, Vol. 12.

Huntington, Samuel P. 1991. *The Third Wave: Democratization in Late Twentieth Century.* Norman: University of Oklahoma Press.

Jian, Tianlun, Jeffrey D. Sachs and Andrew Warner. 1996. "Trends in Regional Inequality in China". *China Economic Review*, 7 (1): 1 −21.

Jones, D. C., C. Li, A. L. Owen. 2003. "Growth and regional inequality in China during the reform era". *China Economic Reviews*, Vol 14, pp. 186 −200.

Kacapyr, Elia, Peter Francese, and Diane Crispell. 1996. "Are You Middle Class? —Definitions and Trends of US Middle-Class Households". *American Demographics*, Oct.

Kanbur, Ravi and Xiaobo, Zhang. 2003. "Fifty Years of Regional Inequality in China: A Journey Through Central Planning, Reform and Openness". Paper prepared for the UNU/WIDER Project Conference on Spatial Inequality in Asia.

Kerr, Clark, J. T. Dunlop, F. Harbison, and C. A. Myers. 1973. *Industrialism and Industrial Man.* Harmondsworth: Penguin Books.

Khan, Azizur Rahman, Keith Griffin, and Carl Riskin. 1999. "Income Distribution in Urban China During the Period of Economic Reform and Globalization". *American Economic Review/* AEA Papers and Proceedings, Vol. 89, No. 2.

Kolm, S. C. 1977. "Multidimensional Egalitarianisms". *Quart. J. Econom.* 91: 1 −13.

Koo, Hagen. 2001. *The Culture and Politics of Class Formation.* New York: Cornell University Press.

Krueger, A. O. 1992. *Economic Policy Reform in Developing Countries.* Oxford: Basil Blackwell.

Krugman, Paul. 1994. "The Myth of Asian Miracle". *Foreign Affairs*, 73: 62 − 78.

Kuznets, S. 1955. "Economic Growth and Income Inequality". *American Economic Review*, March 45 (1).

Lash, S. and J. Urry. 1987. *The End of Organized Capitalism.* Cambridge: Polity Press.

Lenski, G. E. 1966. *Power and Privilege: A Theory of Social Stratification.* New York: McGraw-Hill.

Moynihan, Daniel P. 1969. *On Understanding Poverty: Perspectives from the Social Science.* New York: Basic Books Inc.

Lin, Justin, Gewei Wang and Yaohui Zhao. 2004. "Regional Inequality and Labor Transfers in China". *Economic Development and Cultural Change* 52 (3).

Lipton, M. and M. Ravallion. 1995. "Poverty and Policy", in J. Behrman and T. N. Srinivasan (eds.) *Handbook of Development Economics*, Vol. 3. Amsterdam: North-Holland.

Lockwood, David. 1964. "Social Integration and System Integration". In G. K. Zollschan, W. Hirsch (eds.) *Social Change.* Cambridge: Schenkman, 370 − 383.

Luhmann, Niklas. 1997. *Die Gesellschaft der Gesellschaft.* Frankfurt am Main:

Suhrkamp.

Maasoumi, E. 1986. "The Measurement and Decomposition of Multidimensional Inequality". *Econometrica*, 54: 771 −779.

Marsden, P. V. 1987. "Core discussion Networks of American". *American Sociological Review*, Vol. 52.

Nee, Victor. 1989. "A Theory of Market Transition: From Redistribution to Market in State Socialism". *American Sociological Review*, Vol. 154 (Oct. 1989), pp. 663 −681.

Øyen, E. 1996. "Poverty Research Rethought", in E. Øyen, S. M. Miller & S. A. Samad (eds.) *Poverty: A Global Review. Handbook on International Poverty Research*. Oslo: Scandinavian University Press.

Parsons, T. 1954. *Essays in Sociological Theory*. New York: Free Press.

——. 1955. *Politics and Social Structure*. New York: Free Press.

——. 1966. *Societies: Evolutionary and Comparative Perspectives*. Englewood Cliffs, N. J. : Prentice Hall.

——. 1971. *The Social System*. New York: Englewood Cliffs, N. J. : Prentice Hall.

——. 1967. *Sociological Theory and Modern Society*. New York: Free Press.

——. 1977. *Social Systems and the Evolution of Action Theory*. New York: Free Press.

Parsons, T. and A. Shils. 1951. "Values, Motives and Systems of Action", in Parsons and Shils eds. *Towards a General Theory of Action*. New York: Harper and Row.

Poulantzas, N. 1973. "On Social Classes". *New left Review*, 78: 27 −54.

Przeworski, A. 1977. "Proletariat into A Class: The Process of Class Formation from Karl Kautsky's *The Class Struggle to Recent Controversies*". *Politics and Society*, 7 (4): 343 −401.

Ram, R. 1995. "Economic Development and Income Inequality: An Overlooked Regression Constraint". *Economic Development and Cultural Change*, 43 (2).

Ravallion, M. 1996. "Issues in Measuring and Modeling Poverty". *Economic J.* 106: 1328 −1343.

——. 1997. "Can High Inequality Developing Countries Escape Absolute Poverty?" *Economics Letters*, 56: 51 −57.

Rex, John. 1961. *Key Problems in Sociological Theory*. London: Routledge and Kegan Paul.

Ruan, D. 1993. *Social network in urban China.* Doctorate dissertation. Columbia University.

Runciman, W. G. 1966. *Relative Deprivation and Social Justice*. University of California Press. Berkeley.

Samad, S. A. 1996. "The Present Situation in Poverty Research", in E. Yen, S. M. Miller, S. A. Samad (eds.) *Poverty: A Global Review.* Handbook on International Poverty Research. Oslo: Scandinavian University Press, pp. 33 −46.

Sandel, Michael. 1998. *Liberalism and the Limits of Justice*. Cambridge: Cambridge University Press.

Seligman, Adam B. 1992. *The Idea of Civil Society*. New York: Free Press.

Sen, A. K. 1976. "Poverty: an ordinal approach to measurement". *Econometrica*, 44: 219 −231.

——. 1985. *Commodities and Capabilities.* North-Holland, Amsterdam.

——. 1992. *Inequality Reexamined.* Harvard University Press, Cambridge, MA.

Shorrocks, A. F. 1995. "Revisiting the Sen Poverty Index". *Econometrica*, vol. 63.

So, A. Y. 2003. "The Changing Pattern of Classes and Conflicts in China". *Journal of Contemporary China*, Vol. 33 (3): 363 −376.

Stark, O. and J. E. Taylor. 1991. "Migration Incentives, Migration Types: The Role of Relative Deprivation". *The Economic Journal*, Vol. 101: 1163 − 1178.

Streeten, P. 1981. *First Things First: Meeting Basic Human Needs in Developing Countries.* New York: Oxford University Press.

Thompson, William, and Joseph Hickey. 2005. *Society in Focus.* Boston, MA: Pearson.

Todaro, M. P. 1969. "A Model of Labor Migration and Urban Unemployment in Less Developed Countries". *American Economic Review*, 59 (1): 105 −133.

Tönnies, F. 1955. *Community and Society.* London: RKP.

——. 1971. *On Sociology: Pure, Applied and Empirical.* Chicago: University of Chicago Press.

Townsend, Peter. 1971. "Measures and Explanations of Poverty in High Income and Low Income Countries: The Problems of Operationalizing the Concepts of Development, Class and Poverty", in P. Townsend (ed.) *The Concept of Poverty.* London: Heinemann.

——. 1985. "A Sociological Approach to the Measurement of Poverty——A Rejoiner to Professor Amartya Sen". *Oxford Economic Papers, New Series,* Vol. 37, No. 4 (Dec.) .

Tsui, K. Y. 1995. "Multidimensional Generalizations of the Relative and Absolute Indices: the Atkinson-Kolm-Sen Approach". *J. Econom. Theory,* 67: 251 −265.

UNDP. 1990. *Human Development Report.* New York: Oxford University Press.

——. 2003. *Human Development Report for Thailand.* New York: Oxford University Press.

Wade, Robert. 1990. *Governing the Market: Economic Theory and the Role of Government in East Asian Industrialization.* Princeton: Princeton University Press.

Walder, Andrew G. 1996. "Markets and Inequality in Transitional Economies: Toward Testable Theories". *American Journal of Sociology,* Vol. 101, no. 4 (Jan.) , pp. 1060 −1073.

World Bank. 1992. *Strategies for Reducing Poverty in China.* Washington, DC.

——. 1993. *The East Asian Miracle: Economic Growth and Public Policy.* New York: Oxford University Press.

——. 1997. *Income Distribution in China.* Report NO. 16685 −CHA.

——. 2001. *World Development Report 2000/2001, Attacking Poverty.* Washington DC, US. : The World Bank.

Wright, E. O. 1979a. *Class, Crisis and the State.* London: New Left Book.

——. 1979b. *Class Structure and Income Determination.* London: Academic Press.

——. 1985. *Class.* London: Verso.

——. 1989. *The Debate on Classes.* London: Verso.

——. 1997. *Class Counts: Comparative Studies and Class Analysis.* Cambridge University Press.

Yen, E. 1996. " Poverty Research Rethought ". In E. Yen, S. M. Miller, S. A. Samad (eds.) *Poverty: A Global Review.* Handbook on International Poverty Research. Oslo: Scandinavian University Press, pp. 3 −17.

Zhao, Yaohui. 1999. "Migration and Earnings Difference: The Case of China". *Economic Development and Cultural Change*, 47 (4): 767 −782.

Zhou, Xueguang. 2000. " Economic Transformation and Income Inequality in Urban China: Evidence form Panel Data". *American Journal of Sociology*, 105: 1135 −1174.

附　录
调查问卷

2006 年全国社会状况综合调查

中国社会科学院

（S030600347）

---

1. 问卷编号：＿＿＿＿＿ ＿＿＿＿＿ ＿＿＿＿＿ ＿＿＿＿＿　　（101～104）

2. 采访地点（记录地点的名称和代码）

　　省/自治区/直辖市名称：＿＿＿＿＿＿代码：＿＿＿ ＿＿＿　（108～109）

　　市＋县/区名称：＿＿＿＿＿＿代码：＿＿＿ ＿＿＿ ＿＿＿　（111～113）

　　乡/镇/街道名称：＿＿＿＿＿＿代码：＿＿＿ ＿＿＿ ＿＿＿　（115～117）

　　居委会/村委会名称：＿＿＿＿＿＿代码：＿＿＿ ＿＿＿ ＿＿＿　（119～121）

3. 调查员记录：被访者居住的社区类型：（单选）（123）

未经改造的老城区（街坊型社区）	1	集镇社区	6
单一或混合的单位社区	2	新近由农村社区转变过来的城市社区（村改居、村居合并或"城中村"）	7
别墅区或高级住宅区	3	农村	8
移民社区	4	其他（请注明）＿＿＿＿＿	9
普通商品房小区	5		

4. 调查员（签名）＿＿＿＿＿＿代码：＿＿＿ ＿＿＿ ＿＿＿　（125～127）

5. 一　审（签名）＿＿＿＿＿＿代码：＿＿＿ ＿＿＿ ＿＿＿　（129～131）

二 审 (签名) _____ 代码: _____ _____ _____ (133~135)

复 核 (签名) _____ 代码: _____ _____ _____ (137~139)

6. 访问开始时间: [__ | __] 月 [__ | __] 日 [__ | __] 时 [__ | __] 分;

结束时间: [__ | __] 时 [__ | __] 分 (24 小时制)

(140~141) (143~144) (146~147) (149~150)

(156~157) (159~160)

7. 访问总长度: _____ _____ _____ (分钟) (170~172)

下面访问正式开始

先生/女士/同志: 您好!

我叫_____,是中国社会科学院的社会调查员。我们正在进行一项社会调查,目的是了解民众的就业、工作和生活情况,以及对当前一些社会问题的看法。经过严格的科学抽样,我们选中了您作为调查对象。您的合作对我们了解有关信息和制定社会政策,有十分重要的意义。

问卷中问题的回答,没有对错之分,您只要根据平时的想法和做法回答就行。访问大约要一个小时左右。对于您的回答,我们将按照《统计法》的规定,严格保密,并且只用于统计分析,请您不要有任何顾虑。希望您协助我们完成这次访问,谢谢您的合作。

A 部分 个人基本情况

首先,我想了解一下您个人的一些基本情况,仅供分析使用,希望您不要介意

A1.[记录被访者性别]:(单选)

男 ………………………………………… 1 (210)

女 ………………………………………… 2

A2. 请问您的实际周岁年龄是:[_____ | _____] 岁 (212~213)

A3. 您的婚姻状况是:(单选)

未结过婚 ………………………………… 1 (215)

初婚 ……………………………………… 2

　　　　离婚未再婚 ………………………………………… 3

　　　　离婚后再婚 ………………………………………… 4

　　　　丧偶未再婚 ………………………………………… 5

　　　　丧偶后再婚 ………………………………………… 6

A4. 您的户口状况是：（单选）

　　　　农业户口 …………………………………………… 1　　（217）

　　　　非农业户口 ………………………………………… 2

　　　　其他（请注明）＿＿＿＿＿ ………………………… 3

　　　　没有户口 …………………………………………… 4→跳问 A6

A5. 您的户口所在地是：（单选）

　　　　本乡/镇/街道 ……………………………………… 1　　（219）

　　　　本县/市/区的其他乡/镇/街道 …………………… 2

　　　　本省的其他县/市/区 ……………………………… 3

　　　　外省（直辖市/自治区） …………………………… 4

　　　　其他（请注明）＿＿＿＿＿ ………………………… 5

A6. 您目前的政治面貌是：（单选）

　　　　共青团员 …………………………………………… 1　　（220）

　　　　共产党员 …………………………………………… 2

　　　　民主党派 …………………………………………… 3

　　　　群众 ………………………………………………… 4

A7. 您的宗教信仰是：（单选）

　　　　基督教 ……………………………………………… 1　　（222）

　　　　天主教 ……………………………………………… 2

　　　　伊斯兰教 …………………………………………… 3

　　　　道教 ………………………………………………… 4

　　　　佛教 ………………………………………………… 5

　　　　民间信仰 …………………………………………… 6

　　　　无宗教信仰 ………………………………………… 7

　　　　其他（请注明）＿＿＿＿＿ ………………………… 8

A8. 下面了解一下您所受教育的一些情况：

　　A8a. 请问您曾经就读过的（包括目前在读的）最高教育程度是：（单选）

A8b. 您最终完成的已获得文凭/证书的最高教育程度是：（单选）

	A8a	A8b
	（224）	（226）
未受过正式教育	1	1
小学	2	2
初中	3	3
高中	4	4
职高、技校	5	5
中专	6	6
大专	7	7
本科	8	8
研究生及以上	9	9
私塾	0	0
其他（请注明）_____	x	x

【调查员注意：查看 A8b，如选 "4~9"，即 "高中及以上教育程度"，则问 A9a~A9f，否则跳问 A10】

A9. 下面具体了解一下您最终完成的已获得文凭/证书的最高教育程度的一些情况

A9a. 您所完成最高教育程度的学校是全日制学校，还是非全日制学校呢？（单选）

全日制学校 ……………………………………… 1　（230）
非全日制学校 …………………………………… 2

A9b. 您是在哪一年获得最高教育程度文凭/证书的呢？（请将具体数字填写在横线上，并高位补零）

记录：[____|____|____|____] 年　（232~235）

A9c. 您所完成最高教育程度的专业是：（单选）

	（237~238）		（237~238）
综合或不分专业（包括普通高中）	01	管理科学	10
		服务专业	11
理科（数、理、化、天、地、生等）	02	法律	12
		人口、社会、政治学	13

续表

生物工程	03	马列科社、文史哲	14
计算机应用、软件	04	外语	15
其他工科	05	教育、心理、图书情报	16
医学、药学	06	军事	17
农林牧渔	07	体育艺术	18
财政金融	08	其他专业（请说明）＿＿＿＿	19
经济类	09		

A9d. 您所完成最高教育程度的学校类型是：（单选）

教育部或国家部委所属高等院校 ……………………… 1　（240）

省属高等院校 ……………………………………… 2

地区所属高等院校 ………………………………… 3

其他高校（请注明）＿＿＿＿＿＿ ……………… 4

省/直辖市重点中学/职高/技校/中专 ………… 5

县、地级重点中学/职高/技校/中专 …………… 6

非重点中学/职高/技校/中专 ……………………… 7

其他中学/职高/技校/中专（请注明）＿＿＿＿ ……… 8

A9e. 您所完成最高教育程度的学习状况属于以下哪一种呢？（单选）

全日制学生 ………………………………………… 1　（242）

在职,全脱产学习 ………………………………… 2

在职,半脱产学习 ………………………………… 3

在职,不脱产学习 ………………………………… 4

A9f. 您所完成最高教育程度的学校地点是：（单选）

农村 ………………………………………………… 1　（244）

城镇 ………………………………………………… 2

县级市/县城 ……………………………………… 3

地级市 ……………………………………………… 4

省会市 ……………………………………………… 5

直辖市 ……………………………………………… 6

其他（请注明）＿＿＿＿＿＿ ………………… 7

A10. 从上小学开始算起,您一共受过多少年的正式教育呢？（请将具体

数字填写在横线上,并高位补零)

记录:[＿＿｜＿＿]年　　(246～247)

A11. 您认为您现在的身体健康状况是:(单选)

很好 ·· 1　　(250)

较好 ·· 2

一般 ·· 3

不好 ·· 4

很不好 ·· 5

A12. 您平常较多的出行方式是:(最多选两项)

走路 ·· 1　　(252)

乘公共交通工具(公共汽车/电车/地铁等)

·· 2

乘出租汽车 ···································· 3

开/坐公家汽车 ································ 4

开/坐私家车 ·································· 5

骑自行车、摩托车 ······························ 6

其他(请注明)＿＿＿＿ ························ 7

B 部分　个人工作状况

下面我想了解一下您目前从事生产、工作或经营活动的情况

调查员读出以下对于"工作"的解释:

这里所说的工作是指:①最近一周以来从事过 1 小时以上有收入的工作;②在自己/自己家庭或家族拥有的企业/机构中工作,虽然没报酬,但每周工作在 15 小时以上或每天工作 3 小时以上;③参加农业生产劳动。符合上述三者之一,即算作有工作;④学生的勤工俭学不算参加工作。

B1. 请问您目前的工作情况是:(单选)　　　　　(254)

没有工作 ·································· 1→续问 B2a～d

有工作 ···································· 2→跳问 B3a

离/退休后再工作 ························ 3→跳问 B3a

【调查员注意:查看 B1,如选"1",即"没有工作",则问 B2a ~ B2d,否则跳问 B3a 前提示】

　　B2a. 您目前没有工作的最主要原因是什么呢?(单选)

　　　　料理家务 ……………………………………… 1　(260)

　　　　残疾或身体状况不佳 …………………………… 2

　　　　找不到工作 ……………………………………… 3

　　　　不想工作了 ……………………………………… 4

　　　　已离/退休 ……………………………………… 5

　　　　下岗/内退/买断工龄 …………………………… 6

　　　　正在参加职业培训 ……………………………… 7

　　　　正在上学/参军 ………………………………… 8

　　　　其他(请注明)＿＿＿＿＿＿＿ ……………… 9

　　B2b. 您现在是否有失业保险、下岗津贴或最低生活保障等补贴?(单选)

　　　　有 ………………………………………………… 1　(262)

　　　　没有 ……………………………………………… 2

　　B2c. 请问您目前在找工作吗?(单选)

　　　　没有找 …………………………………………… 1　(264)

　　　　在找,已找了[＿＿|＿＿]月零[＿＿|＿＿]天

　　　　…………………………………………………… 2

　　　　　　　(266 ~ 267)　　　　(269 ~ 270)

　　B2d. 如果现在有份工作,您能在 2 周内去工作吗?(单选)

　　　　能 ………………………………………………… 1　(274)

　　　　不能 ……………………………………………… 2

【调查员注意:查看 B1,如选"2 ~ 3",即"有工作"或"离/退休后再工作",则续问 B3a ~ B4j,否则跳问 B5a】

　　B3a. 请问您目前主要的工作(职业)是什么?(请详细说明工作内容、工种、岗位和职务等。如果您的工作活动属于家庭经营、个人单独做事或无具体工作单位就请告诉我您所做的具体事)[调查员请参照职业编码表进行追问并详细记录]

　　　　记录具体工作(职业):＿＿＿[＿＿|＿＿|＿＿](310 ~ 312)

　　B3b. 您这份工作属于什么行业?(在单位就业者,请说出单位/公司的具

体名称、生产和经营活动的类型;如果没有单位,则个人职业就等于行业)〔调查员请参照行业编码表进行追问并详细记录〕

　　　　　记录具体行业:_____〔____|____〕(314~315)

　　B3c. 请问今年以来您这份工作平均每周工作多少个小时?(请将具体数字填写在横线上,并高位补零;完全从事农业劳动者可以不回答,直接圈"997.〔不适用〕")

　　　　　记录:〔____|____|____〕小时(318~320)　997.〔不适用〕

　　B3d. 今年以来,您这份工作平均每月给您带来多少收入?

　　1)月工资(包括奖金、补助等,但不包括利润和分红):(请将具体数字填写在横线上,并高位补零;完全从事农业劳动者可以不回答,直接圈"9999997.〔不适用〕")

　　百万位　十万位　万位　　千位　　百位　　十位　　个位
　|_____|_____|_____|_____|_____|_____|_____|　元(322~328)

　　9999997.〔不适用〕　　　　9999999.〔拒绝回答〕

　　2)个人每月所得经营利润和分红:(请将具体数字填写在横线上,并高位补零;如果是年终结算,请推算一下每月平均所得;持有本企业股份的职工也应填答;完全从事农业劳动者可以不回答,直接圈"9999997.〔不适用〕")

　　百万位　十万位　万位　　千位　　百位　　十位　　个位
　|_____|_____|_____|_____|_____|_____|_____|　元(322~328)

　　9999997.〔不适用〕　　　　9999999.〔拒绝回答〕

　　B3e. 这份工作您做了多少年?(请将具体数字填写在横线上,并高位补零)

　　　　　记录:〔____|____〕年〔____|____〕月
　　　　　　　　(340~341)　　　(340~341)

　　B3f. 您认为您的工作性质属于:(单选)

　　需要很高专业技能的工作 ·················· 1　　(350)

　　需要较高专业技能的工作 ·················· 2

　　半技术半体力工作 ························· 3

　　体力劳动工作 ···························· 4

B3g. 在日常的工作中,您是否可以决定自己的工作量?(单选)

　　完全可以 ……………………………………… 1　(352)

　　大部分可以 …………………………………… 2

　　可以决定一点 ………………………………… 3

　　完全不可以 …………………………………… 4

B4. 请您告诉我您从事这份工作所在的单位/公司的一些情况

【调查员注意:单位应该是一个独立核算的机构,有自己的财务和人事管理职权。如果被访人的工作机构分很多层级,无法区别哪一级是自己单位时,可以提示,被访者工资关系所在的那一级,就可能是他/她的单位;个体和家庭经营者也请填答】

　　B4a. 您工作的单位/公司是:(单选)

　　　　党政机关 ………………………………… 01　(354～355)

　　　　国有企业 ………………………………… 02

　　　　国有事业 ………………………………… 03

　　　　集体企/事业 …………………………… 04

　　　　民营(私营)企/事业 …………………… 05

　　　　三资企/事业 …………………………… 06

　　　　个体经营 ………………………………… 07

　　　　农村家庭经营 …………………………… 08

　　　　农村集体经济 …………………………… 09

　　　　社会团体及自治组织 …………………… 10

　　　　其他(请注明)_____ …………………… 11

　　　　没有单位 ………………………………… 12

　　　　[不清楚] ………………………………… 13

【调查员注意:查看 B4a,如选"05/06/07/08",则问 B4b,否则跳问 B4c】

　　B4b. 您在这个单位中的身份是:(单选)

　　　　老板/雇主,没有雇人 ……………………… 1　(358)

　　　　老板/雇主,雇用了 1～7 人 ……………… 2

　　　　老板/雇主,雇用了 8 人及以上 ………… 3

　　　　为自己家庭/家族的企业工作,但不是老板 …… 4

　　　　雇员 ………………………………………… 5

　　　　其他(请注明)_____ …………………… 6

B4c. 您的工作属于下面哪种情况?（单选）

【请调查员根据 B3a、B4a、B4b 判断,将被访者工作状况归类,然后向被访者确认】

为自家从事农、林、牧、渔业等,没有雇工 ………… 01　（360～361）

为自家从事农、林、牧、渔业等,有雇工 ………… 02

自雇(为自己或为自己的企业工作,没有任

何雇员) ………… 03

自己是老板,雇有 1～7 名雇员 ………… 04

自己是老板,雇有 8 名以上的雇员 ………… 05

为自己家庭/家族的企业工作,领工资或不领

工资,但不是老板 ………… 06

在党政部门、事业单位(包括教育机构)

等工作 ………… 07

在国有企业或集体企业、集体经济单位

(如城市集体企业或乡镇企业)工作 ………… 08

受雇于国内的民营(私营)、个体企业/

机构 ………… 09

受雇于三资外资(港澳台独资/合资;国外

独资/合资)企业/机构 ………… 10

其他(请注明)＿＿＿＿＿＿ ………… 11

【调查员注意:查看 B4c,1. 如选"01/02/03",直接跳问 B5a.

2. 如选"04/05/11",直接跳问 B4k.

3. 如选"06/07/08/09/10",则续问 B4d～B4k.】

B4d. 您是否在您工作单位/公司管理其他人?　（单选）　（362）

否………… 1→跳问 B4g

是………… 2

B4e. 如果您管理其他人,那您管的人主要是:（单选）

管理人员 ………… 1　（364）

专业人员 ………… 2

技术人员 ………… 3

普通办事人员 ………… 4

体力劳动者 ………… 5

B4f. 如果您管理其他人,您的管理权限属于哪种情况?(每行单选)

	完全有权	部分有权	完全无权	[说不清]	
参与单位决策	1	2	3	4	(366)
安排下属工作	1	2	3	4	(367)
提拔下属职位	1	2	3	4	(368)
惩处下属	1	2	3	4	(369)

B4g. 在目前工作的单位/公司工作以来,您的职位是否有过变化?(单选)

没有变化,仍然停留在原来的职位 ………… 1　(410)

有变化,只向上升迁过 ………… 2

有变化,只向下降低过 ………… 3

有变化,向上升迁和向下降低都有 ………… 4

B4h. 您认为在目前工作的单位/公司内,未来 3 ~ 5 年内是否有机会升迁到更高的职位?(单选)

肯定会提升 ………… 1　(412)

有可能会提升 ………… 2

不太可能会提升 ………… 3

B4i. 与单位/公司中其他人相比,您的收入属于:(单选)

高 ………… 1　(414)

中上 ………… 2

中 ………… 3

中下 ………… 4

下 ………… 5

B4j. 在您工作的单位/公司中,您认为主要负责人与普通员工之间的关系怎样?(单选)

很好 ………… 1　(416)

比较好 ………… 2

一般 ………… 3

不太好 ………… 4

很不好 ………… 5

B4k. 包括您在内,您单位/公司有多少人?(请将具体数字填写在横线

上,并高位补零)

　　万位　千位　百位　十位　个位

|＿＿＿|＿＿＿|＿＿＿|＿＿＿|＿＿＿|人(418～422)

　　99998.〔不清楚〕

【调查员注意:以下题目提问所有被访者】

　　B5a. 您目前是否有养老保险?(单选)

　　　　有 ……………………………………………… 1　(424)

　　　　没有 …………………………………………… 2

　　　　〔不知道/不清楚〕 …………………………… 3

　　B5b. 您目前是否有失业保险?(单选)

　　　　有 ……………………………………………… 1　(426)

　　　　没有 …………………………………………… 2

　　　　〔不知道/不清楚〕 …………………………… 3

　　B5c. 如果生了病,您的医疗费能否报销?(单选)

　　　　完全自理 ……………………………………… 1　(428)

　　　　能报销一点 …………………………………… 2

　　　　能报销一半以上 ……………………………… 3

　　　　能报销70%以上 ……………………………… 4

　　　　〔不知道/不清楚〕 …………………………… 5

B6. 请问您最早是在哪年参加工作/开始务农的?

　　(学生的勤工俭学不算参加工作;知青填下乡的时间;农民填写正式参加劳动生产的时间)

　　　　　　　　　　　　　　　　　　　　　　(430)

　　　　从未工作过 ……… 1→跳问 C 部分

　　　　工作过………………… 2

　　　　　　参加工作的年份:〔|＿|＿|＿|＿|〕年(432～435)

B7. 下面我想了解一下您第一份工作的情况

　　B7a. 请问您的第一份工作是什么职业?〔调查员请参照 B3a 的要求进行追问并详细记录〕

　　　　记录具体工作(职业):＿＿＿〔＿＿|＿＿|＿＿〕(437～439)

　　B7b. 您的第一份工作属于什么行业?〔调查员请参照 B3b 的要求进行

追问并详细记录]

　　　　记录具体行业:＿＿＿＿＿＿＿＿＿＿＿＿＿＿＿[＿＿ | ＿＿](442～443)

　　B7c. 您第一份工作所在单位/公司是:(单选)

　　　　党政机关 ……………………………… 01 　(450～451)

　　　　国有企业 ……………………………… 02

　　　　国有事业 ……………………………… 03

　　　　集体企/事业 …………………………… 04

　　　　民营(私营)企/事业 …………………… 05

　　　　三资企/事业 …………………………… 06

　　　　个体经营 ……………………………… 07

　　　　农村家庭经营 …………………………… 08

　　　　农村集体经济 …………………………… 09

　　　　社会团体及自治组织 …………………… 10

　　　　其他(请注明)＿＿＿＿＿＿ ………… 11

　　　　没有单位 ……………………………… 12

　　　　[不清楚] ……………………………… 13

　　B7d. 您第一份工作开始时的月收入大约是:(请将具体数字填写在横线上,并高位补零)

百万位	十万位	万位	千位	百位	十位	个位	
|＿＿	|＿＿	|＿＿	|＿＿	|＿＿	|＿＿	|＿＿	元(453～459)

　　　9999997.[不适用]　　　9999999.[拒绝回答]

【调查员注意:以下题目仅提问 B2a 选"5"或 B1 选"3"的,即"已离/退休"或"离/退休后再工作"的被访者】

B8. 下面我想了解一下您离/退休前最后的工作的情况

　　B8a. 请问您离/退休前最后的工作是什么职业?[调查员请参照 B3a 的要求进行追问并详细记录]

　　　　记录具体工作(职业):＿＿＿＿＿＿[＿＿ | ＿＿ | ＿＿](460～462)

　　B8b. 您离/退休前最后的工作属于什么行业?[调查员请参照 B3b 的要求进行追问并详细记录]

　　　　记录具体行业:＿＿＿＿＿＿＿＿＿＿＿＿＿＿[＿＿ | ＿＿](464～465)

　　B8c. 您离/退休前最后的工作所在单位是:(单选)

党政机关 ·························· 01　（470～471）

国有企业 ·························· 02

国有事业 ·························· 03

集体企/事业 ······················ 04

民营（私营）企/事业 ·············· 05

三资企/事业 ······················ 06

个体经营 ·························· 07

农村家庭经营 ···················· 08

农村集体经济 ···················· 09

社会团体及自治组织 ·············· 10

其他（请注明）＿＿＿＿＿ ··········· 11

没有单位 ·························· 12

［不清楚］ ························ 13

　　B8d. 您离/退休前最后的工作的月收入大约是:（请将具体数字填写在横线上,并高位补零）

百万位	十万位	万位	千位	百位	十位	个位	
＿＿	＿＿	＿＿	＿＿	＿＿	＿＿	＿＿	元(473～479)

9999997.［不适用］　　　9999999.［拒绝回答］

C 部分　　家庭状况

C1. 下面了解一下您父母及您配偶的一些情况:（请将选项的数字代码填写在横线上）

　　【注意:如果 C1c～C1e 题目被访者的父母、配偶是离退休情况,则访问员应在 C1c～C1e 部分针对被访者父母、配偶离退休前的最后一份工作情况进行询问】

	C1a 教育程度	C1b 政治面貌	C1c 职业	C1d 单位类型	C1e 工作状况	C1f 户口
	01. 未受过正式教育 02. 小学 03. 初中 04. 高中 05. 职高、技校 06. 中专 07. 大专 08. 本科 09. 研究生以上 10. 私塾 11. 其他（请注明） 97. [不适用] 98. [不清楚]	1. 共青团员 2. 中共党员 3. 民主党派 4. 群众 5. 其他 （请注明） 7. [不适用] 8. [不清楚]	（请参照前面的同类询问职业，并记录在下面空格中） 997. [不适用] 998. [不清楚]	01. 党政机关 02. 国有企业 03. 国有事业 04. 集体企/事业 05. 民营企/事业 06. 三资企/事业 07. 个体经营 08. 农村家庭经营 09. 农村集体经济 10. 社会团体及自治组织 11. 其他（请注明） 12. 没有单位 97. [不适用] 98. [不清楚]	01. 为自家从事农林牧渔业等，没有雇工 02. 为自家从事农林牧渔业等，有雇工 03. 自己（为自己或自己的企业）工作，没有雇员 04. 自己是老板，雇有1~7名雇员 05. 自己是老板，雇有8名及以上雇员 06. 为自己家庭（家族）的企业工作，但不是老板 07. 在党政部门、事业单位（包括教育机构）等工作 08. 在国有企业或集体企业、集体经济单位/机构 09. 受雇于国内私营（私营）、个体企业/机构 10. 受雇于三资外资机构 11. 其他（请注明） 12. 没有单位 97. [不适用] 98. [不清楚]	1. 农业户口 2. 非农户口 3. 其他 （请注明） 4. 没有户口 7. [不适用] 8. [不清楚]
您16岁时父亲	|__|__| (510~511)	|__| (513)	|__|__|__| (515~517)	|__|__| (520~521)	|__|__| (523~524)	|__| (526)
父亲现在	|__|__| (530~531)	|__| (533)	|__|__|__| (535~537)	|__|__| (540~541)	|__|__| (543~544)	|__| (546)
您16岁时母亲	|__|__| (550~551)	|__| (553)	|__|__|__| (555~557)	|__|__| (560~561)	|__|__| (563~564)	|__| (566)
母亲现在	|__|__| (610~611)	|__| (613)	|__|__|__| (615~617)	|__|__| (620~621)	|__|__| (623~624)	|__| (626)
配偶现在	|__|__| (630~631)	|__| (633)	|__|__|__| (635~637)	|__|__| (640~641)	|__|__| (643~644)	|__| (646)

C2. 接下来,请您告诉我您家 2005 年全家的生活支出情况:(请将具体数字填写在横线上,并高位补零;"不知道/不清楚"记录为 9999998;"拒绝回答"记录为 9999999;如无某项支出,则那一项上记录为 0000000)

项　　目	钱数(元)	
	[百万什万历仟佰什个]	
a. 2005 年,您家的总支出 (总支出与下面分项分别提问,无需 加总验证)	[＿｜＿｜＿｜＿｜＿｜＿｜＿]元	(710 ~ 716)
b. 其中,全年房贷分期偿还或房租 支出	[＿｜＿｜＿｜＿｜＿｜＿｜＿]元	(720 ~ 726)
c. 其中,全年饮食支出(包括家中饮 食与外出饮食)	[＿｜＿｜＿｜＿｜＿｜＿｜＿]元	(730 ~ 736)
d. 其中,全年交通、通讯费	[＿｜＿｜＿｜＿｜＿｜＿｜＿]元	(740 ~ 746)
e. 其中,全年电费	[＿｜＿｜＿｜＿｜＿｜＿｜＿]元	(750 ~ 756)
f. 其中,全年衣着费	[＿｜＿｜＿｜＿｜＿｜＿｜＿]元	(760 ~ 766)
g. 其中,全年人情支出	[＿｜＿｜＿｜＿｜＿｜＿｜＿]元	(770 ~ 776)
h. 其中,全年教育费用	[＿｜＿｜＿｜＿｜＿｜＿｜＿]元	(810 ~ 816)
i. 其中,全年医疗费	[＿｜＿｜＿｜＿｜＿｜＿｜＿]元	(820 ~ 826)
j. 您家中全年的其他支出	[＿｜＿｜＿｜＿｜＿｜＿｜＿]元	(830 ~ 836)

C3. 请您告诉我您家 2005 年全家的各项收入情况:(请将具体数字填写在横线上,并高位补零;"不适用"记录为 9999997;"不知道/不清楚"记录为 9999998;"拒绝回答"记录为 9999999;如有某项目,只是 2005 年此项上无收入,则这项上记录为 0000000)

项　　目	钱数(元)	
	[百万什万历仟佰什个]	
a. 2005 年,您家的总收入 (总支出与下面分项分别提问,无需 加总验证)	[＿｜＿｜＿｜＿｜＿｜＿｜＿]元	(840 ~ 846)
b. 其中,务农收入	[＿｜＿｜＿｜＿｜＿｜＿｜＿]元	(850 ~ 856)
c. 其中,工资、奖金收入	[＿｜＿｜＿｜＿｜＿｜＿｜＿]元	(860 ~ 866)
d. 其中,经商、办厂投资收入	[＿｜＿｜＿｜＿｜＿｜＿｜＿]元	(870 ~ 876)
e. 其中,股票、债券、分红、存款利息、 房屋土地租金等收入	[＿｜＿｜＿｜＿｜＿｜＿｜＿]元	(910 ~ 916)
f. 您家中全年的其他收入	[＿｜＿｜＿｜＿｜＿｜＿｜＿]元	(920 ~ 926)

C4. 请您告诉我目前您家的资产情况：（请将具体数字填写在横线上，并高位补零；"不适用"记录为9999997；"不知道/不清楚"记录为9999998；"拒绝回答"记录为9999999；如有某项资产，只是目前还无收入，则这项上记录为0000000）

项　　目	金额（元）	
	［百万十万万仟佰十个］	
1. 房产现值	［　|　|　|　|　|　］元	（930～936）
2. 金融资产（存款、股票、债券、出借的资金、手持现金等）	［　|　|　|　|　|　］元	（940～946）
3. 其他耐用消费品（包括家具、家用汽车、家用电器、首饰等，按购买价格计）	［　|　|　|　|　|　］元	（950～956）
4. 生产经营固定资产投资累积总额	［　|　|　|　|　|　］元	（960～966）
5. 生产经营流动资金总额	［　|　|　|　|　|　］元	（970～976）
6. 所欠债务（包括分期偿还的债务）	［　|　|　|　|　|　］元	（1010～1016）
7. 其他资产	［　|　|　|　|　|　］元	（1020～1026）

C5. 按照2005年的收支情况，您家的生活水平在本地大体属于哪个层次？（单选）

上 ……………………………………………… 1　（1030）

中上 …………………………………………… 2

中 ……………………………………………… 3

中下 …………………………………………… 4

下 ……………………………………………… 5

［不好说］ …………………………………… 8

C6. 您家的社会经济地位在本地大体属于哪个层次？（单选）

上 ……………………………………………… 1　（1032）

中上 …………………………………………… 2

中　………………………………………　3

中下　………………………………………　4

下　………………………………………　5

［不好说］　………………………………………　8

C7a. 请问目前,您或您家庭有没有遇到以下这些生活方面的问题呢?(复选,在 C7a 处圈出遇到的问题)

C7b. 那么,目前遇到的这些生活问题对您家造成的压力有多大呢?(逐一提问 C7a 的答案,每行单选)

	问　题	C7a (1034) 遇到问题	C7b 压力大小				
			压力很大	压力较大	压力很小	没有压力	
1	住房条件差,建/买不起房	1	1	2	3	4	(1036)
2	子女教育费用高,难以承受	2	1	2	3	4	(1037)
3	医疗支出大,难以承受	3	1	2	3	4	(1038)
4	赡养老人负担过重	4	1	2	3	4	(1039)
5	家庭收入低,日常生活困难	5	1	2	3	4	(1040)
6	家人下岗失业或无稳定收入	6	1	2	3	4	(1041)
7	人情支出大,难以承受	7	1	2	3	4	(1042)
8	家庭成员有矛盾,烦心得很	8	1	2	3	4	(1043)
9	家人与邻居有矛盾,担心发生纠纷	9	1	2	3	4	(1044)
10	社会风气不好,担心被欺骗和家人学坏	0	1	2	3	4	(1045)
11	社会治安不好,常常担惊受怕	x	1	2	3	4	(1046)

C8. 请问您家目前生活在一起的人数是:[＿＿｜＿＿]人

D 部分　社会问题评价

D1. 您认为您本人的社会经济地位在本地大体属于哪个层次?(单选)

上　………………………………………　1　(1050)

中上　………………………………………　2

中　………………………………………　3

中下　………………………………………　4

下　………………………………………　5

　　　　　〔不好说〕 ·· 6

D2. 与五年前相比,您的生活水平是:(单选)

　　　　　上升很多 ·· 1　（1052）

　　　　　略有上升 ·· 2

　　　　　没变化 ··· 3

　　　　　略有下降 ·· 4

　　　　　下降很多 ·· 5

　　　　　〔不好说〕 ·· 6

D3. 您感觉在五年后,您的生活水平将会:(单选)

　　　　　上升很多 ·· 1　（1054）

　　　　　略有上升 ·· 2

　　　　　没变化 ··· 3

　　　　　略有下降 ·· 4

　　　　　下降很多 ·· 5

　　　　　〔不好说〕 ·· 6

D4. 现在社会上常常将人们划分为下面一些不同的类型,您认为自己属于其中的哪一个群体?（每行单选）

a	1. 富人	2. 穷人	3.〔说不清〕	（1056）
b	1. 干部	2. 群众	3.〔说不清〕	（1057）
c	1. 城里人	2. 乡下人	3.〔说不清〕	（1058）
d	1. 雇主	2. 雇员	3.〔说不清〕	（1059）
e	1. 管理者	2. 被管理者	3.〔说不清〕	（1060）
f	1. 高学历者	2. 低学历者	3.〔说不清〕	（1061）
g	1. 体力劳动者	2. 脑力劳动者	3.〔说不清〕	（1062）

【出示卡片】

D5. 在上述各种群体之间,一般而言,您认为哪两类人之间的差异最大?（单选）

　　　　　穷人与富人之间 ······································· 1　（1064）

　　　　　干部与群众之间 ······································· 2

　　　　　城里人与乡下人之间 ··································· 3

　　　　　雇主与雇员之间　……………………………　4

　　　　　管理者与被管理者之间　………………………　5

　　　　　高学历者与低学历者之间　……………………　6

　　　　　体力劳动者与脑力劳动者之间　…………………　7

　　　　　［说不清］　……………………………………　8

【出示卡片】

D6. 在上述各种群体之间,您认为哪两类人之间最容易出现矛盾和冲突?
（单选）

　　　　　穷人与富人之间　…………………………　1　　（1066）

　　　　　干部与群众之间　…………………………　2

　　　　　城里人与乡下人之间　……………………　3

　　　　　雇主与雇员之间　…………………………　4

　　　　　管理者与被管理者之间　………………………　5

　　　　　高学历者与低学历者之间　……………………　6

　　　　　体力劳动者与脑力劳动者之间　…………………　7

　　　　　［说不清］　……………………………………　8

D7. 您认为我国现在是否存在社会群体之间的利益冲突?（单选）

　　　　　有严重冲突　………………………………　1　　（1068）

　　　　　有较大冲突　………………………………　2

　　　　　有一点冲突　………………………………　3

　　　　　没有冲突　…………………………………　4

　　　　　［说不清］　……………………………………　5

D8. 您认为今后我国社会群体之间的利益冲突会激化吗?　（单选）

　　　　　绝对会激化　………………………………　1　　（1070）

　　　　　可能会激化　………………………………　2

　　　　　不大可能激化　……………………………　3

　　　　　绝对不会激化　……………………………　4

　　　　　［说不清］　……………………………………　5

【出示卡片】

D9. 比较而言,您认为下列哪类人在近 10 年来获得的利益最多?（最多选三
项,并排序）

	第一选择	第二选择	第三选择
	（1110）	（1111）	（1112）
工人	1	1	1
农民	2	2	2
国家干部	3	3	3
国有、集体企业经营管理者	4	4	4
专业技术人员（包括学校教师、医生等）	5	5	5
演艺人员	6	6	6
私营企业主	7	7	7
农民工	8	8	8
其他（请注明）_____	9	9	9
［说不清］	0	0	0

【出示卡片】

D10. 您认为目前在我们的社会上，一个人事业成功的最主要因素是什么？（最多选三项，并排序）

	第一选择	第二选择	第三选择
	（1114）	（1115）	（1116）
受过良好教育	1	1	1
勤奋、努力、拼搏	2	2	2
本人天资聪明和能力强	3	3	3
机会和运气好	4	4	4
有比较广的社会关系	5	5	5
有权势的人相助	6	6	6
出生在有权有钱人家	7	7	7
其他（请注明）_____	8	8	8
［说不清］	9	9	9

D11a. 在最近的五年中，您是否听过/见过或遇到过以下的问题？（请将选项的数字代码填写在横线上，每一问题单选）

【出示卡片】

D11b. ［提问 D11a 回答"1"的］您亲身经历过，那印象最深的那一次，主要采用了哪些办法？（最多选3项）

D11c. ［提问 D11a 回答"1"的］您亲身经历过，那您认为对这一问题解决得怎么样？（单选）

问　　题	D11a 是否听说或遇到过? 1. 亲身经历过 2. 听周围人谈论过/见过 3. 从新闻媒体上听过/见过 4. 从来没有听过/见过	D11b 主要采用了哪些办法? 01. 打官司 02. 与对方当事人/单位协商 03. 上访/向政府有关部门反映 04. 找关系疏通　05. 找媒体帮助 06. 暴力反抗　07. 罢工/静坐/示威 08. 找人报复　09. 没有采用任何办法 10. 无可奈何,只好忍了 11. 其他办法(请注明)　98. [不清楚] 97. [不适用]　99. [不回答]	D11c 问题解得怎么样? 1. 至今没有解决 2. 有关方面做了处理,但很不得公正 3. 问题解决得比较公平 7. [不适用] 8. [不清楚] 9. [不回答]
1. 政府有关部门乱收费	[__] (1120)	[__][__][__][__][__][__] (1122~1127)	[__] (1129)
2. 学校乱收费	[__] (1130)	[__][__][__][__][__][__] (1132~1137)	[__] (1139)
3. 征地、拆迁、移民及补偿不合理	[__] (1140)	[__][__][__][__][__][__] (1142~1147)	[__] (1149)
4. 医患纠纷	[__] (1150)	[__][__][__][__][__][__] (1152~1157)	[__] (1159)
5. 司法不公、执法粗暴	[__] (1160)	[__][__][__][__][__][__] (1162~1167)	[__] (1169)
6. 下岗失业没有得到妥善安置	[__] (1170)	[__][__][__][__][__][__] (1172~1177)	[__] (1179)
7. 贪污腐败、侵占国家集体资产	[__] (1210)	[__][__][__][__][__][__] (1212~1217)	[__] (1219)
8. 拖欠/克扣工资/超时工作	[__] (1220)	[__][__][__][__][__][__] (1222~1227)	[__] (1229)
9. 工作环境恶劣、老板/经理管理粗暴	[__] (1230)	[__][__][__][__][__][__] (1232~1237)	[__] (1239)
10. 社会保障纠纷	[__] (1240)	[__][__][__][__][__][__] (1242~1247)	[__] (1249)
11. 环境污染影响居民生活	[__] (1250)	[__][__][__][__][__][__] (1252~1257)	[__] (1259)
12. 购房等大额消费中的纠纷	[__] (1260)	[__][__][__][__][__][__] (1262~1267)	[__] (1269)

D12. 请您根据您的观察和感受，评价一下您所生活的地区干部与群众的关系：（每行单选）

	很不融洽	不太融洽	比较融洽	很融洽	[不好说]	
1. 村（居）委会干部与村（居）民之间的关系	1	2	3	4	5	(1270)
2. 乡（镇、街道）领导干部与农（居）民之间的关系	1	2	3	4	5	(1271)
3. 县（市、区、旗）领导干部与居民之间的关系	1	2	3	4	5	(1272)

【出示卡片】

D13. 您认为当前我国存在的最重大社会问题是什么？（最多选三项，并排序）

问　　题	第一选择 (1310~1311)	第二选择 (1313~1314)	第三选择 (1316~1317)
就业失业问题	01	01	01
看病难、看病贵	02	02	02
养老保障问题	03	03	03
教育收费问题	04	04	04
收入差距过大贫富分化问题	05	05	05
住房价格过高问题	06	06	06
社会治安问题	07	07	07
贪污腐败问题	08	08	08
干群关系问题	09	09	09
司法不公问题	10	10	10
社会风气问题	11	11	11
卖淫嫖娼问题	12	12	12
城乡/地区差距问题	13	13	13
环境污染问题	14	14	14
征地、拆迁补偿不公问题	15	15	15
劳资矛盾问题	16	16	16
进城农民工受到不公平待遇问题	17	17	17
其他（请注明）_____	18	18	18
[说不清]	98	98	98

D14. 您认为当前我国社会形势是否稳定？（单选）

　　非常不稳定 ……………………………………… 1　　（1320）

　　不太稳定 …………………………………………… 2

　　比较稳定 …………………………………………… 3

　　非常稳定 …………………………………………… 4

　　［说不清］ ………………………………………… 5

D15. 您对当前我国社会状况的总体感受是：（单选）

　　非常不和谐 ………………………………………… 1　　（1321）

　　不太和谐 …………………………………………… 2

　　比较和谐 …………………………………………… 3

　　非常和谐 …………………………………………… 4

　　［说不清］ ………………………………………… 5

E 部分　社会态度

　　下面，想了解一下您对当前社会状况的评价，请把您的真实想法告诉我们，不要有任何顾虑

E1. 您觉得当前社会生活中以下方面的 安全程度 如何？（从打"√"的句子开始循环问起，每行单选）

		很不安全	不大安全	比较安全	很安全	不大确定	
1	财产安全	1	2	3	4	5	（1330）
2	人身安全	1	2	3	4	5	（1331）
3	交通安全	1	2	3	4	5	（1332）
4	医疗安全	1	2	3	4	5	（1333）
5	食品安全	1	2	3	4	5	（1334）
6	劳动安全	1	2	3	4	5	（1335）
7	个人信息、隐私安全	1	2	3	4	5	（1336）

E2. 您对您所在 地方的政府 的下列工作是否满意？（从打"√"的句子开始循环问起，每行单选）

		很不满意	不大满意	比较满意	很满意	不大确定	
1	医疗卫生服务	1	2	3	4	5	（1340）
2	社会保障和救助	1	2	3	4	5	（1341）
3	义务教育	1	2	3	4	5	（1342）
4	环境保护	1	2	3	4	5	（1343）
5	科技发展与推广	1	2	3	4	5	（1344）
6	树立良好社会风气	1	2	3	4	5	（1345）
7	维护社会治安	1	2	3	4	5	（1346）
8	依法办事	1	2	3	4	5	（1347）
9	发展经济	1	2	3	4	5	（1348）
10	实现社会公正	1	2	3	4	5	（1349）

E3. 关于 我国经济社会发展 ，您在多大程度上同意下列说法？（从打"√"的句子开始循环问起，每行单选）

		很不同意	不大同意	比较同意	很同意	不大确定	
1	对现在的中国社会来说，稳定非常重要	1	2	3	4	5	（1360）
2	当前中国社会发展出现的一些问题是暂时的	1	2	3	4	5	（1361）
3	党和政府是有办法管理好我们国家的	1	2	3	4	5	（1362）
4	我相信下一代的生活会比我们好	1	2	3	4	5	（1363）
5	中国在国际上的地位值得骄傲	1	2	3	4	5	（1364）
6	我国经济社会发展的总体状况是很好的	1	2	3	4	5	（1365）

E4. 您在多大程度上同意下列 说法 ？（从打"√"的句子开始循环问起，每行单选）

		很不 同意	不大 同意	比较 同意	很同意	不大 确定	
1	公共场所就是个人不必负责的场所	1	2	3	4	5	（1410）
2	政府搞建设要拆迁居民住房，老百姓应该搬走	1	2	3	4	5	（1411）
3	为了发展经济，造成一些环境损失也是没办法的事	1	2	3	4	5	（1412）
4	老百姓应该听从政府的，下级应该听从上级的	1	2	3	4	5	（1413）
5	给报社投稿参加讨论的人是喜欢出风头的人	1	2	3	4	5	（1414）
6	民主就是政府为人民做主	1	2	3	4	5	（1415）
7	国家大事有政府来管，老百姓不必过多考虑	1	2	3	4	5	（1416）
8	老百姓交了税，政府爱怎么花就怎么花	1	2	3	4	5	（1417）

E5. 一般情况下，您在多大程度上 信任 下列方面？（从打"√"的句子开始循环问起，每行单选）

		很不 信任	不大 信任	比较 信任	很信任	不大 确定	
1	政府新闻媒体	1	2	3	4	5	（1420）
2	政府公布的统计数字	1	2	3	4	5	（1421）
3	互联网信息	1	2	3	4	5	（1422）
4	小道消息	1	2	3	4	5	（1423）
5	地方政府	1	2	3	4	5	（1424）
6	中央政府	1	2	3	4	5	（1425）
7	信访机构	1	2	3	4	5	（1426）
8	宗教组织	1	2	3	4	5	（1427）
9	行业/专业协会	1	2	3	4	5	（1428）
10	社区（居委会）或村委会	1	2	3	4	5	（1429）
11	消费者协会等维权组织	1	2	3	4	5	（1430）
12	环境保护等社会公益组织	1	2	3	4	5	（1431）
13	法官、警察	1	2	3	4	5	（1432）

E6. 当您生活中遇到困难时，以下各方面对您的 帮助支持程度 如何？（从打"√"的句子开始循环问起，每行单选）

		没有帮助	帮助较少	帮助较多	帮助很大	不大确定	
1	党组织	1	2	3	4	5	（1440）
2	工会、共青团、妇联组织	1	2	3	4	5	（1441）
3	社区组织(居委会或村委会)	1	2	3	4	5	（1442）
4	工作单位	1	2	3	4	5	（1443）
5	地方政府	1	2	3	4	5	（1444）
6	宗教组织	1	2	3	4	5	（1445）
7	家庭	1	2	3	4	5	（1446）
8	家族、宗族	1	2	3	4	5	（1447）
9	私人关系网（朋友、同乡、战友、生意伙伴等）	1	2	3	4	5	（1448）
10	行业/专业协会	1	2	3	4	5	（1449）
11	慈善机构	1	2	3	4	5	（1450）
12	信访部门	1	2	3	4	5	（1451）
13	新闻媒体	1	2	3	4	5	（1452）
14	司法/执法机构	1	2	3	4	5	（1453）

【出示卡片】

E7a. 目前社会上有一部分人先富起来了，您认为他们 致富的原因 主要有哪些？（复选，在 E7a 圈出选项）

E7b. 那么，您刚提到的原因对于他们 致富的影响 有多大呢？（逐一提问 E7a 的答案，每行单选）

	可能原因	E7a. （1460）	E7b. 影响程度					
		致富原因	非常大	比较大	不太大	不影响	不确定	
1	以不正当的手段赚钱	1	1	2	3	4	5	（1465）
2	自身的致富能力强	2	1	2	3	4	5	（1466）
3	自身的努力拼搏	3	1	2	3	4	5	（1467）
4	家庭背景好	4	1	2	3	4	5	（1468）

	可能原因	E7a.（1460）	E7b. 影响程度					
		致富原因	非常大	比较大	不太大	不影响	不确定	
5	教育程度高	5	1	2	3	4	5	（1469）
6	运气好或者风水好	6	1	2	3	4	5	（1470）
7	有重要的人际关系	7	1	2	3	4	5	（1471）
8	一些人贪污腐败、侵吞国有/集体资产	8	1	2	3	4	5	（1472）
9	政府对富人征税过少	9	1	2	3	4	5	（1473）
10	让一部分人先富起来的政策导向	0	1	2	3	4	5	（1474）

E8. 您觉得在当前社会生活中以下各方面的 公平程度 如何？（从打"√"的句子开始循环问起，每行单选。注意：E8 题目的第 14 句不参加循环，统一放到最后一句问）

		很不公平	不大公平	比较公平	很公平	不大确定	
01	财富及收入的分配	1	2	3	4	5	（1510）
02	财政和税收政策	1	2	3	4	5	（1511）
03	工作与就业机会	1	2	3	4	5	（1512）
04	每个人的发展机会	1	2	3	4	5	（1513）
05	高考制度	1	2	3	4	5	（1514）
06	提拔干部	1	2	3	4	5	（1515）
07	公共医疗	1	2	3	4	5	（1516）
08	义务教育	1	2	3	4	5	（1517）
09	实际享有的政治权利	1	2	3	4	5	（1518）
10	司法与执法	1	2	3	4	5	（1519）
11	不同地区、行业之间的待遇	1	2	3	4	5	（1520）
12	城乡之间的待遇	1	2	3	4	5	（1521）
13	养老等社会保障待遇	1	2	3	4	5	（1522）
14	总体上的社会公平状况	1	2	3	4	5	（1523）

E9. 您在多大程度上同意以下这些 说法 ？（从打"√"的句子开始循环问起，每行单选）

		很不同意	不大同意	比较同意	很同意	不大确定	
1	婆媳闹矛盾时，即使婆婆不对，做丈夫的也应该劝妻子听婆婆的话	1	2	3	4	5	（1530）
2	滴水之恩，也一定要报答	1	2	3	4	5	（1531）
3	守信用是一个人做人的根本	1	2	3	4	5	（1532）
4	一个人应帮助熟人，也应帮助陌生人	1	2	3	4	5	（1533）
5	善良正直的人常常会吃亏	1	2	3	4	5	（1534）
6	重要的事交给年轻人去做，很容易搞砸	1	2	3	4	5	（1535）
7	人生就应该要吃好的、穿好的、住好的	1	2	3	4	5	（1536）
8	虽然可以对法律提出批评，但仍须遵守法律	1	2	3	4	5	（1537）
9	保卫国家是军人的义务，不关老百姓的事	1	2	3	4	5	（1538）
10	有关系或后台硬，要找份工作不是件难事	1	2	3	4	5	（1539）
11	许多人都去抢购的东西，大多数都值得购买	1	2	3	4	5	（1540）
12	没有任何宗教信仰，也无所谓	1	2	3	4	5	（1541）
13	妻子有权追求成就，丈夫应该对此表示尊重	1	2	3	4	5	（1542）
14	不能吃苦耐劳，就不能干成大事	1	2	3	4	5	（1543）
15	上级做决定的时候，也应该听听下级的意见	1	2	3	4	5	（1544）
16	不断学习新知识是终生的事情	1	2	3	4	5	（1545）
17	美满的婚姻是夫妻共同努力的结果，不是命里注定的	1	2	3	4	5	（1546）
18	不论在阳世或阴间，根本就没有鬼神	1	2	3	4	5	（1547）

E10. 下面一些 说法和情况 在多大程度上与您自己相符合？（从打"√"的句子开始循环问起，每行单选）

		很不符合	不大符合	比较符合	很符合	不大确定	
1	只求家庭生活舒适和睦	1	2	3	4	5	（1550）
2	只求做好本职工作或分内的事情	1	2	3	4	5	（1551）
3	希望赚更多的钱	1	2	3	4	5	（1552）
4	希望做官并争取做更大的官	1	2	3	4	5	（1553）
5	从来没有违心地顺从过有权势的人	1	2	3	4	5	（1554）
6	希望出名并争取越来越有名	1	2	3	4	5	（1555）
7	追求个人生活中的情趣快乐	1	2	3	4	5	（1556）
8	从来没有依据亲疏关系不同来对待人	1	2	3	4	5	（1557）
9	努力为子女将来的发展创造条件	1	2	3	4	5	（1558）
10	让别人更加看得起自己	1	2	3	4	5	（1559）
11	答应了别人的事情，从来没有食言过	1	2	3	4	5	（1560）
12	充分发挥个人的才能	1	2	3	4	5	（1561）
13	努力为社会做出较大的贡献	1	2	3	4	5	（1562）
14	为实现共产主义目标而奋斗	1	2	3	4	5	（1563）
15	有时候会控制不住自己，向别人发脾气	1	2	3	4	5	（1564）
16	听天由命，相信命运的安排	1	2	3	4	5	（1565）
17	普普通通、平平安安过一生	1	2	3	4	5	（1566）
18	有时会把责任推到别人身上	1	2	3	4	5	（1567）

［记录］被访者现居住地址：＿＿＿＿＿＿＿＿＿＿＿＿＿＿＿＿

［记录］被访者姓名：＿＿＿＿＿＿＿联系电话（0　）－＿＿＿＿＿

［记录］该住户的户主是否为入户登记表上标注的户主？（单选）

是 ………………………………………… 1　（1570）

不是（请注明现住户的户主名：＿＿＿） ……… 2

【调查员注意：读出下列句子，派发感谢信，并将问卷编号标注在感谢信的

信封背面】

　　访问到此结束，感谢您对我们工作的支持。这里有一封给您的感谢信，请您填写完后尽快寄给我们。

F 部分　访谈记录

［此部分由调查员填写］

F1. 被访者配合得：（单选）

　　　　很好　……………………………………………　1　　（1610）

　　　　好　………………………………………………　2

　　　　一般　……………………………………………　3

　　　　不好　……………………………………………　4

　　　　很不好　…………………………………………　5

F2. 被访者对社会和公共事务总的了解程度属于：　（单选）

　　　　很高　……………………………………………　1　　（1612）

　　　　比较高　…………………………………………　2

　　　　一般　……………………………………………　3

　　　　比较低　…………………………………………　4

　　　　很低　……………………………………………　5

F3. 被访者的语言表达能力属于：（单选）

　　　　很强　……………………………………………　1　　（1614）

　　　　比较强　…………………………………………　2

　　　　一般　……………………………………………　3

　　　　较差　……………………………………………　4

　　　　很差　……………………………………………　5

F4. 被访者在答卷中是否认真？（单选）

　　　　自始至终很认真　…………………………………　1　　（1616）

　　　　一般都很认真　……………………………………　2

　　　　不太认真　…………………………………………　3

F5. 被访者的智力水平：（单选）

　　　　很高　……………………………………………　1　　（1618）

　　　　比较高　…………………………………………　2

一般 …………………………………………… 3

比较低 …………………………………… 4

很低 ……………………………………… 5

F6. 访问开始以前，被访者对这项研究的疑虑程度？ （单选）

没有 ……………………………………… 1 （1620）

有一些 …………………………………… 2

非常疑虑 ………………………………… 3

F7. 总的来看，被访者对此项调查的感兴趣程度：（单选）

很高 ……………………………………… 1 （1622）

比较高 …………………………………… 2

一般 ……………………………………… 3

比较低 …………………………………… 4

很低 ……………………………………… 5

F8. 被访者回答问题的可信程度：（单选）

完全可信 ………………………………… 1 （1624）

一般说可信 ……………………………… 2

有时看起来不可信 ……………………… 3

F9. 访问时有无其他无关人员在场？（单选）

有 ………………………………………… 1 （1626）

没有 ……………………………………… 2

F10. 其他人在场是否影响了访问的质量？（单选）

是 ………………………………………… 1 （1630）

不是 ……………………………………… 2

［不适用］ ……………………………… 3

F11. 如果问卷没有答完，请解释为什么？

_____

F12. 如果被访者中途退出，他/她的理由是什么？

_____

索 引

X

Z

后 记

　　这本专著是基于对全国问卷抽样调查数据的分析撰写的，它是我主持的中国社会科学院重大课题"构建社会主义和谐社会基本社会跟踪调查"的最终成果。

　　进行科学的、规范的、覆盖城乡的全国问卷抽样调查，建立相应的跟踪调查数据库，并据此对中国巨大社会变迁的轨迹进行精确描述和深入分析，一直是社会学界的一种期盼。过去，由于社会科学研究的经费非常有限，这种期盼一直只是一种等待。而在国际社会科学界，这种国别的全国基础社会调查（GSS，General Social Survey），一直被视为社会变迁宏观数量研究的基础条件。

　　在国际的社会科学研究中，历时性的纵贯调查，已成为许多发达国家和地区了解社会结构转变和社会发展状况的基础性调查。这种调查不仅服务于社会学研究领域，而且为整个社会科学的研究提供共同的平台，政府机构也以其研究成果作为制定和评估社会政策的重要依据。比如，美国芝加哥大学全国民意调查中心（NORC）主持的"基础社会调查"（GSS），从1970年开始每两年进行一次，一直延续到现在，内容涉及社会科学研究领域的诸多方面，其调查数据的权威性仅次于人口普查。再比如，英国埃塞克（Essex）大学的"英国纵贯研究中心"（ULSC），从1991年开始至今每年进行"英国家庭追踪调查"（BHPS），调查样本覆盖全国约5500个家庭和万余名家庭成员。在亚洲，这种追踪调查也已经成为许多国家和地区的社会科学制度，如日本社会学会组织进行的"社会分层与社会流动调查"（SSM），从1955年发起，每10年一个周期，样本量在万人左右；中国台湾"中央研究院"调查研究专题中心主持的"台湾社会变迁基本调查"，1984年至今已经进行了14次，内容包括家庭、教育、社会阶层、社会流动、政治、选举行为、信息传播、文化价值、宗教等。

在中国大陆，中国人民大学社会学系在这方面起步较早，在李路路教授的主持下，曾与香港科技大学合作进行过几次调查；北京大学也已经成立了专门的调查机构，在邱泽奇教授的主持下正在紧锣密鼓地进行各种试调查。我们曾经商量，希望能够相互配合，经费分担、资源共享，统一问卷和抽样方法，合作实施调查，长期坚持下去。但这种良好的愿望在现实中很难操作，因为每个机构的调查经费都来自某项课题，而课题经费有规定的年限，很难相互衔接好。所以最后的结果还是先各做各的，希望有一天能够形成社会学界或社会科学界的统一的大规模社会追踪调查制度。当然，这种合作意图也带来了积极成果，就是大家承诺调查数据在调查后两年公开，实行调查数据资源共享的学术制度。当然这种共享也是有条件有规范的，比如免费使用数据的申请者需要证明其公益性目的，要在使用时注明数据来源等等。

我们在 2006 年进行的全国性社会调查，是中国社会科学院出资的第一次覆盖城乡的全国科学规范抽样调查，尽管在此之前已经有很多的覆盖部分城市、部分乡村、部分企业、部分人群的调查。我们就像对待一个新生的孩子，把它命名为中国社会科学院"2006 年中国社会状况综合调查"（CGSS2006，CASS）。我们计划把这种调查长期坚持下去，每两年进行一次，第二次调查以"民生问题"为主题，已经完成了问卷修改完善、抽样和试调查工作，现在正进入紧张操作阶段，将在 2008 年年中实施。

基于对"2006 年中国社会状况综合调查"数据的分析和研究，我们除撰写了这本专著和一些内部政策研究报告外，还有一些阶段性成果，如李培林、陈光金、李炜执笔的《2006 年中国社会和谐稳定状况调查报告》（载汝信、陆学艺、李培林主编的《2007 年：中国社会形势分析与预测》，社会科学文献出版社，2006）；李培林、李炜撰写的《农民工在中国转型中的经济地位和社会态度》（《社会学研究》2007 年第 3 期头篇文章），这篇文章的英文版"Economic Status and Social Attitudes of Migrant Workers in China"也作为头篇文章发表（*China and World Economy*，vol. 15，No. 4，Jul. -Aug. 2007）；还有李培林、张翼撰写的《中国中产阶层的规模、认同和社会态度》（《社会》2008 年第 2 期头篇文章）；张翼撰写的《当前中国中产阶层的政治态度》（《中国社会科学》2008 年第 2 期），等等。

感谢中国社会科学院重大课题的资助，感谢李炜在调查实施中的有效组织和协调工作，感谢数百人的调查队伍和督查队伍的辛勤工作，感谢社会学研究所各机构的通力配合，感谢课题组成员的巨大努力。我所社会心理研究室主任杨宜音领导的中国社会心态调查课题组参与了这次调查的问卷设计和相关工作，并利用调查数据撰写了社会心态方面的研究报告；社会科学文献出版社的童根兴编辑作为本书的责任编辑，为编辑此书和校对大量表格付出了心血，社会科学文献出版社的谢寿光社长对本书的出版给予了大力支持，在此一并致谢。

李培林

2008 年 5 月 8 日于北京

图书在版编目（CIP）数据

当代中国和谐稳定/李培林等著. —北京：社会科学文献
出版社，2013.9
（当代中国调查报告）
ISBN 978 - 7 - 5097 - 4834 - 3

Ⅰ.①当… Ⅱ.①李… Ⅲ.①社会问题 - 调查报告 - 中国
Ⅳ.①D669

中国版本图书馆 CIP 数据核字（2013）第 148765 号

·当代中国调查报告之一·
当代中国和谐稳定
——————————————————

著　　者／李培林　陈光金　张　翼　李　炜

出 版 人／谢寿光
出 版 者／社会科学文献出版社
地　　址／北京市西城区北三环中路甲 29 号院 3 号楼华龙大厦
邮政编码／100029

责任部门／社会政法分社　（010）59367156　　　　　责任编辑／童根兴
电子信箱／shekebu@ ssap. cn　　　　　　　　　　　责任印制／岳　阳
项目统筹／王　绯
经　　销／社会科学文献出版社市场营销中心　（010）59367081　59367089
读者服务／读者服务中心（010）59367028

印　　装／北京季蜂印刷有限公司
开　　本／787mm×1092mm　1/16　　　　　　　　印　张／27.25
版　　次／2013 年 9 月第 1 版　　　　　　　　　　　字　数／475 千字
印　　次／2013 年 9 月第 1 次印刷
书　　号／ISBN 978 - 7 - 5097 - 4834 - 3
定　　价／59.00 元